Klaus Bovers, Christine Paxmann

Schiffe, Salz und Seen

Impressum

Bibliografische Information der Deutschen Nationalbibliothek
Die Deutsche Nationalbibliothek verzeichnet diese Publikation in der Deutschen Nationalbibliografie; detaillierte bibliografische Daten sind im Internet über http://dnb.d-nb.de abrufbar.

Lektorat: Beatrix Binder
Grafik und Produktion: Nadine Kaschnig-Löbel
Coversujet: Reginaldo Rodrigues/shutterstock.com
Grafiken: franzi/shutterstock.com
Karte: Arge-Kartografie
Druck: PBtisk a.s., Pribram
Fotos: Klaus Bovers: S. 8–9, 14–26, 54–87, 104–111, 124–137, 158–162, 206–217, 220–240, 242–248; Burghauser Touristik: S. 12–13, 113; Elektromuseum Burghausen: S. 89; f4 Luftbilder/shutterstock.com: S. 218; Christine Paxmann: S. 30–53, 72, 90–101, 114–122, 129, 138–157, 166–204; Elke Rott; Zema-Medien Passau: S. 132; Sammlung Alfred Baumgartner, Simbach: S. 164; Schönramer Bräustüberl: S. 28; Schusterbauer, Marktl: S. 135; Tourismusverband Oberndorf: S. 246

ISBN 978-3-7025-0979-8

www.pustet.at

Klaus Bovers
Christine Paxmann

Schiffe, Salz und Seen

Besondere Ausflugsziele zwischen Salzburg und Passau

VERLAG ANTON PUSTET

Inhalt

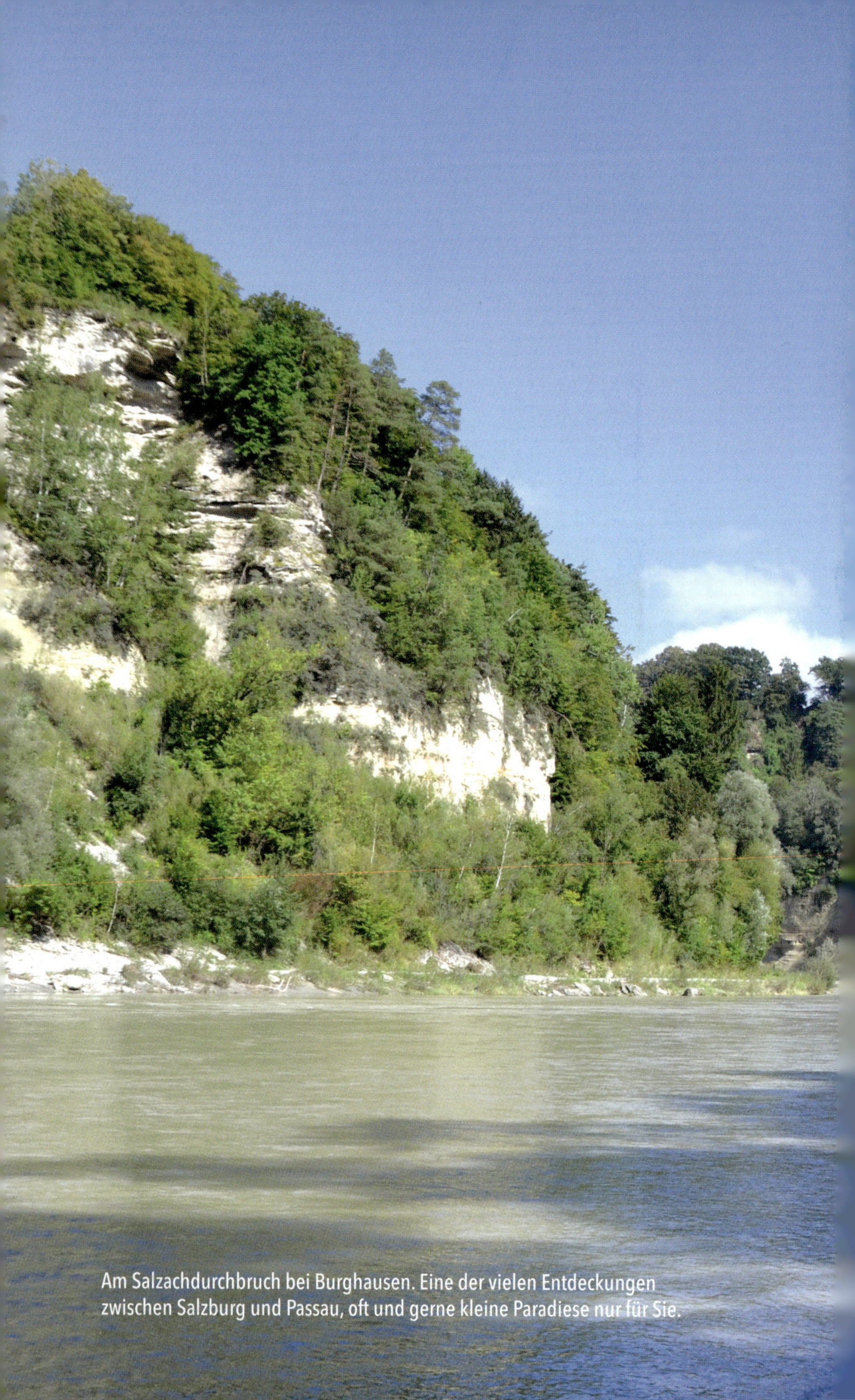

Am Salzachdurchbruch bei Burghausen. Eine der vielen Entdeckungen zwischen Salzburg und Passau, oft und gerne kleine Paradiese nur für Sie.

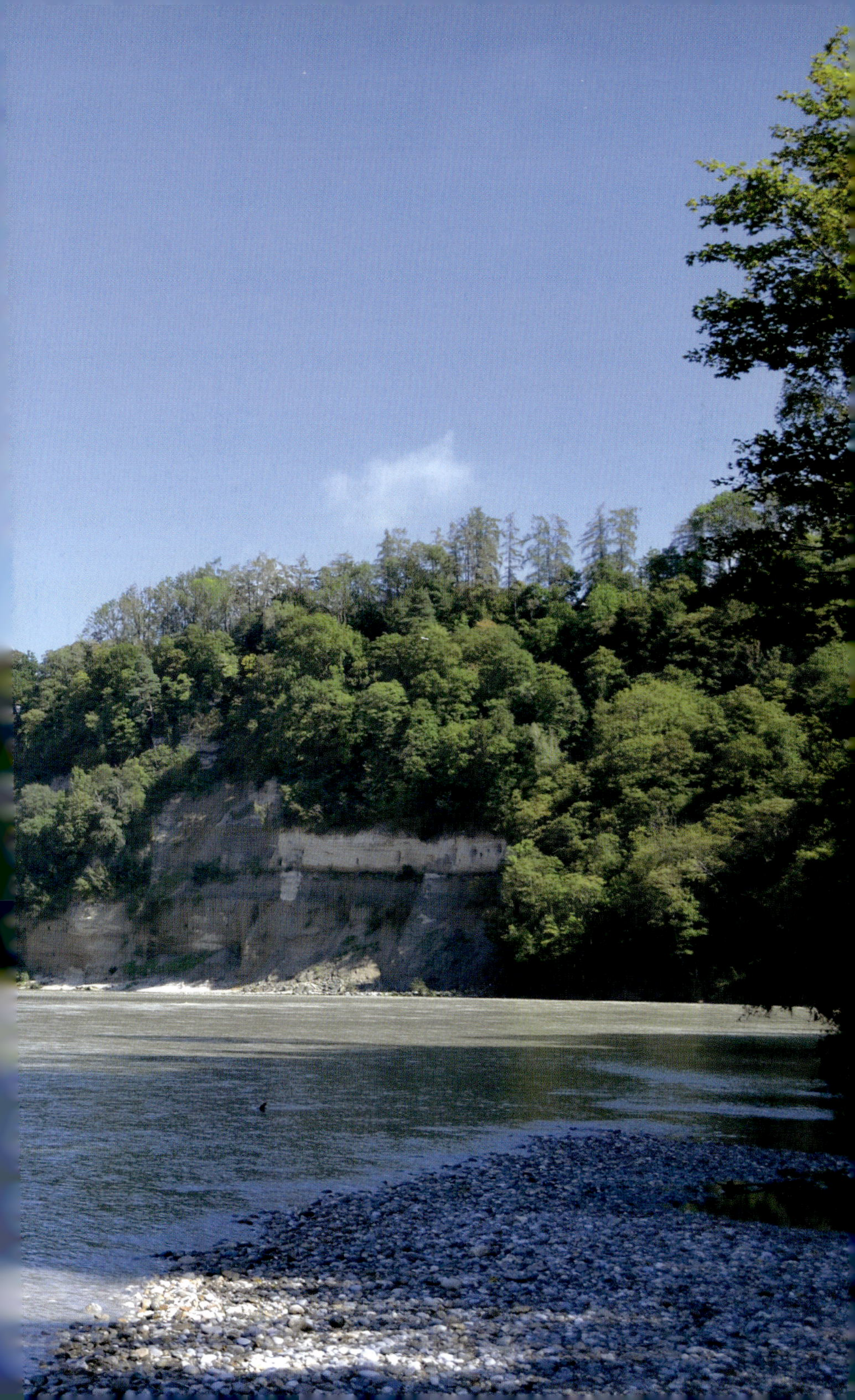

Rechts und links von Salzach und Inn

Manche Landschaften verbergen sich vor Besucherströmen – und das ist gut so. Denn sie leben von einer Kontemplation, einer Ruhe und Friedlichkeit, wie sie selten geworden ist. Die Landschaft im Dreieck zwischen Salzach und Inn, die sich also zwischen Salzburg, Braunau und Schärding auf der österreichischen sowie Freilassing, Burghausen und Passau auf der bayerischen Seite erstreckt, birgt einen Zauber, der sich nicht beim bloßen Durchfahren erschließt – zum Beispiel, wenn man auf der großen Bundesstraße von Schärding über Braunau nach Salzburg fährt, oder vom bayerischen Laufen über die Salzach kommt und Richtung Mattighofen quert.

Damit haben wir auch schon die Gegend abgesteckt, die wir hier für Sie auf der bayerischen und österreichischen Seite entdeckt haben. Ein Land, in dem eiszeitliche Gletscher Vertiefungen hinterlassen haben, die heute liebliche Seen sind (siehe S. 91 ff.), oder Erhebungen mit wildreichen, ausgedehnten Wäldern. Ein Eldorado für Archäologen und Historiker, aber ganz so bierernst muss man es nicht angehen – wenngleich Bier hier eine nicht ganz unwesentliche Rolle spielt. Wer gerne wandert, schwimmt, ausgiebig waldbadet oder per Pferd, Bike, Alpaka oder gar Traktor die Gegend erkundet, ist in dieser Region gut aufgehoben. Nein, vielmehr wird man sich in diesen Landstrich verlieben, der mit seinen Burgen und Schlössern, mächtigen bäuerlichen Anwesen und verschwiegenen Klausen, mit seinem Gespinst aus religiös und weltlich geprägten Wanderwegen eine ganz eigene Kraft birgt. Und das quasi vor der Haustüre vieler Metropolen – im Sonnengeflecht zwischen München, Salzburg, Passau und Linz.

Es ist wohl heute genau die richtige Zeit, um kleine Paradiese in überschaubarer Nähe zu finden, mit ökologisch verträglichen Anfahrten, zum Wandern oder Radeln in der Natur, zum Schwimmen – und Sehr-gut-Essen. Auch wenn in manchen Gegenden die Wirtshausdichte nicht hoch ist – dort, wo gekocht wird, tut man es köstlich.

Sie vermissen das Mediterrane? Müssen Sie nicht. Die dominante Farbe dieser Gegend ist Sonnengelb, manchmal mit Tupfern aus Ochsenblutrot und Aprikot. Das Wetter hat geografisch bedingt im Sommer eine große Milde, und die Gewässer sind bacherlwarm. Und wenn man von den leicht geschwungenen Höhen Ostermiethings, Eggelsbergs, Hochburgs oder von Maria Bühel bei Oberndorf in Richtung Westen schaut, ist das so schön wie der Blick auf eine Meeresküste. Tiefgrüne Wälder, die sich Richtung Inn in fast toskanisch anmutende Hügel auflösen, Marktplätze, die an Farbigkeit kaum zu übertreffen sind – das alles macht den mitunter sehr italienischen Flair aus. Und vergessen wir nicht: Wir befinden uns in einem Gebiet, das mal österreichisch, mal bayerisch war, mal mit französischen Einflüssen und dann wieder auf den alten Salzhandelswegen, den Flüssen, von internationalen Gästen besucht und geprägt wurde: architektonisch, musikalisch und gastronomisch.

Ja, es ist ein Landstrich, in dem man Halt macht und sich eine Pause gönnt. So machen es auch die vielen Zugvögel, die in den Innauen, im Schwemmland der Salzach oder in den Naturreservaten an den Seenplatten brüten und rasten und für eine biologische Vielfalt sorgen, wie man sie nur an wenigen Stellen in Europa findet. Sich diesen Flecken Glück zu erwandern, ist eine Herzensangelegenheit für alle, die leises und langsames Reisen lieben, und sei es nur für einen Tagesausflug. Folgen Sie uns auf ein paar Wegen, die wir schön finden. Sie werden herzlichen Menschen begegnen, jeder Menge Tiere, einer etwas anderen Agrarlandschaft mit weiten Graumohnfeldern und Elefantengras, mit Mooren, Madonnen und Mooswirtschaften.

Gute Reise in ein stilles Juwel!
Christine Paxmann und Klaus Bovers

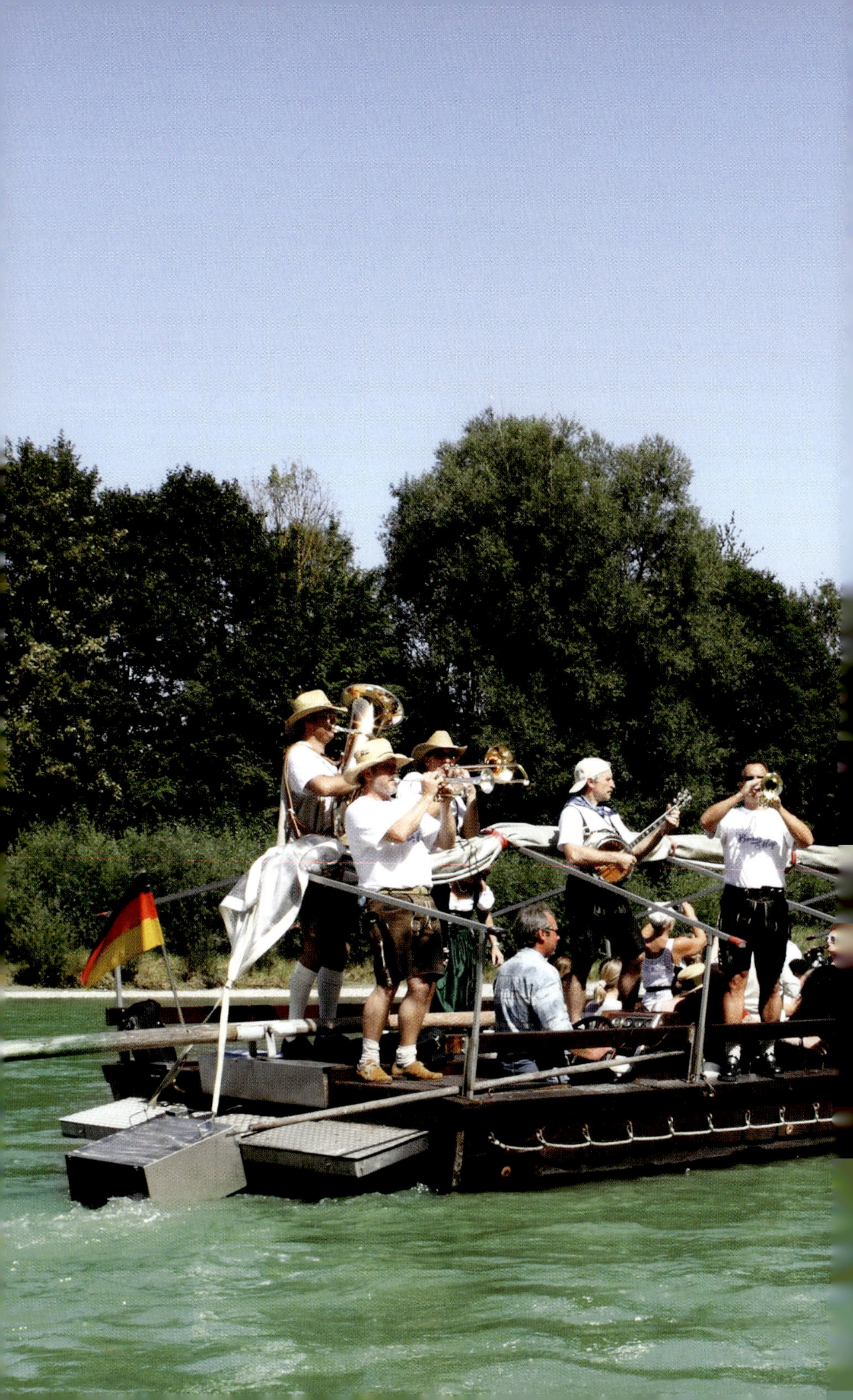

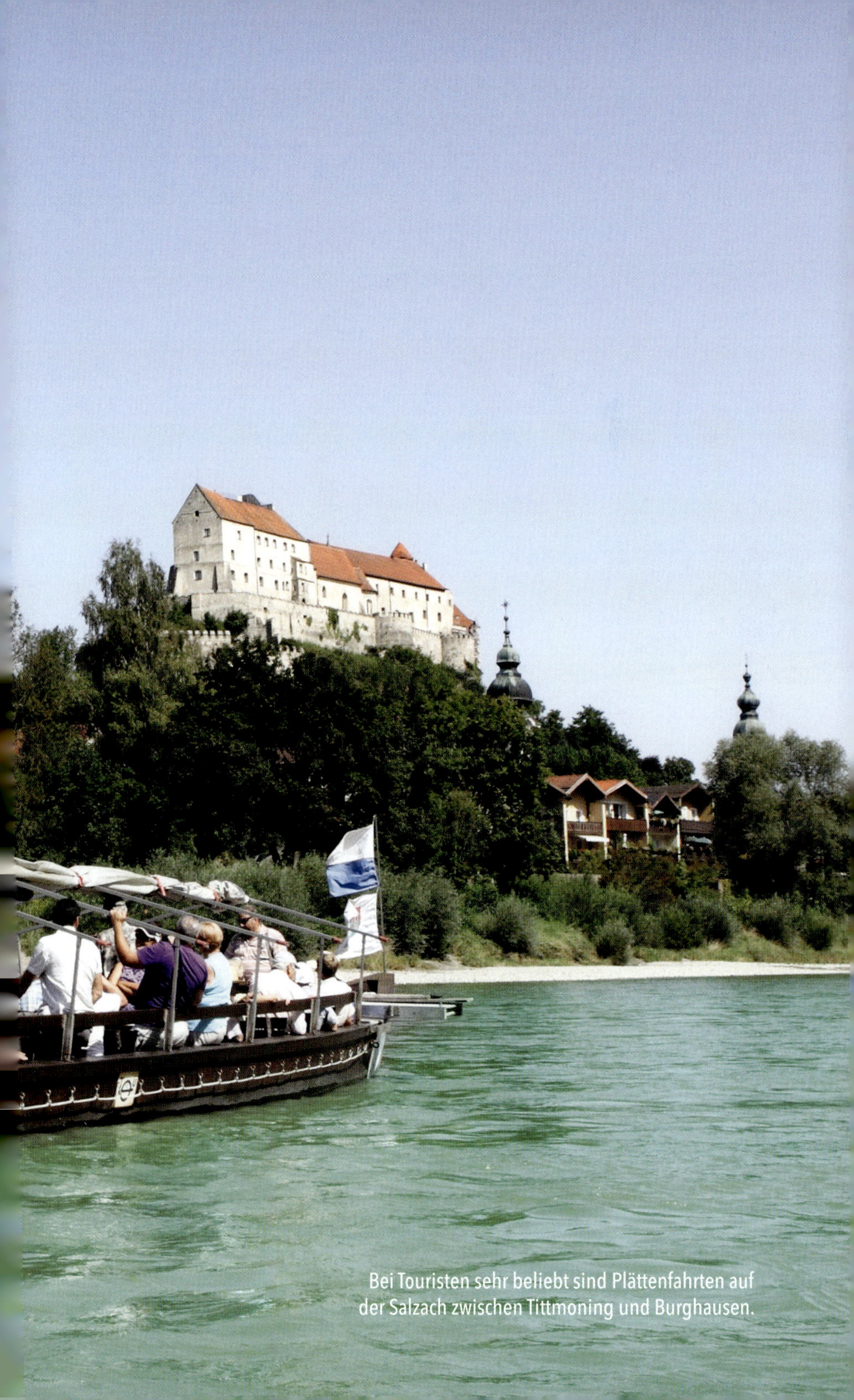

Bei Touristen sehr beliebt sind Plättenfahrten auf der Salzach zwischen Tittmoning und Burghausen.

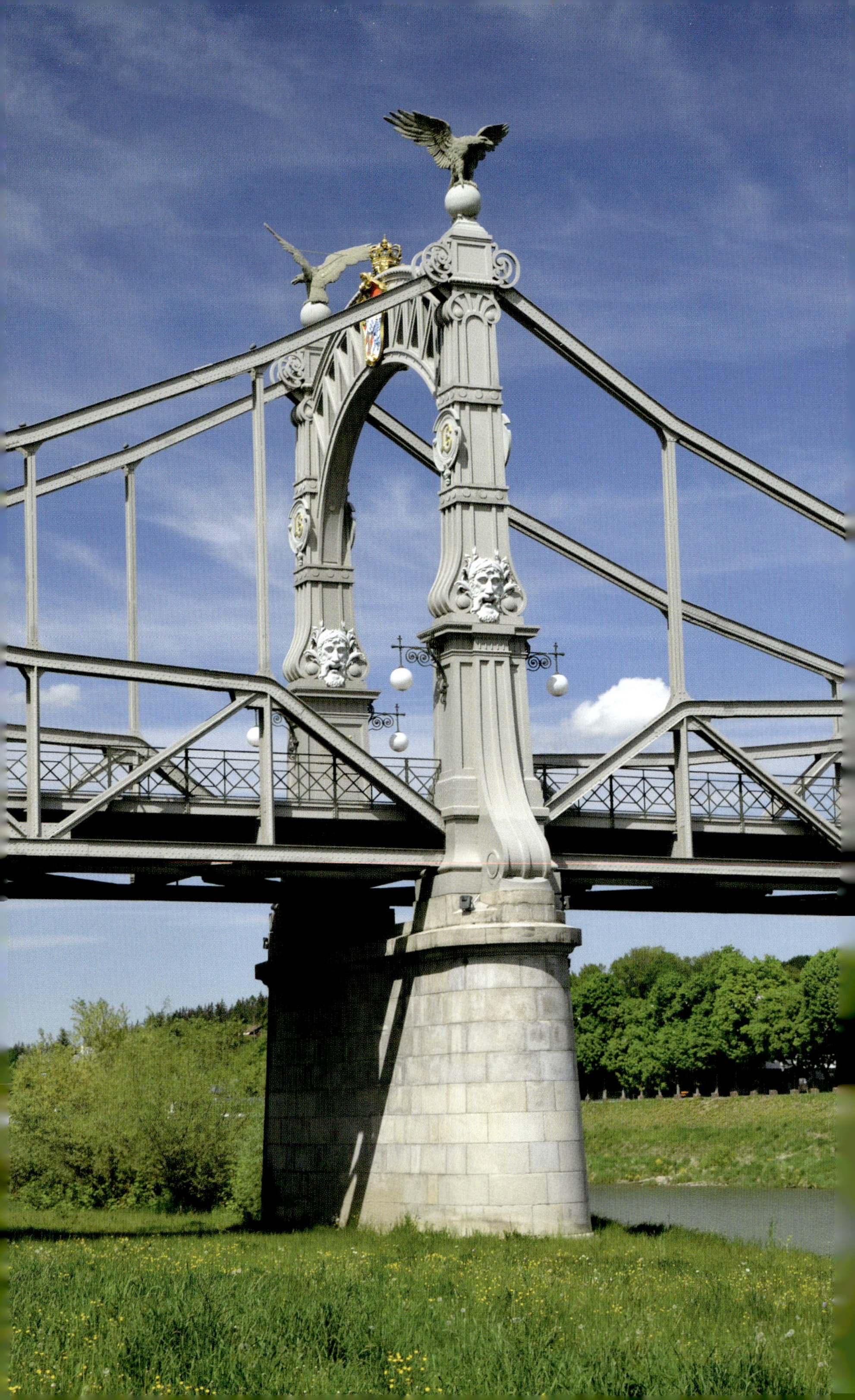

Brücken statt Grenzen

Unterwegs von Freilassing nach Laufen

Zur Zeit der Napoleonischen Kriege standen Österreich und Bayern nicht immer auf derselben Seite, was auch nach dem Frieden von Schönbrunn 1809 bei der neuen Grenzziehung zu einigem Hin und Her führte. Das Herzogtum Salzburg, Kitzbühel und Ried im Innkreis gehörten ab 1809 erst einmal zum neu geschaffenen Königreich Bayern. Doch mit dem so entstandenen bayerischen „Salzachkreis" war schon bald wieder Schluss, der Münchner Vertrag von 1816 machte alles rückgängig. Danach kehrte an den neuen Grenzflüssen Salzach und Inn für fast hundert Jahre Ruhe ein. Diese wollten die Regenten auf beiden Seiten, der österreichische Kaiser Franz Joseph I. und der bayerische Prinzregent Luitpold, mit einem grenzüberschreitenden Symbol besiegeln.
Zwischen dem bayerischen Laufen und dem österreichischen Oberndorf ließen sie gemeinsam eine der schönsten eisernen Brücken im gesamten Voralpenraum bauen. Am 2. Juni 1903 wurde dieses Jugendstil-Juwel und Musterbeispiel der Ingenieurskunst feierlich eingeweiht. Am Ende der kurzen „tausendjährigen" Epoche wäre die Brücke fast gesprengt worden, was zum Glück von mutigen Bürgern verhindert wurde. Seitdem wird sie als „historische Brücke in Laufen" von beiden Seiten liebevoll umsorgt und regelmäßig saniert.
Neben dem symbolischen Wert hatte dieser Bau auch einen durchaus praktischen Sinn, denn die wiederholten Salzach-Hochwasser hatten damals eine sichere und moderne Brücke dringend notwendig gemacht. Zu ihrem 100-jährigen Jubiläum wurden in Österreich und Bayern Sonderbriefmarken aufgelegt, im Wert von einem Euro, der ein Jahr zuvor grenzüberschreitend eingeführten neuen Währung. Genau dort, wo beim besonders verheerenden Hochwasser von 1899 die letzte Holzbrücke weggerissen wurde, führt in Laufen seit 2006 der Europasteg über die Salzach, eine schön geschwungene Radl- und Fußgängerbrücke, über die auch der „Stille-Nacht-Friedensweg" führt.

Wenn wir beim Thema Brücken bleiben und sie von Freilassing aus zählen wollen, dann gibt es davon auf unserer Reise bis Passau an Salzach und Inn insgesamt achtzehn Exemplare. Über sie führen Eisenbahnen, Fernstraßen und historische Handelswege. Die älteste unter ihnen, die Passauer Marienbrücke, hat ihre Ursprünge immerhin im Jahr 1143. Die „Alte Innbrücke" in Schärding weist zum Teil Steinpfeiler aus dem 13. Jahrhundert auf, und in Burghausen wird die „Alte Brücke" über die Salzach regelmäßig einmal im Jahr für das traditionelle Brückenfest „drent und herent" gesperrt.
Die Menschen im Flachgau, Innviertel und Sauwald, oder ihre bayerischen Nachbarn im Rupertiwinkel, Rottal und Neuburger Wald wissen, was sie an ihren Brücken haben, sie sind bei natürlichen Grenzen wie Flüssen immer noch das beste Hilfsmittel. Bei den offiziellen Grenzen haben sie mit der Zeit gelernt, wie willkürlich diese sein können, darum verstehen sie sich bei diesem Thema immer schon gut. Direkte Nachbarn in Sprache und Kultur sind sie ja eh!

Brücken über die Salzach:

Freilassing: (Saalach) Eisenbahnbrücke München–Salzburg • Straßenbrücke B 304 nach Salzburg; **Laufen** Historische Brücke nach Oberndorf • Europasteg nach Oberndorf; **Tittmoning:** Straßenbrücke St 2106 nach Ettenau; **Burghausen:** Straßenbrücke St 2357 nach Wanghausen • Alte Brücke nach Ach

Brücken über den Inn:

Simbach: Straßenbrücke B 12 nach Ranshofen und Braunau • Straßenbrücke St 2112 nach Braunau Altstadt • Eisenbahnbrücke Mühldorf–Ried im Innkreis; **Bad Füssing/Egglfing:** Straßenbrücke St 2117 nach Obernberg • Autobahnbrücke A3 Pocking–Suben; **Neuhaus am Inn:** Alte Innbrücke St 2119 nach Schärding • Straßenbrücke B 512 nach Schärding; **Neuburg am Inn:** Mariensteg nach Wernstein; **Passau:** Eisenbahnbrücke, Schärding–Passau • Innsteg, Univiertel–Innstadt • Marienbrücke, Altstadt–Innstadt

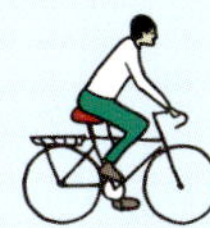

Von Brücke zu Brücke

Start: Gasthaus Zollhäusl, Freilassing. **Ziel:** Laufen

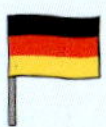

🕒 2,5 Stunden → 33 km ↗ 100 hm

Diese kurze Radltour entlang der Salzach ist sichtbar von der österreichisch-bayerischen Historie geprägt. Zum Glück aber auch von entspannteren Dingen wie ein paar Kilometern wunderbar grünem Auwald, einem glitzernden Gebirgsfluss als ständigem Begleiter, vielen schattigen Ruheplätzen und der Vorfreude auf ein spannendes Ziel. Das ist in dem Fall die mittelalterliche Stadt Laufen, von der wir die berühmte eiserne Brücke als Erstes sehen werden. Und auch am Start unseres Ausflugs haben wir es mit Brücken zu tun, die heute jedoch verschwunden sind. Und damit sind wir mitten in der Lokalgeschichte.

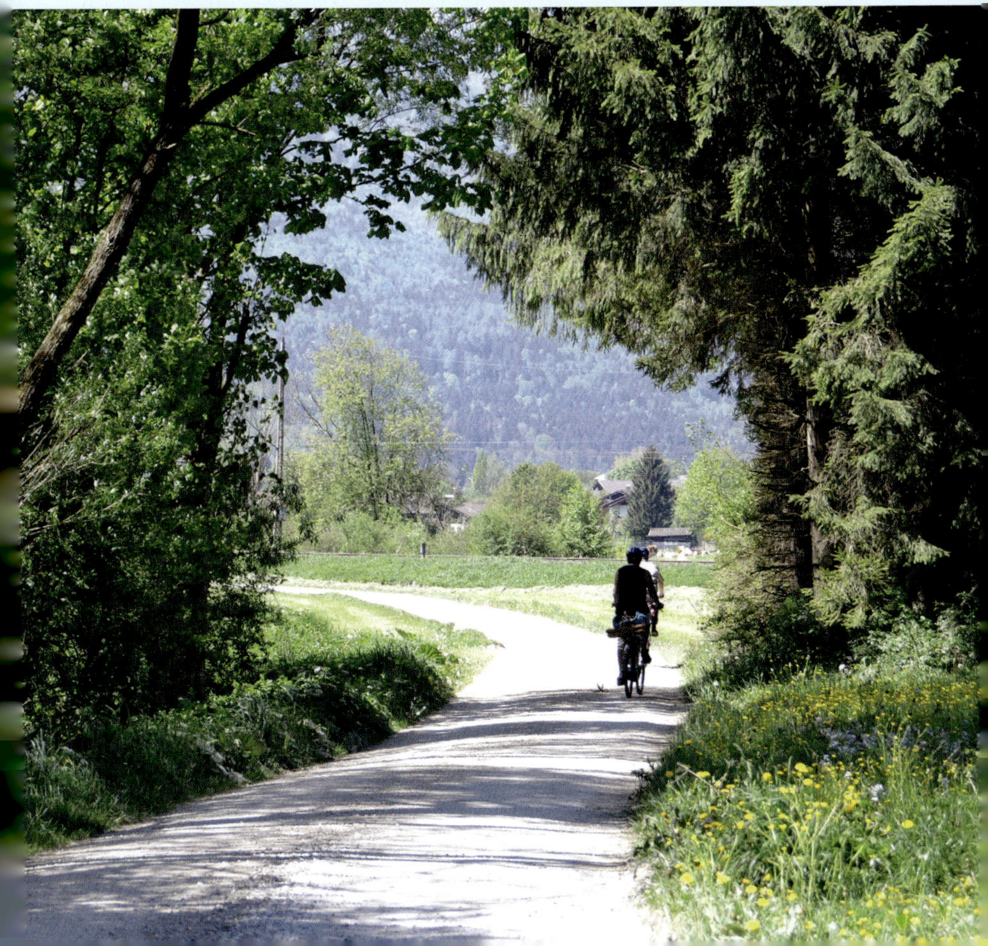

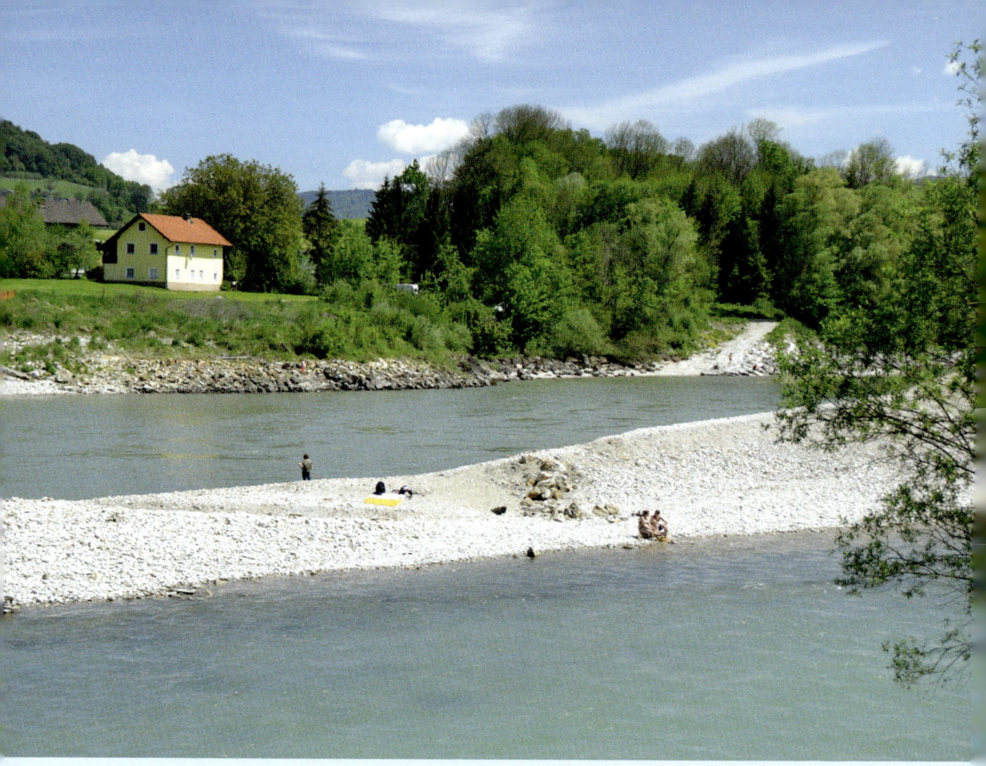

Ab der Saalachmündung wird die Salzach zum Grenzfluss. Baden geht trotzdem.

Vom Gasthaus Zollhäusl in Freilassing, wo wir unsere Radltour beginnen, trieben Bauern aus dem Rupertiwinkel bis in die 20er-Jahre ihr Vieh nach der Verzollung über eine Holzbrücke zum Salzburger Viehmarkt. Am Zaun des Biergartens, wo heute Ausflügler ihre Fahrräder abstellen, sieht man noch Reste alter Eisenstangen, an denen die Tiere während der Brotzeit ihrer Besitzer angebunden waren. Die alte Holzbrücke wurde 1931 durch die moderne Rupertusbrücke ersetzt, von der heute nichts mehr zu sehen ist. Sie wurde am 2. Mai 1945 gesprengt, doch schon am 4. Mai wurde an der nahe gelegenen und unversehrten Eisenbahnbrücke die kampflose Übergabe der Stadt Salzburg ausgehandelt. So also sehen geschichtsträchtige Orte aus.

In einer Art bürgerlich-behäbigem Jugendstil steht es da, das 1907 eröffnete Zollhäusl mit seinem prächtigen Kastanien-Biergarten. Sich hier für eine Radltour zu stärken kann nicht schaden, die Küche ist sowohl traditionell bayerisch wie auch salzburgerisch. Parkplätze gibt es reichlich, für einen Familienausflug also der ideale Start. Zunächst geht es vorbei am Saalachwehr, und nach der Unterquerung der Bundesstraße 304 fahren wir noch kurz an dem Fluss entlang, bis dieser

nach zwei Kilometern in die Salzach mündet. Jetzt wird auch das Tal breiter und die Fahrt durch den wunderschönen Auwald beginnt. Rechts von uns rauscht der Fluss, das Spiel von Licht und Schatten auf dem breiten Weg, Vogelgezwitscher in den Pausen, das alles wirkt nachhaltig entspannend. Gerade deshalb ist nach etwa sechs Kilometern Konzentration angesagt.
Auf einem Material-Lagerplatz der Wasserbauer weist ein schwer lesbares Schild mit der Aufschrift „Ausfahrt" nach links. Diesem Hinweis sollten wir unbedingt folgen, sonst stehen wir bald an der Mündung eines Flüsschens: Drüben sehen wir den Weg, aber weit und breit keinen Übergang! Dann doch lieber vorher in den Auwald abbiegen und kurz darauf über eine Holzbrücke auf das linke Ufer des kleinen Flusses namens Sur wechseln. Von seinem Damm aus sehen wir hinter Wiesen und Feldern den Turm von Schloss Triebenbach, einer ehemaligen Wasserburg der Salzburger Ministerialen von Steinbrünning. Die Sur mündet schon bald in die Salzach und von da aus sind es nur noch etwa vier Kilometer, bis die historische Brücke von Laufen nach Oberndorf sichtbar wird. Sie überquert die Salzach auf soliden Steinpfeilern in einer Höhe von gut zehn Metern über dem ehemaligen Treidelweg. Bestimmt hochwassersicher, weshalb wir unsere Drahtesel einige Stufen hinauf zum Marienplatz schleppen müssen. Wir verschnaufen in einem der schmucken Straßencafés und, falls wir dabei die Zeit vergessen sollten: Die Bahn zurück nach Freilassing nimmt auch Fahrräder mit. Zum außerhalb gelegenen Bahnhof geht es dann zum ersten Mal an diesem Tag richtig bergauf, doch dafür kann man wie früher die Tickets noch an einem richtigen Schalter kaufen.

ⓘ www.zollhaeusl.de, Tel. +49 (0)8654 62011

Lokwelt Freilassing
Hier hat es mal gedampft

„Wir haben Besucher von überall her", sagt Martin Rupp, ehemaliger Eisenbahner und Lokführer, und meint damit die Gäste aus aller Welt, die er und seine Kollegen durch die Lokwelt Freilassing führen. Er zeigt dabei schon mal hinter sich auf die grüne E-Lok der Baureihe E16 und meint, „die habe ich auch noch selber gefahren". Die grüne Riesin aus den 20ern, die erst 1980 als Schnellzuglok ausgemustert wurde, ist eine der zahlreichen Originale, die man in diesem bemerkenswerten Museum in ihrer ganzen Pracht und Größe bewundern kann. Dazu kommen natürlich historische Dampfloks, Eisenbahnabteile – das älteste ist von 1870 – , Gleisbaumaschinen, Stellwerke und vieles mehr. „In der Lokwelt ist alles interessant", sagt Senior Rupp, „auch weil es vorher ein Betriebswerk war, in dem ich selber gearbeitet habe und Lokführer war." Genau diese Kombination von Betriebsstätte und Museum macht den Reiz der Einrichtung aus, die von Freitag bis Sonntag geöffnet ist. Ihr Zentrum ist der Ring-Lokschuppen mit den siebzehn Gleisständen auf einer Drehscheibe, deren Funktion an bestimmten Tagen demonstriert wird. Das Bahnbetriebswerk Freilassing entstand 1905, wurde noch bis 1998 genutzt und beschäftigte in besten Zeiten bis zu 1 000 Menschen. Heute steht das Ensemble unter Denkmalschutz. Von seinem Außenbereich starten sogar hin und wieder Sonderfahrten mit historischen Zügen. Ganz wichtig zu nennen sind auch die verschiedenen Modellbahnanlagen. Insgesamt also ein Paradies für Eisenbahnfans jeden Alters, Familien sollten viel Zeit einplanen!

ⓘ www.lokwelt.freilassing.de, Tel: +49 (0)8654) 3099-320

Ein Gefühl von Süden
Stadtbesuch in Laufen

„Mia san einzigartig!" – so wirbt die Stadt Laufen selbstbewusst für sich, und da ist etwas dran. Auf jeden Fall, wenn die historische Altstadt gemeint ist. Wer diese liebenswerte Mittelalter-Kulisse betritt, kommt entweder durch das Salzburger Tor oder über die berühmte eiserne Salzachbrücke, für den Erstbesucher beides ein Erlebnis. Autofahrer auf dem Weg über Laufen nach Österreich haben gerade vorsichtig den engen Salzburger Torturm durchfahren, langsam den Marienplatz mit seinem südlich anmutenden, quirligen Leben passiert, da sind sie auch schon auf der Brücke über die Salzach und damit über die Grenze und schon wieder draußen. „Wenn ich mal mehr Zeit habe ...", denkt sich da mancher, mit Recht: Für Laufen ein paar Stunden einzuplanen lohnt sich unbedingt!

Wer dabei an mehrere Tage denkt, für den werden verschiedene offizielle Führungen angeboten, mit Themen von der Stadthistorie über den Kulturspaziergang bis zur Kieselstein-Expedition am Ufer der Salzach-Schleife. Aber auch jede kürzere Reisepause bekommt in Laufen ihren Wert: Am Marienplatz lebt man sichtlich gerne draußen, Straßencafés und Wirtschaften sind gut besucht, der Verkehr tastet sich vorsichtig über das Pflaster, Platanen spenden Schatten, und rasch kommt dieses Gefühl von Süden auf, das so typisch ist für manche bayerischen Städte an Flüssen. Wasserburg am Inn wäre ein anderes Beispiel. Von den Nebentischen klingt ein Bairisch mit salzburgerischem Tonfall herüber, die Hiesigen dominieren auf angenehme Weise die Szene. Das setzt sich in den Gassen fort, bewohnte Altstadthäuser mit kleinen Läden und Galerien, man kennt sich, hier herrscht echtes urbanes Leben! Wer sich eine Stadtführung für ein andermal aufheben will, dem

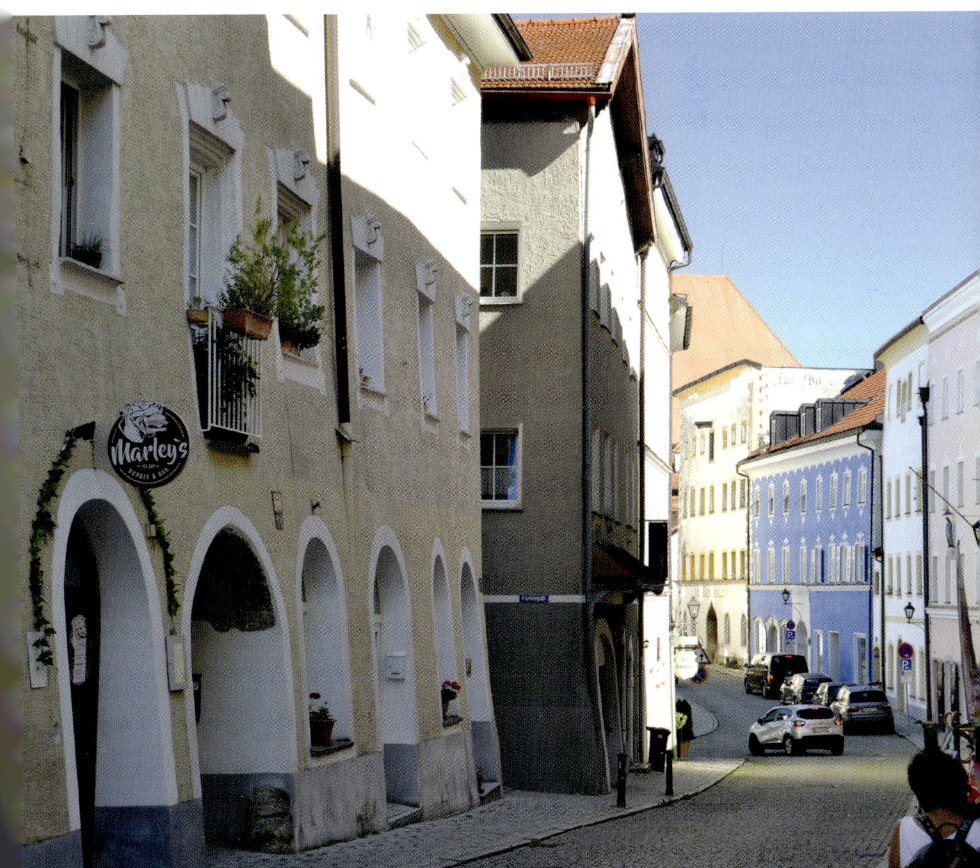

empfehle ich einen Gang vom Marienplatz durch die Rottmayrstraße zur Stiftskirche. Zwischen den stolzen Patrizierhäusern, manche ähneln italienischen Palazzi, zweigen enge Gassen mit stützenden Schwibbögen ab (Lebzeltergaßl, Mühlengaßl), und am Rupertusplatz, dem alten Marktplatz, geht es den Stadtberg hinunter zum Unteren Tor. Hier war der Platz der alten Salzachbrücke, die immer wieder vom Hochwasser weggespült wurde und heute vom Europasteg für Fußgänger ersetzt wird. Der führt hinüber nach Oberndorf und zum Thema „Stille Nacht". Vorher aber ist noch der Besuch der Stiftskirche und ihres Bogenganges fällig!

Gotik an der Salzach
Die Stiftskirche in Laufen

Diese Kirche ist nicht zu übersehen. Wer Kirchen in Bayern über ihre schmucken Zwiebeltürme definiert, zweifelt beim ersten Blick aber erst einmal, ob es sich hier wirklich um eine solche handelt. Dabei ist die Laufener Pfarr- und Stiftskirche „Zu Unserer Lieben Frau zu Laufen" die älteste gotische Hallenkirche in Bayern. Damit entfällt natürlich der Zwiebelturm, und der Blick wird festgehalten von der ungewöhnlich großen, ziegelroten Dachfläche, die besonders auffällt, wenn man sich dem Ort über die Salzachbrücke nähert.
Gotik also, und eine der wenigen bayerischen Hallenkirchen. Doch dann ist zu lesen, dass auf dieser Halbinsel im Fluss schon im 9. Jahrhundert ein Baptisterium mit 1,5 Meter dicken Grundmauern aus Tuffstein errichtet worden war, aus dem dann die Michaelskapelle wurde, die heute durch einen Arkadengang mit der Stiftskirche verbunden ist. Deren Bau wiederum begann um 1200 als romanische Basilika im Stil der Lombardei. Beim Umbau im gotischen Stil wurde hundert Jahre später nur der Turm übernommen und aufgestockt. Darum sieht das fromme Ensemble heute so besonders aus. Wenn wir durch das Portal eintreten, weht uns reines Spätmittelalter entgegen. In den drei gleich hohen Kirchenschiffen kann und soll der Blick nur nach oben gehen, an den vielen aufragenden Säulen entlang, hinauf zu den Verzweigungen

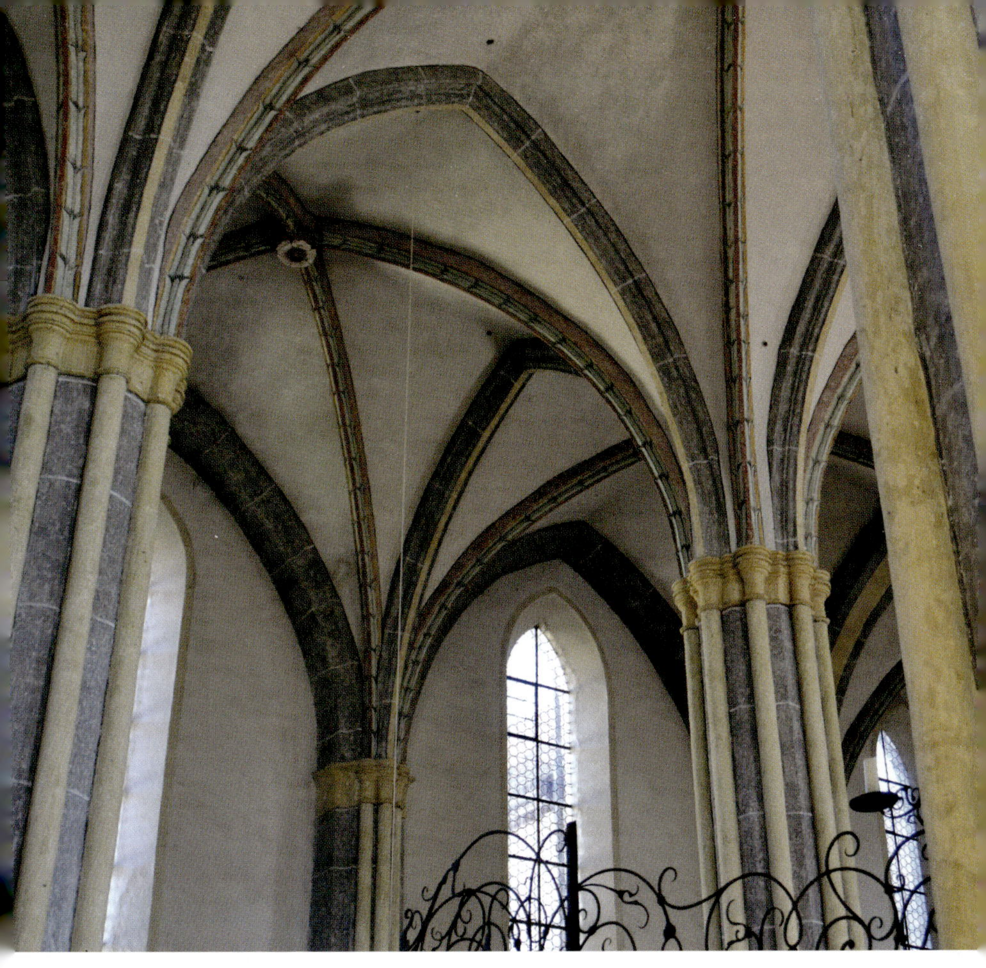

und Gewölben mit ihren Kreuzrippen und Schlusssteinen – da wird man von alleine still und empfänglich für die Aura dieses Ortes.
Alles wurde sehr einfühlsam saniert, vor rund zwanzig Jahren. Vor zehn Jahren haben sich dann die Restauratoren den Bogengang vorgenommen, der die Kirche an drei Seiten umgibt, einem Kreuzgang ähnelt, aber eigentlich für die Grablegen hochstehender Persönlichkeiten aus dem Bürgertum der Stadt gedacht war. Diese Gewölbe sind so eindrucksvoll und voller Details, dass man unwillkürlich leise auftritt und die Stimme dämpft. Wir kommen wieder hinaus auf den Platz in die Sonne und lösen uns nur langsam von der Zeitreise ins Mittelalter.

ⓘ www.laufen.bayern, Tel.: +49 (0)8682 8987-49

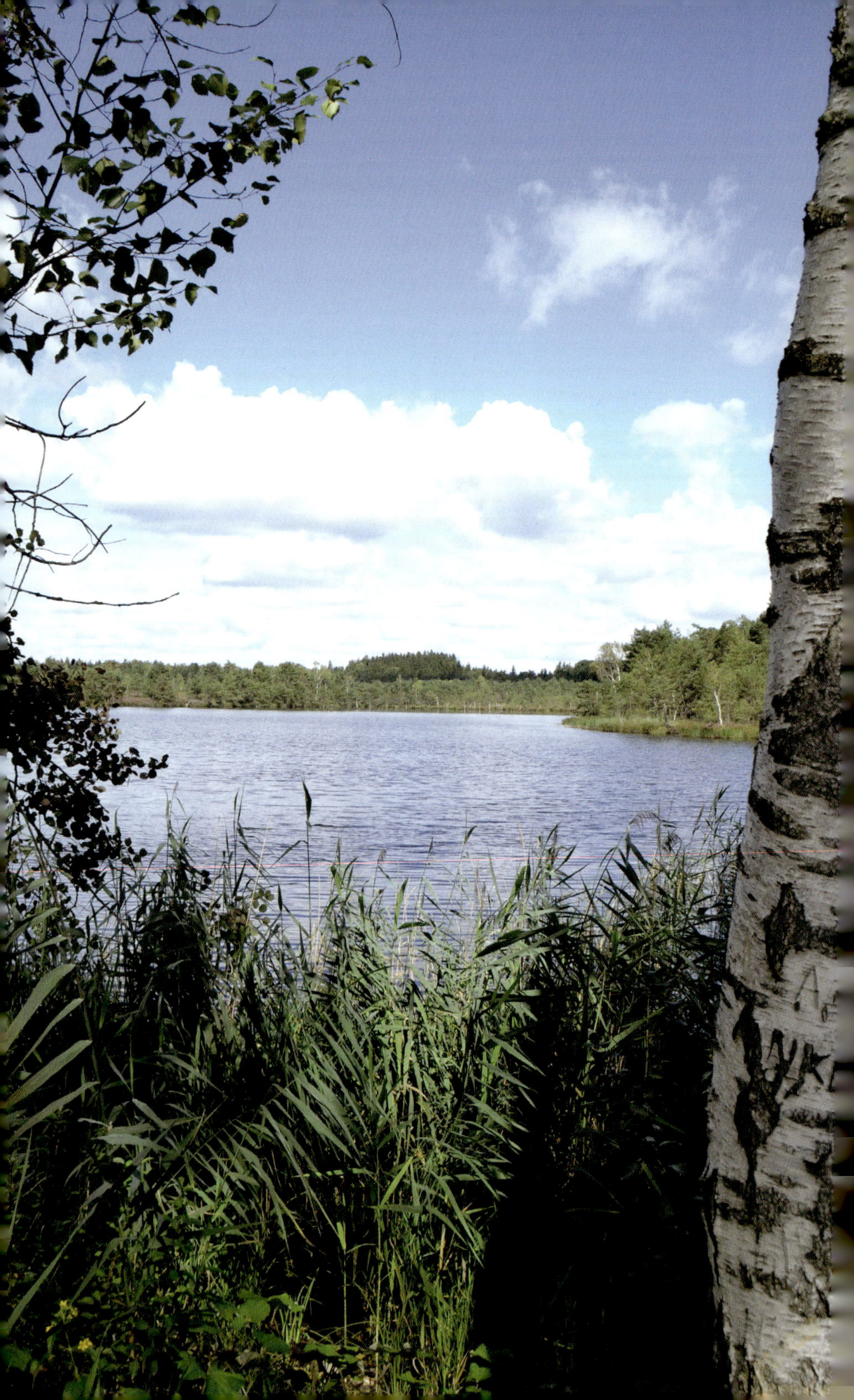

2

Rund um den Schönramer Filz

Was ist Moor, Moos oder Filz?

Naturschützer und Klimaforscher haben seit einigen Jahren das Moor entdeckt, als Lebensraum für Flora und Fauna beziehungsweise als CO_2-Speicher. Jahrhundertelang wurden Moore kultiviert, sprich landwirtschaftlich nutzbar gemacht oder zur Torfgewinnung ausgebeutet. Heute hat der Torf als Wirtschaftsgut stark an Bedeutung verloren. Dessen Rolle hat beim Thema Moor quasi der Tourismus übernommen, und seitdem sind auch die regionalen Bezeichnungen wieder im Fokus. In Süddeutschland spricht man allgemein vom „Moos" oder den „Mösern", wenn es sich um Niedermoore handelt, beim Wort „Filz", „Filzen" oder „Fuizn" sind die im Voralpenraum verbreiteten Hochmoore gemeint. Ein Moos oder Niedermoor hat Verbindung zum Grundwasser, ist nährstoffreich und damit für Flora und Fauna ein Lebensraum mit großer Vielfalt. Die Filzen sind als Hochmoor das genaue Gegenteil: Nährstoffarm und bei der Wasserzufuhr nur auf Niederschläge angewiesen, sind sie ein Biotop für pflanzliche Spezialisten, vor allem für die diversen Torfmoose (*Sphagnaceae*), die in Europa inzwischen als gefährdet gelten. Sie haben die Eigenschaft, beständig mehr Wasser aus Niederschlägen aufzunehmen als sie durch Verdunstung oder Abfluss verlieren. Sie bilden den Grundstoff für den Torf, der als Schicht jährlich einen Millimeter wächst, so dass Hochmoore mit der Zeit wie vollgesogene Schwämme in der Landschaft nach oben wachsen – daher der Name Hochmoor.

Der Torf der Hochmoore wurde als billiger Brennstoff über Jahrhunderte von den Bauern und Nachbarn der Filzen genutzt, ihre Torfstiche stellten aber kaum einen Eingriff in den Naturkreislauf dar. Mit dem industriell betriebenen Abbau ab den Fünfzigerjahren änderte sich das grundlegend. Riesige Fräsmaschinen hinterließen im Voralpenland zum Teil monströse Mondlandschaften. Die Folge waren höchst aktive Bürgerinitiativen, denen es gelang, diese brutale Landschaftsvernichtung zu stoppen. Seitdem heißt die offizielle Devise: Renaturierung.

Über den richtigen Weg dorthin streiten die Experten, doch inzwischen ist die Umwandlung der alten Torfstiche überall schon weit gediehen. Die Natur darf sich ihr Terrain zurückholen, und es entstehen immer mehr dieser wunderschönen Reservate, die für Naturfreunde ein Anziehungspunkt geworden sind. Heideflächen wechseln mit lichten Birkenwäldchen, dazwischen Wollgras-Inseln, Krüppelkiefern, Erlengehölze und immer wieder Tümpel, Gräben und kleine Seen. Die Torfmoose wachsen langsam wieder nach, und wer genau hinschaut, entdeckt manchmal auch den fleischfressenden Sonnentau (*Drosera*), die typische Pflanze für das saure Milieu eines Hochmoores.
Zum Bild gehören heute auch die Moorlehrpfade mit ihren Aussichtsplattformen, Infotafeln und kleinen Schildern am Wegrand. Ein Beispiel für gelungene Renaturierung sind in Oberösterreich das Ibmer Moor (siehe S. 99 ff.) und das Weidmoos (siehe S. 40 ff.). In Bayern findet sich nur wenige Kilometer südlich der Schönramer Filz und das ebenfalls renaturierte Ainringer Moos. Auch das war einmal ein Hochmoor mit einer ursprünglich über zehn Meter mächtigen Torfschicht. Warum dieses Naturjuwel nun ein „Moos“ genannt wird, müsste man die Heimat- und Sprachforscher fragen. Moore bergen, wie man hört, viele Geheimnisse.

Abseits vom Weg – die schönsten Seerosen.

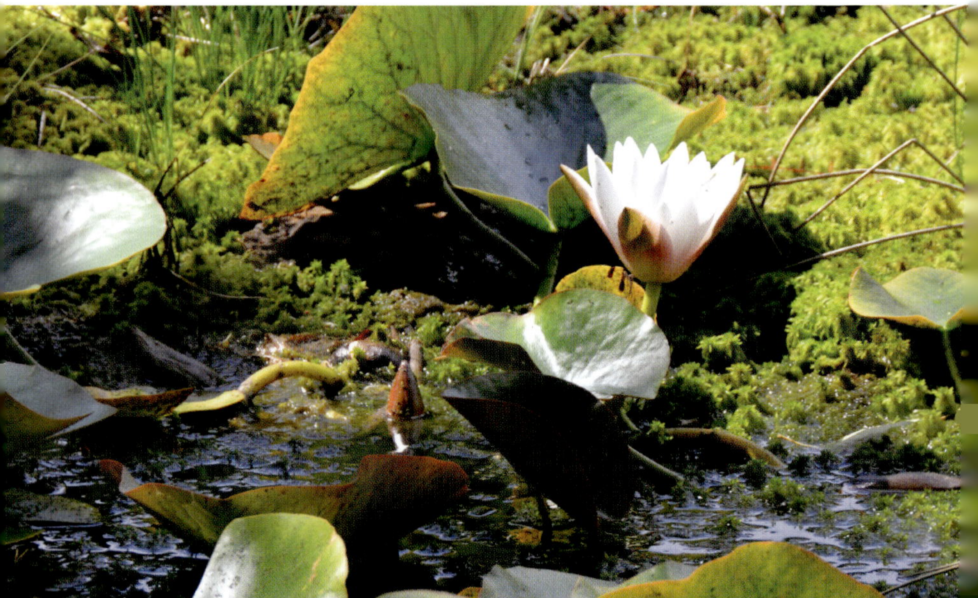

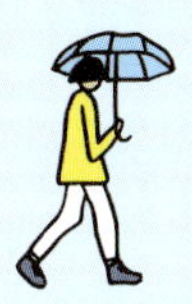

Hier geht's lang

Start/Ziel: Schönram, Parkplatz „Heidewanderung"
an der Straße Schönram–Laufen
🕒 1 Stunde ↔ 4 km ↗ kaum hm

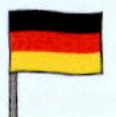

Wer auf der bayerischen Staatsstraße 2103 von Teisendorf nach Laufen unterwegs ist muss aufpassen, dass er kurz hinter Schönram das unauffällige Parkplatzschild links am Waldrand nicht übersieht. Der Wanderparkplatz selber liegt versteckt ein paar Meter weiter im Wald, fast so, als ob er bewusst nicht jeden zufällig Vorbeifahrenden auf sich aufmerksam machen möchte.

In seiner Mitte informieren Schautafeln über Entstehung, Flora und Fauna des Schönramer Filz und über deren Renaturierung, dazu gibt es ein paar übersichtliche Karten zu möglichen Wanderungen in der Region. Auf den Sitzgelegenheiten in der Nähe können wir uns in Ruhe überlegen, ob uns die empfohlene Laufrichtung des „Heiderundwegs" passt, oder ob wir doch lieber andersrum unterwegs sein wollen. Wochentag und Tageszeit haben wir so ausgesucht, dass wir mehr oder weniger für uns sind und so sind wir gespannt, was uns die knappe Stunde auf diesem Moorlehrpfad zu bieten hat.

Unsere kleine Wanderung starten wir gegen die empfohlene Richtung und erreichen so schon nach zehn Minuten auf dem breiten Forstweg das Ufer des „Großen Moorsees". So nennen die örtlichen Touristiker den mit Wasser gefüllten alten Torfstich, nicht ganz zu Unrecht. Schmal ist er wie ein Fjord, sein Ostufer ist bewaldet, und im Westen grenzt er an eine weitläufige Heidelandschaft. Von unserer Bank am Ufer öffnet sich ein weiter Blick über leicht bewegtes Wasser, in dem sich die Wolken spiegeln. Die Stille ist beeindruckend, nur unterbrochen von Insektengeraschel und dem Wind in den Erlen.

Dort hinten, wo wir das Ende des Sees ahnen, wollen wir heute noch hin. Beim Aufbruch bemerken wir am Ufer ein paar sichtlich genutzte Badestellen und wundern uns über jeglichen Mangel an Schildern. Keine Naturschutz-Warnung, kein Badeverbot, nur an der nächsten Abzweigung der gelassene Hinweis: „Hier geht's lang!" Wir biegen nach rechts ab, verlassen den Forstweg und merken sofort, dass wir uns jetzt auf echtem Moorboden bewegen. Der Weg hat etwas beschwingt Federndes, der Belag aus Holzhackschnitzeln trägt sicher das Seine dazu bei. Immer wieder biegen Pfade nach rechts durch die Heide Richtung See ab, doch nirgends ein Schild – und so bleiben wir brav auf dem Weg. Am nächsten Rastplatz mit

Infotafeln treffen wir erstmals auf Wanderer, sie sind unterwegs in der offiziell empfohlenen Richtung.
Nach einem Kilometer mündet der Weg in einen niedrigen Kiefernwald und zweigt wieder nach rechts ab. Stehenbleiben ist ab jetzt riskant, in den kleinen Gräben, die wir überqueren, lauern die Mücken. Nicht lange, denn wir erreichen bald wieder einen breiten Forstweg und schlagen die letzte Rechtskurve des Rundwegs ein. Ab jetzt wandern wir auf der ehemaligen Trasse der Schmalspurbahn, die hier noch bis in die 80er-Jahre für den Abtransport des getrockneten Torfs sorgte.
Ein größerer Rastplatz bietet eine Kletterhütte für die Kids, robuste Holzbänke im Schatten und wieder eine Reihe von Infotafeln über das unbekannte Leben im Moor. Zehn Minuten weiter blinkt zwischen niedrigen Bäumen ein Tümpel, der interessant aussieht. Ein Sprung über den Graben – das haben vor uns schon andere gemacht –, und wir stehen vor einem verwunschenen kleinen Teich mit Blättern, die irgendwie fremdartig aussehen. Hat sich hierhin eventuell eine Lotuspflanze verirrt? Apropos fremdartig: Das sonst allgegenwärtige Indische Springkraut (*Impatiens glandulifera*) hat es um die Schönramer Filzen herum sichtbar schwer: Diverse Schilfarten, Ringdisteln und der Gefleckte Schierling (*Conium maculatum*) lassen diesem Einwanderer weniger Raum als üblich und somit kaum Chancen zur Ausbreitung.
Der Weg auf der alten Torfbahntrasse geht in die letzte Kurve, der Parkplatz kommt in Sicht und wir nehmen noch einmal Platz im Schatten. Wir sind uns einig: Eine wunderschöne und entspannende Stunde in der Natur liegt hinter uns. Am Nachmittag wollen wir die Schönramer Beeren besuchen – in einer Beerenobstplantage ganz in der Nähe kann man Heidelbeeren und Cranberrys ernten. Als Mitbringsel oder einfach als Tages-Erinnerung mit Geschmack.

ⓘ Tourist-Info Petting, Tel. +49 (0)8686 200
www.schoenramer-beeren.de

Zeitung lesen im Schönramer Bräustüberl

Im oberbayerischen Dorf Schönram ist seit rund 500 Jahren eine Tafernwirtschaft nachgewiesen, immer schon mit dem landesherrlichen Recht zum Bierbrauen, Schnapsbrennen und Brotbacken ausgestattet.

Dieser Landesherr war bis zur Säkularisation 1803 das Erzstift Salzburg, wir sind also an einem Ort mit schöner Tradition, der zudem noch die wechselvolle bayerisch-salzburgerische Geschichte widerspiegelt. Die Brauerei ist seit 1780 im Familienbesitz, als „Private Landbrauerei Schönram“ stellt sie heute sogar Spezialbiere wie „Bayrisch Pale Ale“ und „Imperial Stout“ her und ihr Bräustüberl hat als traditionelle Wirtschaft einen besonderen Ruf zwischen Salzburg und München.
Wer hier einkehrt, egal ob drinnen oder im sonnigen Biergarten, ist erst einmal mit dem „Schoaramer Bierblattl“ beschäftigt, das als unterhaltsame Hauszeitung und Speisekarte ausliegt. Nachhaltigkeit und Regionalität sind ihr Thema und natürlich die vielen Details der spannenden Wirtshausgeschichte. Zugegeben, das mit der „Zeitung“ kennen wir auch von woanders her, doch die Wirtsleute meinen es damit richtig ernst. Auch mit der Qualität der Speisen, ob beim Wiener Backhendl oder dem Schönramer Sudpfannderl. Die gefüllten Windbeutel sind übrigens ein Traum, und die 99 Cent für die Hauszeitung legt jeder neue Gast zum Schluss gerne drauf. Wie viele „Bierblattl“ schon nachgedruckt wurden, weiß keiner so genau.

ⓘ www.braeustueberl-schoenram.de, Tel.: +49 (0)8686 271

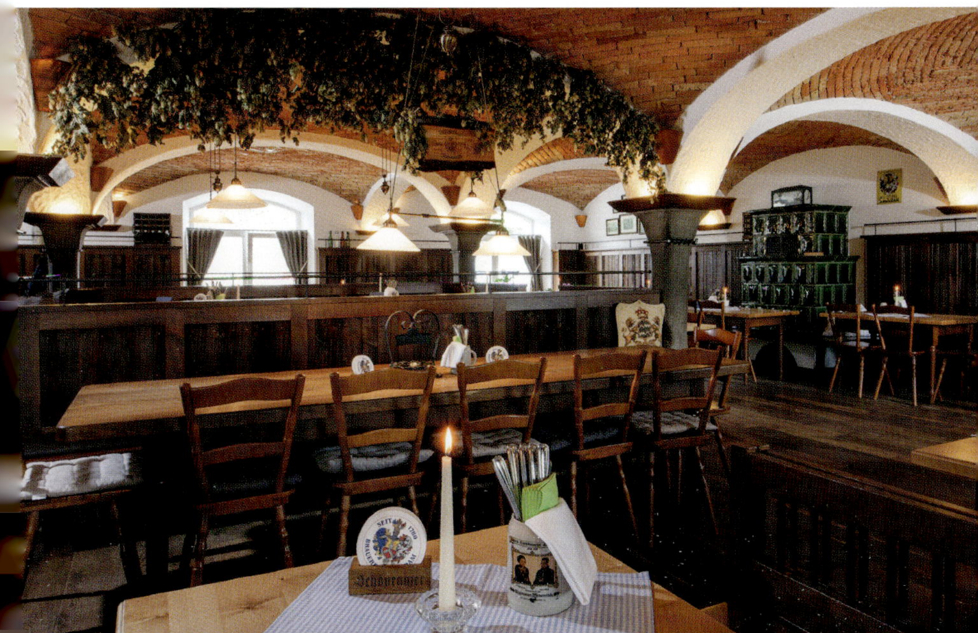

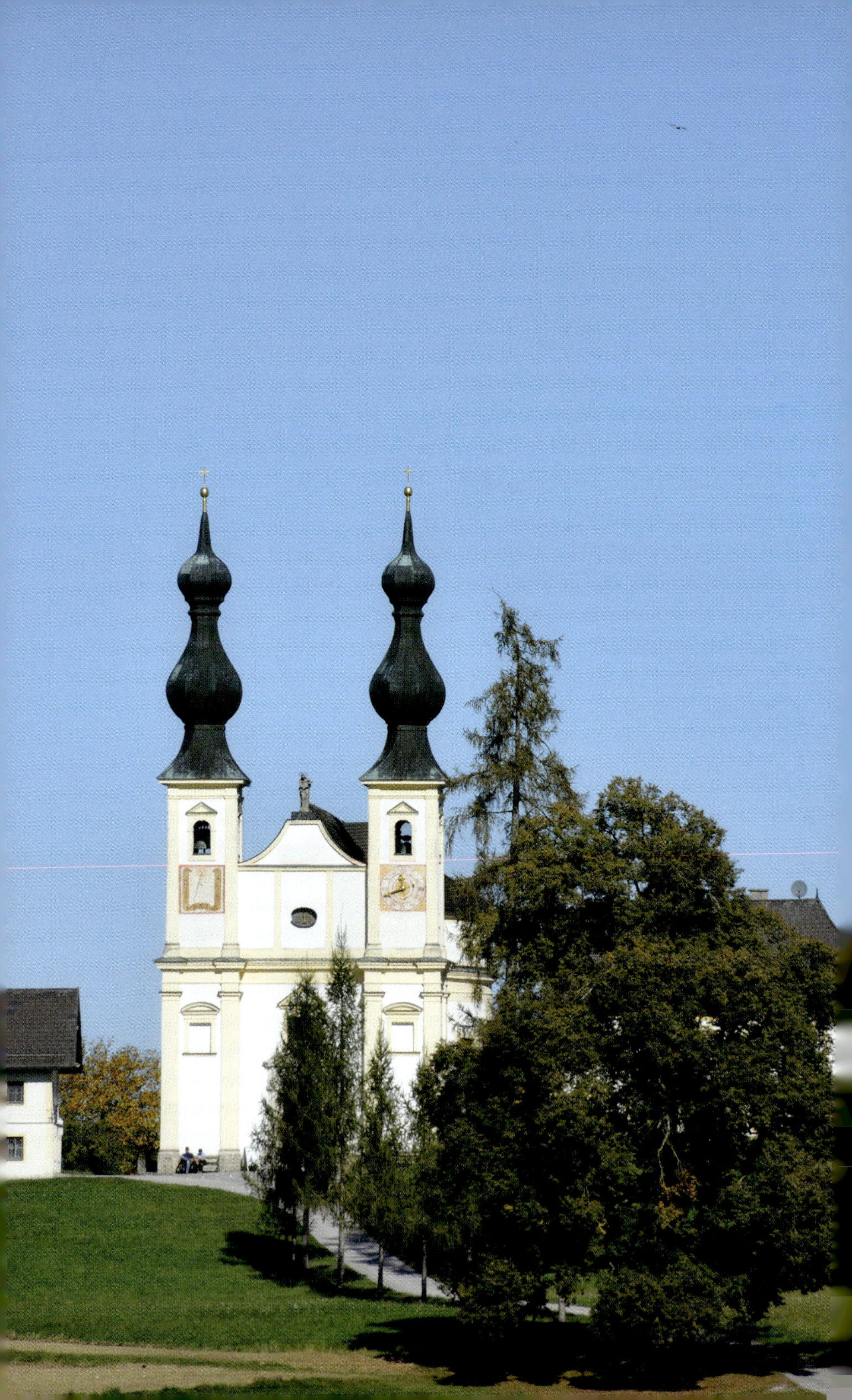

3

Unterwegs zwischen Oberndorf und Weidmoos

Bier, Gebete und stille Lieder

Gar nicht weit weg und doch entfernt – die andere Seite der Salzach, die sich am Fluss entlangzieht, quasi das österreichische Spiegelbild zum Rupertiwinkel, der auf der bayerischen Seite des mächtigen Stroms das Pendant bildet. Gar nicht weit weg und doch gleich ganz anders sieht es aus, wenn man bei Laufen oder Tittmoning übersetzt und in eine alte Kulturlandschaft eindringt, die als eine Art Spielball diente, in der früher die Grenze zu Bayern hin- und hergeschoben wurde. Dass hier einst die „ärmere" Seite des Salzburger Herrschaftsgebiets war, sieht man heute nicht mehr. Salzburgs Speckgürtel reicht heute weit ins oberösterreichische Innviertel, kein Wunder, es liegt eh alles nah beieinander und ist verkehrstechnisch bestens erschlossen. Auffällig sind die vielen gelb getünchten Häuser, ein Farbton, den man auf der bayerischen Seite nicht kennt. Ja, und auch im restlichen Salzburger Land kennt man ihn nicht. Hier hat sich ein ganz eigener Stil entwickelt. Vielleicht, weil es klimatisch oft mediterran zugeht? Weil das Licht auf den Hochebenen so ganz anders ist? Weil die Seen- und Moorlandschaften so eine Weite ergeben? Oder weil man gefühlt vom Hochufer der Salzach bis nach Südfrankreich schauen kann? Ein Landstrich zwischen bäuerlicher Prägung und industrieller Geschäftigkeit, der leuchtet. Denn Goldgelb, Sonnenblumengelb, Maisgelb, Zitronengelb, Kürbisgelb bis -orange, manchmal sogar ein erdiges Ocker wie gebrannte Terra di Siena bestimmen hier weite Teile der Architektur. Ja, an die Toskana erinnert hier mancherorts vieles: Wenn vor den zahlreichen neuerrichteten Häusern der Oleander wie an der Riviera blüht; wenn die Gasthöfe und ihre Wirtsgärten manchmal unscheinbar, dann wieder adrett dekoriert einladen; wenn Blaumohnfelder einen ganz eigentümlichen Schimmer über die Landschaft legen und die Kirchen weithin sichtbar von so mancher Anhöhe auf ihre Gemeinden blicken.

Der Landstrich rechts der Salzach, zwischen Oberndorf und Ostermiething wechselt ständig sein Gesicht. Und erschließt sich nicht auf den ersten Blick. Aber wenn man sich auf ihn einlässt, ist jeder Ausflug eine Entdeckung.

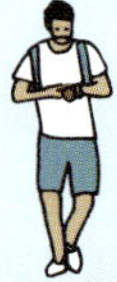

Rund um Oberndorf
Die Stille-Nacht-Runde

Start/Ziel: Oberndorf, Stille-Nacht-Kapelle
🕒 1,5 Stunden ↔ 5 km ↗ rund 50 hm

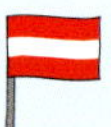

Oberndorf, so kann man es sagen, hat internationalen Klang in Form eines Liedes, das in 320 Sprachen übersetzt zu einer inoffiziellen Friedenshymne wurde. 1818 wurde es in der Schifferkirche St. Nikola, nahe des östlichen Salzachufers, das erste Mal aufgeführt. Es sangen im Duett der Hilfspfarrer Franz Mohr (1792–1848), der den Text geschrieben, und der Arnsdorfer Dorfschullehrer und Organist Franz Xaver Gruber (1787–1863), der die Verse vertont hatte. Seitdem ist Oberndorf, das eine wechselvolle Geschichte aufweist, als Stille-Nacht-Dorf weltberühmt – und zelebriert Weihnachten an 365 Tagen im Jahr.

An der Stelle der früheren St. Nikola-Kirche, die bei einem der zahlreichen Hochwasser, die den Ort heimgesucht haben, weggerissen wurde, steht heute die Stille-Nacht-Kapelle. Von dort starten wir unsere kleine Wanderung zur Wallfahrtskirche Maria Bühel und zurück. Wir umrunden den kleinen Platz hinter dem Salzachdamm, auf dem das ehemalige Mesnerhaus, heute Stille-Nacht-Museum, und die Kapelle stehen – an den Wochenenden der Vorweihnachtszeit ein nicht ganz leichtes Unterfangen, denn der Christkindlmarkt dort ist beliebt und belebt. Wir gehen an den historischen Pfählen der früheren Uferbefestigung, den Deicheln, vorbei, die hier ganz selbstverständlich an die Hauswand gelehnt stehen und von der „Goldenen Zeit" der beiden Orte künden. Einst waren sie eine Gemeinde, bis Oberndorf Österreich zufiel. Auf dem Damm gehen wir nach rechts zur steilen Stiege, die auf den Kalvarienberg hoch zur Nepomukstatue führt. Letztere wurde 1720 vom Barockbildhauer Josef Anton Pfaffinger kreiert. Ein mächtiges, farbenfrohes Denkmal, das da auf den neuen Europasteg schaut, der Laufen mit

Oberndorf verbindet. Genau an der Stelle, an der früher die alte Holzbrücke verlief, deren Reste bei Niedrigwasser noch zu sehen sind.
Wir folgen dem Weg, der zwischen prächtigen Bauernhäusern verläuft und kaum, dass wir auf der Marienstraße sind, schon das Ziel ankündigt. Geht man den Weg am späten Nachmittag, vergoldet die schräg stehende Sonne die Zwiebeltürme von Maria Bühel. Barockgelb leuchten sie von Weitem. Wer sich dem Bau Schritt für Schritt nähert, kann schon erahnen, welcher Kraftort diese Kirche für die Salzschiffer war, die sich dort den Schutz für die beschwerliche Arbeit erbaten.
Zwischen 1670 und 1673 wurden das mächtige Langhaus und die beiden weithin sichtbaren Zwiebeltürme der Wallfahrtskirche „Unserer lieben Frau Mariä Heimsuchung", so der offizielle Name, erbaut. Ihre Entstehung verdankt die Kirche der Salzschifffahrt. In Laufen wurde das Salz jahrhundertelang von kleinen auf große Schiffe umgeladen, und für die weitere Fahrt die Hilfe der Gottesmutter erbeten. Am Platz der heutigen Kirche zog bereits vor dem Bau eine gemauerte Kreuzsäule Betende an. Die auf der Salzachterrasse gelegene Stelle, die einen weiten Blick in den Rupertigau, in das Chiemgau und in die Alpen bietet, ist einfach ein magischer Ort.
Auf dem Weg zurück genießen wir die Weite des Blicks in den Rupertiwinkel auf der bayerischen Seite und ins Salzburger Land auf der österreichischen. Vorbei geht es an der beeindruckenden Friedenslärche, die eine Landmarke auf der ansonsten flachen Salzachterrasse bildet. An der Wegkreuzung gehen wir nach rechts in den Reitergütlweg. Ihm folgen wir, bis er nach einer scharfen Linksbiegung zur Haggenstraße und schließlich zur Uferstraße wird. Die neoromanische

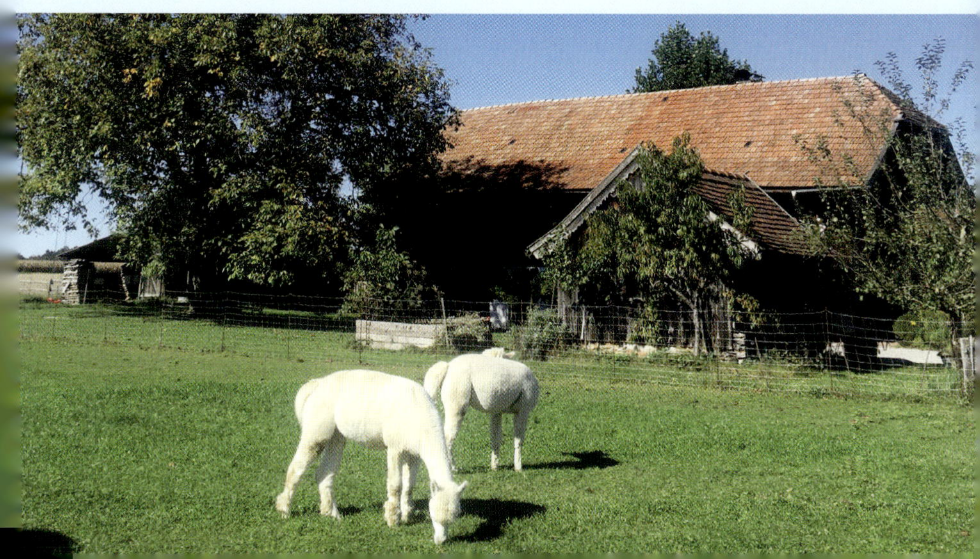

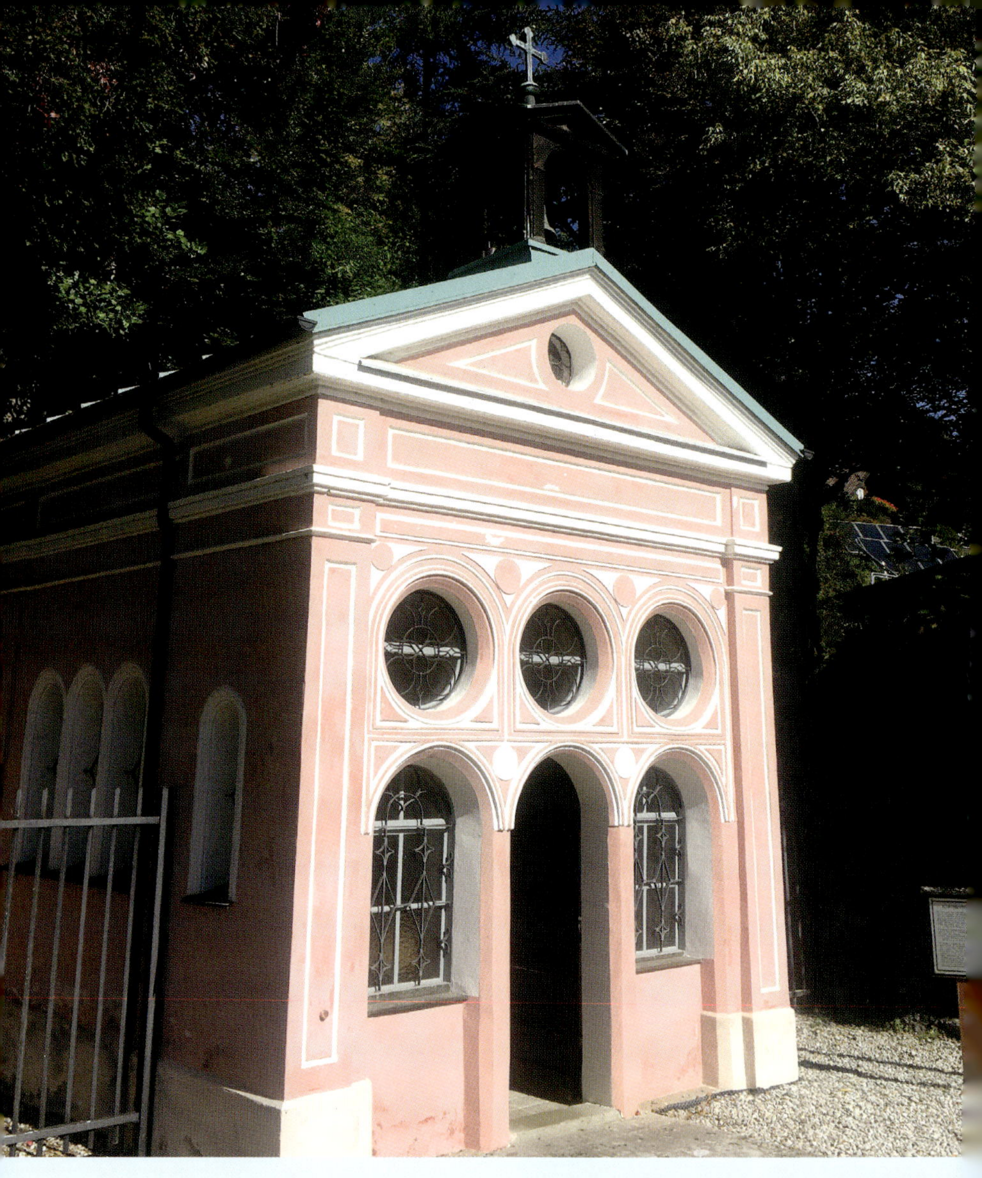

St. Christophorus-Kapelle, erbaut 1858, mit den Hochwassermarken ist eine Rast wert. Früher haben die Schiffer an dieser Stelle mit den Ruderblättern ein Kreuz ins Wasser gezeichnet und „nahui ins Gott's Nam (= flussabwärts in Gottes Namen) gerufen. Vorbei geht es auch an den wenigen noch erhaltenen Schifferhäusern mit ihren Spitzgiebeln, den hölzernen oberen Stockwerken und grünem oder gelben Putz. Beim Café-Restaurant „Stille-Nacht-Einkehr" machen wir Halt und lesen noch ein bisschen über die Geschichte Oberndorfs nach.

Oberndorf & Stille-Nacht-Museum

Der Alte Pfarrhof fungiert heute als Heimat- und Stille-Nacht-Museum. Dort findet man alles Wissenswerte rund um Entstehungsgeschichte und Welterfolg des Stille-Nacht-Liedes. Dass Obergeschoss und Hof des Museums dem Weltbürger und Preisträger des Alternativen Nobelpreises, Leopold Kohr (1909–1994) gewidmet sind, einem Sohn der Stadt und bedeutenden Philosophen sowie Vordenker der Umweltbewegung, ist eine ideale Verknüpfung mit dem Schöpfer des Friedensliedes.
Jahrhundertelang war Oberndorf ein Vorort von Laufen, das bereits im 8. Jahrhundert erwähnt wurde und lange Zeit die zweitgrößte Stadt im Salzburger Land war und Heimathafen der fürsterzbischöflichen Flusshandelsflotte. Der Salzachfelsen, der sogenannte Nocken, auf dem Laufen erbaut wurde, bezeichnete einen wesentlichen Punkt in der Salzach-Schifffahrt. Hier wurde umgeladen, und ohne Lotsen war man den tückischen Untiefen der Salzach ausgeliefert. Das Privileg der Lotsentätigkeit fiel den Oberndorfern zu und brachte Wohlstand. Im 19. Jahrhundert lösten drei Ereignisse den Untergang des historischen Oberndorf aus: 1871 wurde der letzte Salztransport getätigt, denn die Eisenbahn hatte die Schifffahrt abgelöst. 1897 zerstörte ein Hochwasser die Holzbrücke auf der Höhe des heutigen Europasteges. Das verheerende Hochwasser 1899 setzte weite Teile des niedrig gelegenen Ortes unter Wasser. Man entschied sich für den Bau einer großen Eisenbrücke an anderer Stelle. Das alte Oberndorf wurde aufgegeben und entstand rund um die neue Salzachbrücke, die heute Bayern mit Österreich verbindet.

ⓘ www.stillenacht-oberndorf.com, Tel: +43 (0)6272 4422

Stille Nächte in Arnsdorf

Ja, man kann sich gut vorstellen, dass es in Arnsdorf viele stille Nächte gibt, auch heute noch. Selbst an einem strahlenden Maimorgen ist das kleine Örtchen ein Idyll zwischen Flieder und Feldern. Den Kern bildet die in ihren Ursprüngen mehr als 700 Jahre alte Wallfahrtskirche Maria

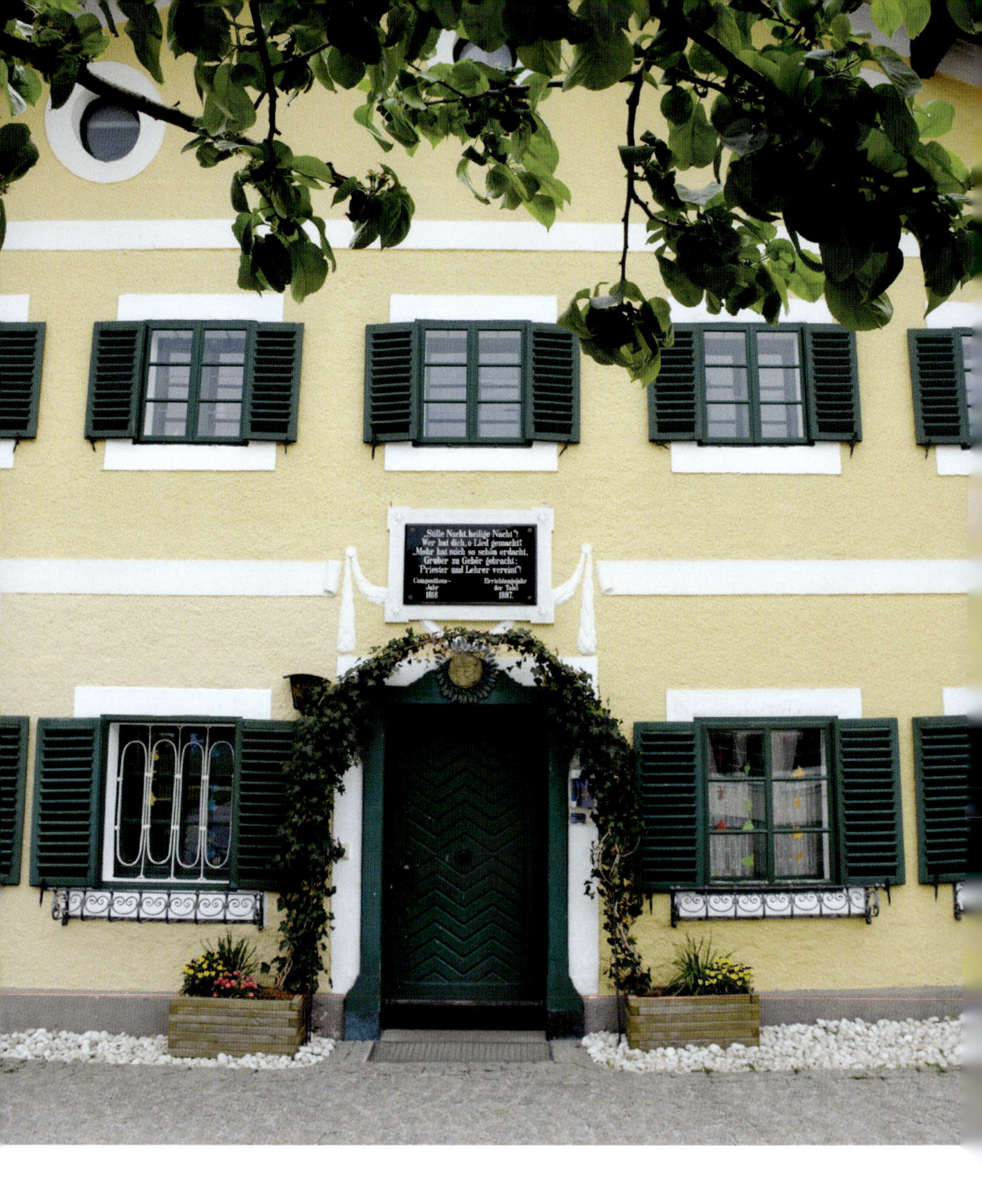

Das Schulhaus von Arnsdorf, Wirkungsstätte von Franz Xaver Gruber.

im Mösl mit ihrer reich verzierten Barockorgel. Auf ihr hat er viele Male gespielt, der Franz Xaver Gruber. Lehrer war er an der Arnsdorfer Schule, im nah bei der Kirche gelegenen Mesnerhaus. Um dort einziehen zu können, heiratete Gruber eine Arnsdorfer Witwe und nach deren Tod eine seiner Schülerinnen, mit der er zehn Kinder hatte. Ja mei, die stillen Nächte in Arnsdorf! Um die stets prekäre Finanzlage als

Lehrer, Organist und Mesner aufzubessern, komponierte der hochmusikalische Gruber in seiner wohl kargen Freizeit. Vor über 200 Jahren, am 24. Dezember 1818, spielte er eine seiner Melodien das erste Mal in der Christmette von Maria im Mösl zur Gitarre – die Orgel war kaputt. Der ebenfalls aus der Gegend stammende Hilfsmesner Joseph Mohr lieferte den Text dazu: Stille Nacht, heilige Nacht. In welcher Stimmung Gruber sein Werk wohl geschaffen hat, dem kann man in dem beschaulichen kleinen Museum nachspüren. Das originale Klassenzimmer mit Gruberpult, die Rauchkuchl fürs Familienleben – eine kontemplative Aura geht bis heute von den schlichten historischen Räumen aus. Welch ein Schulterschluss zur Neuzeit, dass im Erdgeschoss bis heute zwei Klassen unterrichtet werden. Nicht nur in der „stadesten Zeit" des Jahres lohnt ein Besuch an der Schaffensstätte des Komponisten Gruber, der einen Welthit geschaffen hat, ein internationales Friedenslied. Es ging dank der kaputten Orgel und ihrem Restaurator später auf Reisen bis an die kaiserlichen Höfe Europas. Da hatte man es schon längst wuchtig auf der Orgel intoniert. Heute ist es Immaterielles Unesco-Kulturerbe.

ⓘ www.stillenachtarnsdorf.at, Tel. +43 (0)664 1589400

Genießen im Biergut Wildshut

„Stellen Sie sich einfach einen idyllischen landwirtschaftlichen Betrieb an der salzburgisch-oberösterreichisch-bayerischen Grenze vor ..." So präsentiert die Salzburger Stieglbräu-Inhaberfamilie Kiener ihr Biergut Wildshut. Dass man hier schon seit 1779 Bier braut, macht vielleicht den auratischen Charme des uralten Anwesens aus, das zum Schloss Wildshut gehörte und seit rund 100 Jahren im Besitz der Familie Kiener ist. Aufwendig restauriert, durch eine moderne Mälzerei und Rösterei ergänzt, wird hier das Prinzip „vom Feld ins Glas" wirksam. Denn alle verwendeten Produkte kommen aus der unmittelbaren Nähe rund um den Kamin des Hauses. Überhaupt hat das Regionale hier seinen Platz, sowohl im angeschlossenen Kramerladen wie auch in der Gastwirtschaft.

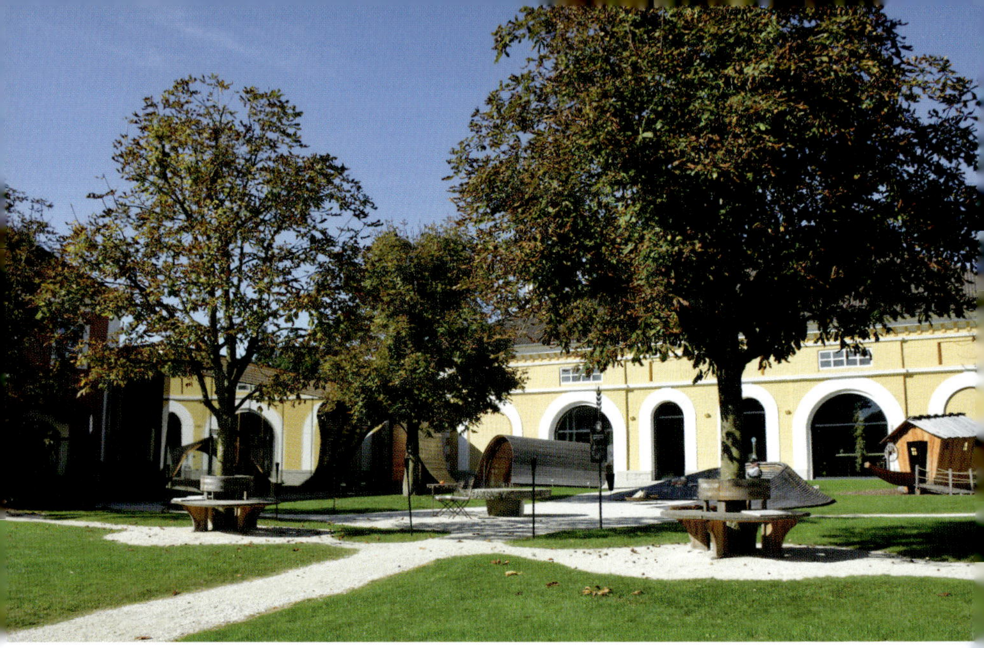

Verkostungen, Bierbrau-Seminare und kulturelle Veranstaltungen schließen sich im Gut nicht aus, sondern sind hier vor allem der Entschleunigung gewidmet. Das Gästehaus lässt deshalb das WLAN offline sein. Auf solche Art „ruhiggestellt", kann der Mensch hier innehalten und auch im kräuterlastigen Besinnungsgarten Körper und Seele auf einer der ergonomisch weich geschwungenen Holzliegen baumeln lassen oder eben ein Glas trinken, gern auch glutenfrei. Bier gut, alles gut.
Wie ernst es den Gutsbesitzern mit der Nachhaltigkeit ist, kann man aus dem Jahresprogramm des Bierguts ersehen. Da gibt es Picknick-Konzerte, Feldgespräche und rundweg thematisch Anspruchsvolles, das via Bier transportiert werden soll. Und wem der Gerstensaft nicht schmeckt, der kostet die Ergebnisse der Destillerie – offline, aber genussvoll. Ein kleiner Spaziergang zum Schloss Wildshut, das heute für Veranstaltungen genutzt werden kann oder eben Ausflüge zu den nahe gelegenen fünf Seen der Tourismusregion „Seelentium" machen das Biergut Wildshut zu einem der herausragenden kulinarischen Zentren der Gegend. Wer nach einem solchen Aufenthalt immer noch seine Mitte sucht, hat eindeutig noch nicht genügend Zeit dort verbracht.

ⓘ www.biergut.at, Tel: +43 (0)6277 64141

Eine ganz besondere Pfarre

St. Georgen bei Salzburg

Die kleine Gemeinde, die verwaltungstechnisch zur Grenzstadt Oberndorf an der Salzach gehört, hat weit zurückreichende geschichtliche Wurzeln. Siedlungsreste aus der Bronzezeit, Urnenfelder von 800 v. Chr. sowie frühbairische Gräber von 700 v. Chr. wurden hier gefunden.

Die erste Erwähnung der schmucken Pfarrkirche St. Georgen geht auf das Jahr 788 zurück. Bei der Restaurierung der Kirche im Jahr 1976 wurden Reste von drei Vorgängerkirchen gefunden: ein Steinbau eben von 788, eine romanische Saalkirche aus 1297 und ein gotischer Bau

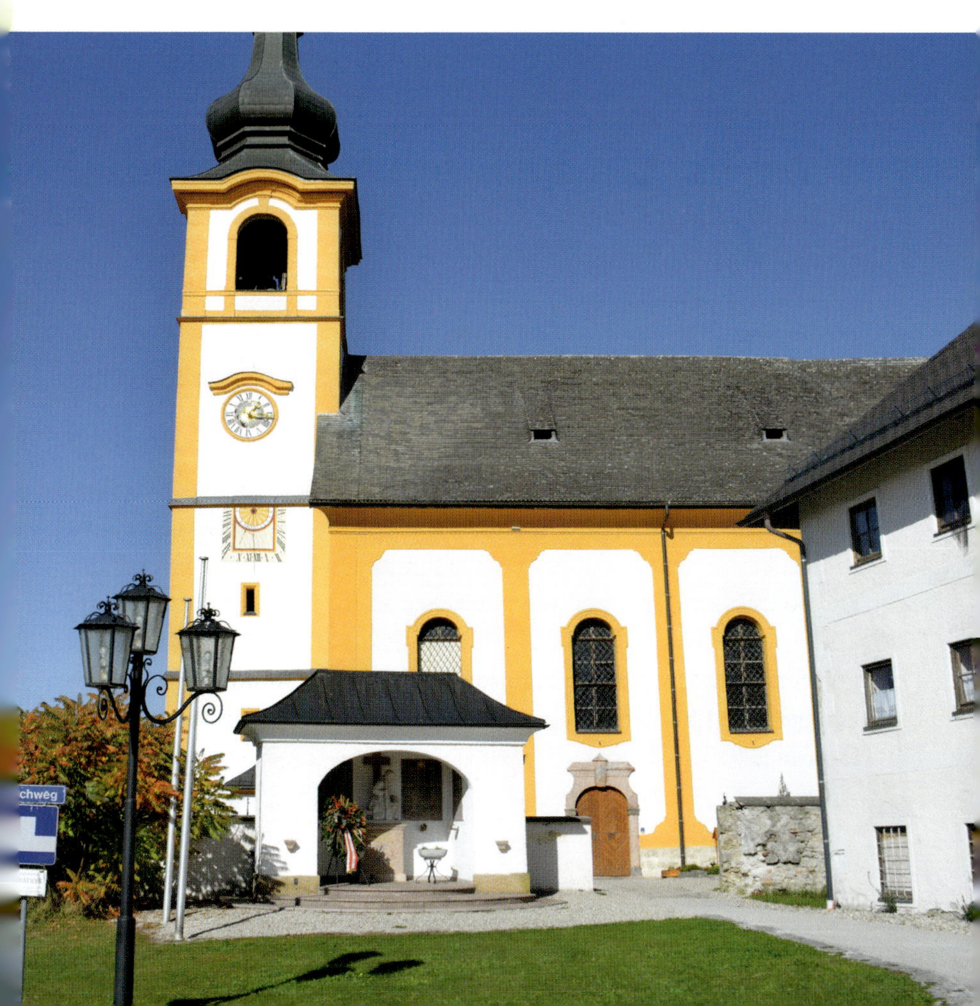

aus 1499. Die heutige hellgelb und weiß leuchtende Kirche mit ihrem Doppelzwiebelhelm wurde 1749 bis 1754 erbaut. Zum Gotteshaus selbst führt ein Kreuzweg, der 2014 von zeitgenössischen Bildhauern mit überlebensgroßen Holzfiguren angelegt wurde. Das lichte hohe Innere der Barockkirche ist reich mit Stuckaturen, Fresken und Altären ausgestattet. Zu dem ganzen imposanten Ensemble gehört auch der Dechanthof mit seinem Krüppelwalmdach aus dem Jahr 1614. Im Jahr 2016 wurde die Pfarrkirche St. Georgen bei Salzburg zum Natura-2000-Gebiet erklärt. Denn in ihrem Dachgebälk fühlen sich zwei besonders schützenswerte Fledermausarten richtig wohl: Die kleine Hufeisennase und die Mausohren, die in dem benachbarten Europaschutzgebiet Salzach-Auen reichlich Nahrung finden. Damit ist der Dachstuhl der Pfarrkirche derzeit das kleinste Naturschutzgebiet Europas.

Das Weidmoos

Das Weid- oder Weitmoos liegt in den Gemeindegebieten von St. Georgen und Lamprechtshausen am nördlichen Rand des Salzburger Landes. Flankiert wird es von zwei weiteren großen Moorkomplexen, im Norden vom Ibmer Moor und im Süden vom Bürmooser Moor und bildet somit mit über 2000 Hektar eines der größten zusammenhängenden Moorgebiete Österreichs.

Die Entstehungszeit liegt 17000 Jahre zurück, als der zurückweichende Salzachgletscher kleine Seenlandschaften hinterließ. In ihnen blieben auch Seetone liegen, also feine Ablagerungen aus gefestigten Tonmineralien. Diese Schichten verhindern bis heute, dass Regenwasser absickern kann. Im Laufe der Zeit siedelten sich Torfmoose an und bildeten eine bis zu sechs Meter hohe Torfschicht. Lange waren solche Gebiete, auch das Weidmoos, für den Menschen unzugängliches und gefährliches Gebiet, bis man mit Einsetzen der Industrialisierung begann, Torf abzubauen. Der Naturstoff diente als Brennmaterial und wurde in den Glasfabriken von Bürmoos eingesetzt. 1930, mit Schließung der Werke, endete die erste Ausbeutung des Mooses. Von 1957 bis ins Jahr 2000 wurde hier noch Torf gestochen und als Blumenerde

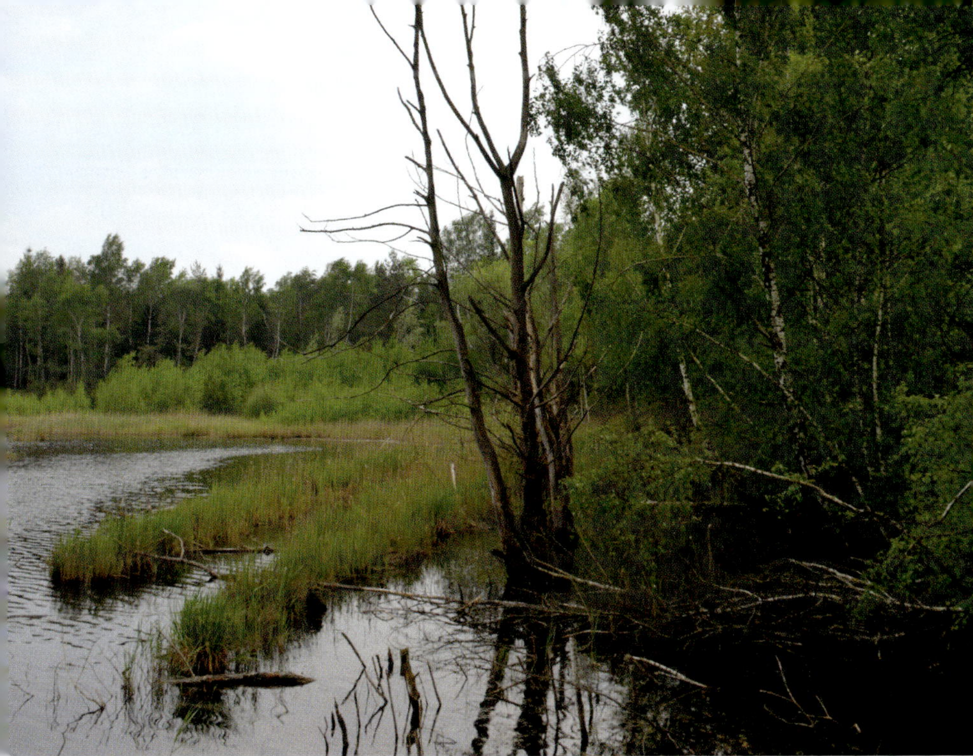

Für Vogelfreunde ein Must ist das Weidmoos mit vielen seltenen Arten.

verkauft – bis die Vorräte zur Neige gingen. Eine fast 17 000 Jahre alte geologische Besonderheit wurde in wenigen Jahren zunichte gemacht und hinterließ nur mehr einen kleinen Rest des Hochmoors. Doch die Natur eroberte sich schnell ihren Raum zurück. Mit dem EU-geförderten LIFE-Projekt „Habitatmanagement im Vogelschutzgebiet Weidmoos" wurde die Renaturierung von 2003 bis 2007 sanft gelenkt. Die offene und weite Feuchtlandschaft ist heute Brutgebiet und Lebensraum von über 150 Vogelarten und Lebensraum seltener Amphibien wie der streng geschützten Gelbbauchunke.

Für Naturliebhaber, auch ohne großes ornithologisches Interesse, ist der Rundweg im Weidmoos ein Erlebnis, das den dort lebenden Tieren dennoch Ruhe gönnt. Vom zwölf Meter hohen Aussichtsturm kann man in alle Richtungen sehen und die typische Moorvegetation mit allen Sinnen erleben, an nebligen Tagen ein mystisches Erlebnis.

ⓘ www.weidmoos.at

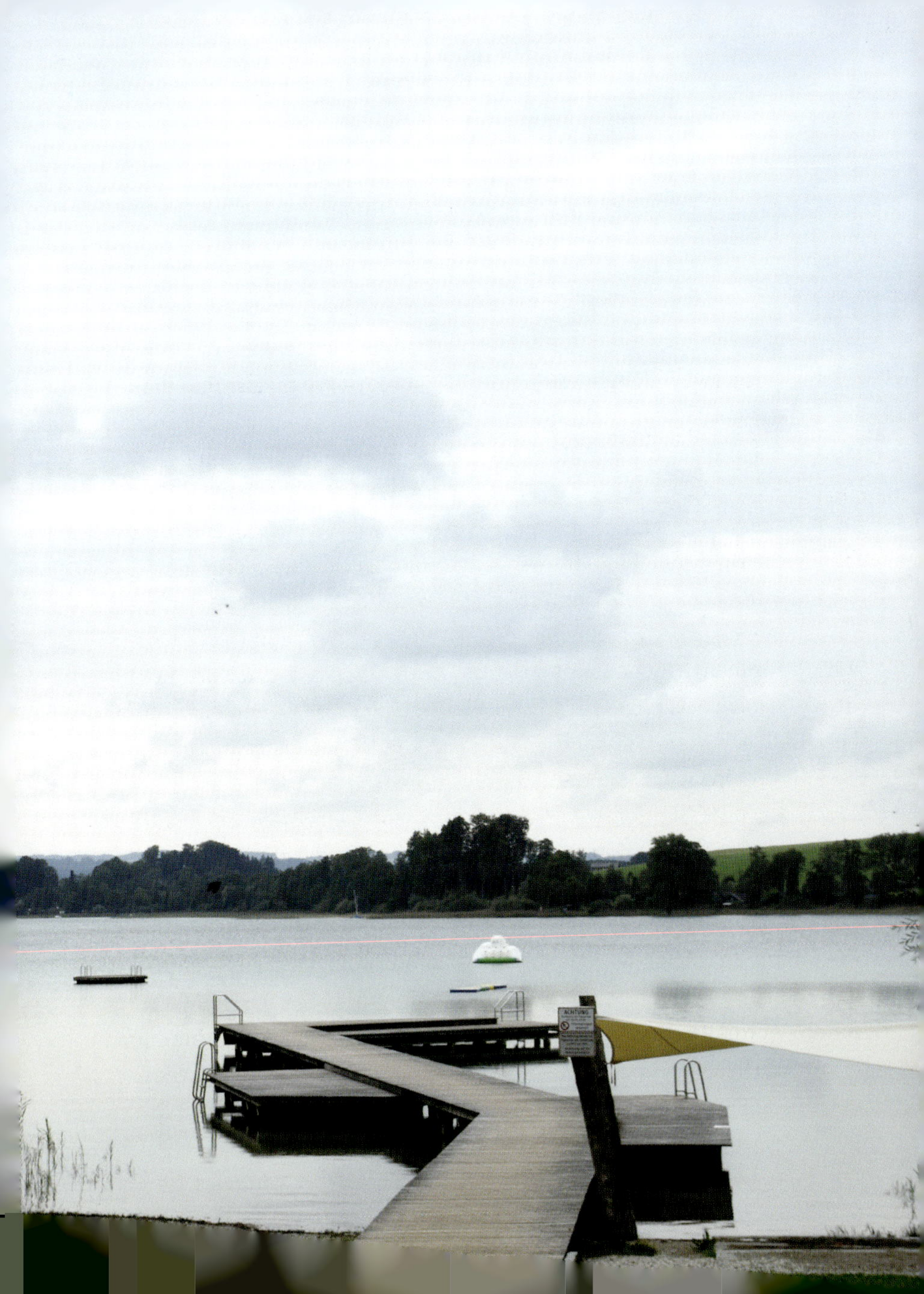

4

Goldene Wälder und tiefe Wasser

Wanderungen im Flachgau

Der Bergrücken mit dem knorrigen Namen ist mehr als eine waldreiche Erhebung im Salzburger Flachgau: Der Haunsberg (835 m) ist eine markante, flächenmäßig rund 5 200 Hektar große Erhebung in der nördlichen Umgebung Salzburgs. Das fast 12 Kilometer lange Hügelmassiv trennt das westliche Tal der Salzach vom östlichen Salzburger Seenland. Besondere geologische Entwicklungen haben dafür gesorgt, dass sich hier seit dem Frühtertiär, also vor rund 60 Millionen Jahren, Sedimente einstiger Meere abgelagert haben. Die Gegend wird deshalb zur subalpinen Flyschzone gerechnet, ein schmaler Gürtel des nördlichen Alpenvorlands, der in der Hauptsache aus Ton und Sandstein besteht. Nach Südosten sorgen Täler, Gräben und Terrassen auf Flyschgestein für ein abwechslungsreiches bäuerliches Kulturland.
Der ehemalige Steinbruch St. Pankraz auf der Westseite des Haunsbergs, am Rande des Lamprechtshausener Dreiecks, weist eine Fossilschicht auf, in der man zum Beispiel Zähne von bis zu 15 Meter langen Ur-Haien gefunden hat. Die Fossilien stammen aus dem Eozän, als vor rund 55 Millionen Jahren ein extremer Wärmeanstieg zu tropischen Bedingungen im „Salzburger Meer" geführt hat.
An der nordwestlichen, steileren Seite war der Bergrücken jahrhundertelang nur schwer einzunehmen, weshalb ihn auch nur zwei Straßen queren. Er ist ein einziges Waldgebiet und klimatisch eine der letzten sogenannten Südstauzonen, die gut für Ackerbau und Obstanbau geeignet sind. Funde aus vorchristlicher Zeit, Hügelgräber im Oichtental und Erdwallanlagen auf der Geländekuppe weisen auf frühe Besiedelung und Kultivierung der Gegend hin. Von 600 bis 800 n. Chr. regierten hier die Agilolfingerherzöge, bis Karl der Große dem ein Ende machte. Ab dann war das Gebiet zugehörig zum Bistum Passau, bis es im 14. Jahrhundert durch Kauf zum Erzbistum Salzburg kam. Aber ganz so einfach darf man sich das Ganze nicht vorstellen – die

Haunsberger, wie alle Waldler, lebten und dachten recht eigenständig. Im 11. Jahrhundert bereits wurde die Burg St. Pankraz erbaut, deren Bewohner sich die „Edelfreien vom Haunsberg“ nannten und sich entsprechend selbstbewusst dem Einfluss Passaus entzogen. Im 13. Jahrhundert erst übernahm Salzburg die Verwaltung und grenzte das Gebiet gegen Bayern ab. Bis zur Säkularisation wurden die Gebiete rechts und links vom Haunsberg ministerial verwaltet. Dann wurde es unübersichtlich, und erst ab 1816 wurde das Haunsberger Land österreichisch. Heute gewinnt diese landschaftlich reizvolle Gegend immer mehr an Bedeutung als Einzugsbereich der Stadt Salzburg und als Ausflugsgebiet für die bayerischen Nachbarn.

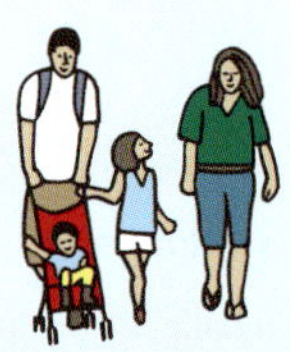

Zwischen Kaiserbuche und den Sternen

Start/Ziel: Obertrum, Parkplatz Kaiserbuche

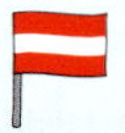

🕒 1 ¾ Stunden → etwa 5,5 km ↗ 140 hm

Mit den mächtigen Bäumen hat man es am Haunsberg, diesem beeindruckenden Waldrücken. Kommt man von der bayerischen Seite angefahren, vom Waginger See oder vom Abtsee, sieht man schon die weiß leuchtende Radarkuppel, das „Schwammerl", die dem Flughafen Salzburg zur Orientierung dient. So nah es scheint, muss man, um zur legendären Kaiserbuche zu gelangen, erst die recht kurvige Westflanke nehmen. Ein bisschen enttäuscht ist man dann schon, dass die originale, 1779 gepflanzte Rotbuche – Anlass war ein inoffizieller Besuch von Kaiser Joseph II. – nicht mehr steht. 2004 hat sie ein mächtiger Sturm gefällt, danach zerstörten Vandalen den neugepflanzten Baum, und der heutige Ersatz steckt sozusagen noch in den Kinderschuhen. Dafür entschädigt bei gutem Wetter die grandiose Sicht.

Am Parkplatz des Gasthofs Kaiserbuche starten wir und passieren eine Schranke. Auf einem gut ausgebauten Weg erwarten uns zahlreiche Infotafeln, die Auskunft über Geologie, Aussicht, Flora und Fauna der Gegend und zur neugebauten Vega-Sternwarte Haus der Natur geben, die bereits nach wenigen Minuten erreicht wird. Zu bestimmten Zeiten und nach vereinbartem Termin kann man dort in den

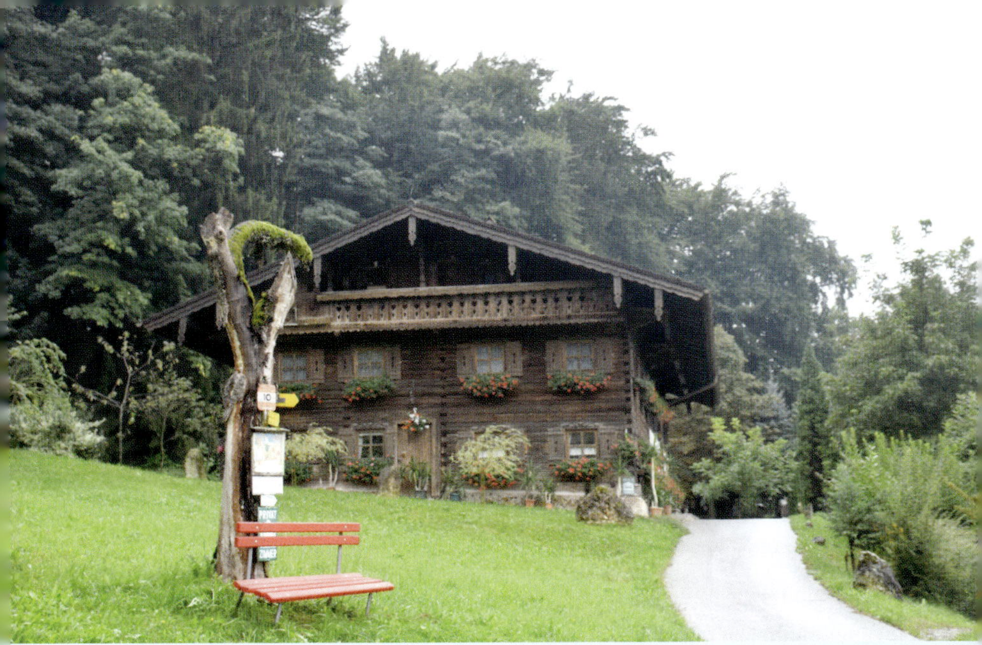

Himmel gucken. Das Teleskop gehört zu den leistungsstärksten seiner Art in Europa. Ein kleiner steiler Anstieg führt im Anschluss zur Radarkuppel. Von da ab zeigt ein Wegweiser die Richtung zum Gipfel des Haunsbergs. 2014 wurde dort ein Gipfelkreuz errichtet.

Unweit davon kann man noch die Reste von prähistorischen Wallanlagen erkennen. Vorsichtige Datierungen schätzen ihre früheste Errichtung auf die Urnenfelderzeit (1300 bis 800 v. Chr.) oder die Hallstattzeit (800 bis 500 v. Chr.). Im 10. Jahrhundert wurden im Zuge der Ungarneinfälle die Wälle reaktiviert und boten tausenden Menschen Schutz.

Leider verwehren heute Bäume die Aussicht und wir gehen nach Süden weiter, mäßig steil ist es, und die kurzen Aufenthalte an den Infotafeln zur Geschichte der Gegend machen die Wanderung für Kinder, ältere Hunde und Menschen mit leichten Knieschäden sehr erträglich. Stichwege führen zu Aussichtsstellen, die allerdings nur den Blick auf Bäume freigeben. Leicht bergauf nähern wir uns wieder der Radarkuppel. Dazwischen blitzen das Salzburger Becken, der Hohe Göll und der Watzmann in der Ferne auf. Bald darauf gibt's eine Jause im Gasthof.

ⓘ www.hausdernatur.at/de/sternwarte.html

St. Pankraz und die Burg Haunsperg

Die Ursprünge der Kirche St. Pankraz gehen auf das 15. Jahrhundert zurück, als die damalige Burg Haunsperg samt Kapelle gebaut wurde. Nach deren Verfall ließ man 1706 aus den steinernen Überresten von Burg und Kapelle eine Kirche bauen, ein Mesnerhaus und ein „Stöckl" kamen hinzu. Bereits damals existierte ein Schankgewerbe. Die Kirche samt Inventar stammt aus dem Hochbarock und ist mit dem heiligen Pankraz einem der fünf Eisheiligen gewidmet. Sie wird heute für Hochzeiten und Taufen genutzt.

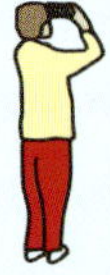

St. Pankraz, ein Schlößl und der Geopfad nach Nußdorf

Start/Ziel: Schlößl, Parkplatz Geopfad neben St. Pankraz

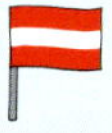

🕒 1 Stunde ↔ 3 km ↗ 130 hm

Schlößl, dieses Schild leuchtet einen an, wenn man nach einer nebligen Bergfahrt am südlichen Ende des Haunsbergs herunterkommt. Man wähnte sich schon in der allergrößten Einsamkeit, die Straßen des Haunsbergs sind gewunden und bisweilen unübersichtlich, der Westen des Bergrückens fällt steil ab. Doch dann, wir biegen an der Nußdorferstraße Richtung Nußdorf ab, taucht das Ortsschild „Schlößl" auf. Und wie auf Kommando lässt man den Blick schweifen, ob nicht irgendwo auch ein solches auftaucht. Und das tut es: Am Berg gelegen, leuchtet gelb etwas Barockes aus dem dichten Grün, das Pankraz-Kircherl. Wir folgen dem Schild, das auch zur Gastwirtschaft Schlößl führt, und stoßen auf den Hinweis „Geopfad". Steil und kurvig ist wieder der Weg, der in einen Parkplatz mündet. Dort steht schon die erste Schautafel. 50 Millionen Jahre kann man an diesem Fleck in die Vergangenheit gucken.

Zunächst geht es erst ein paar Schritte bergauf, auf einem für alles Motorisierte, Radler und Pferde verbotenen Weg. Tatsächlich ist der Haunsberg an dieser Stelle so etwas wie das Fenster in eine erdgeschichtliche Tiefe: Der Steinbruch von St. Pankraz, den wir ansteuern, ist eine Schatztruhe für Geologen, Archäologen, Historiker, Biologen oder einfach Naturliebhaber, die neben dem erfrischendem

„Waldbad" auch noch die Spuren der Vergangenheit schätzen. Und die hat es hier reichlich, sowohl geologisch als auch siedlungsgeschichtlich.
Aber genießen wir zunächst den Weg auf der Forststraße, die sich kurvig bergauf windet, an sagenhaften Schachtelhalmfeldern vorbei. Diese Urzeitpflanzen lassen uns heute selbst in ihrer Miniausführung nicht unberührt. Feenhaft stehen sie in dichten Kolonien und bilden die Krautschicht vor dichten Buchenwäldern. Schon nach wenigen hundert Metern schützt ein Zaun vor unvorsichtigen Tritten. Zu gern würde man näher an den kleinen Wall herantreten, hinter dem sich ein kolossales Loch auftut. Der Steinbruch von St Pankraz: sandfarben, trichterförmig, ein Abbruch, der die Erdgeschichte freilegt. Vermutlich haben hier Hobbyarchäologen früher, als man ihn noch ungehindert begehen konnte, nach Haifischzähnen und Muscheln gesucht. Heute müssen wir uns mit dem Blick aus der Ferne begnügen. Aber gerade, wenn man den Weg an einem regnerischen Tag macht, wird einen bald eine andere Attraktion begleiten – ein Rauschen, das anschwillt, obwohl man sich im dichten Wald befindet. Plötzlich schießt Wasser über den Weg. Was zunächst wie ein Rinnsal aussieht, ergießt sich auf der linken, bergabfallenden Seite des Wegs in Kaskaden in die Tiefe. Wie wir den Schautafeln entnehmen können, liegen unter dem Haunsberg gigantische Wasserspeicher. Und die suchen sich an der ein oder anderen Stelle einen Ausgang, sorgen für Feuchtigkeit und üppige Vegetation.
Wir müssen denselben Weg leider wieder zurückgehen, ein Rundweg wäre uns lieber gewesen. Aber die vielen Eindrücke und das neue Wissen machen hungrig. Sehr gern würden wir einen Einkehrschwung im „Wirtshaus Schlößl" machen, mit seiner wunderbar minimalistischen Einrichtung und herausragendem Essen – doch das ist derzeit leider geschlossen.

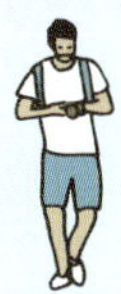

Von Perwang nach Berndorf

Start/Ziel: Perwang, Ortsmitte
🕒 etwa 1 ½ Stunden ↔ 6 km ↗ 50 hm

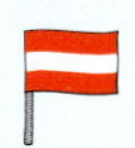

Ja, eigentlich gehört er nicht mehr ganz zum oberösterreichischen Innviertel, deshalb nehmen wir nur seinen nördlichsten Zipfel dazu: der Obertrumer See. Von Schlößl am westlichen Haunsberg aus führt die Straße mit einem kleinen Abstecher zur Kaiserbuche direkt nach Obertrum. Obwohl er wahrlich ein Trumm von

einem See ist, sind die Zugänge zu seinen Ufern äußerst reglementiert. Dabei ist nur ein kleiner Teil Naturschutzgebiet, der größte Teil der Seegrundstücke ist an eine Vielzahl von Betrieben, Institutionen und Privatpersonen verpachtet. Deshalb lassen wir ihn links liegen. Wir beginnen unseren Rundgang in Perwang am benachbarten Grabensee, dort gibt es ein öffentliches Strandbad, immerhin. An der Raiffeisenkasse, beziehungsweise am Gemeindezentrum in der Dorfmitte, lassen wir unser Auto stehen und schwenken nach links zum Heimat- und Zollmuseum, einem historischen Holzbalkenhaus, erbaut 1767 vom Stift Michaelbeuern zur Unterbringung seiner Bediensteten. Doch schon wenig später bekam es seine Aufgabe als Zollhäusel an der Grenze zwischen dem Erzbistum Salzburg und dem habsburgischen Österreich. Wenn man Glück hat, ist es geöffnet und zeigt historische Uniformen und Zollbestätigungen – aber am eindrucksvollsten ist es eh von außen.
Eine kleine Straße, die wir entlanggehen müssen, führt nach Oberöd, bis es nach links Richtung Breitbrunn abgeht. Nur kurz folgen wir hier der Straße, dann dem ausgeschilderten Fahrradweg, der uns durch eine sanfthügelige Agrarlandschaft führt. Ab und zu kommen wir durch Gehöfte, die meist, wie in der Gegend üblich, mit zauberhaften Bauerngärten ausgestattet sind. Nach etwa einem Kilometer gelangen wir wieder auf eine befahrene Straße, an der ein Fußweg bis Berndorf entlangführt. Dort warten ein Brunnen mit Trinkwasser, ein Gasthaus und eine Kirche auf eine kurze Besichtigung, bis wir wieder entlang der Straße nach Perwang zurückgehen. Der Teil gehört zwar zum Pilgerweg „Via Nova", aber es gibt zugegeben malerischere Streckenabschnitte.
Es ist eine unspektakuläre Runde, die eigentlich ihren Höhepunkt in Perwang hat. Dort trifft man auf einen für die Geschichte des Orts wesentlichen Bau: Das Schloss Perwang, der heutige Pfarrhof, ist das Zentrum des bereits um 1000 gegründeten Meierhofs, der in den Zeitläuften der Geschichte zwischen Bayern und dem Land Salzburg hin- und hergereicht wurde – ja die Grenze ging sogar einmal mitten durch das Gebäude, das 1661 an das Stift Michaelbeuern verkauft wurde. Das schmucke, bald 400 Jahre alte Pfarrhaus strahlt tipptopp saniert im typischen Gelb der Gegend. Das Landgasthaus unweit davon lädt samt Biergarten zum Verweilen ein. In dem Ort wird geritten und mit der Pferdekutsche gefahren. Ja, alles geht einen verlangsamten Gang, schön für Sommerfrischler.

ⓘ Zoll- & Heimatmuseum Perwang, Oberröderstraße 1
Tel.: +43 (0)6217 8247 (Gemeinde)

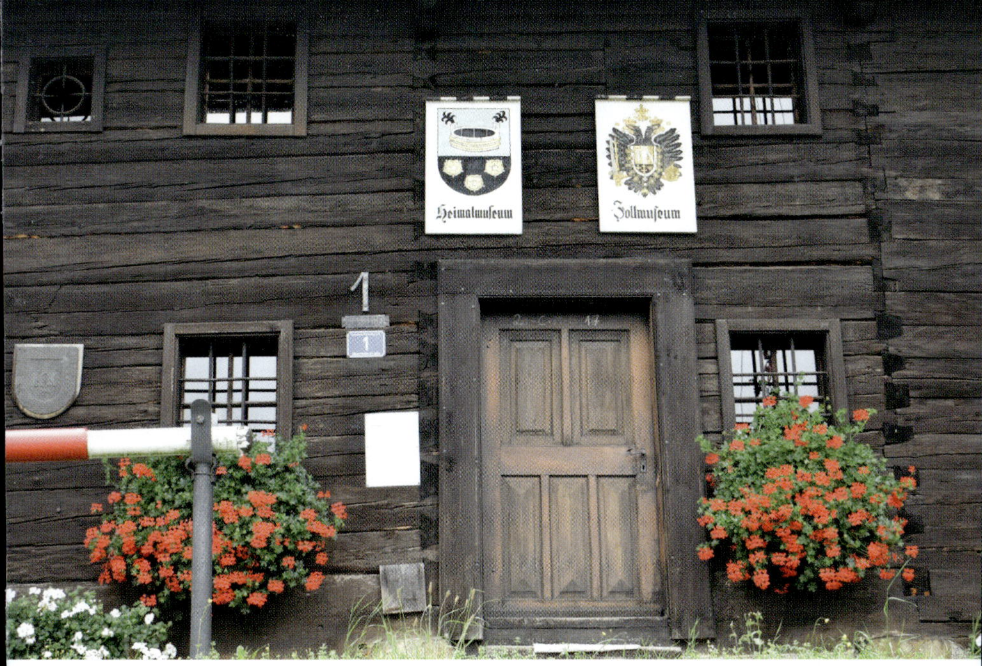

Naturdenkmal „Linde am Thurn" in Berndorf

Die Winterlinde (*Tilia cordata*) markiert den höchsten Punkt der Gemeinde Berndorf bei Salzburg auf einer Höhe von 687 Metern. Sie bildet mit ihrem Stammumfang von über zwei Metern und 16 Meter Höhe eine imposante Landmarke. Erreichbar über den „Haunsberg-Weg" vom Berndorfer Zentrum aus. Von der Wiegeliege zu ihren Füßen gibt´s eine großartige Fernsicht.

Michaelbeuern und der weite Blick

Auf einem Plateau liegt Dorfbeuern mit dem mächtigen Benediktinerkloster Michaelbeuern. Von Gletschern aufgeschaufelte Konglomerate haben diese schmucke Erhebung geschaffen und früh schon wurde sie wegen des weiten Blicks und wohl auch wegen der Eigenschaft als Kraftort besiedelt. Bei klaren Wetterlagen reicht der Blick bis in die nördlichen Kalkalpen mit ihren mächtigen Graten und Gipfeln, dem Watzmann, dem Untersberg, dem Zwiesel oder dem Hochstaufen.

Diese Berge wurden einst vor rund 245 bis 145 Millionen Jahren aus den Korallenriffen eines subtropischen Meeres gebildet. Noch heute findet man dort maritime Fossilien.
Doch zurück zu Michaelbeuern, rund 30 Kilometer nördlich von Salzburg. Bereits um 800 soll es hier eine Mönchszelle gegeben haben, die im frühen Mittelalter durch bedeutende Salzburger Familien zur Abtei ausgebaut wurde. Doch dann sollte es bis zur Glanzzeit noch einige Durststrecken geben. Zwar war der Seelsorgedienst unter Abt Walther im 12. Jahrhundert schon gut ausgebaut – er erwarb auch eine der damals aufkommenden Riesenbibeln – doch erst im 17. Jahrhundert begann die langfristige Konsolidierung Michaelbeuerns. Es wurde ein Zentrum der Spiritualität, der Seelsorge und Bildung und nichts zuletzt der Bautätigkeit. Namhafte Handwerker und Künstler hinterließen ihre Spuren. Heute kann man ziemlich friedlich im angrenzenden Gasthof, der „Stiftskellnerei" einkehren und den Kraftort mit seinen wuchtigen Eingangstoren auf sich wirken lassen.

ⓘ www.abtei-michaelbeuern.at

Die gepflegte Klosteranlage und der Gasthof laden auf vielfältige Art zur Einkehr ein.

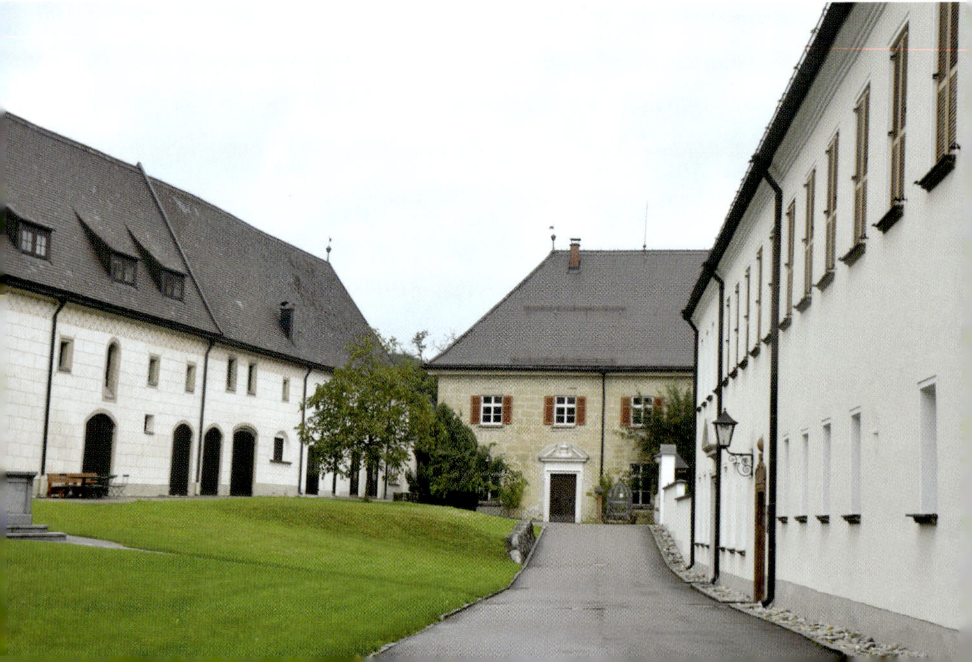

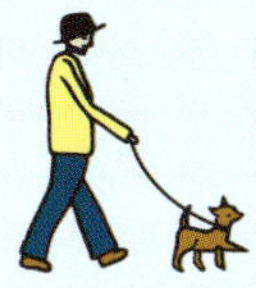

Zu Gräben, Mühlen und Wasserfällen

Start/Ziel: Seeham, Ortsteil Matzing

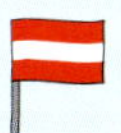

🕒 1 ¾ Stunden ↔7 km ↗ 144 hm

Wir starten im Seehamer Ortsteil Matzing am oberen Spitzerl des Obertrumer Sees. Zunächst geht es am Lauf des zunächst noch friedlichen Teufelsgrabenbachs entlang, von der Ortsmitte aus biegen wir in die Tobelmühlstraße ein, es geht vorbei an einem Hochseilgarten. Der Naturerlebnisweg Teufelsgraben wird uns zum Wildkar-Wasserfall führen, wo sich der Bach über mehrere Stufen in die felsige Tiefe stürzt und eine beeindruckende Geräuschkulisse entwickelt. Die vor Feuchtigkeit strotzende Vegetation trägt sattes Dunkelgrün und erinnert an Urwald – wenn hier jetzt ein kleiner Dinosaurier aus dem Gebüsch brechen würde, man würde sich nicht wundern.

Am Wasserfall liegt die traditionsreiche Kugelmühle im Teufelsgraben, heute ist sie ein Freilichtmuseum. Früher wurden dort, allein durch die Wasserkraft, aus Steinen Kugeln geformt, als Kanonenfutter, aber auch zum Spielen für Kinder. Heute kann man bei der reaktivierten Mühle diesen faszinierenden Prozess verfolgen. Wie ein Tanz wirkt dieses Kräftemessen von Stein und Wasser und ist bei unserer heutigen Technisierung fast ein meditatives Erlebnis. Auch die nahe Röhrmoosmühle wurde wiederbelebt. Fünf Mahlwerke, die sich über zwei Geschosse verteilen, verarbeiten dort das Getreide der umliegenden Biobauern zu Mehl.

Wir entfernen uns vom schon recht düsteren Teufelsgraben mit seiner ewig tröpfelnden, fließenden, rauschenden Klanguntermalung und erreichen das Gelände des Biohotels am Schießentobel, samt Keltenschmiede. Letztere ein Kraftort mit Weitblick, wenn man dort unter heiterem Himmel steht. Infotafeln laden zur Vertiefung ein. Unweit davon liegt das Brechelbad-Museum in Webersberg. Der Name leitet sich von der früheren Funktion dieser Holzhütte ab: Im Brechelbad wurde früher Flachs gedörrt, also getrocknet, und anschließend mit sogenannten Brecheln schonend gebrochen, um die Leinenfasern zu erhalten. Diese Dörrhütten dienten früher auch als Schwitzbäder, denn war es dort mal heiß, konnte man auch gut saunieren. Aber der hohe Holzverbrauch und die öffentliche Moral ließen die bäuerlichen Schwitzbäder wieder verschwinden. Außerdem war die g'starrige

Leinenkleidung passé, als Mitte des vergangenen Jahrhunderts Baumwolle und Kunstfaser aufkamen. Ein wenig Fantasie muss man heute schon aufbringen, um die alten Funktionen nachvollziehen zu können. Was man sich allerdings gut vorstellen kann, sind laue Sommernächte, die diesen Ort zu einer romantischen bis kultigen Open-Air-Bühne machen. Der Sternenhimmel muss auf diesem Plateau ein ganz besonderer sein, wenn man die vom Seeufer zurückblinkenden Lichter als Echo dazu sieht.
Durch lichten Wald geht es nach Staffl hinunter, einem Ortsteil von Obertrum am See. Dort führt uns der Weg am Strandcamping Oitner vorbei am westlichen Ufer des Obertrumer Sees gen Norden. Auf der Obertrumer Landesstraße, die bisweilen recht belebt sein kann, kommen wir mit Seeblick zur Rechten an der Schnellingerkapelle und an beeindruckenden Bauernhäusern aus dunklem Holz vorbei, deren Fassaden von üppigem Blumenschmuck erhellt werden. Über Seeleiten geht es nach Matzing zurück.

ⓘ www.brechelbadseeham.at, Tel. +43 (0)664 923872

Obertrum

„Druma“ ist eine frühe Ortsbezeichnung aus dem 12. Jahrhundert und bedeutet soviel wie „am oberen Seebecken“, vermutlich auch deshalb, weil einmal die drei Trumer Seen, Obertrumer, Matt- und Grabensee, ein Ganzes waren. Die Römer ließen sich hier nieder, was in Obertrum durch ein *Hypocaustum*, eine antike Heizanlage nachgewiesen ist. Markant überragt wird der Ort, der sich kurvig an das Südufer des Obertrumer Sees schmiegt, von seiner Pfarrkirche, einem mächtigen auf einer Erhebung gelegenen Bau. Die Pfarre wurde bereits 1143 erwähnt, bei der Restaurierung 2015 fand man Mauerreste aus dieser Zeit. Der spätgotische Westturm, die Seitenschiffe aus dem 18. Jahrhundert und die Jugendstilanbauten nach einem Brand im Jahr 1917 machen die Kirche zu einer architektonischen Entdeckung. Gleich an ihrem Fuße hat die Trumer Privatbrauerei ihr Firmengelände. Bierbrauen gehört zu Obertrum seit 1601. Seit acht Generationen wird das

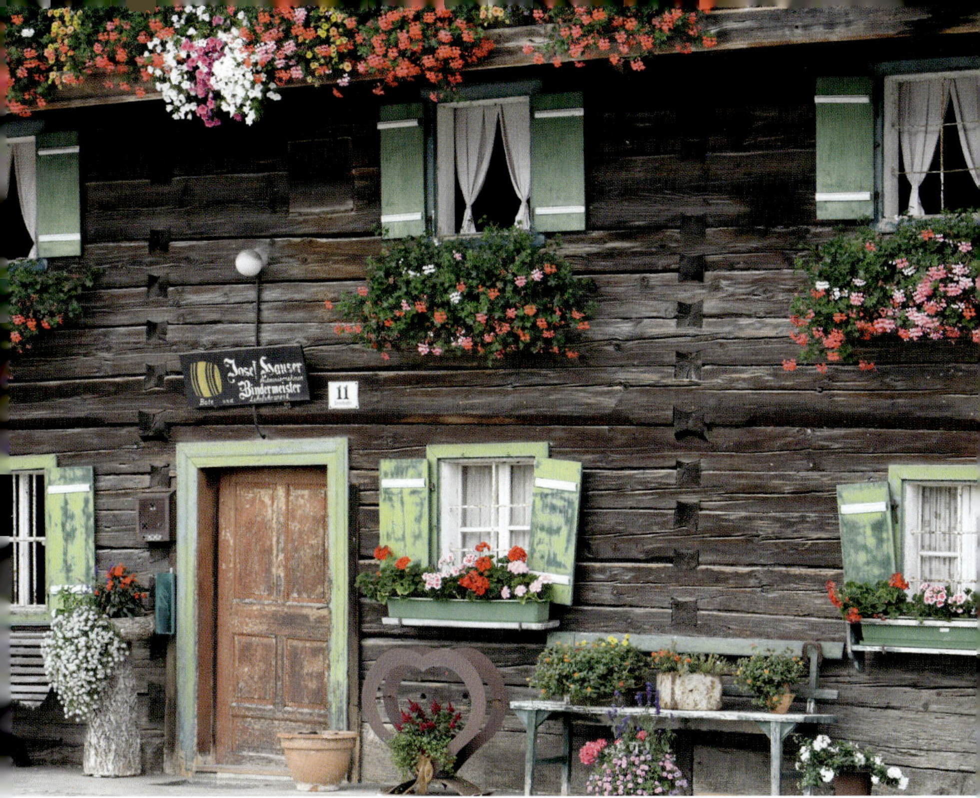

Hofidylle in typischer Holzbauweise an der Seestraße bei Obertrum.

Haus von der Familie Sigl geführt. Mit Innovationen und exzellenter Braukunst gewinnt sie immer wieder die wichtigsten Beer-Awards. In Seminaren kann man dort lernen, sein eigenes Bier zu brauen. Auf dem Firmengelände, gleich hinter dem historischen Showroom, stehen drei beeindruckende 140- bis 200-jährige Sommerlinden.

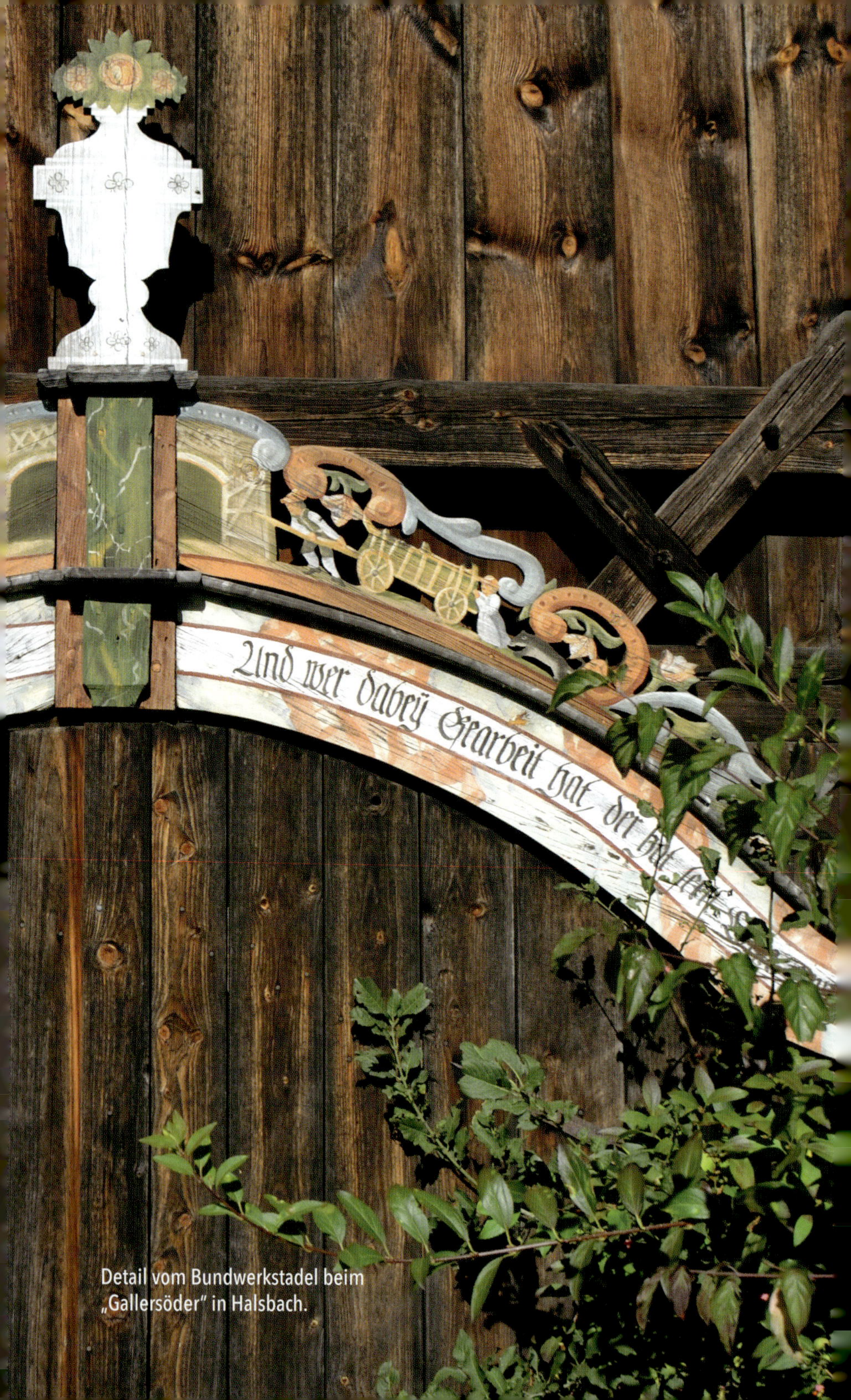

Detail vom Bundwerkstadel beim „Gallersöder" in Halsbach.

Alte Mühlen, schmucke Stadel, warme Seen

Ausflüge rund um den Waginger See

Die Bundwerkstadel im Rupertiwinkel

Bauernstolz zeigt gerne, was er hat, das ist im Rupertiwinkel nicht anders wie jenseits der Salzach. Wobei der Stolz auf bayerischer Seite eine besondere Form der Darstellung gefunden hat: den sogenannten Bundwerkstadel, bei dem sich Funktion und Zierrat bestens vertragen, am liebsten auf großflächigen Schauseiten.

Das Bundwerk als Methode der Zimmerer, luftdurchlässige Stadelwände zu schaffen, ist schon im 16. Jahrhundert im Werdenfelser Land, dem Chiemgau und in Tirol bekannt. Eine auffällige Blüte, so beschreibt es die Fachliteratur, ist dann aber im 19. Jahrhundert im Rupertiwinkel zu beobachten. Das Gebiet gehörte noch bis zum Münchner Vertrag von 1816 zum Fürstbistum Salzburg, das aber schon seit 1803 säkularisiert war. Auf bayerischer Seite stand also plötzlich ehemaliger Grundbesitz der Klöster zur Verfügung, was offenbar einen landwirtschaftlichen Aufschwung und stattliche Hofgrößen möglich machte. Und diesen neuen Wohlstand wollten die Hofbesitzer auch gebührend vorzeigen.

Damit wuchsen die Ansprüche an die Zimmerer, die ab den 30er-Jahren begannen, für ihre bäuerlichen Auftraggeber Stadel im prächtigen Bundwerk zu errichten, meist auf großen Vierseithöfen. Ihr Handwerk blühte auf und wurde immer mehr zur Meisterschaft, sicher auch inspiriert durch die Residenzstadt München, wo gerade König Ludwig I. Architektur und Kunsthandwerk kräftig förderte.

Doch Bundwerk schmückt im Rupertiwinkel so gut wie nie den Wohntrakt des Hofes, sondern immer groß dimensionierte Stadel mit ihren hohen, fast bis unter die Traufe reichenden Stadeltoren. Gerade um diese Tore herum war der bevorzugte Platz für farbenfrohe Bemalungen, Sinnsprüche und Zierbretter mit Ornamenten, bei denen sich Fantasie und Überliefertes munter mischten. Einen einheitlichen Stil gab es nicht, aber doch eine Gemeinsamkeit: Je höher der Betrachter den Blick richtete, desto aufwendiger wurde das Bundwerk, reicher der Zierrat und farbiger die Details, so dass die ganze Pracht auf den staunenden Nachbarn herunterschaute, der dafür seinen Kopf ordentlich in den Nacken legen musste. Auch deshalb präsentierten sich die Stadelwände gerne in Richtung zu den Dorfnachbarn oder zum nächstgelegenen Hof.

Bei der Entscheidung für das Bauen mit Bundwerk waren aber auch nüchterne Vorteile im Spiel. Die Bauweise war zwar aufwendig und kostspielig, doch zugleich erstaunlich holzsparend. Außerdem ist Bundwerk sehr robust und langlebig, Fachleute sprechen von einem „biegesteifen" Gerüst, das sowohl auf Druck als auch auf Zug reagiert. Zum Glück fühlen sich viele Hofbesitzer heute noch verantwortlich für ihre historischen Stadel, investieren in deren Erhaltung und es gibt sogar Bundwerk-Neubauten, die nach alter Tradition stolz die Jahreszahl ihrer Erbauung herzeigen.

Sankt Rupertus in Gaden am Waginger See.

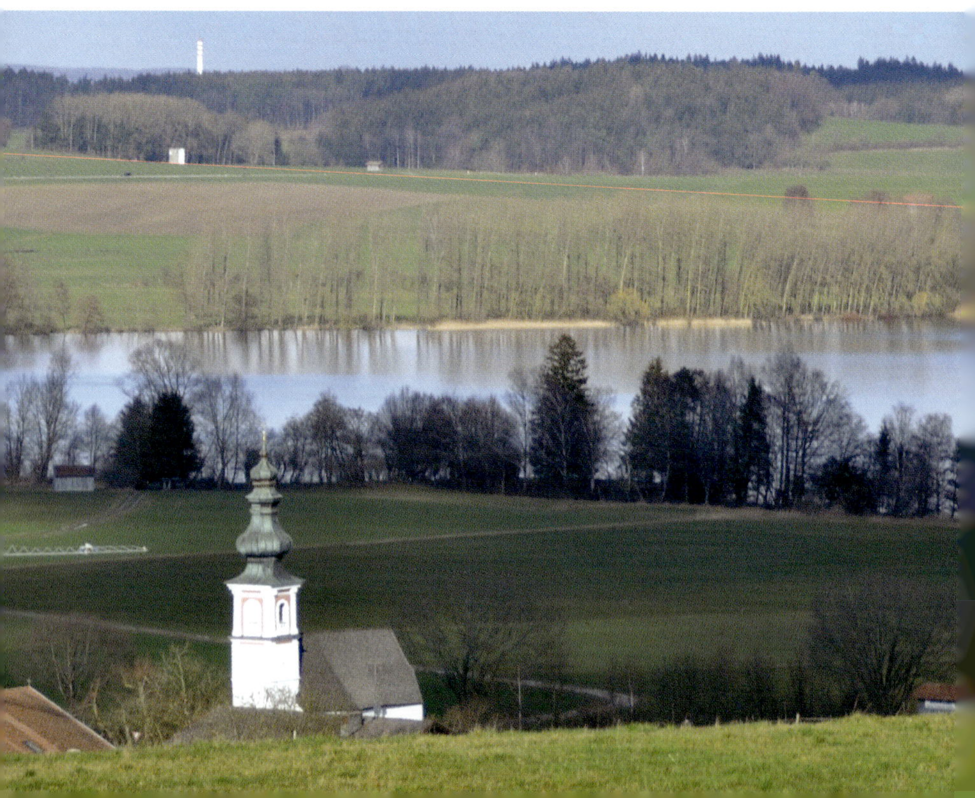

Am Ortseingang von Asten bei Tittmoning liest man an einem Neubau die Zahl 2016, aus dem Jahr 1834 ist der prachtvolle Stadel beim „Gallersöder", einem einzeln gelegenen Gehöft in der oberbayerischen Gemeinde Halsbach. Der verstorbene Generalkonservator des Bayerischen Landesamts für Denkmalpflege, Dr. Michael Petzet, bezeichnete ihn einst als den „schönsten bemalten Bundwerkstadel der Welt". Leicht zu finden an der Staatsstraße 2357 Trostberg–Burghausen, fünf Kilometer hinter Kirchweidach.

ⓘ www.halsbach.de

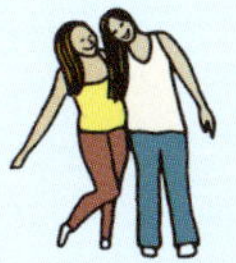

Rund um den Waginger See

Start/Ziel: Waging am See, Ortsteil Gaden
1 ½ Stunden ↔ 6 km ↗ 120 hm

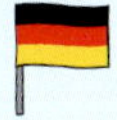

Der Waginger See ist im Grunde unspektakulär. Verträumt, von reichlich Schilf eingerahmt, nicht sehr tief und wärmer als alle anderen bayerischen Seen. Wer das mag – die vollen Wohnmobilparks sprechen dafür, dass es einige sind – erholt sich hier so gut wie nirgends. Steigt man an seinem Westufer ein wenig bergauf, wird das Bild vom See zwar nicht wirklich spektakulär, doch es ist mit einem Mal eingebettet in ein Panorama, das neben den Attributen „gefällig" und „romantisch" etwas zutiefst Entspannendes hat. Ein Eindruck, der für den Rupertiwinkel typisch ist.
Unsere Panoramarunde beginnen wir im kleinen Waginger Nachbardorf Gaden an der Staatsstraße 2104 nach Freilassing. Die Siedlung am Schinderbach ist 1000 Jahre alt, und sie hat mit der Kirche St. Rupertus etwas Besonderes zu bieten. Deshalb lohnen sich die paar Schritte auf den Kirchberg hinauf. Hier steht für die Gegend etwas sehr Ungewöhnliches: Ein siebeneckiger, quasi runder kleiner Zentralbau, ursprünglich aus dem 12. Jahrhundert stammend und später im Stil der Gotik umgebaut, mit einem bemalten Sternrippengewölbe. Das wiederum ist achtstrahlig und mit einem Schlussstein versehen, der nahe genug ist, um seine farbigen Rankenumrandungen im Detail bewundern zu können. Man darf es ruhig sagen: ein echtes Kleinod!

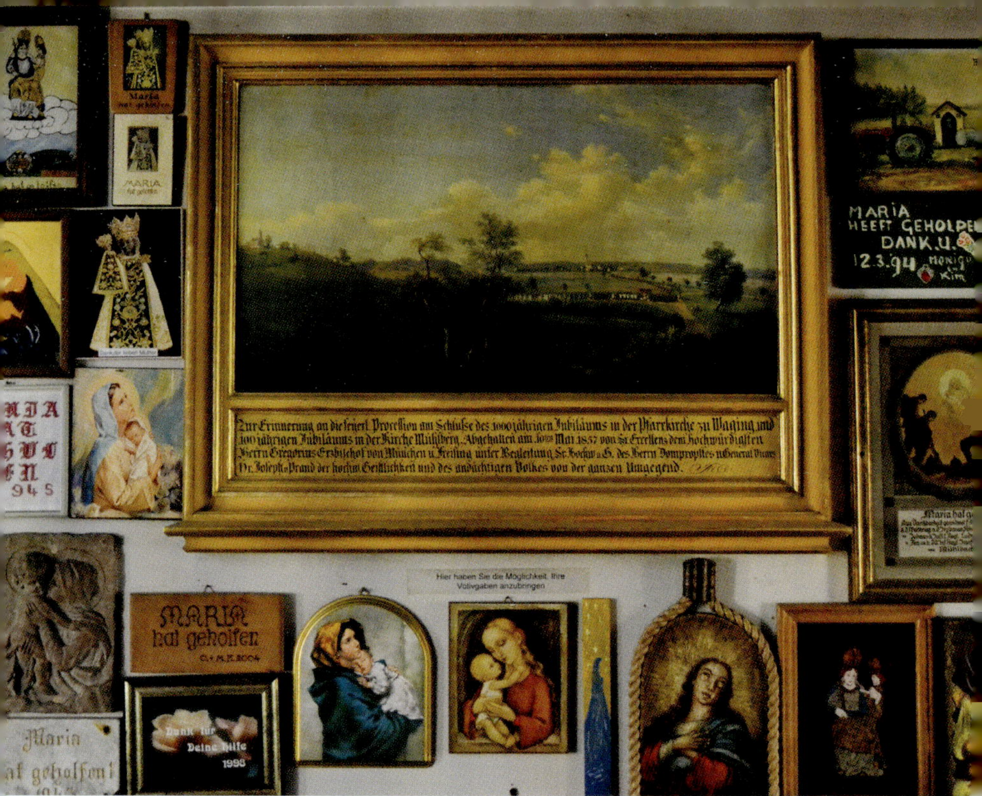

Nach einem Gang entlang der alten Gräber innerhalb der Kirchhofmauer sind wir wieder am Fuß des Kirchbergs und nehmen die Dorfstraße nach rechts. Nach 100 Metern geht es noch einmal nach rechts bergauf an einem schönen Mischwald entlang. Weiter oben folgen wir dem Asphaltsträßchen mit der Ortsangabe Wendling. Bald tauchen im Süden die Gipfel der Chiemgauer und Berchtesgadener Alpen auf. Der Weg führt leicht bergab, passiert rechts einen Hof, und nach dem Weiler Wendling macht er um das kleine grüne Hochtal einen Bogen in die Gegenrichtung. Nach rechts geht es hinauf zum Weiler Lohschuster, und schon sehen wir die hellrote Fassade der Wallfahrtskirche „Mariä Heimsuchung" herüber leuchten. Bis wir sie erreichen, bietet sich noch einmal ein weiter Blick auf den Waginger und den Tachinger See mit allen ihren Buchten und Halbinseln. Dieses friedlich stimmende Panorama begleitet uns bis zum höchsten Punkt unserer Rundwanderung.

Hier liegt auf 516 Meter Höhe „Maria Mühlberg", wie die Wallfahrtskirche im Volksmund genannt wird. Geweiht wurde sie 1755 vom Salzburger Fürstbischof Sigismund III., die Geschichte ihrer Wallfahrt ist jedoch fast hundert Jahre älter.

Adam Laiminger, begüterter Bauer aus dem nahen Weiler Mühlberg, brachte 1669 von einer Wallfahrt nach Ettal ein aus Papier gefertigtes Muttergottesbild mit, das er zu seiner Erbauung auf einem Holzbrett an einen Birnbaum nagelte. Fromme Beter aus Gaden und Waging entdeckten das Bild, und schon bald ließ der örtliche Pfarrer wegen des Andrangs einen Opferstock aufstellen. Das Bild verschwand zwar irgendwann, doch die Wallfahrt zum Birnbaum ließ nicht nach. Auch das negative Gutachten aus Laufen, wo man eine Konkurrenz für die dortige Wallfahrt „Maria Bühel" befürchtete, konnte letztlich nichts ausrichten.
Gleich am Eingang unter der Empore sind heute zahlreiche Votivtafeln zu sehen, die ältesten sollen aus dem Jahr 1671 stammen. Insgesamt 390 hat man gezählt, was eine beachtliche Sammlung darstellt und für Volkskundler sicher eine interessante Quelle ist. Zurück nach Gaden kommen uns auf dem steilen Weg unter Bäumen zwar keine Pilger entgegen, doch wir können uns die vielen Generationen von Wallfahrern aus dem Rupertiwinkel gut vorstellen, wie sie betend an den vierzehn Kreuzwegstationen hier herauf zogen, beladen mit ihren frommen Bitten an die hilfreiche „Maria Mühlberg".
Wir sind wieder in der Nähe des Waginger Sees angekommen, überqueren noch zweimal den Schinderbach und beenden unseren bilderreichen Rundweg bei St. Rupert, der ersten Station unseres Tages. Eines Tages, den der heilige Rupert, erster Bischof von Salzburg, für uns besonders entspannt gestaltet zu haben scheint.

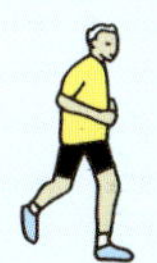

Die Mühlen am Dobelbach

Start/Ziel: Waging, Ortsteil Feichten

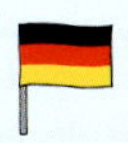

🕒 1 Stunde ↔ 3 km ↗ kaum hm

Typisch für die Geografie des Rupertiwinkels rund um Waging sind die „Gräben": So heißen manche der tief eingegrabenen kleinen Bäche, flach, kurvenreich und oft schmal genug für einen Sprung ans andere Ufer. Filzgraben, Kirchberggraben, Lettengraben, Schrottgraben – Geheimtipps für die Fischer und wegen ihrer Steilufer so gut wie nie durch Wege erschlossen. Manche haben irgendwann geologisch bedingt zusammengefunden und etwas Größeres gebildet, das man seitdem auch im Rupertiwinkel einen Bach nennt. Wenn der genug Wasser führte, siedelten sich Mühlen an, so wie am Dobelbach bei Waging.

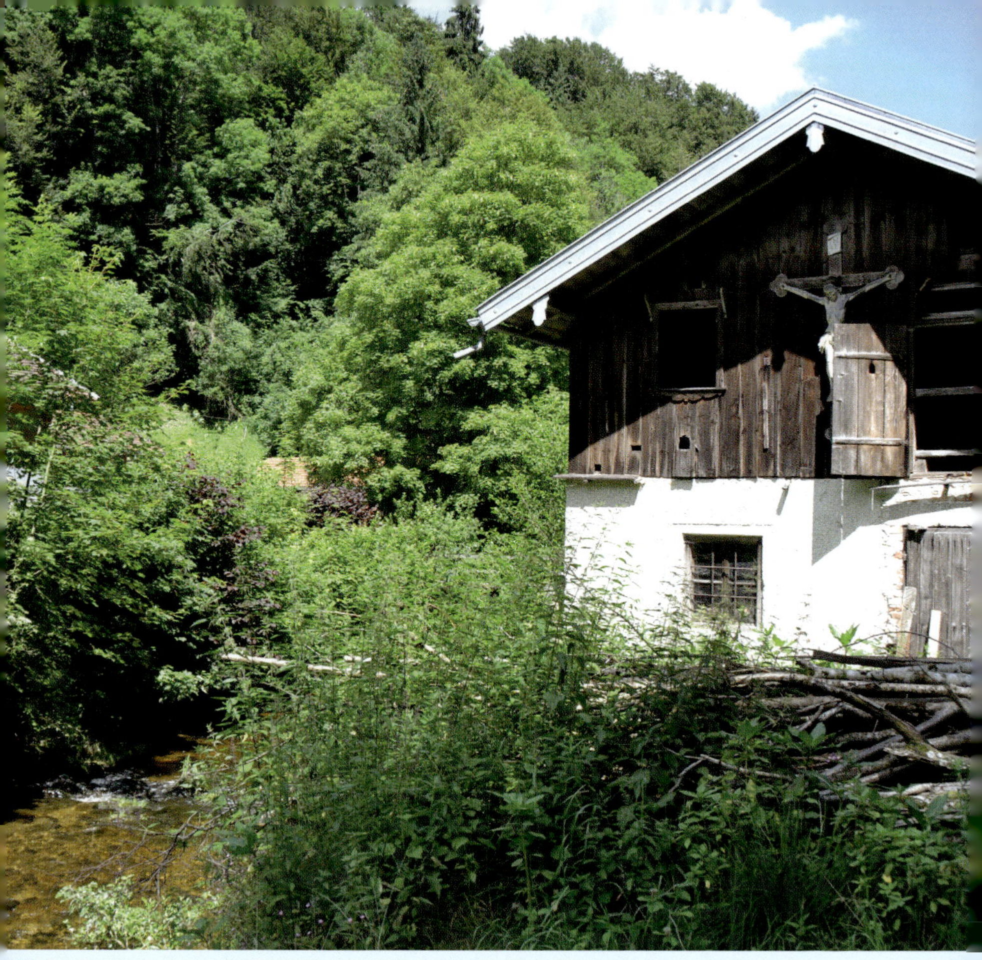

Für die Müller vom Dobelbach war der Kirchweg lang, fromm waren sie trotzdem.

An ihm soll es einmal fünf Mühlen gegeben haben, davon zeugen noch die Namen Rendlmühle, Dopplmühl oder Oberdoblmühle. Die heutigen Bewohner dieser abgeschiedenen Idyllen werden ganz sicher von den Wanderern beneidet, die beim Weiler Feichten zufällig den Eingang zu diesem verwunschenen kleinen Tal gefunden haben. Ob zu Recht, fragen wir sie nicht, denn am Ende des Tals wird es unwegsam und uns ist der Rückweg frei gestellt. Was wir jedoch auf diesen drei Kilometern an unverfälschter Natur und Rückblicken in vergangene bäuerliche Kultur erleben dürfen, das lohnt diesen kleinen Spaziergang immer und zu jeder Jahreszeit. Mein Tipp: Pause an einer der unzähligen Bachschleifen, mit den Füßen im klaren Wasser und dem Blick in die grünen Wipfel. Und wenn Picknick, dann bitte danach alles – na ja, Sie wissen schon!

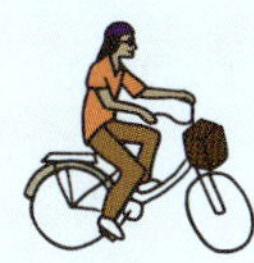

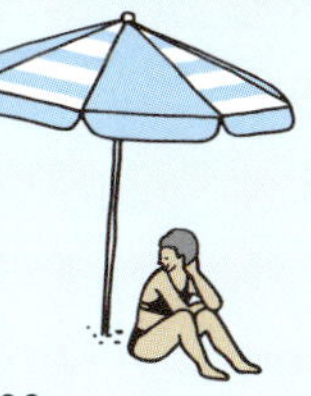

Baden & Radeln am Tachinger See

Start/Ziel: Tettenhausen am Waginger See
Dauer und Länge: nach Belieben

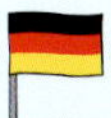

Als wärmster See Oberbayerns ist der Waginger See ein Badeparadies, das sehr beliebt und entsprechend frequentiert ist. Sein Nachbar, der etwas kleinere Tachinger See, bietet zwar die gleichen Qualitäten, seine Ufer sind aber mehr der Natur überlassen und deutlich ruhiger. Beide Seen sind bei Tettenhausen direkt miteinander verbunden, auf einem schmalen Kanal kann man unter der Straßenbrücke mit Boot oder Board binnen Minuten das Gewässer wechseln. Selber schwimmen geht natürlich auch, doch wer dabei die Vorfahrt hat, ist nicht immer klar.

Wem der Trubel im Tettenhausener Strandbad nicht taugt, dem empfehlen wir, das Ostufer des Tachinger Sees zu erkunden. Auf vier Kilometern längs des idyllisch bewaldeten Ufer-Radl-Wanderwegs gibt es eine Reihe von verträumten Badestellen, an denen man, wenn man sie mal erobert hat, garantiert alleine ist. Am Nordende des Sees bietet die Gemeinde Tengling ein einsam gelegenes Strandbad mit viel Platz und Ruhe, anständig bewirtschaftet, aber ohne Trubel. Urlauber und Gäste haben die Wahl.

Baden in zwei Seen bei Tettenhausen.

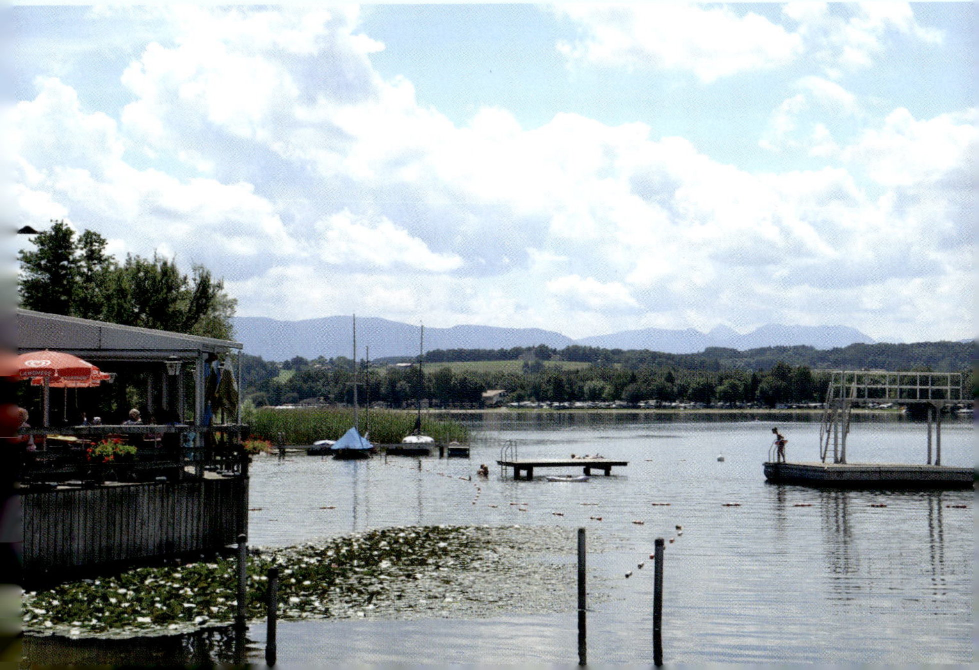

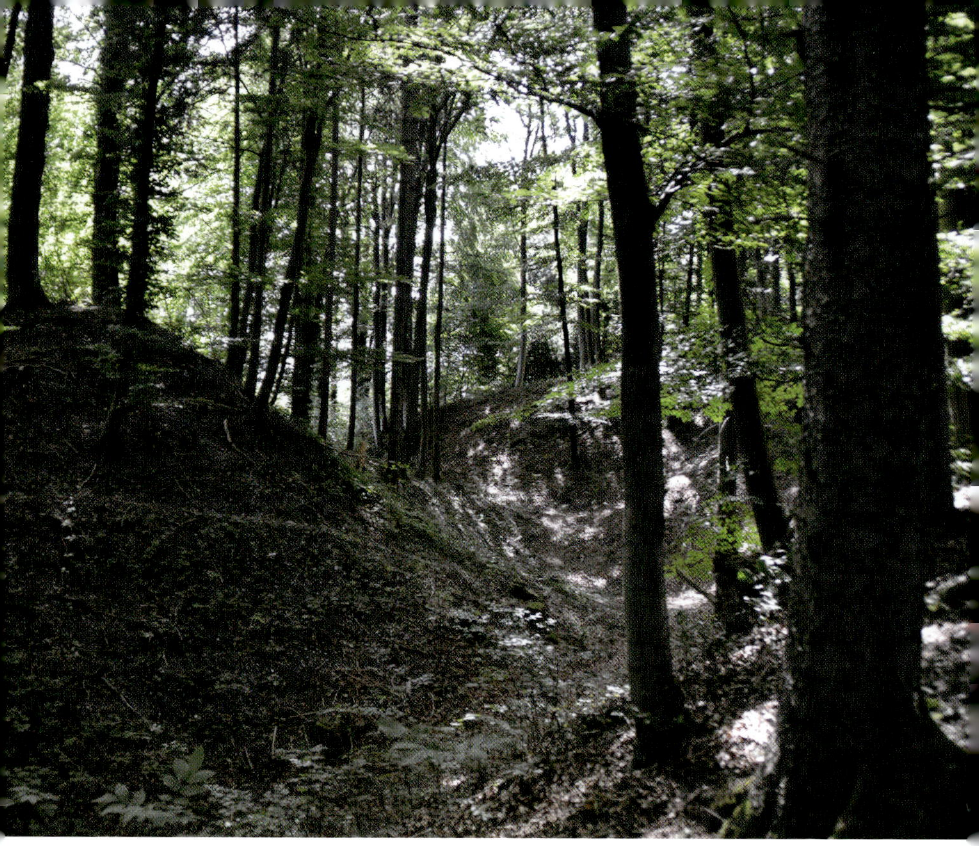

Die Grafen von Törring

Als der Rupertiwinkel noch nicht so hieß, befand sich um das Jahr 1090 irgendwo zwischen Tittmoning und Traunstein das Stammland der Toerringer. Der Aufstieg der bayerischen Landadeligen begann zunächst in unfreien Diensten der damals mächtigen Grafen von Kraiburg-Ortenburg. Törring heißt heute noch eine kleine Gemeinde zwei Kilometer nördlich des Tachinger Sees. Ein Stück weiter westlich errichteten die Ritter am Rande des Rampelsbergs ihre Burg Törring. Von dort hatten sie freie Sicht Richtung Salzburg, mit dessen Erzbischof sie sich nicht so recht vertragen mochten. Auch sonst war ihr Umgang mit den Mächtigen ihrer Zeit eher undiplomatisch, was dazu führte, dass ihre Burg 1421/22 von Herzog Heinrich dem Reichen von Landshut geschleift wurde. Mit Steinen der Burg Törring ließ der Herzog angeblich den Turm namens „Beißtörring" auf seiner Burg in Burghausen errichten.

Doch auch ohne Stammsitz konnten sich die ehrgeizigen und geschickten Toerringer im Umfeld der Wittelsbacher Herrscher unentbehrlich machen. Es gab bedeutende Militärs unter ihnen, und noch 1898 war Hans Veit III. von Törring-Jettenbach als Reichsrat so selbstbewusst, dem bayerischen Staat Misswirtschaft in seinen Forsten vorzuwerfen und – fast schon skandalös – ein Programm gegen die Wohnungsnot in München zu entwerfen.

Die Nachfahren des „roten Grafen“ sind heute erfolgreiche Unternehmer in der Landwirtschaft und im Brauereigewerbe. Eine Reihe bayerischer Schlösser sind heute im Besitz der Familie. Vom ursprünglichen Stammsitz im Rupertiwinkel sind aber nur noch unterirdische Fundamente vorhanden und vom Wald überwachsene ehemalige tiefe Gräben – Fachleute nennen das einen „Burgstall“. Das Bodendenkmal lohnt sich anzuschauen, an der Staatsstraße 2105 beim Weiler „Haus“ nördlich vom Taching am See ist es leicht zu finden.

ⓘ www.taching.de

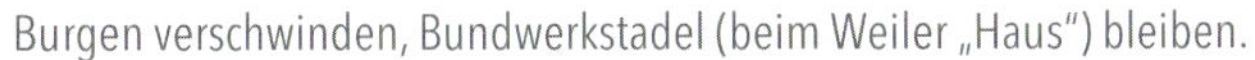

Burgen verschwinden, Bundwerkstadel (beim Weiler „Haus“) bleiben.

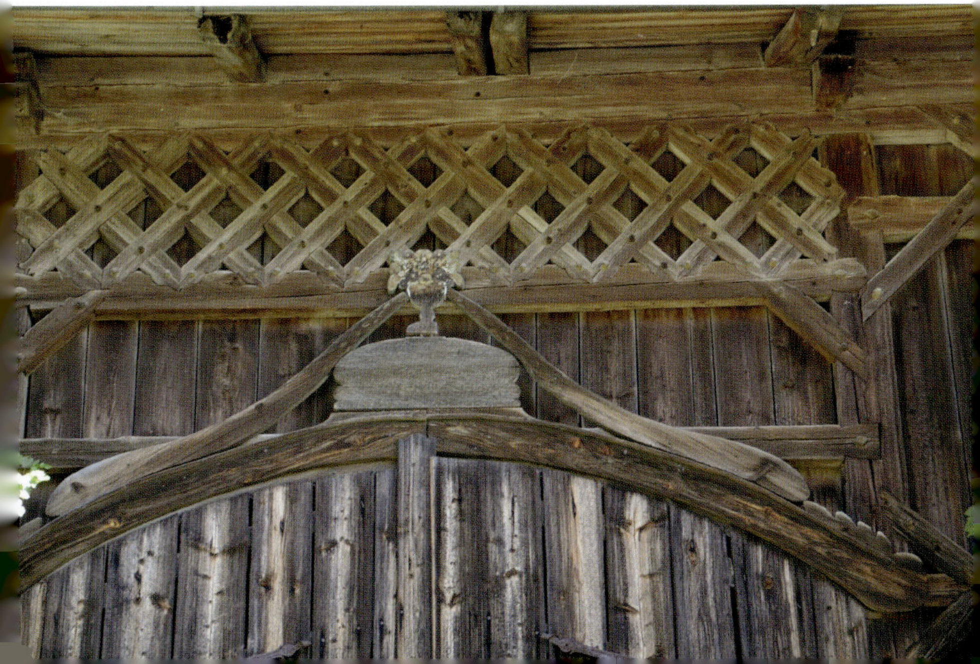

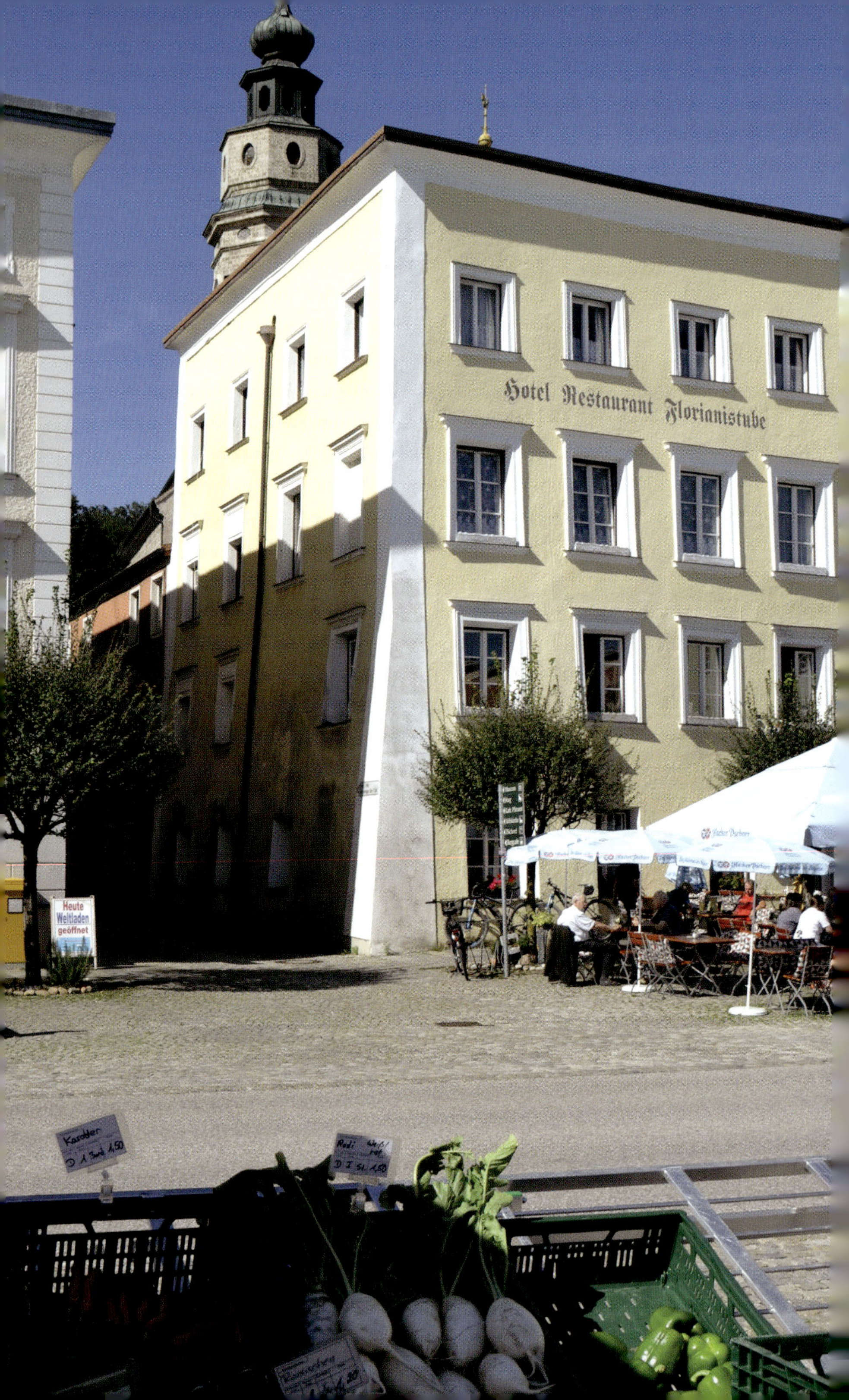
Hotel Restaurant Florianistube
Heute
Weltladen
geöffnet

Salzburgs historisches Bollwerk in Bayern

Entdeckungen in und um Tittmoning

Stadtimpressionen aus Tittmoning

„Tittmoning ist als salzburgische Stadt mit dem Sitz eines Pfleggerichts gegen die bayerischen Städte Burghausen, Neuötting und Braunau errichtet worden.“ So lautet das Zitat aus einem aktuellen Tourismusprospekt, der leider die Urheberschaft dieses erstaunlichen Satzes nicht preisgibt. Sicher ist das eine Quelle aus der Zeit, als Braunau noch bayerisch war (siehe S. 159 ff.) und das salzburgerische Tittmoning mit seiner Burg ein Bollwerk gegen bayerische Nachbarstädte.

Wer heute auf der Bundesstraße 20 Richtung Burghausen unterwegs ist, empfindet das manchmal immer noch so: Am Laufener Tor von Tittmoning ist erst mal Schluss, zumindest bei Gegenverkehr, und der ist auf dieser „Rennstrecke“ von Salzburg bis Passau eigentlich immer gegeben. In der Gegenrichtung, am Burghauser Tor, geht das Spiel umgekehrt, da warten die Ausreisenden. Früher wurde an beiden Toren Zoll erhoben, heute müssen wir, wenn es schlecht läuft, unser Wertvollstes entrichten: Zeit! Doch wer sich dann endlich einspurig durchs Tor gefädelt hat, ist Sekunden später ganz entschleunigt fast mitten im 17. Jahrhundert.

Das andere Ende vom geräumigen Stadtplatz ahnt man erst weit hinten, bis dahin sehen wir beiderseits dicht an dicht farbige Fassaden im Inn-Salzach-Stil, mal bescheiden, mal prachtvoll, immer wieder Brunnen, auch Marktstände neben gestutzten Kastanien und vor den Häuserfronten ein paar einladende Biergärten, manchmal noch auf Österreichisch „Gastgarten“ genannt. Dreihundert Meter sind es von Tor zu Tor, ein richtig guter Platz für die Rast.

Wer den Stadtplatz mit seinem Kopfsteinpflaster zum ersten Mal durchfährt, muss oft anhalten, einfach nur um zu schauen, was aber niemanden kümmert, denn Platz ist genug und der Verkehr zockelt ja ohnehin nur langsam vor sich hin. Die Parklücke nicht weit vom Biergarten der

Florianistube lockt, unter den Schirmen ist noch Platz, an den Nachbartischen sitzen Einheimische und eine Gruppe von Monteuren in der Pause, was dafürspricht, dass hier Handfestes serviert wird. Auch wir haben Pause und überlegen uns in Ruhe einen Spaziergang für danach.
Die Empfehlung vom Tischnachbarn lautet: Kleiner Rundgang vom Gerberberg unten an der Salzachbrücke hinauf zur Stadtmauer und an ihr entlang auf der Gabelsbergerstraße bis zum Laufener Tor. Dann vom Stadtplatz in die Augustinerstraße, vorbei am ehemaligen Augustinerkloster von 1682, das nach 1806 Brauerei, Kaserne und zuletzt bis 1972 eine Mädchenschule war.
Straßen und Gassen sind geprägt von farbigen Fassaden aus dem 17. und 18. Jahrhundert; Tittmoning war damals ein kleines Zentrum für Kunst und Kunsthandwerk mit weiter Ausstrahlung, und wir können uns gut vorstellen, dass in diesen liebevoll sanierten Häusern Baumeister, Bildhauer, Maler, Wachsbossierer und Goldschmiede ansässig waren. Auch heute sind Kunst, Kultur und Handwerk für die Tittmoninger immer ein Thema. Für die Stiftskirche am Ende der Entenstraße nehmen wir uns Zeit, danach geht es über die Stiftsgasse zurück zum Stadtplatz und zu unserem Biergarten.

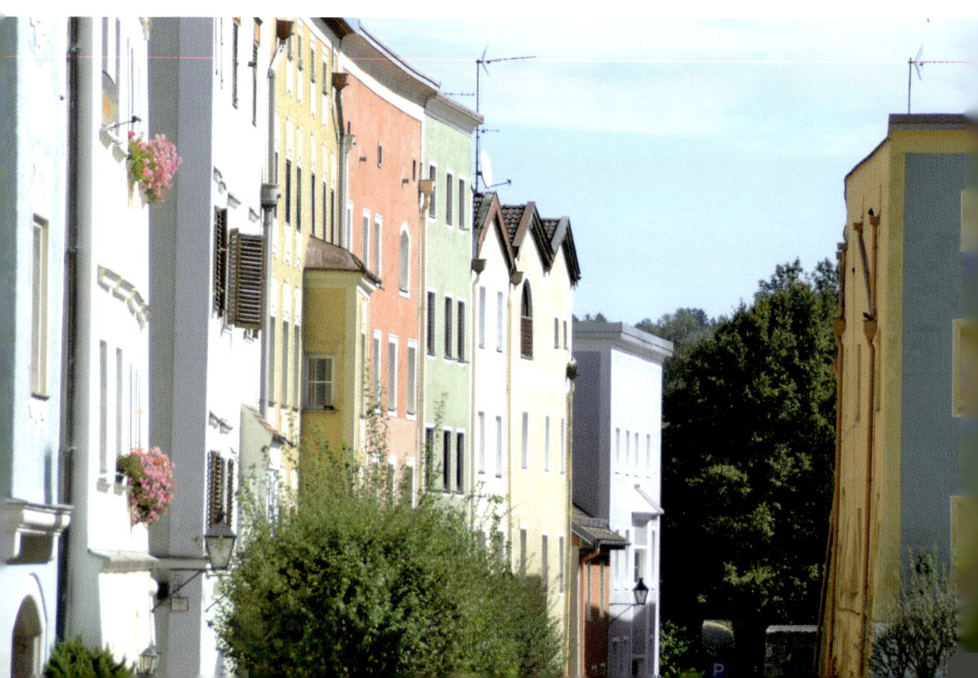

Vor der Weiterfahrt noch einen Kaffee – und dabei treffen wir ganz zufällig Josef Wittmann, einen Schriftsteller und alten Bekannten, der vor gut vierzig Jahren von München hierher gezogen ist. Jetzt können wir ihn, den Tittmoninger Ex-Stadtrat und Kulturbeauftragten, endlich mal in Ruhe und „vor Ort" fragen, ob und wie so etwas gut gehen kann.

Interview mit Josef Wittmann

Mundartdichter, Ex-Münchner und überzeugter Tittmoninger

Kann man vom Münchner zum Tittmoninger werden? Und wenn ja, warum?

*Der Münchner von vor 40 Jahren hat noch so viel Bairisch gekonnt, dass er Tittmoning richtig ausgesprochen hat, also vorn betont und ohne Doppel-N hinten. Das ist eine ganz wichtige Voraussetzung, denn wer „Tittm*o*ning" oder gar Tittm*onn*ing sagt, ist schon gleich einmal durchgefallen. Dann muss der Münchner lernen, dass man in der Kleinstadt einander kennt. Dass mich die Verkäuferin in der Bäckerei in der zweiten Woche schon mit Namen begrüßt hat, war kein Eingriff in die Privatsphäre, sondern ortsübliche Freundlichkeit. Und vom Neuling erwartet man, dass er die Namen auch schnellstens lernt. Da sind erste Freunde wichtig, die man fragen kann … Und schließlich muss der Münchner kapieren, dass er in Tittmoning neu anfängt. Schriftsteller ist eine Unterabteilung von Arbeitsloser, aber wenn er beim Fasching einen Stadtrundgang gut hinbringt, ist er immerhin schon der „ah, Der"!*

Was entdeckt ein Münchner an Tittmoning, was die Hiesigen gerne übersehen?

Andere Zugezogene. In den 1970er- und 1980er-Jahren haben sehr viele damals relativ junge Leute die Metropolen verlassen und auf dem Land eine Alternative zum Großstadtleben gesucht. Darunter waren richtig bekannte Künstler und Künstlerinnen, aber auch ganz viele Lebenskünstler, die ihr Ding im Kleinen gemacht haben. Das Potenzial dieser Szene als Ganzes und die Bedeutung der einzelnen Personen ist den Einheimischen weitgehend verborgen geblieben.

Eine Anekdote, die typisch für die Tittmoninger ist?
Durch die Gebietsreform von 1978 sind die jahrhundertelang selbstständigen Dorfgemeinden Kirchheim, Asten, Kay und Törring eingemeindet worden. „Fünf Orte – eine Stadt" war das Motto der 40-Jahr-Feier, ein frommer Wunsch. Das voraus, um die folgende Anekdote zu verstehen: Ich fahre mit meiner damals elfjährigen Tochter im Auto Richtung Traunstein. Vor mir ein VW-Golf, der nach rechts blinkt. Meine Tochter: „Schaug, was der macht! So a Kläzn"! Ich: „Wieso Kläzn? Der biagt doch bloß ab." Meine Tochter: „Freilich a Kläzn. Der fahrt freiwillig nach Kay!"

Tittmoning für dich in einem Satz?
Alle Städte im Landkreis fangen mit „T" an, Tittmoning ist die schönste.

ⓘ www.tittmoning.de, Tourist-Info Tel. +49 (0)8683 700710

Die Burg zu Tittmoning

Der Begriff „Sommerfrische" wurde Ende des 19. Jahrhunderts üblich, als die bürgerliche Stadtgesellschaft entdeckte, wie erholsam in den heißen Sommermonaten ein Aufenthalt auf dem Land sein kann. Die Entdeckung selber ist natürlich viel älter: Landhäuser für den Sommer kannten schon die Römer, und so hielten es auch die Salzburger Erzbischöfe für standesgemäß, zu dieser Jahreszeit ihrer stickigen Residenz den Rücken zu kehren und gut durchlüftete Regionen aufzusuchen. Bevorzugter Aufenthalt war ihre Burg oberhalb von Tittmoning, erbaut vom örtlichen Adel im 12. bis 13. Jahrhundert, übernommen vom Erzbistum Salzburg und im 15. Jahrhundert spätgotisch zur Grenzfeste gegen die Bayern ausgebaut. Die waren davor und auch danach immer mal wieder die Herren in Tittmoning, bis zuletzt 1816 das linke Salzachufer wieder an Bayern ging. Das ist bis heute Stand der Dinge und für die in die Jahre gekommene Burg ein Glücksfall. Ab den 50er-Jahren wurde sie mustergültig saniert und ist seitdem mit ihren diversen Museen und dem Heimathaus Rupertiwinkel ein touristischer Anziehungspunkt. Auffällig ist das schon von Weitem sichtbare mächtige Ziegel-Walmdach des „Traidkastens", des dreistöckigen Vorratsspeichers. Sein Dachstuhl ist ein Beispiel für die Kunst der Zimmerleute im 16. Jahrhundert, und das Gebäude diente dem Rentamt Tittmoning und Mühldorf als Getreidespeicher. Eine funktionsfähige Sommerfrische für Bischof und Hofstaat verlangte eine solide Versorgung, auch sonst wollte man dabei auf möglichst wenig verzichten. Es wird berichtet, dass Johann Ernst Graf von Thun und Hohenstein, der von 1687 bis 1709 Erzbischof in Salzburg war, eine ihm lieb gewordene Chororgel aus dem Salzburger Dom auf die Burg in seine neuerbaute Michaelskapelle bringen ließ. Die kleine Kapelle ist mit der großen Orgel recht gut ausgefüllt, zumal

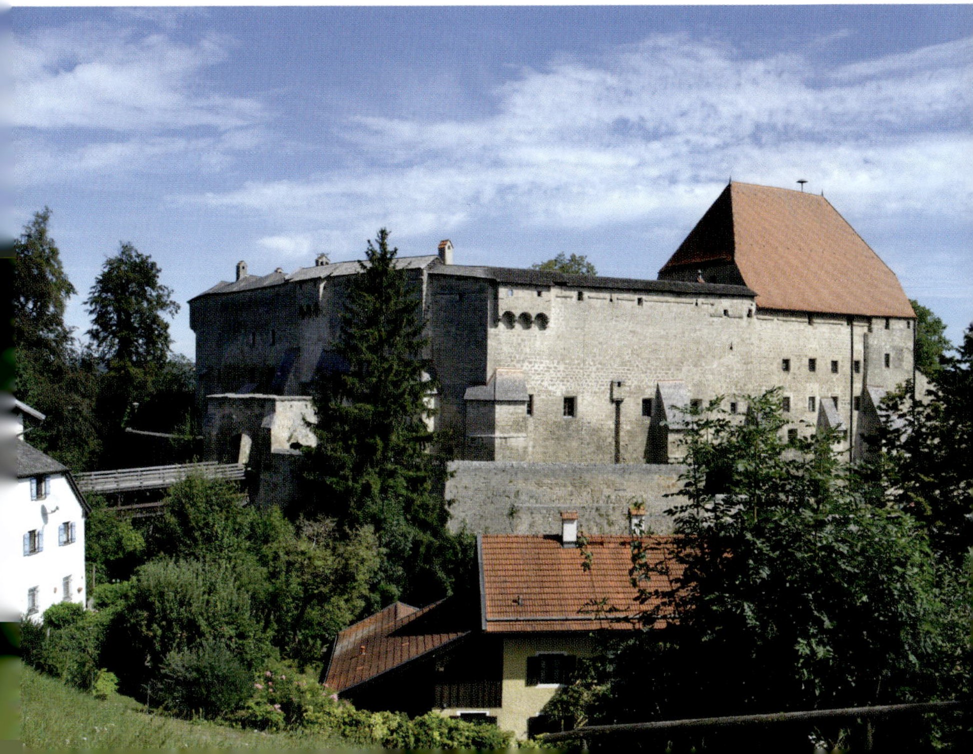

auch noch ein dominanter Altar aus rotem Marmor mit einem Rottmayr-Altarbild des Erzengels Michael Platz gefunden hat.
Von der Bank unter der Burglinde hat man einen Blick auf die barocke Fassade der Schlosskapelle. Wer von dort den Blick nach links wendet, entdeckt, dass die Burg zwei Zugänge hat. Wir sind vom Parkplatz durch das Westtor in die Burg gelangt und könnten sie durch das Osttor wieder verlassen, wo die Stadt direkt unter uns liegt. Für eine mittelalterliche Burg ist das sehr ungewöhnlich, für eine bischöfliche Sommerfrische dagegen durchaus praktisch. Die Stadt Tittmoning veranstaltet jedes Jahr ihre „historischen Burgtage", ein Mittelalterfest mit Lagerleben rund um die Burg, historischen Märkten, Rittern, Gauklern und Bühnenprogramm. Wer die Burg und ihre Geschichte gründlich kennen lernen möchte dem ist unbedingt die zweistündige Burgführung zu empfehlen. Mehr darüber sagt Ihnen die Tourist-Info (+49 (0)8683/700710, anfrage@tittmoning.de), doch auch für einen neugierigen Privatspaziergang lohnt sich die halbe Stunde vom Stadtplatz hinauf zum Osttor.

Die Stiftskirche St. Laurentius

„Können wir alles gebrauchen!", das sagten sich die Tittmoninger, als es nach dem Stadtbrand von 1815 um die Neuausstattung der Stiftskirche St. Laurentius ging. Sie war nur noch eine halbe Ruine, vom prachtvoll-barocken Innenleben war nichts mehr übrig. Anderswo hätte man die ursprünglich 1410 errichtete gotische Hallenkirche im gerade dominierenden Klassizismus neu eingerichtet, doch in Tittmoning nahm man einen anderen Weg. Gerade hatte überall im Lande die Säkularisation kurzen Prozess gemacht mit jeder Form von Besitz in Kirchen und Klöstern – was nun die Tittmoninger als ihre Chance begriffen. Von dem, was gerade „auf dem Markt" war, fand so manches, teils mit tätiger Hilfe des Kronprinzen Ludwig, den Weg nach St. Laurentius.
Ein paar Beispiele: Aus der Benediktinerabtei Weihenstephan zwei große Ölbilder, ein Schutzengel und eine Madonna, von Cosmas Damian Asam; aus dem Inseldom der Augustiner Chorherren von

Herrenchiemsee die Rokoko-Orgel samt Emporenbrüstung; aus der Bibliothek von Kloster Raitenhaslach das steinerne Pflaster und die barocken Eichenschränke, aus denen man kurzerhand das neue Chorgestühl fertigte. Nur Altäre und Kanzel wurden in einem nachbarocken Stil neu geschaffen. Ein Gesamtergebnis, das bei Kunst- und Kirchenhistorikern noch lange für Diskussionen sorgte, an der sich die Tittmoninger aber nicht beteiligten. Sie lieben ihre Stiftskirche so wie sie ist.

Dazu passt eine Geschichte, die zwar nicht ganz verbürgt ist, aber das enge Verhältnis der Tittmoninger zu ihrer Kirche illustriert. Einem Wirt vom Stadtplatz passte 1945 der Aufruf der US-Besatzer nicht, alle Waffen abzugeben. Er holte seine ererbten Jagdgewehre vom Dachboden und hängte sie heimlich den lebensgroßen Apostelfiguren in St. Laurentius um. Ob die Amerikaner genug Kunstverstand hatten, um das offensive Versteck zu entlarven, ist nicht überliefert. Der Platz rund um die Kirche ist mit seinem Kopfsteinpflaster, den Stufen und Zugängen zu den Gassen und den alten Linden ein Platz der Ruhe und Entspannung. Rund um St. Laurentius treffen sich die Tittmoninger im Advent zum traditionellen Barbaramarkt.

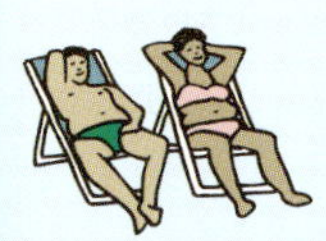

Baden im Leitgeringer See

Start/Ziel: Tittmoning, Parkplatz am Westtor der Burg

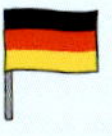

halbe Stunde Fußweg zum See

Gleich ob mit dem Auto, dem Fahrrad oder nach einer guten halben Wanderstunde, der Leitgeringer See ist für die Tittmoninger und ihre Gäste das naheliegende Badeziel, aus Tradition und gutem Grund. Zwei Kilometer nördlich vom Ort liegt der Naturbadesee, fünfzehn Hektar groß, von Ruhe und viel Grün umgeben und mit herrlich weichem Moorwasser. Es gibt Kabinen, einen Bootsverleih, einen kleinen Sandstrand und auch Beach-Volleyball, aber trotzdem keinen Rummel. Auch wer die Ruhe sucht, kommt hier auf seine Kosten. Beim Bademeister können Kinder ihr „Seepferdchen" machen und im Winter dürfen sich hier die Eisstockschützen

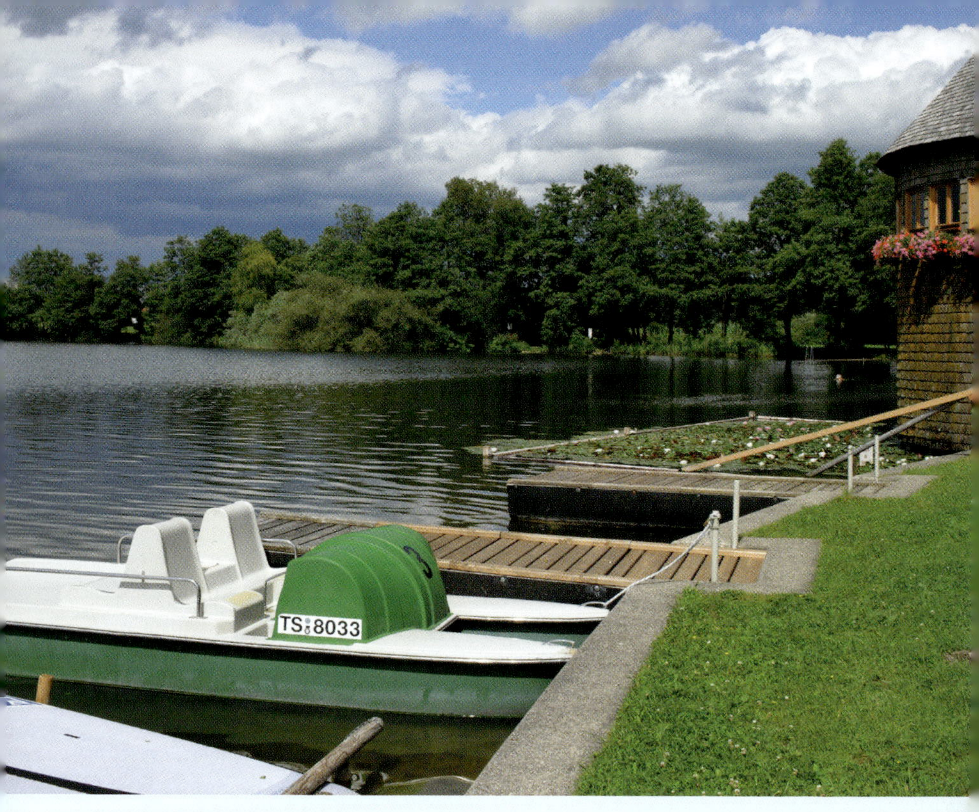

tummeln. Sogar für Angler gibt es ein Revier, alles vorbildlich verwaltet von der Stadt Tittmoning.

Unsere Tour beginnen wir beim Parkplatz am Westtor der Burg, steigen von dort hinab in den Ponlachgraben, überqueren zweimal einen Bach, danach geht es aus dem Graben wieder hinauf. Nach der Überquerung der Staatsstraße 2106 kommen wir an einem auffälligen Drumlin vorbei, einem von der Eiszeit geformten länglichen Hügel, weiter bis zum Weiler Diepling. Danach geht es kurz an der Staatsstraße 2105 entlang, und schon nach zweihundert Metern biegen wir nach links ab zum See. Der gesamte Weg ist beschildert.

Beim Gepäck für den Badetag kann man sich Essen und Trinken ruhig sparen, direkt neben Liegewiese und Steg gibt es nämlich die Terrasse vom „Wildfang", einem gepflegten kleinen Strandrestaurant, das Wolfgang Holzhofer und Sohn Maximilian hier draußen aufgezogen haben. Bei ihnen lohnt es sich, auch nach dem Sonnenuntergang noch sitzen zu bleiben.

ⓘ www.leitgeringer-see.de, Tel.+49 (0)8683 8919881

Bauernmuseum in Birnbaum

In der Gegend um Halsbach wird die bäuerliche Tradition hochgehalten. Das belegen die vielen schönen Bundwerkstadel, aber mehr noch ein privates Bauernmuseum, das einmalig ist. Im Stall seines Vierkanthofes und im Stadel darüber hatte der 2021 verstorbene Altbauer und gelernte Schmied Sepp Schmidhammer seit Jahrzehnten alles gesammelt, was in früheren Zeiten im Alltag der Bauern und Handwerker auf dem Land wie selbstverständlich dazugehörte. Die Vielfalt der sorgfältig, mit Sachverstand und viel Liebe ausgestellten Gerätschaften ist überwältigend. Unter alten Bäumen und neben einem Weiher steht die historische Schmiede der Familie aus dem Jahr 1794. Um die zu besichtigen, macht man am besten einen Termin aus, jetzt mit dem Sepp junior. Das gilt übrigens auch für das Museum.

ⓘ Halsbach, historische Bauernschmiede, Birnbaum 22, Tel.: +49 (0)8623 346.

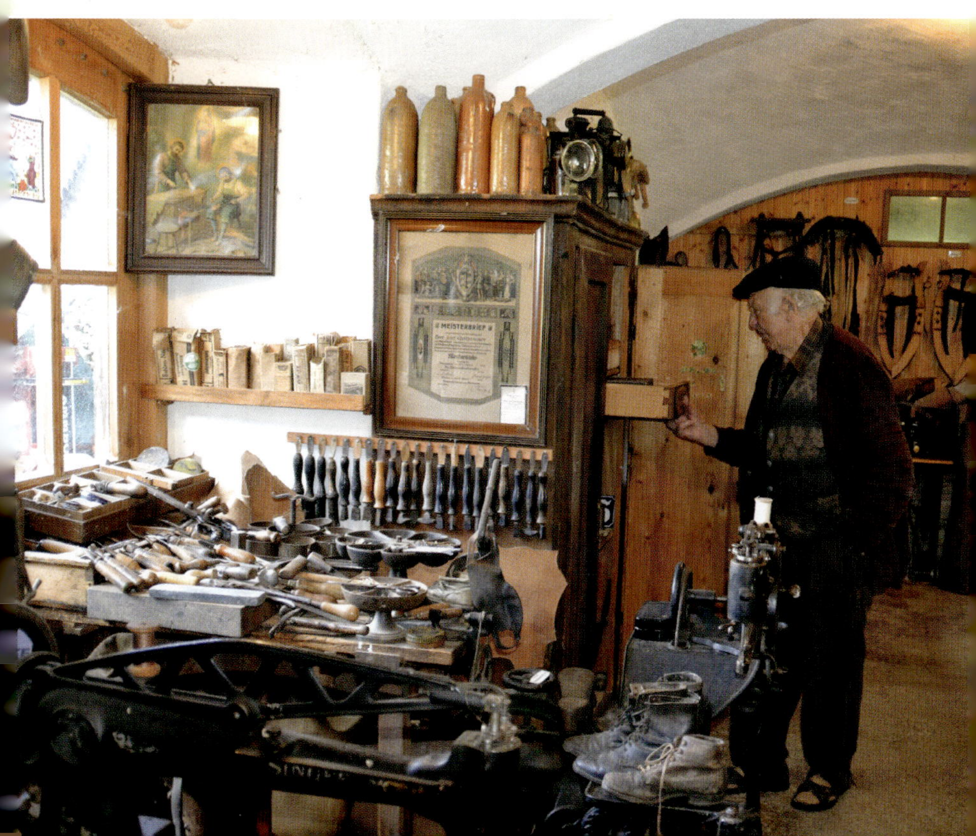

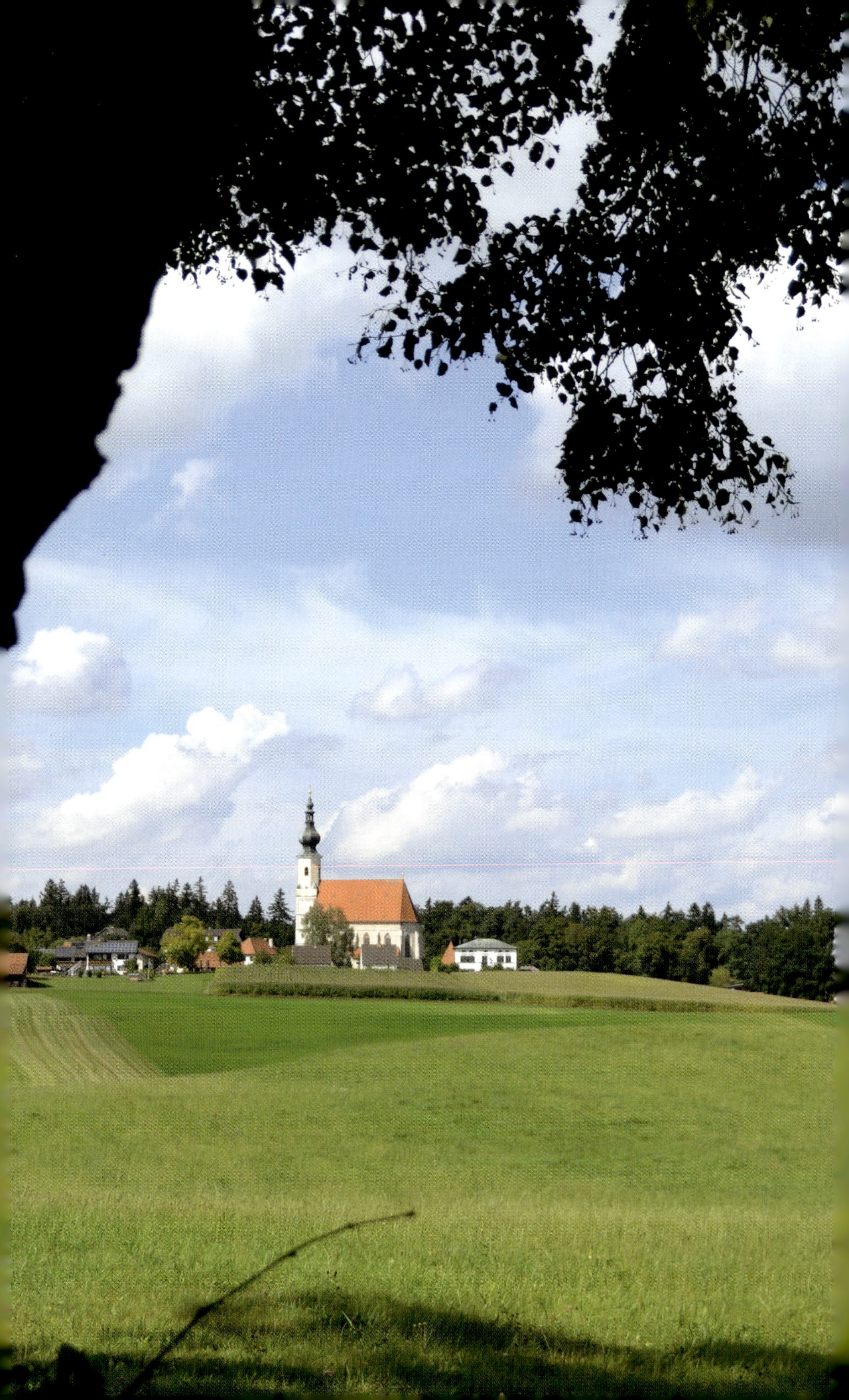

7

Bis hierher kamen die Gletscher

Ein Tag auf dem Astener Eiszeitweg

Asten wird das nördlichste Dorf im Rupertiwinkel genannt und bis vor knapp fünfzig Jahren war es noch eine selbstständige Gemeinde. Die schluckte 1976 der große Nachbar Tittmoning, doch die 500 neuen Einwohner blieben in ihrem Selbstverständnis natürlich Astener. Die Tittmoninger leben weiter unten am Fluss und die Astener schauen aus erhöhter Position quasi auf sie herab, auch wenn sie statt einer Burg nur eine Kirche zu bieten haben. Die hatte mit Michael Sallinger allerdings einen Baumeister, der auch an der Salzburger Franziskanerkirche und der Frauenkirche in München beteiligt war. Ihr achteckiger Turm mit der stolzen Zwiebel diente wegen seiner exponierten Lage zu Beginn der königlich bayerischen Landvermessung als einer der ersten trigonometrischen Punkte. Man munkelt, dass ganz oben im Turm noch heute entsprechende Gerätschaften aus dieser Zeit zu finden sein sollen. Noch etwas macht Asten besonders: seine Moränenhügel. Bis hierher und nicht weiter kamen die Gletscher der letzten Eiszeit, während das Salzachtal von Tittmoning noch viele tausend Jahre unter Eis begraben lag. Gerne erklären die Astener alle Details dieser Erdepoche auf ihrem mit Infotafeln gut beschilderten Eiszeitrundweg.

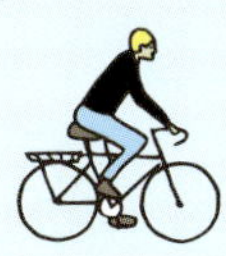

Eiszeit trifft Warmzeit

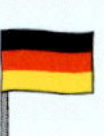

Start/ Ziel: Asten, Dorfwirt
Nordrunde: 5 km, **Südrunde:** 5 km

Der schattige Biergarten der Dorfwirtschaft in Asten bleibt für den heutigen Tag unser Fixpunkt. Für Start und Ziel einer zweigeteilten Wanderung, für die Pause dazwischen und für unsere Neugier auf die Geschichte dieser anziehenden

Wirtschaft. Anziehend auch für alle, die nur wegen der besonderen Aussicht hier sind, dem Alpenpanorama direkt vom Biergartentisch aus, dort im Süden, von wo einmal die Gletscher gekommen sind.

Das Gletscher-Thema haben findige Astener in das Konzept eines Eiszeit-Rundwegs übernommen, der in einer nördlichen und einer südlichen Variante angeboten wird. Ausgeschildert sind beide vorbildlich, so dass wir uns eine Beschreibung mit Hinweisen auf das Abbiegen nach links oder rechts sparen können. Schon am Start in Asten steht eine der lehrreichen Informationstafeln, die uns auf dem Rundweg immer wieder begegnen. Eine zentrale Aussage dieser Tafeln ist, dass der Salzachgletscher bis vor 10 000 Jahren, dem Ende der Würmeiszeit, bis in die Gegend um Asten gereicht hat.

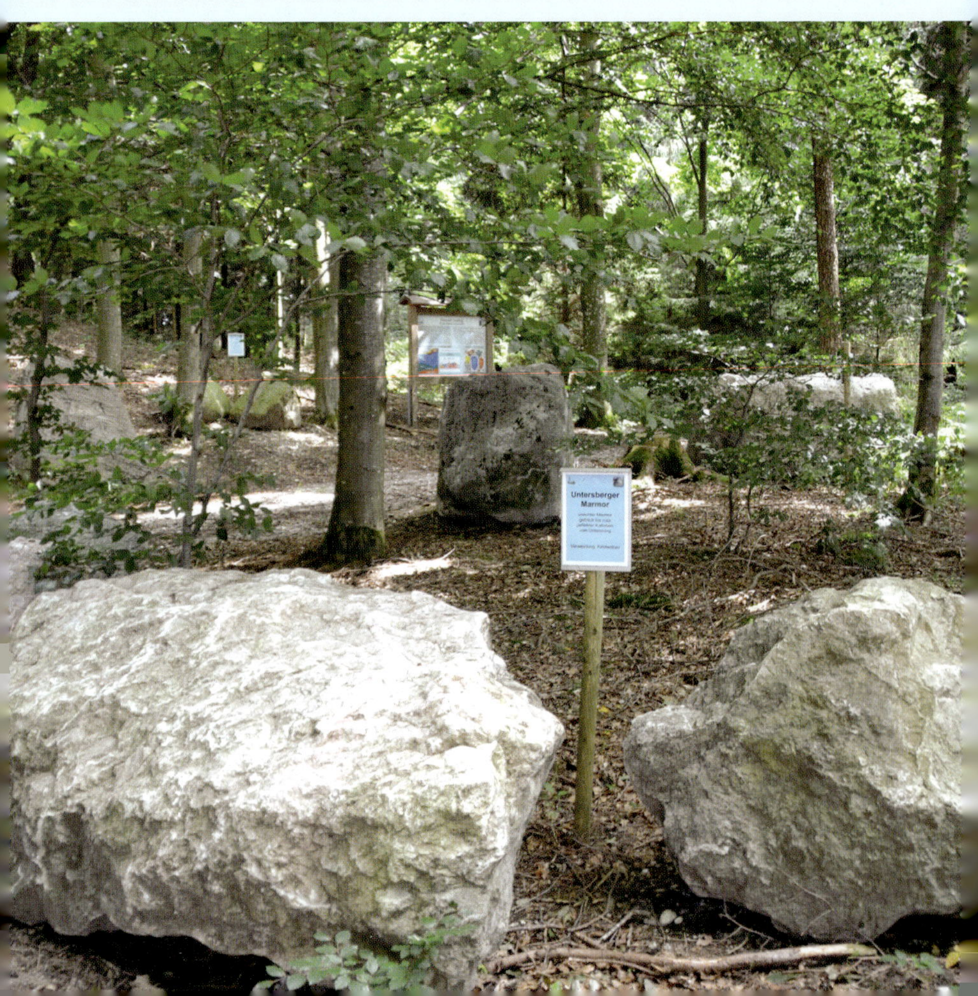

So geht unser nördlicher Weg an Riß-Moränen, alten Abflussrinnen, Mindel- und Günzmoränen vorbei, bis am Höhenrücken Aichlberg-Plattenberg ein imposanter Findling am Wegrand liegt. Eine Tafel berichtet, dass er aus Kalkglimmerschiefer besteht und vor 65 Millionen Jahren aus den Zentralalpen hierher verfrachtet wurde. Schuld war nicht die Würmeiszeit, also die bisher letzte, denn hier an diesem Höhenrücken war offenbar schon immer Endstation für die Gletscher und ihre Landschaftsgestaltung. Diesem Gedanken können wir auf der schattigen Bank unter einer Eiche nachhängen und dabei in aller Ruhe die Reihenfolge der Günz-, Mindel-, Riß- und Würmeiszeit sortieren, alle Zeitperioden benannt nach süddeutschen Flüssen.
Bis zum nächsten Findling, einem Brocken Zentralgneis aus den Hohen Tauern, passieren wir kurz die Bundesstraße 20 mit ihrem Lkw-Verkehr, eine unvermeidliche Begleiterscheinung unserer aktuellen Warmzeit. So wie die heute so dominierenden Maisfelder, die auf dem abzweigenden Feldweg erst einmal jeden Blick auf den Horizont versperren. Der meldet sich dann aber bald wieder, und unser Rundweg nimmt nach einer Pause im Biergarten neuen Anlauf. Die südliche Route bringt dann erst einmal auf der Bank an einer Kapelle großes Alpenpanorama, danach die typischen runden Wiesenhügel, die sogenannten Drumlins, in Senken feuchte Stellen als Reste von Toteislöchern und schließlich den Blick auf den Astener Moossee. Der ist allerdings Naturschutzgebiet und nur ein paar schottische Hochlandrinder dürfen seine Ufer beweiden.
Wir haben danach freien Zutritt beim „Geopark Laufing", einem „geologischen Schaufenster" mitten im Wald. Bei den im Kreis angeordneten tonnenschweren Gesteinsbrocken war keine Eiszeit im Spiel, da haben Bagger und Transporter aus der Warmzeit geholfen. Die Beschilderung präsentiert uns allerlei von Granit bis Tuffstein, und die Schautafel nennt uns detailreich die jeweilige Herkunft. Hier nehmen wir uns Zeit, denn es gibt viel zu erfahren. Auf dem Rückweg nach Asten machen wir noch Rast an einer Ruhebank, oberhalb der Kreisstraße im Schatten einer imponierenden Winterlinde. Gepflanzt hat sie im Jahr 1890 Mathäus Haindl, Urbatschbauer von Asten – als seinen „Herrnsitz", wie ein Schild verrät. Von hier sehen wir den Astener Kirchturm, zum Biergarten ist es nicht mehr weit.

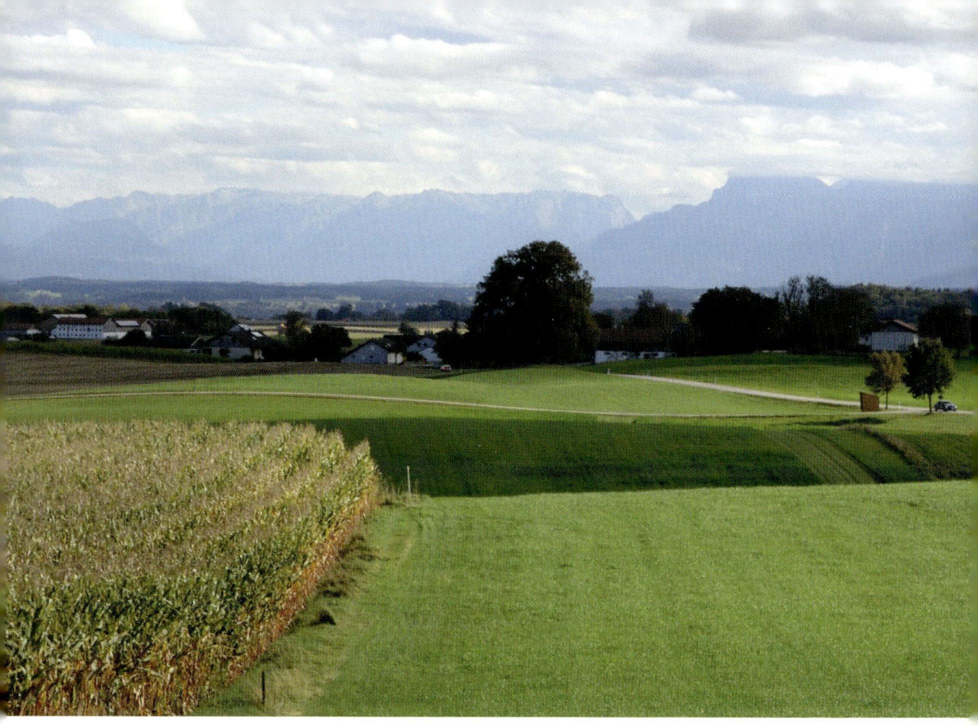

Beim Dorfwirt in Asten

Gasthäuser auf dem Dorf haben es heute schwer, das Wirtesterben ist zum Begriff geworden. Doch es gibt auch zunehmend Beispiele, wo man von einer Auferstehung sprechen kann. Immer wieder gründen engagierte Nachbarn und Stammgäste Aktiengesellschaften, die mit dem so gesammelten Kapital Traditionsgasthäuser wieder zum Leben erwecken; oder es gründen sich mit dem gleichen Ziel örtliche Genossenschaften, wie in Asten. Hier hatte der 1838 als Schankhaus errichtete Dorfwirt im Jahr 2011 zugesperrt. Das Dorf Asten gehört mit seinen 500 Einwohnern zur Stadt Tittmoning, die erwarb das Gebäude und engagierte Bürger gründeten die Genossenschaft „DorfWirtschaft Asten eG". Damit war der Dorfwirt gerettet, samt Biergarten, Salettl und den diversen Vereins-Stammtischen.
Mit 310 „Genossen" begann es im Februar 2012, heute hat die Genossenschaft über 700 Mitglieder und nach einem guten Jahr Renovierung eröffnete an Christi Himmelfahrt 2013 die neue alte DorfWirtschaft. Ehrenamtlich halfen Architekt, Handwerker und quasi das gesamte

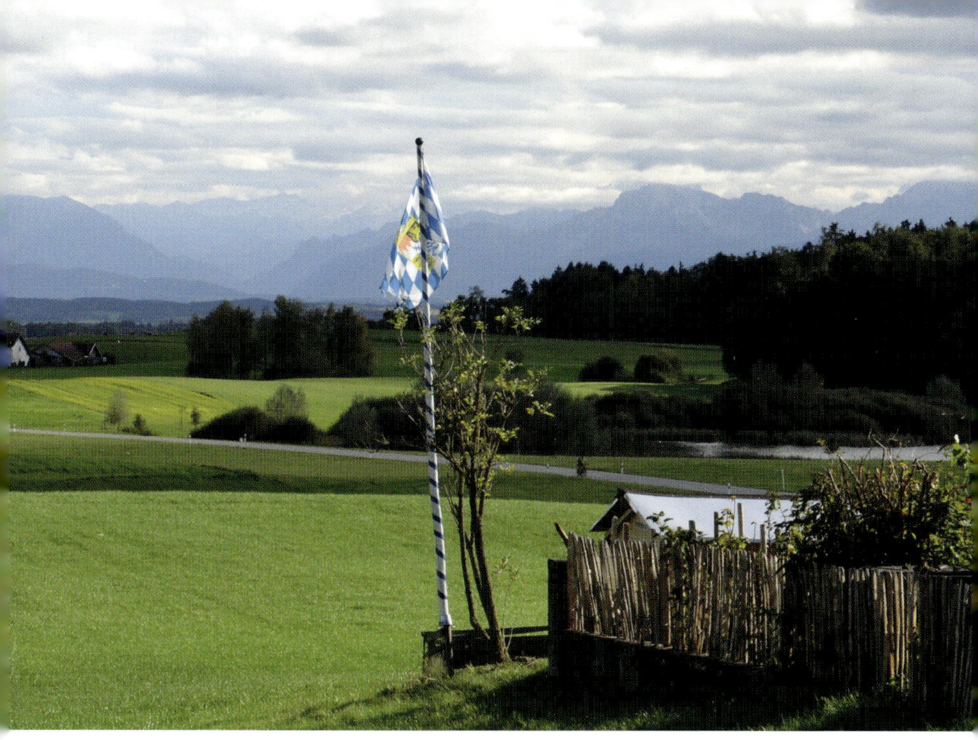

Dorf bei der Renovierung, es hat sich eine Astener Wirtshausmusi gegründet, die regelmäßig zu Veranstaltungen aufspielt, und Anteilsscheine zu 100 Euro gibt es nach wie vor zu kaufen. Der Wirt ist für die Astener und ihre Genossenschaft eine Herzenssache, und was das Beste ist: Die Speisekarte sieht auf den ersten Blick zwar traditionell durchwachsen aus, doch die Art der Zubereitung und Präsentation ist so liebevoll, dass selbst bei Allerweltsgerichten die Überraschung jedes Mal groß ist. Dazu passt, dass alle Zutaten aus der Region sind und man den Ehrgeiz der Küche nicht nur sieht, sondern auch richtig schmeckt! Heute ist es keine Seltenheit mehr, dass bei neuen Dorfwirten immer wieder Könnerinnen und Könner am Werk sind.

In Asten einkehren, im Schatten der Kastanien entspannen, mit dem Blick auf die Chiemgauer Alpen – das ist reines Wirtshausglück.

ⓘ www.dorfwirtschaft-asten.com, Tel. +49 (0)8683 484

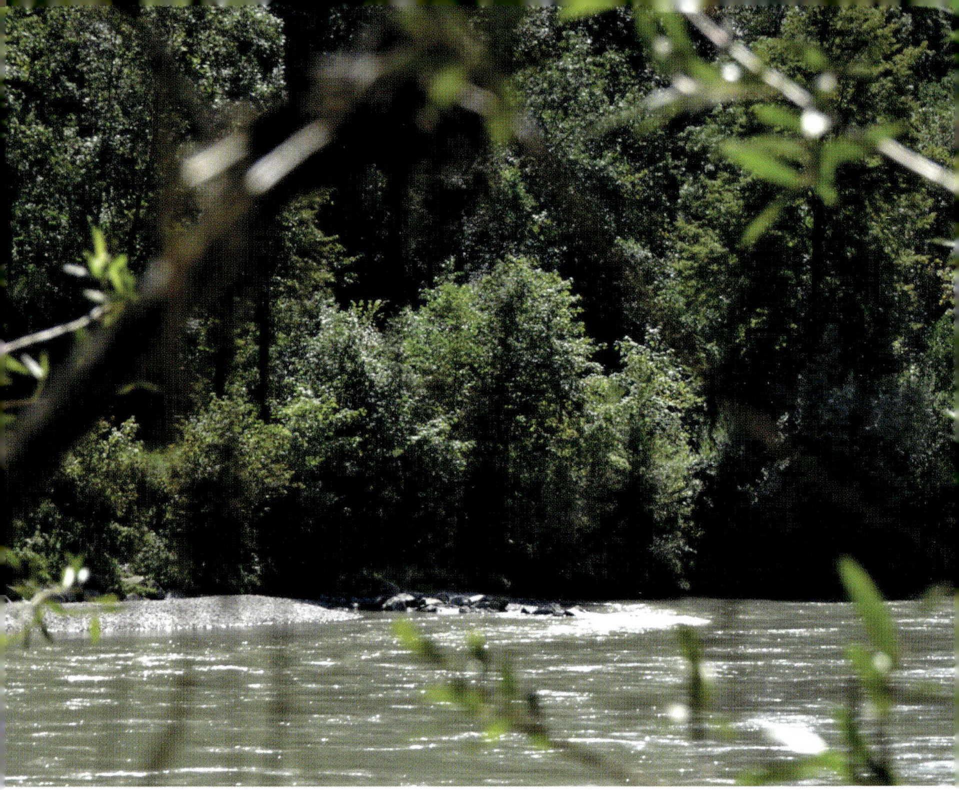

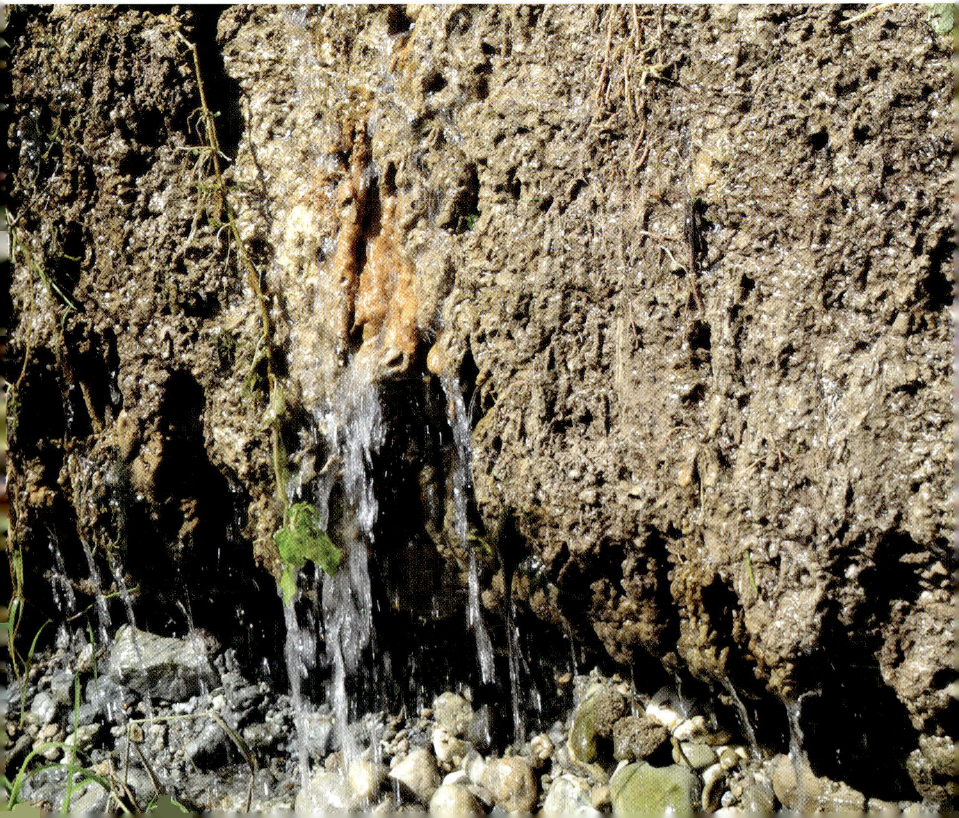

8

Kalktuff und Salzach-Flimmern

Von Burghausen nach Raitenhaslach

Viel Planung ist bei einer Tour entlang der Salzach nicht nötig. Wer dennoch einen Blick auf die Karte wirft, dem fallen ein paar Ortsnamen am Flussufer auf: Sägmeister, Eisenhammer, Papiermühle – alles Hinweise auf ehemals ansässige Werkstätten oder auch Kleinindustrie, vermutlich betrieben durch die Kraft von wasserreichen Bächen, die aus dem steilen Uferhang auf kurzem Weg in die Salzach münden. Wasserkraft ist auch der Antrieb einer historischen Anlage, die heute noch ihren Dienst tut: das 1892 errichtete Kraftwerk Marienberg, bekannt auch als Elektromuseum. Einen Besuch heben wir uns für den Rückweg auf.

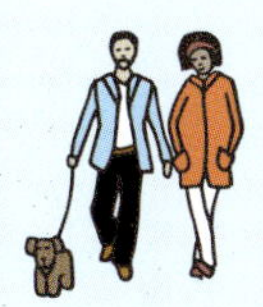

Auf dem Naturpfad flussabwärts

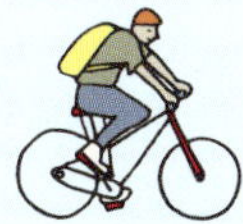

Start/Ziel: Burghausen, Parkplatz Tittmoninger Straße, links „am Sportplatz"
3 Stunden zu Fuß ↔ 11 km ↗ 20 hm

Wir fahren von Süden über die Tittmoninger Straße in Burghausen ein, links „am Sportplatz" können wir kostenlos parken. Das wird unser Startplatz und die fünfhundert Meter bis zur Salzach finden sich von selber. Wer Zeit hat, nimmt am besten die Wanderschuhe, als Radltour ist der Weg aber genauso schön. Angeboten wird er als „Naturpfad" entlang der Salzach, wobei der Pfad ein breiter Fahrweg am linken Flussufer ist, mal asphaltiert, mal nur geschottert und meist gelenkschonend vom Sand des letzten Hochwassers gepolstert. Wir haben die „Stromauf-Variante" ab Burghausen gewählt, entgegenkommend glitzert ein Fluss einfach überzeugender. Den Schiffsleuten von früher, die den Weg als Treidelweg genutzt

linke Seite: Die Salzach flimmert und aus Kalktuff baute der Herzog seine Burg.

haben, waren die Untiefen und Strudel wichtiger als irgendein Salzach-Flimmern, sie mussten schließlich noch weiter, wenigstens bis Tittmoning. Wir dagegen machen später Halt am Kloster Raitenhaslach. Bis dorthin hat unser Weg geologisch so seine Besonderheiten, denn wie uns eine der ersten Infotafeln belehrt, gehen – oder radeln – wir entlang eines „freiliegenden Hangabbruchs". Damit erklärt sich die steile grüne Botanik rechts vom Weg, wo unter Bäumen und Büschen Wasser hervorplätschert. Es rieselt über Moos und etwas Grau-Poröses, das zwar wie Stein aussieht, aber trotzdem nicht richtig hart erscheint. Die Erklärung der Infotafel: Was hier aus der Ablagerung kalkhaltiger Quellen entsteht, nennt sich Kalktuff – und aus ihm sollen so gut wie alle historischen Gebäude in Burghausen und Umgebung errichtet worden sein – einschließlich der Burg! Im feuchten Zustand ist er leicht in Form zu sägen, nach dem Trocknen aber hart und sehr belastbar. Man lernt nie aus.

Am Horizont rechts erscheinen die zwei Türme der Wallfahrtskirche Marienberg, sie ist einen Extra-Besuch wert, schon allein wegen der großartigen Aussicht über das Salzachtal. Der Naturpfad am Flussufer ist nicht nur landschaftlich ein Genuss, sondern informativ dazu. Dafür sorgen immer wieder Tafeln, die uns alles über Pionierpflanzen, Wasservögel oder Bachbewohner erzählen. Auch über die Salzach von früher und heute und die vielen Versuche, sie zu zähmen. Der Weg kommt an die Engstelle beim „Eisenhammer", einem alten Werksgebäude mit Hochwasser-Erfahrung. Fenster gibt es erst in fünf Metern Höhe, knapp darunter entdecken wir die höchste der vielen Markierungen, datiert auf September 1889. Nach fünf Kilometern kommt die Abzweigung hinauf durch den Wald zum Kloster Raitenhaslach. Auf einem Plateau mit Wiesen und Obstbäumen liegt dann die imposante Anlage vor uns. Als erstes sehen wir den Klostergasthof, kürzlich denkmalschutzgerecht saniert und für seine gehobene traditionelle Küche bekannt. Das zu testen ist gerade die passende Tageszeit: Im Biergarten fällt unser Blick auf einen alten kupfernen Braukessel mitten auf der Wiese, der zu einer Brunnenskulptur umgestaltet wurde. Die Zisterzienser haben hier schließlich schon seit 1180 Bier gebraut, und 2014 hat man diese Tradition wiederbelebt. Seitdem gibt es wieder ein eigenes Helles aus Raitenhaslach, das man auch in Burghausen und Umgebung gerne trinkt.

Ein Blick in die Kirche muss natürlich sein. Die ehemals romanische Basilika erfuhr Mitte des 18. Jahrhunderts ihre Wandlung zu einem Juwel des bayerischen Barock. Wahrhaft prunkvoll! Entlang der Zufahrtsstraße zum Kloster machen wir uns auf den Rückweg und werfen noch einen Blick über die Klostermauer auf die weiträumige Anlage. Nach einem Kilometer durch den Ortsteil Scheuerhof geht es halbrechts bergab. Die Salzach kommt wieder in Sicht und das eher unauffällige Schild „Elektromuseum" an der Hausnummer 22 ½ der Salzachstraße übersieht man gerne. Was schade wäre (siehe S.88 f.). Weiter bergab durch die Flussauen ist der Weg nur kurz bis zum Gasthaus Tiefenau mit seinem schattigen Biergarten und mit Blick auf den Fluss.

Zurück auf dem Treidelweg haben wir jetzt die Sonne im Rücken, genau die passende Beleuchtung für die steile Südspitze jener imposanten Anlage, die Burghausen seinen Namen gab. Für heute ist das unser letztes Flusstal-Panorama, dafür aber richtig eindrucksvoll.

ⓘ www.gasthaus-tiefenau.de, Tel. +49 (0)8677 4655

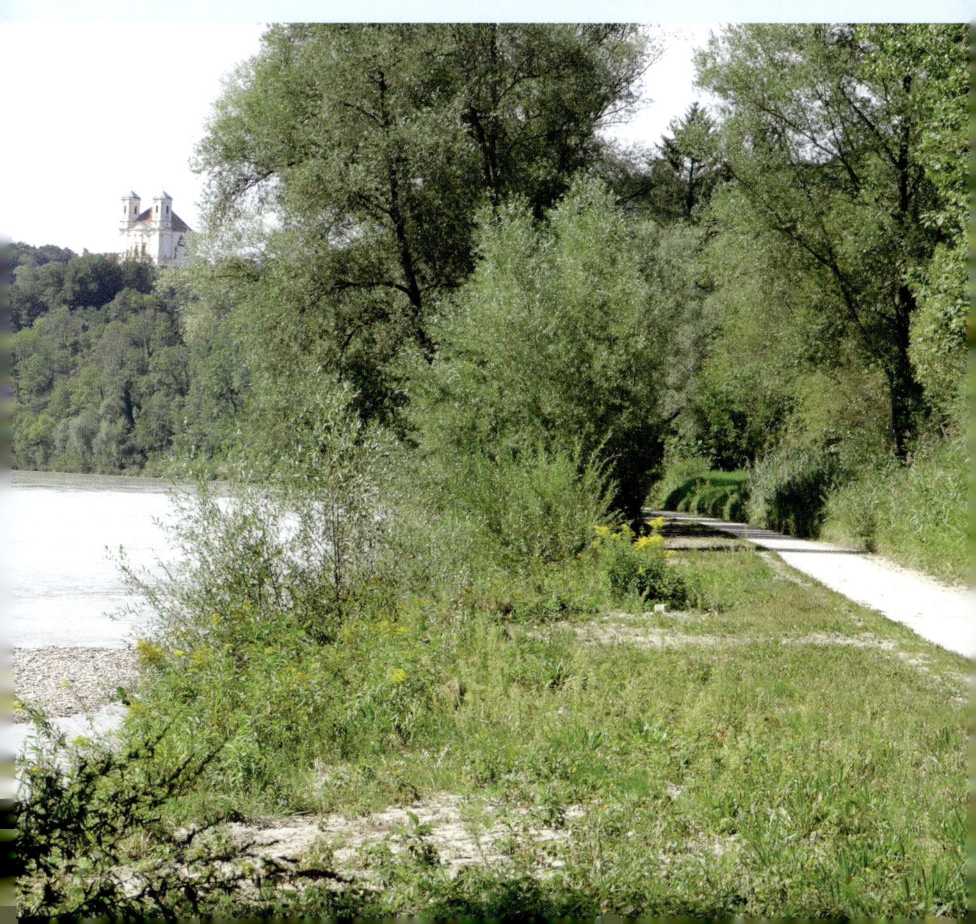

Neues Leben im Kloster Raitenhaslach

Im Jahr 1146 besiedelten Mönche des Zisterzienserordens ein fruchtbares und wasserreiches Plateau oberhalb einer Salzachschleife bei Burghausen. Die von ihnen bevorzugte Land- und Teichwirtschaft fand gerade hier beste Bedingungen. Auch Kirchenpolitik war für den Standort entscheidend: Bischof Konrad I. von Salzburg sah die Klostergründung hart an der Grenze zu Bayern als eine Stärkung seiner

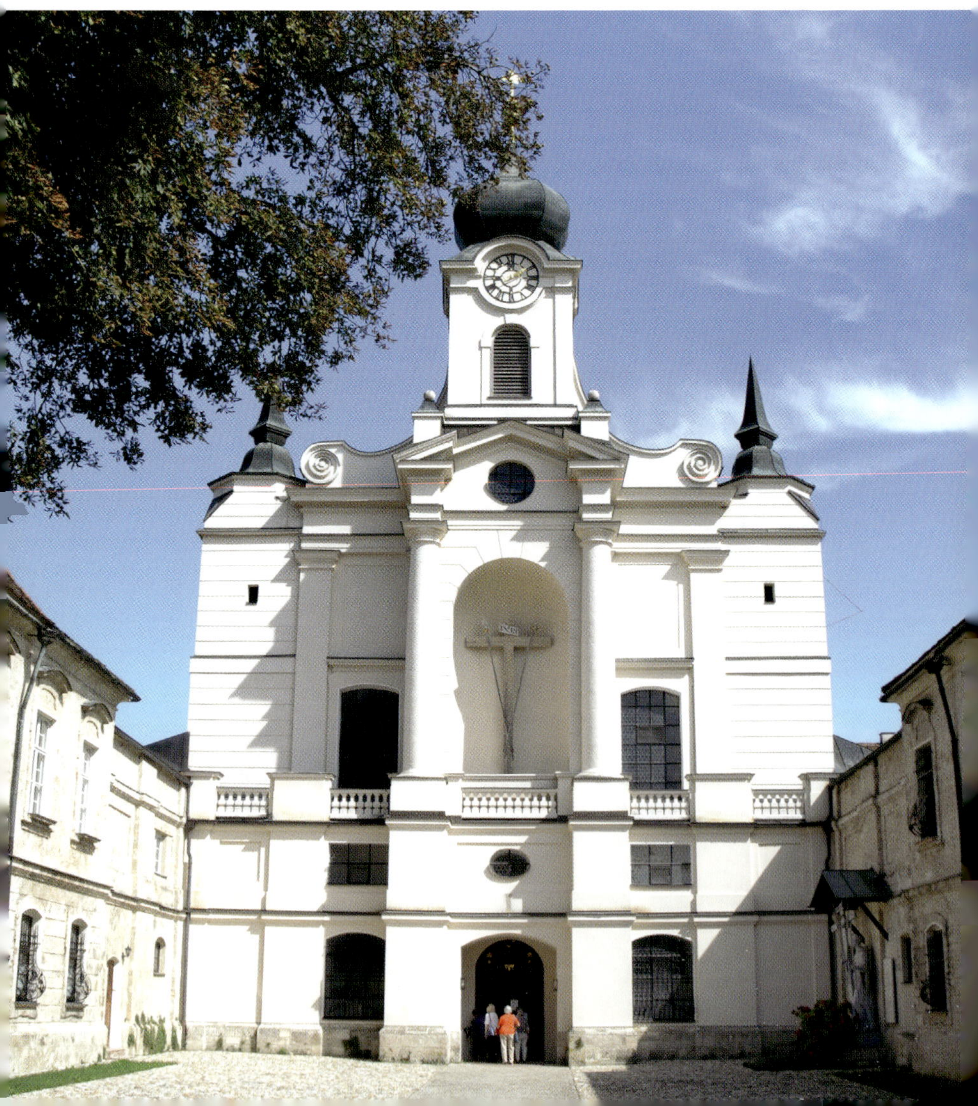

Position. Durch Schenkungen und Aufkäufe kam das Kloster Raitenhaslach zu wachsendem Grund- und Güterbesitz – abgabepflichtig waren ihm Dörfer bis in den Weilhartsforst jenseits der Salzach, und zum Besitz gehörte sogar ein Weingut in Niederösterreich. Ab 1258 besaß das Kloster dann auch die Rechte einer bayerischen Hofmark, und die Wittelsbacher Herzöge wählten die romanische Basilika St. Georg zu ihrer Grablege. Im 18. Jahrhundert wurde die Klosterkirche zu der prachtvollen Barockkirche umgebaut, wie wir sie heute noch bewundern können. Aber auch Raitenhaslach entging im Jahr 1803 nicht der Säkularisation. Viele Gebäude wurden als nicht verkäuflich abgerissen, darunter auch der „Mathematische Turm" und die Bibliothek, deren bedeutende Bestände zum größten Teil beim Altpapierhändler landeten. Es folgten zwei Jahrhunderte kommerzieller Nutzung als Brauerei, Schule, Gaststätte und auch für private Wohnungen. Bei der kommunalen Gebietsreform von 1978 wurde Raitenhaslach der Stadt Burghausen zugeschlagen, die 2003 das Klostergebäude ersteigerte. Mit großem Engagement wurde das Kloster von 2010 bis 2017 denkmalschutzgerecht saniert und ist jetzt eine Attraktion für den Tourismus wie auch für die Forschung, nach quasi zweihundert Jahren Dornröschenschlaf.

Sichtbar neues Leben zog ein, als die Stadt Burghausen zusammen mit der Technischen Universität München im Kloster eine Begegnungsstätte für die Wissenschaft einrichtete. Im „Raitenhaslach Science Center" begegnen sich seit dem Sommer 2016 die Wissenschaft und ihr Nachwuchs in Symposien und Seminaren. Der Ort wirkt auf Forscherinnen und Forscher offenbar inspirierend, in wenigen Jahren ist Raitenhaslach für die akademische Welt im In- und Ausland zu einer Attraktion geworden. Auch als Kulturzentrum spielt das Kloster inzwischen eine Rolle, die Konzerte, Festivals, Retreat-Veranstaltungen, Künstler-Podien oder der jährliche Klostermarkt haben wachsenden Zulauf.

ⓘ www.raitenhaslach.tum.de

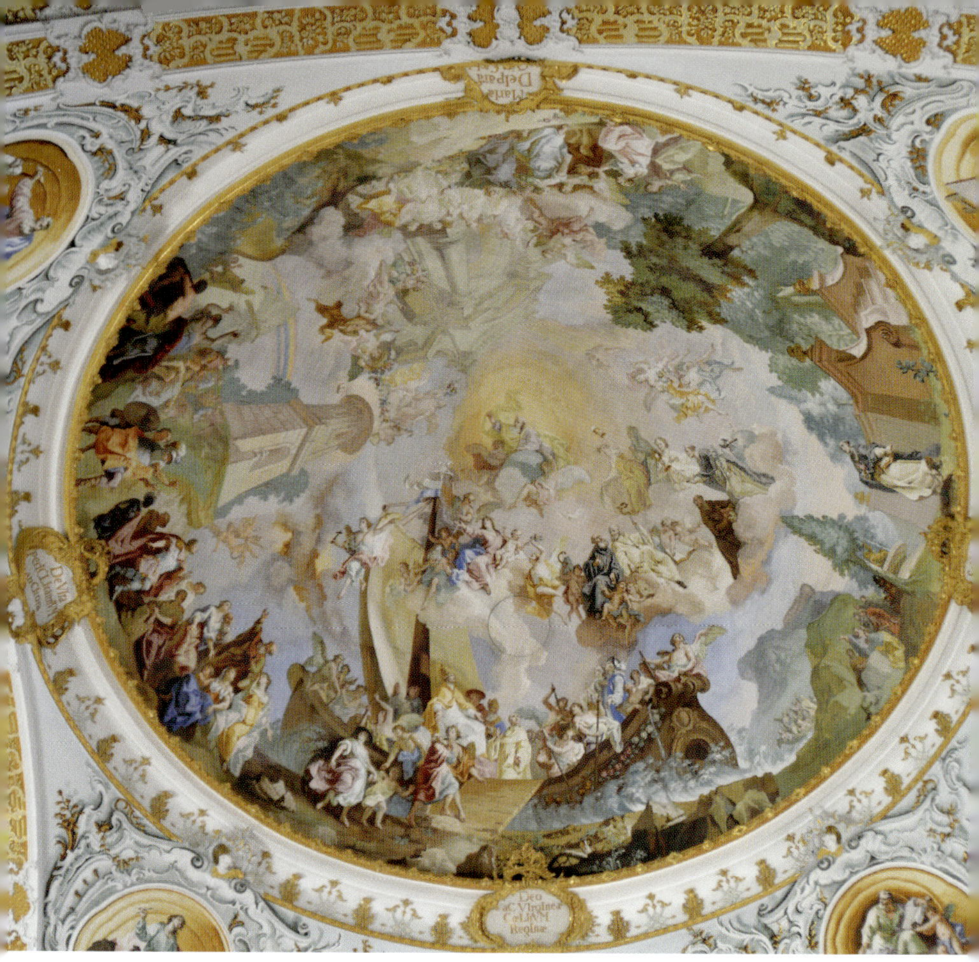

Die Wallfahrtskirche Marienberg

An dieser exponierten Stelle über dem Salzachtal wurde schon bei der Klostergründung von Raitenhaslach eine Capella errichtet. Der weithin sichtbare barocke Rundbau, auch „Perle des Salzachtals“ genannt, beeindruckt durch seine überaus reiche Ausgestaltung mit Altären und Fresken, für die man gerne die fünfzig Stufen des repräsentativen Aufgangs bewältigt. Das Deckenfresko von Martin Heigl, einem Schüler des Rokokomalers Johann Baptist Zimmermann, sind dem Rosenkranzthema gewidmet, so wie auch die Wallfahrt offiziell zur „Maria, Königin des Rosenkranzes“ geht.

Marienberger Bauern sollen während der Säkularisation durch heftigen Widerstand den Abriss der Kirche lange verhindert haben, bis nach der Intervention des bayerischen Kronprinzen Ludwig – des späteren König Ludwig I. – in der Kirche 1815 wieder die Messe gelesen wurde. Auch das Gnadenbild, vorübergehend nach Raitenhaslach in Sicherheit gebracht, kam wieder an seinen angestammten Platz. Besucherinnen und Besucher sollten einen Rundgang um die Kirche nicht verpassen, denn an der Ostseite bietet sich ihnen einer der schönsten Ausblicke über das Salzachtal. Der hat offenbar auch dem bekannten Tier- und Landschaftsmaler Richard Strebel (1861–1940) gefallen, an den hier etwas versteckt ein originell gestaltetes Grabkreuz erinnert. Um dessen Details zu entdecken, lohnt es sich, kurz in die Knie zu gehen.

Blick von Marienberg ins obere Innviertel.

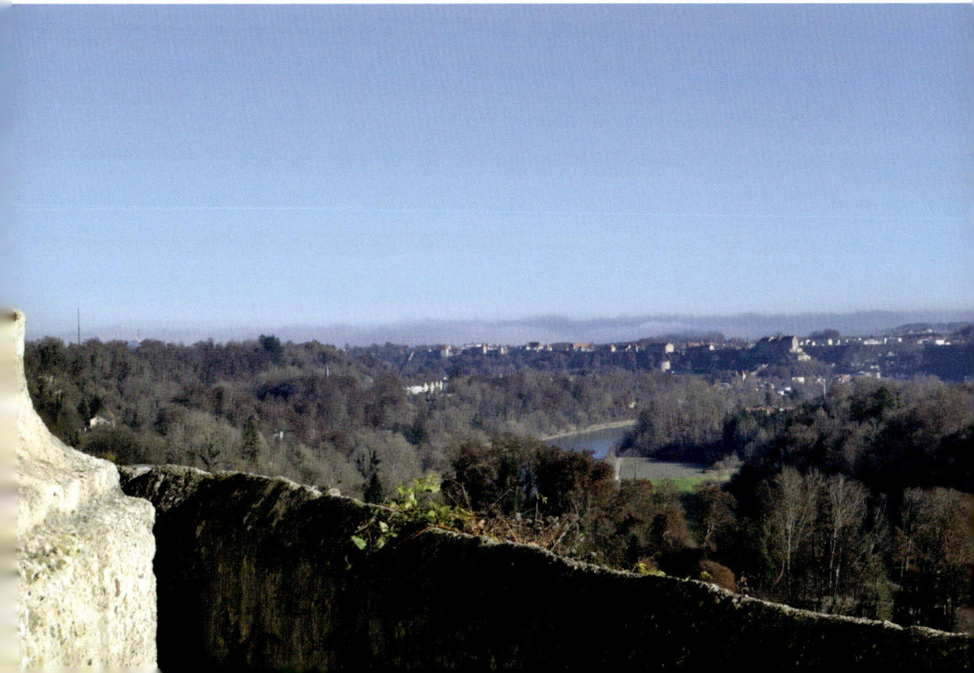

Im Elektromuseum im Kraftwerk Marienberg

In Burghausen sollte Ende des 19. Jahrhunderts die Moderne einziehen, am besten mit einer elektrischen Straßenbeleuchtung. So beschloss es der Stadtrat am 19. Juli 1892 und ließ unterhalb der Wallfahrt Marienberg zu diesem Zweck ein Kraftwerk errichten, das damals 40 Kilowatt/Stunde leistete. Die Sensation: Es ist noch heute „in Betrieb und nie vom Netz gegangen!", so versichert Wolfgang Hopfgartner, dem das kleine Kraftwerk sein Überleben verdankt, indem er es zu einem Museum umwandelte. Seine 45 Berufsjahre als Elektriker haben ihn zum „Jäger und Sammler für historische elektrische Teile" gemacht, darum trifft man ihn als Heimatpfleger von Raitenhaslach heute auch am ehesten in seinem Elektromuseum. Dort kann man im original erhaltenen Maschinenhaus den beiden Francis-Spiral-Turbinen aus dem Jahr 1925 bei der Arbeit zuschauen, doch mindestens genau so interessant ist das „Technikkammerl". Hier ist fast alles zu finden, was in den letzten hundert Jahren an Stromzählern, Schaltuhren, Sicherungstechnik, Messgeräten, Haushaltsgeräten der Frühzeit und jeder Art von Lampen und Leuchtmitteln erfunden wurde. Was man als Besucher nicht sieht, sind die unterirdisch gefassten Bäche, von denen die Kraft kommt. Welche Gefällstufen dabei im Spiel sind und wie die zwei Turbinen harmonisch miteinander arbeiten erklärt am besten Wolfgang Hopfgartner selber. Zu seinen Führungen sollte man sich mit ihm verabreden, entweder telefonisch oder per Mail: wolfgang.hopfgartner@burghausen.de

ⓘ Elektromuseum im Kraftwerk Marienberg, Salzachstraße 22 ½,
Kontakt: Wolfgang Hopfgartner, Tel. +49 (0)8677 3588

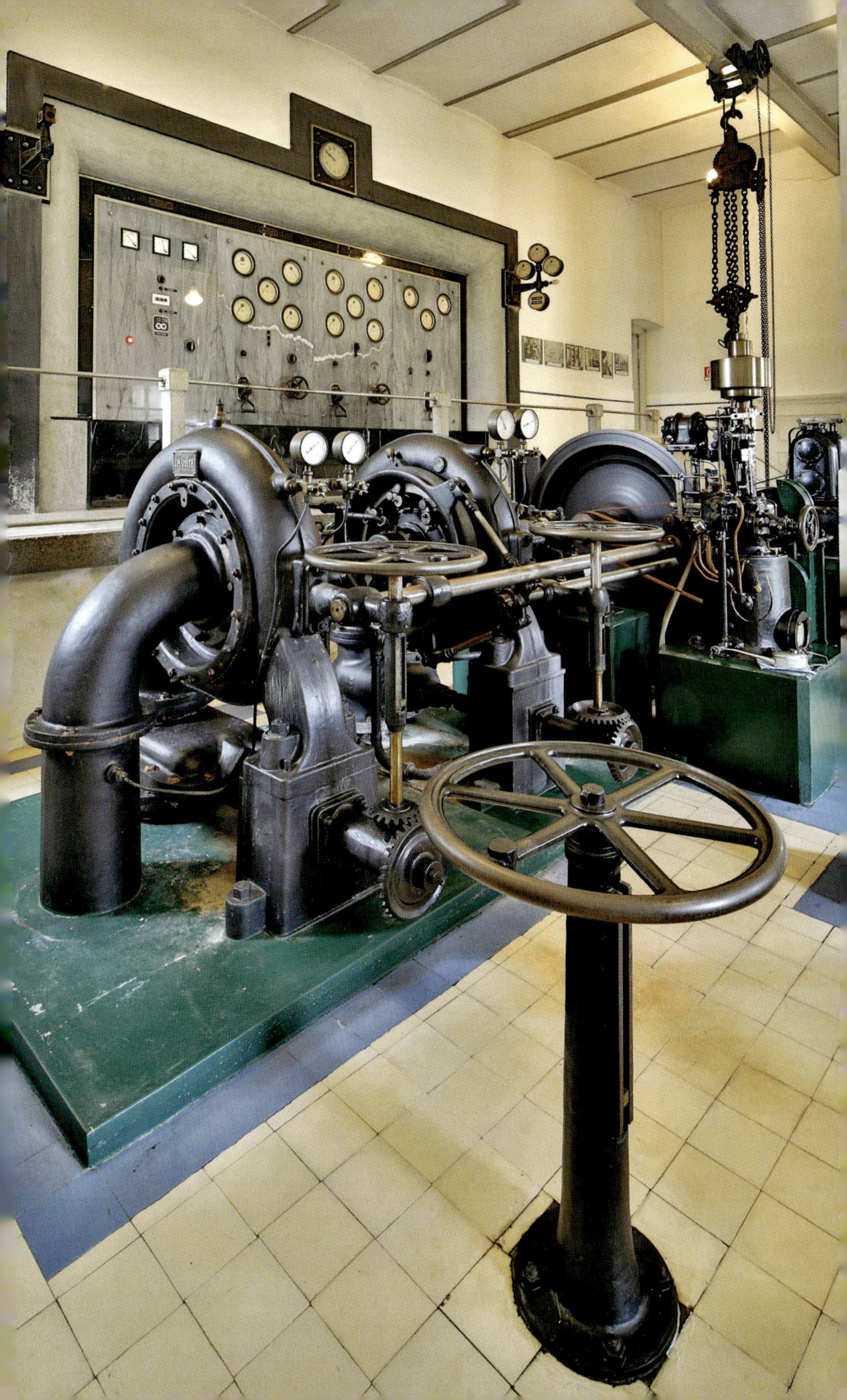

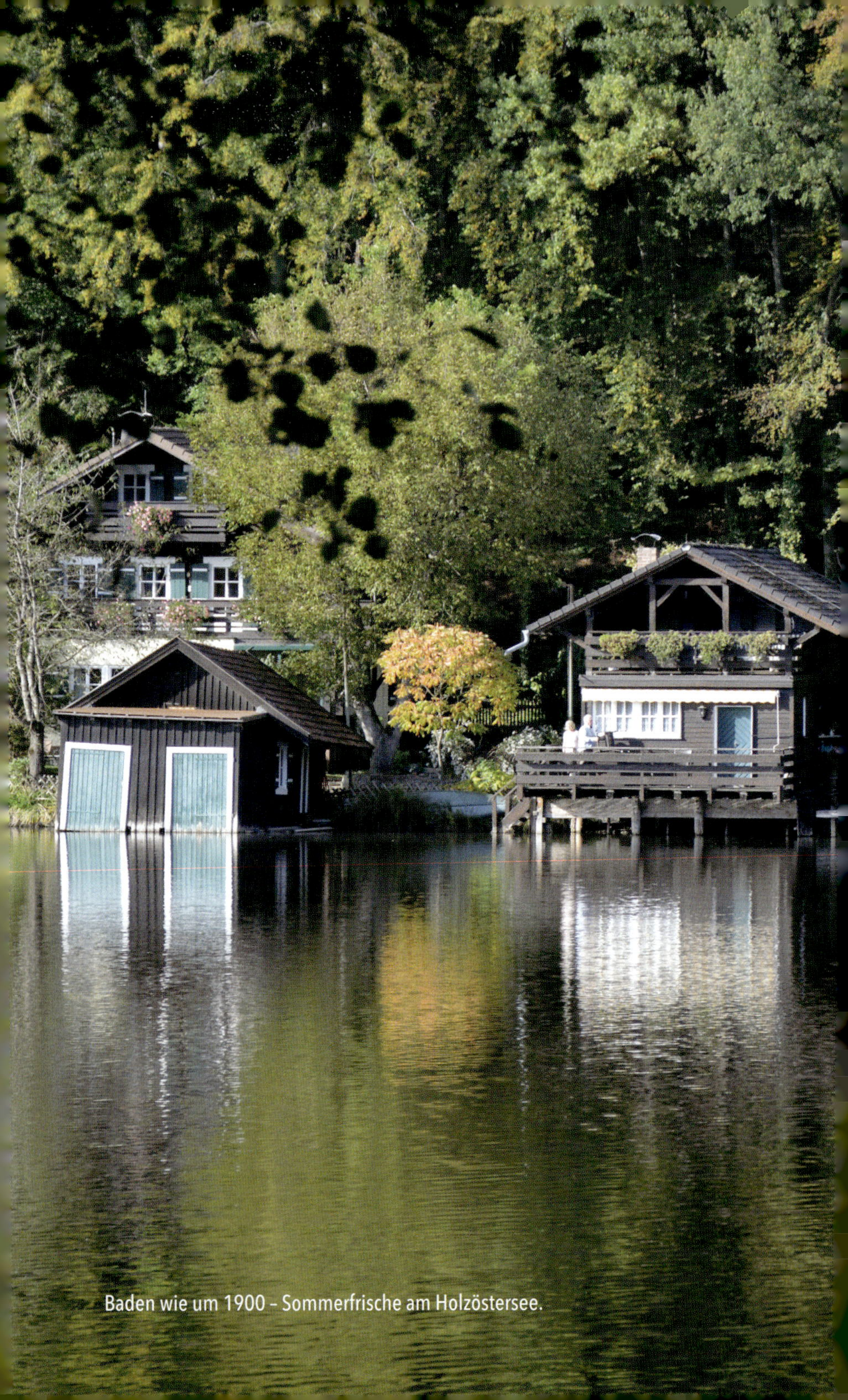

Baden wie um 1900 – Sommerfrische am Holzöstersee.

9

Seen und Seele

Die Oberinnviertler Seenplatte

Ein paar Hausaufgaben sollte man machen, bevor man sich mit allen Sinnen der „Seenruhe“ im Oberen Innviertel widmet. Es lohnt sich zu wissen, warum es hier so aussieht wie es aussieht: Mehrere geoarchäologische Faktoren haben dazu geführt, dass heute eine einmalige Seenlandschaft das Zentrum der Tourismusregion „Seelentium“ bildet. Der Name ist Programm: Eine Verschmelzung des deutschen Worts „See“ mit dem lateinischen *silentium* (= Stille) soll zum Ausdruck bringen, dass es sich bei diesem Gebiet um eine ruhige Landschaft mit Seen handelt – und mit viel Seele natürlich.

Vor rund 17 000 Jahren entstand dieses Juwel aus Wasserorten, Wäldern, Hügeln und fruchtbarem Ackerland. Damals begann der gewaltige Salzachgletscher abzuschmelzen und hinterließ die sogenannte Eiszerfallslandschaft. Auf den Erhebungen, dort, wo die Eisschicht dünner war, schmolz das Eis rascher ab als in den Mulden und Senken. Die Landoberfläche war von riesigen Toteiskörpern überzogen, an deren Rändern sich Sand und Schotter ablagerten, die von den Flüssen herangespült wurden. Wo sie sich zu Konglomeraten verhärteten, bildeten sich Erhebungen und Platten. Besonders eindrucksvoll ist die Eiszerfallslandschaft im Norden des Ibmer Moors oder am Heratinger See, auch Ibmer See genannt. Auch die Kirche bei Moosdorf liegt weithin sichtbar auf solch einer uralten Platte. Am Ende der Eiszeit breitete sich dann der riesige Salzburger See zwischen Golling im Süden und Tittmoning im Norden aus. Einige tausend Jahre später, als er ausgelaufen war, bildeten die mächtigen Tonablagerungen des Seebodens die Landoberfläche, auf der sich die Moorlandschaften zum Beispiel des Ibmer Moors entwickelten.

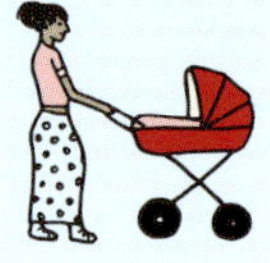

Von Wildshut zum Höllerersee

Start/Ziel: Bahnstation Gut Wildshut oder Badeplatz Höllerersee
🕒 1 ½ Stunden ↔ 7,5 km (ohne Seerunde)
🕒 2 Stunden ↔ 9,5 km ↗ 50 hm (mit Seerunde)

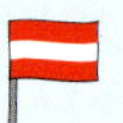

Bier und Baden verträgt sich gut, wenn dazwischen ein Spaziergang liegt. Mehr ist es nämlich nicht, wenn wir von der Bahnstation Gut Wildshut, die ein wenig verloren mitten im Feld liegt, zum Höllerersee aufbrechen. Der Weg ist mit Kinderwagen zu bewältigen, weil der gesamte Verlauf geteert ist. Vom Bahnhofweg gehen wir die Straße zunächst nach Osten, bis sie auf die Söllhamer Straße trifft, und folgen dieser nach Norden. Im Weiler Söllham biegen wir nach Osten um und folgen dem Asphaltweg „Pichling" nach Pirach. Dort müssen wir leider etwa 300 Meter auf der Bezirksstraße nach Südosten wandern, bis die Seeleitenstraße links abgeht und uns über Seeleiten zum Höllerersee führt. Zurück nehmen wir sinnvollerweise denselben Weg.

Sollte man nicht von Wildshut herüberwandern, dann ist dieser vom Umriss her nierenförmige See mit dem Auto nicht ganz einfach zu finden. Von Franking kommend Richtung Trimmelkam fahrend, zweigt auf der Frankinger Landesstraße einmal der Weg nach links ab. Das Schild „Sam's Stube" ist der Hinweis, dass es am Höllerersee Gastronomie gibt, und dort stellen wir auch das Auto auf dem geräumigen Badeparkplatz ab. Der Wirt lädt zu kerniger Brotzeit ein, zum Beispiel einer köstlichen hausgemachten Sülze mit Bratkartoffeln. So gestärkt, kann man zum Bade-Hopping rund um den See aufbrechen. Die Runde wird ohne Schwimmpausen keine Stunde dauern, mit kann sie sich ge(h)mütlich ziehen. Denn tatsächlich mäandert hinter dem Gasthaus der Weg am Ufer entlang, und der ist gesäumt von zahllosen privaten Badebuchten mit kleinen Einstiegshilfen. Der Ufersaum weist die Bewaldung von Auengewässern auf: Schwarzerlen, Schwarzpappeln, Salweiden, Birken – mitsamt einem den gesamten See säumenden Mischwald. Nach dem Eintauchen ins Wasser wird man schon nach dem ersten Anschwimmen süchtig, so seidenweich ist es. Vielleicht liegt es daran, dass das Ufer relativ rasch abfällt. In seiner Mitte hat der kleine See eine beachtliche Tiefe von 21 Metern, was zu einem seltenen limnologischen Phänomen führt: Ab einer Tiefe von 10 Metern vermischen sich Wasser-Ober- und Unterschicht nicht miteinander. Nicht nur die Erholungssuchenden genießen das geschmeidige Nass. Der Fischereiverband bewirtschaftet

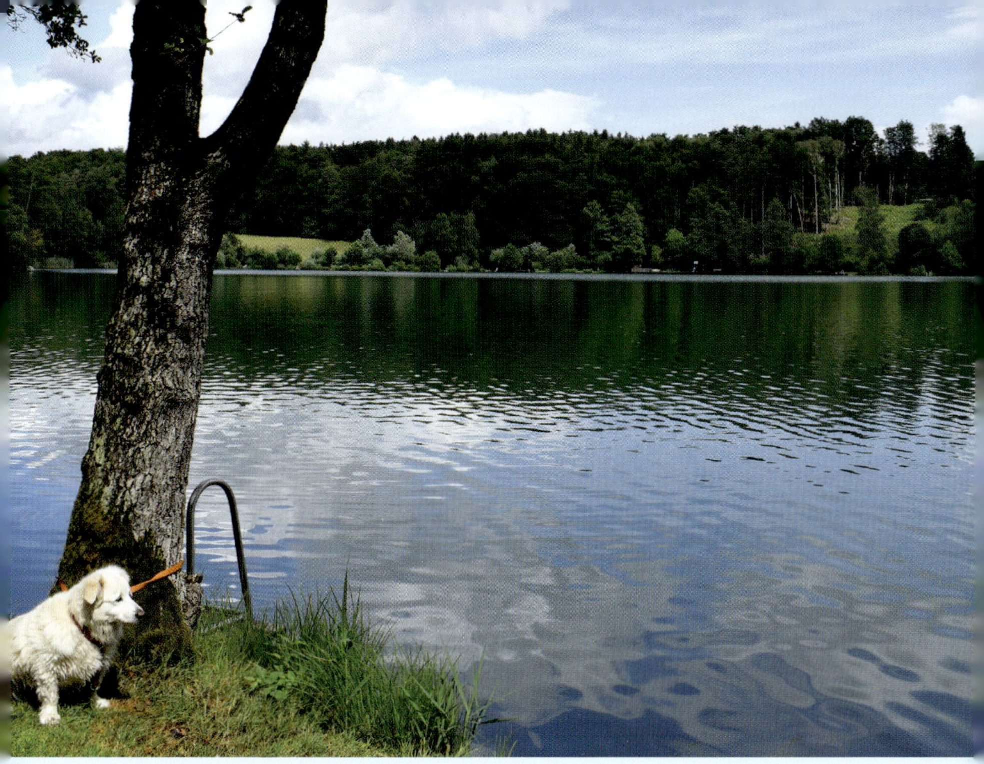

Gefühlt 1 000 Stege laden am Höllerersee zum Schwimmen ein.

den See recht ausgiebig und setzt Welse, Hechte, Zander, Forellen, Saibling, Brachsen und Karpfen ein. Am südlichen Bereich, rund um das Vereinshaus, sieht man zur Abendstunde Gruppen junger Menschen beim Fischen und Chillen. Am nahen Campingplatz der Familie Vorauer kann man ziemlich idyllisch übernachten.

ⓘ www.gaudiwirt.at, Tel. +43 (0)6277 6688

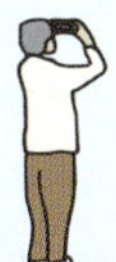

Die Moorwegrunde

Start: Holzöster, Seewirt, Holzöster 21

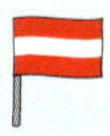

🕒 ¾ Stunde ↔ 3,5 km ↗ 10 hm

Bei der Bezeichnung als „Kraftort" hat dieser Flecken Erde wohl zweimal „hier" gerufen: Es geht um Holzöster bei Franking. Vielleicht nehmen wir ihn einfach als Ausgangspunkt für so manchen Spazierer durch das Moor. Und Moor hat es

hier viel. Der Holzöstersee gehört mit seinen maximal 4,5 Metern Tiefe zu den wärmsten Gewässern in Österreich. Das macht ihn für Ganzjahresschwimmer, Fischer und Moorfreaks gleichermaßen attraktiv. Wenn wir vom Seewirt in Holzöster starten, machen wir nichts verkehrt, weil dieser ein Hotel ist, das auf charmante Art wie aus der Zeit gefallen erscheint. Persönlichst geführt, die Wirtin kocht selbst, und das mit Leidenschaft. Der Garten ist ein Hideaway mit einer pittoresken Hütte, unaufgeregter Bestuhlung und lässiger Gartenkultur. Die Zimmer sind modern und blicken samt Balkon alle ins Grüne. Wer hier schläft, tut es tief und ist am nächsten Tag gerüstet für kleine und große Runden.
Beginnen wir mit der kleinen Runde zum Aufwärmen: die Moorwegrunde. Nicht die ganz kleine, rund um den See, die ist was für Kinderwagenläufer und zur Verdauung, dauert maximal 25 Minuten und bezaubert durch sanft schwingenden Boden, Schautafeln und Infos zu Flora und Fauna. Wir aber nehmen den etwas längeren Weg: Vom Hotel bis zum Strandbad sind es nur fünf Minuten, dort zeigt uns die Schautafel, was die letzten paar Millionen Jahre mit dieser Zauberlandschaft hier gemacht haben.
Wir folgen der Straße ein kleines Stück und wenn nicht gerade Wochenende ist, dann ist man hier für sich, begleitet von unglaublich prächtigen Libellen. Nach etwa 100 Metern biegt der Weg ins Moor, kurz danach gabelt er sich. Links geht's zur kleinen Seenumrundung, rechts zum Bauerngolf und geradeaus nach Haigermoos – das machen wir. Schon nach kurzer Zeit merken wir anhand der kleinen Baum-Hinweisschilder, dass wir uns auf der sogenannten Via Nova befinden – auf jenem Pilgerweg, den man im großen Bogen vom Bayerischen Wald bis an die tschechische Grenze gehen kann. Die Route wurde 2004 geschaffen und hat kein bestimmtes Ziel, sondern verbindet alte Wallfahrtsorte. Drei Haupt- und einige Nebenstrecken schaffen ein Wegenetz von Weltenburg bei Kelheim über Bogen in Bayern und Příbram in Tschechien bis St. Wolfgang im Salzkammergut. Teilstück Nr. 3 durchzieht das Obere Innviertel, unter anderem die Orte Franking, Haigermoos, Eggelsberg und Michaelbeuern.
Wir bleiben nur kurz auf der schmalen Straße und biegen nach 50 Metern in den Moorpfad ein. Ab hier federn wir mehr als wir gehen. Moorwiesenvegetation umfängt uns, natürlich auch das Indische Springkraut mit seinem betörenden Duft, aber auch thymianartige Gerüche, Spuren von Zedern-, (vielleicht von den Kiefern?), und Minze- sowie Gräseraromen. Der Weg führt an einem Waldrand mit vielen Hochsitzen entlang. Diese Gegend ist Jagdland und solcherart veranlagte

Hunde sollten hier an die Leine. Kontemplative Hunde wie meine Olga dürfen ihre Glieder schonen, wenn sie über den elastischen Moorboden traben. Es gibt hier nichts als die Natur und die ist großartig, denn der Blick stößt auf diesem Moorplateau nicht an, sondern hangelt sich von Grün zu Grün, vom Wald zu Strukturen der Wiesen und zu Bauerngärten mit freilaufenden Hühnern dazwischen. Unzählige Apfelbäume werfen bereits im August ihr überreifes Obst ab auf die Wege und Straßen. Ein süßliches Mostaroma mischt sich zur Duftmelange der Moorpflanzen und löst vielleicht das Gefühl der Trunkenheit aus, das einen hier befällt. Wenn der Wegweiser nach links zum Haigermoospfad zeigt, folgen wir ihm. Es geht durch einen kleinen Wald, über ein Feld bis zu einem kleinen Zauberweiher, der gänzlich von Seerosen überwuchert ist. An diesem fast unwirklichen Ort muss man sich

Trockenen Fußes durch das Moor westlich des Holzöstersees.

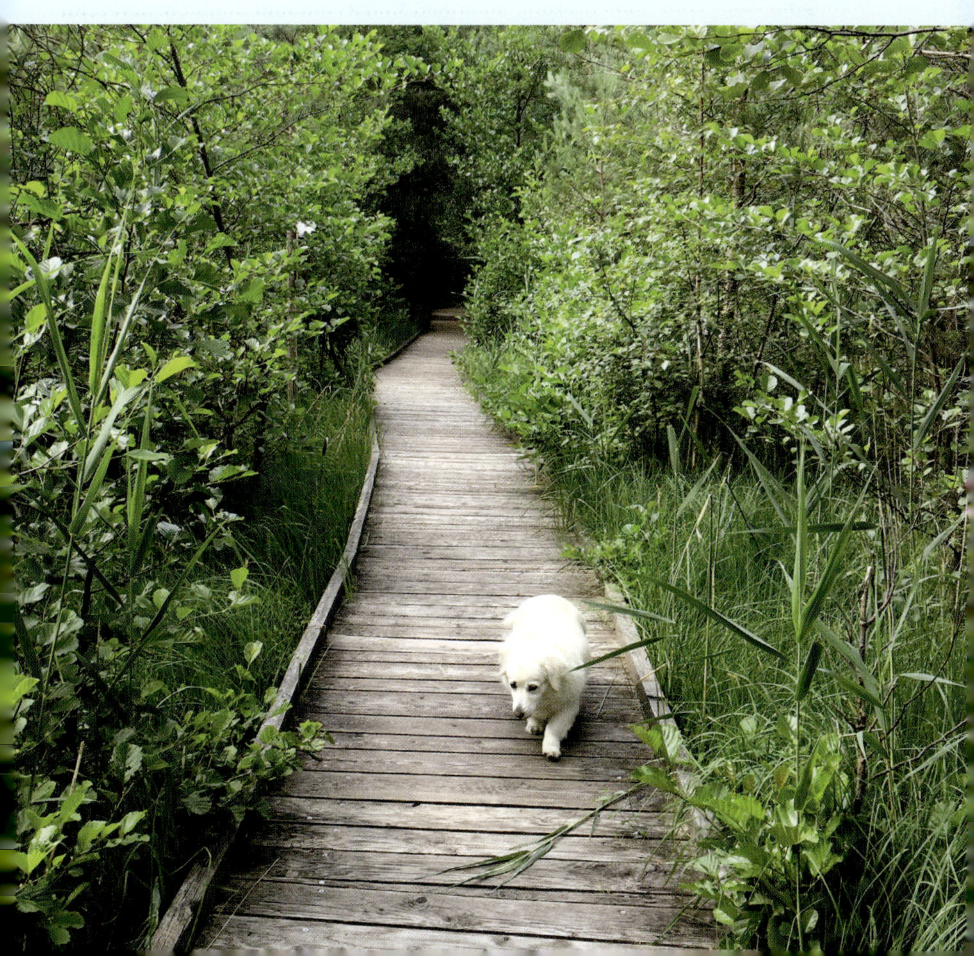

entscheiden, geht man nach Haigermoos weiter oder folgt man dem Moorpfad wieder zurück bis nach Holzöster. Das machen wir, weil's schon Abend ist und wir die Taschenlampe vergessen haben.
Nach einigen Kurven gelangt man zur Ortschaft Holzleithen. Dort ist kein Wegweiser, aber nach links geht's zum See, bestätigt die alte Dame, die gerade ein Kaltblut mit einem Apfel gefüttert hat. Diese Pferde stehen am Reitergut Lasser, das unser Interesse weckt. Deshalb biegen wir nicht gleich zum See zurück, sondern sehen uns um. Besucher können hier kleine Bungalows in dieser schönen Anlage mieten. Aus dem Seminarhaus hört man singende Kinder, Pferdekoppeln ringsum. Ich entdecke ein baumbeschütztes Gatter, aus dem mich geschorene Alpakas neugierig ansehen. Landschaftlich ist diese kleinen Kamelart hier zwar nicht ganz am richtigen Ort, aber man mag diese scheinbar verdutzt blickenden Tieren gern beobachten, zumal sie einem ohne Scheu neugierig folgen.
Ein Antiquitätenliebhaber hat hier eine gelungene Mischung aus alten Stühlen und Tischen zusammengestellt: Das hat er so geschickt gemacht, dass man sich wünschen würde, das Ganze wäre eine Gastwirtschaft, in der man einkehren darf. Ein Kraftort im Kraftort. Man mag eigentlich kaum weg. Trotzdem mahnt die Dunkelheit zur Rückkehr. Wir ziehen zum See, der in der Abendsonne besondere Farben entwickelt, auf einem der Stege kann man der Himmelsschönheit beim Versinken zusehen. Wer nicht ganz unsensibel ist, wird danach ein anderer Mensch sein.
Auf der Veranda des Seewirts geht noch ein Achterl Grüner Veltliner. Und dann sinkt man ins Bett, unendlich gelöst und mit einer Lunge voller Zauberdüfte. Morgen ist wieder so ein schöner Tag.

ⓘ www.seewirt-holzoestersee.at, Tel. +43 (0)6277 8666
www.reitergut.at
www.pilgerweg-vianova.eu

Tipp: Wanderbauerngolf

Da hat man sich in der Gemeinde Franking eine mit der Landschaft bestens harmonierende sportliche Challenge ausgedacht: das Wanderbauerngolf. Auf einer Strecke von 14 Kilometern durch das Moorgebiet können 17 Stationen angesteuert werden. Dort gilt es, eine Kugel mittels Riesengolfschläger aus Holz in ein Ziel zu befördern. Die Hindernisse passen sich allesamt in die Natur ein, mal sind es Rohrleitungen aus Holz, mal Heuwägen mit Geschichte, mal Bottiche. Diese Art Riesen-Minigolf ist ein echter Motivator für Kinder wie auch für Erwachsene und noch dazu ein bezaubernder Wegweiser durch die Gegend. Nichtwandernde Gruppen können die Runde auch per Traktorroas oder mit der Pferdekutsche abfahren. Die Schläger und Kugeln können von April bis Oktober in Franking oder Holzöster ausgeliehen werden.

ⓘ www.franking-holzoester.com, Tourist-Info Tel. +43 (0)6277 8119
www.traktor-roas.at, Tel. +43 (0)664 1691715

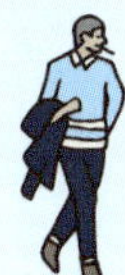

Die Haigermoosrunde

Start: Holzöster, Seewirt, Holzöster 21
🕒 2 Stunden ↔ 9 km ↗ kaum hm

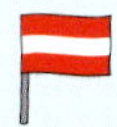

Nach dem Aufwärmen auf der Moorwegrunde trauen wir uns mehr zu. Wir starten vom Seewirt aus, umrunden den Holzöstersee an seiner Südseite und biegen, kurz bevor der Pfad in die Moorwegrunde mündet, nach links ab Richtung Holzleithen und nach etwa 50 Metern rechts in die Bauerngolfrunde. Achtung, hier steht das Schild versteckt im Gebüsch. Wir folgen dem Weg, kommen erneut am Seerosenteich vorbei und biegen dort Richtung Haigermoos in den Wald. Nur kurz, denn danach öffnet sich die Landschaft und wir wandern zwischen Feldern auf ein mächtiges Gehöft zu, mit teils barocken Gebäuden, das mit einem wunderschönen Bauerngarten besticht. Der Wegweiser „Haigermoosweg" führt uns nun die Straße entlang, erneut als Teil des Pilgerweggeflechts Via Nova. Aber keine Angst, der Verkehr ist so gemäßigt, dass man getrost auch mit Hund an der der Fahrtrichtung entgegengesetzten Seite entlanggehen kann. Vor allem, weil im Weiler Witzling der Weg abbiegt und erneut durch Wald und Maisfelder führt, bis man recht rasch unvermittelt am Ortseingang von Haigermoos steht.
Haigermoos ist ein aufgeräumter Ort. Der Name „Haiger" stammt vom althochdeutschen *Hege* für „Reiher". Die wasserliebenden Vögel wurden vom damaligen Landadeligen Aribo von Haigermoos, der sich hier eine Art Jagdschloss errichten ließ, bejagt. In der Ortsmitte erhebt sich das mächtige Bauernmuseum „Anthalerstadel". Der Bundwerkstadel aus dem 19. Jahrhundert ist eine längere Betrachtung wert. Große Zimmermannskunst schmückt hier einen Zweckbau – umrundet man den

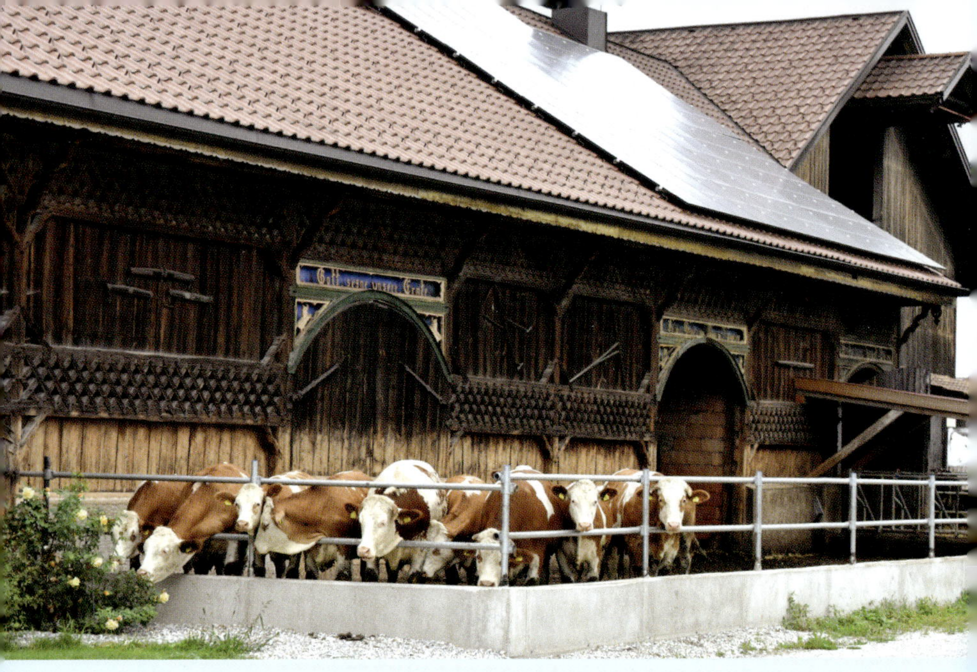

Museale Bundwerkstadel werden in Haigermoos ganz pragmatisch als Stall genutzt.

Stadel, stehen neugierige Kühe am Gatter, die im Stallteil des Gebäudes zuhause sind. Der verstorbene Altbauer Georg Felber hat hier zusammen mit seinem Sohn das bäuerliche Leben und die Waldarbeit dokumentiert und zahlreiche landwirtschaftliche Werkzeuge und Gerätschaften ausgestellt. Führungen auf Anfrage unter Tel. +43 (0)6277/8129.

Keine 50 Meter weiter thront die spätgotische Doppelkirche auf einem kleinen Hügel, der die Unterkirche birgt. Die Pfarrkirche zum hl. Petrus und Paulus wurde bereits um 1070 urkundlich erwähnt, vermutlich als Kultstätte auf einem Hügel. Schon Mitte des 14. Jahrhunderts entstand die Unterkirche. Um 1466 wurde die Oberkirche darüber erbaut. Ihr Inneres ist mit sakralen Kunstschätzen aus fünf Jahrhunderten ausgestattet. Frühestes Beispiel ist eine Madonna mit Kind, um 1500 bis 1525. Der Marien- und der Annenaltar stammen aus der Mitte des 17. Jahrhunderts, ebenso der Hochaltar in der Unterkirche. Der Altar der Oberkirche wurde 1717 errichtet und mit Bildwerken von Ferdinand Oxner und Gemälden von Franz Josef Camerloher geschmückt. In der Unterkirche hängt das fein gefertigte Gnadenbild nach Art der Maria Dorfen von 1726. Die Wundertätige wird typischerweise mit einem unglaublich reich geschmückten Faltenkleid dargestellt.

Wir lassen den bei richtigem Licht fast toskanisch anmutenden Ort hinter uns. Jetzt müssen wir tapfer der Straße in Richtung Franking folgen, aber auch das ist verkehrstechnisch vertretbar. Wer eine Pause braucht, kehrt in Weyer im Gasthaus „Schwarzer Adler" ein, ein mächtiges Anwesen aus dem 18. Jahrhundert. Die Straße mäandert leicht auf und ab durch Felder und Wälder, mal geht der Weg ab zum Höllerersee (siehe S. 92 f.), dann wieder führen Schilder zu Einkehrmöglichkeiten – bis wir nach Neuhausen kommen. Dort an der kleinen Kapelle vorbei biegen wir wieder Richtung Holzleithen ab. Die Kapelle ist übrigens typisch für die Gegend, denn zwischen 1830 und1880 wurden rund um Franking besonders viele solcher Kulturdenkmäler errichtet. Oft waren persönliche Schicksale und Unglücksfälle der Grund. Im Volksmund werden die kleinen, oft kunstvoll ausgestatteten Bauwerke „Schacher" genannt, nach lat. *sacer* = heilig.

Idyllische Hühnergärten begleiten den weiteren Weg bis zum großen Reiterhof Lasser. Holzöster erreichen wir über eine kleine Seitenstraße und landen direkt im sonnigen Garten des Café Kreuzeder. Dort haben wir uns einen der recht üppigen Eisbecher verdient, bevor wir auf den kurzen Weg zurück zum Seewirt machen.

ⓘ www.eiscafe-kreuzeder.sta.io, Tel. +43 (0)6277 8134

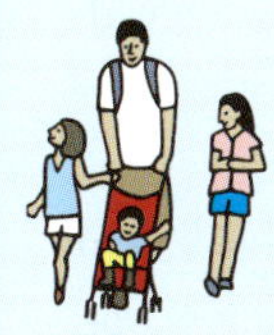

Ibmer-Moor-Runde

Start/Ziel: Moosdorf, Wanderweg-Parkplatz in Hackenbuch

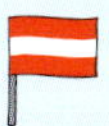

🕒 2 Stunden ↔ 4,5 km ↗ kaum hm

Wir parken am Moorwanderweg-Parkplatz in Hackenbuch in der Gemeinde Moosdorf und starten die große Moorrunde. Wer mag, kann sich anhand der zahlreichen Infoschilder sowie im Moormuseum zum Experten für Moorvegetation weiterbilden. Andere blicken nur meditativ ins Heidekraut, in die Birkenwäldchen und ins Haarmoos. Wer ganz lang und ruhig schaut, wird Blindschleichen und Frösche entdecken oder auch die eine oder andere Kreuzotter. Hunde müssen deshalb an die Leine. Verirren kann man sich hier nicht, der Weg führt über Stege an blubbernden Wasserstellen vorbei. Nach dem Schilfgürtel öffnet sich der Weg, geht über eine Wiese bergauf.

Von dort lässt sich überblicken, was man gerade halb umrundet hat: den Seeleitensee, Sammelplatz für zahlreiche Wasservögel – solange es ihn noch gibt, denn

er verlandet zusehends. Doch noch können wir uns an der Aussicht berauschen, bevor wir in den schattigen Buchenwald eintauchen und zum Ort Ibm kommen, in dessen Mitte sich eine schmucke rosafarbene Kirche erhebt. Die gelb angestrichenen Häuser sind typisch für die Gegend. Leider wird das letzte Teilstück des großen Moorwegs ein wenig fad, denn wir müssen die schnurgerade Straße entlanggehen. Ab und zu werden wir von Reitern, Pferden oder Traktoren überholt. Wem jetzt so richtig warm ist, der fährt zum Schwimmen an den Höllerersee.
Der Moorlehrpfad befindet sich im Natura 2000-Vogelschutzgebiet und ist ein Paradies für Brachvögel. Wachtelkönig, Wiedehopf, Reiher und Kiebitze sind hier zu beobachten. Die Flora bilden Wollgras, wilder Rosmarin, Rauschbeere, Moosbeere und Preiselbeere.

ⓘ Moormuseum Ibmer Moor, Hackenbuch 3, Moosdorf,
Tel. +43 (0) 7748 68 08 oder Tel. +43 (0)664 73857161
Moorführungen unter: www.moor-ausflug.at, Tel. +43 (0)650 5604123

Ibmer See oder Heratinger See

Am idyllisch gelegenen Heratinger See, auch Ibmer See genannt, existiert eine Badeanstalt, wie man sie vielleicht noch aus Filmen der 1950er-Jahre kennt. Holzkabinen, eine kleine, aber tüchtige Gastronomie mit Bänken und Tischen. Davor eine auch an warmen Tagen kaum überlaufene Liegewiese. Der See selbst liegt wie eine schwarzschillernde Scheibe vor uns, umrunden kann man ihn auf einem Barfußpfad, leider dürfen da keine Hunde mit. Vor ein paar Jahren wurde ein Kunstprojekt installiert. Die sogenannten Knotenbäume sind davon noch übriggeblieben, eindrucksvolle „Landart“, die wie gewachsen wirkt.

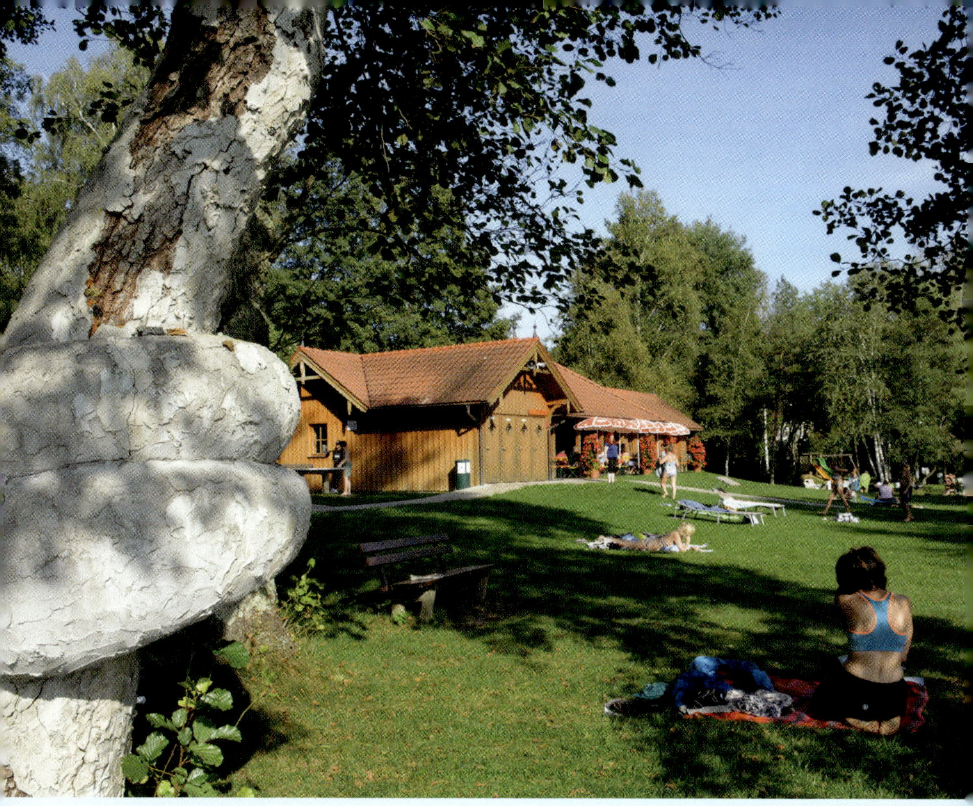

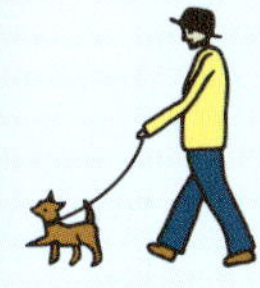

Von Moosdorf über Eggelsberg nach Ibm

Start/Ziel: Moosdorf, Jausenstation Seeleiten

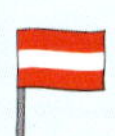

🕒 2 Stunden ↔ etwa 10 km ↗ 30 hm

Moosdorf, am östlichen Rand des großen Moorkomplexes Ibmer Moor gelegen, war nachweislich schon von den Römern besiedelt, die den auf einer Endmoräne gelegenen Ort wohl auch aus strategischen Gründen wählten. Die Grundmauern der römischen Villa Elling im gleichnamigen Ortsteil zeugen davon. 1662 wurde die weithin sichtbare Kirche St. Stefan errichtet. Einmalig ist wohl das Friedensdenkmal: Hier kann man sich mit einem selbstgestalteten Ziegel einbringen.

Kurz hinter dem nördlichen Ortsschild von Moosdorf, auf der Lamprechtshausener Straße Richtung Eggelsberg, zweigt eine kleine Straße ab in Richtung Seeleiten. Dort lassen wir an der Jausenstation Seeleiten das Auto stehen und folgen rechter Hand dem kleinen Pfad mit der Beschilderung „Saaggrabenweg, Marienweg".

Zunächst geht es durch ein kleines Wäldchen und nach etwa zehn Minuten erreichen wir einen großen Bauernhof, an dem man rechts vorbeigeht. Ein Stück an der Straße entlang, immer den Wegweisern nach. Dann zweigt der Weg ab nach „Kleinschärding" und führt mitten durch Felder hindurch, wo die kleinen Schilder wieder Richtung Marienweg-Saaggraben zeigen. Tatsächlich führt der Weg durch ein Anwesen, das Haus Maximilian, der freundliche Besitzer nimmt den Hund an die Leine, der über den Hof wacht. Fast verwunschen ist der Einstieg in den Saaggraben, eine Waldschlucht wie im Märchen. Noch eben war man mitten in einem Bauerngehöft, dann durchschreitet man eine Hecke und hört neben sich den murmelnden Saaggrabenbach, der in Richtung Seeleitensee fließt. Der dichte Buchenbestand sorgt für flackernde Illumination. Lichtkegel treffen auf Wasseroberflächen, sich bewegende Blätter erzeugen Schattenspiele, Plätschern und Rauschen ergeben ein Stimmengewirr, einem Murmeln gleich. Nicht umsonst wird der Abschnitt, dem wir gemäß den Wegweisern bergan folgen, Irrlichterwald genannt. Ein Streckenstück, das man voller Achtsamkeit durchwandern sollte, weil hier der Waldzauber ganz besondere Kraft entfaltet – eine, die sich auf die Sinne und den Körper überträgt. Waldbaden hin oder her, das hier ist ein Zauberbaden und man kann sich gut vorstellen, wie in diesem Moorgebiet das Geschichtenerzählen über Fabelwesen zum Hausbrauch wurde.

Man könnte nun dem Saaggrabenweg folgen, der durch Wannersdorf führt und in südlicher Richtung zum Aussichtspunkt Seeleiten. Aber wir wollen wissen, was sich hinter dem Streckenabschnitt „Marienweg" bis Eggelsberg verbirgt. Wieder geht's durch Wald, an Feldrändern vorbei, die den Blick weiten. Der Beschilderung folgend, führt der Weg erneut in den Wald hinauf, und auch hier wirkt der Zauber der Irrlichter nach. Umso abrupter treffen wir auf den Ortsrand von Eggelsberg und, nicht nur das, im Neubaugebiet verliert sich auch zunächst die Beschilderung. Weder zum Ibmer Moor noch zum Marienweg ein Wegweiser. Der Karte entnehmen wir, dass es an der Pfarrkirche weitergeht, in Richtung Hehenberg, Autmannsdorf. Jetzt kommen wir von der Höhe runter ins Tal und stoßen auf eine „Wand" aus Miscanthus, auch Elefantengras genannt, eine Energiepflanze, die hier prächtig gedeiht und aus der Einstreu, Futter und Pellets erzeugt werden können. Die buschigen Wände sind mindestens so beeindruckend wie der Blick, der sich öffnet, wenn wir Richtung Ibm abwärts wandern.

Eine Höhensiedlung aus dem Neolithikum war wohl der Ursprung für diesen Ort. 1070 wird der Bau einer Burg des Geschlechts der Ibmer erwähnt. Ausgebaut zum Schloss samt Kapelle stand dieser leicht erhöht auf dem sogenannten

Pankratius- oder Schlossberg. Von den historischen Gebäuden ist leider bis auf Mauerreste nichts erhalten. Das mittlerweile baufällige Schloss wurde im Ersten Weltkrieg abgetragen und die Steine als Baumaterial wiederverwendet. 1903 errichtete man dank Spenden eine neue Kapelle, Maria Hilf. In ihr findet sich auch die originale Marienstatue „Mutter Gottes mit dem Kinde" aus dem 15. Jahrhundert, man sagt ihr Wundertätigkeit nach. In Ibm selbst weist das Schild „Moorlehrpfad" in der Dorfmitte den restlichen Weg zurück.
Anfang September hängen die Bäume der Streuobstwiesen, die wir durchstreifen, voll reifer Früchte. Alte Bauernhäuser bezeugen eine traditionsreiche Landwirtschaft. Schließlich steigt der Weg an, führt durch den Wald und mündet in den Aussichtspunkt Seeleiten mit einem grandiosen Blick über den Pfeiferanger, Oberösterreichs ältestem Naturschutzgebiet. Deutlich zu sehen ist die fortschreitende Verlandung des Seeleitensees. Ab hier sind es nur noch wenige Schritte zur Jausenstation Seeleiten. Dort kehren wir beim freundlichen Wirt in seiner großen Bauernstube ein.

ⓘ Jausenstation Seeleiten, Moosdorf, Tel. +43 (0)7748 3069

Marien-Wanderweg

Von Sankt Marienkirchen am Hausruck bis nach Altötting sind es 130 Kilometer, die als Marien-Wanderweg zum Pilgern einladen. Neun alte Wallfahrts- und Marienkirchen werden miteinander verbunden. Ein Pilgerweg, der nicht nur durch seine meditative Ruhe besticht, sondern vor allem auch durch eine geologisch hoch interessante Landschaft führt Von Mattighofen über Gstaig nach Gundertshausen zieht sich das 24 Kilometer lange Teilstück des Marienwegs, das auch am Ibmer Seengebiet entlangführt. Bei Wanderungen rund um Eggelsberg und Ibm wird man immer wieder daran erinnert. In Eggelsberg steht der „Dom des Innviertels", die Kirche Mariä Himmelfahrt, mit ihrem imposanten Turm. 1420 wurde hier eines der schönsten Gotteshäuser der Region errichtet, der imposante Pfarrhof, heute schön restauriert, zeugt von reicher Kirchengeschichte. Natürlich sind die Kirchen der kulturhistorische Schatz eines solchen Wallfahrtswegs.

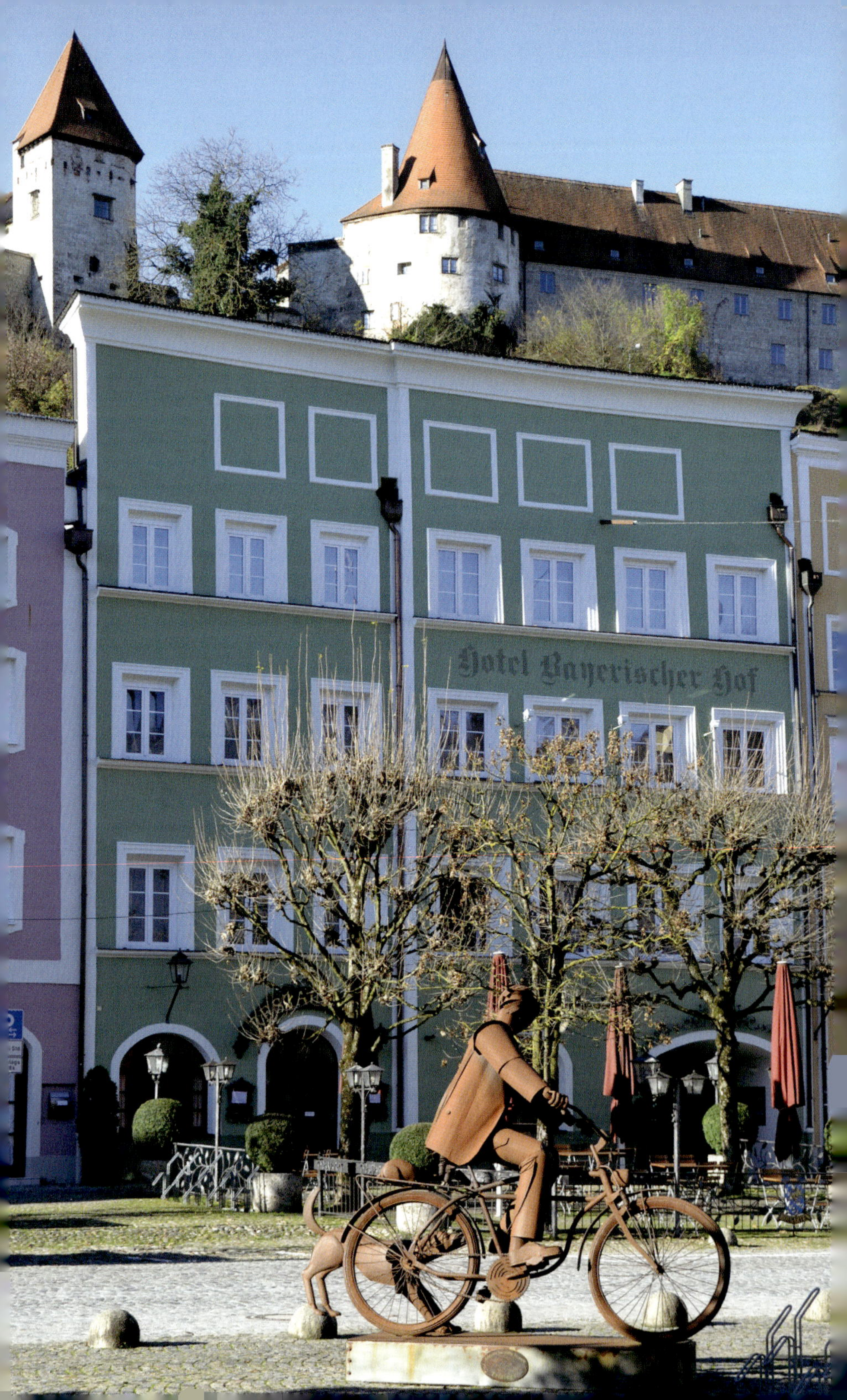
Hotel Bayerischer Hof

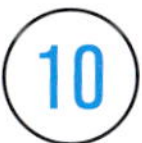

Mittelalter, Jazz und die längste Burg Europas

Überraschungen in und um Burghausen

Weltoffenes Mittelalter

Es ist die längste Burg Europas, von der die meisten Touristen nach Burghausen gelockt werden, doch wer sich damit zufrieden gibt, der verpasst viel. Ob nun die Burg oder die Stadt Burghausen zuerst da war, weiß niemand so genau, das Stadtrecht hat Burghausen aber seit immerhin rund 700 Jahren. Als Residenz der bayerischen Herzöge und beim wachsenden Wohlstand durch den Salzhandel war das nicht verwunderlich. Die erste schriftliche Erwähnung stammt aus dem Jahr 1025, also ist es nicht mehr lang bis zur 1000-Jahr-Feier. Dafür müsste sich die alte Herzogstadt nicht mehr groß herausputzen, denn ihre zwischen Salzach und Burgberg eingezwängten Gassen und Plätze sind ohnehin liebevoll gepflegt und voller Leben. Wie schon bei der Burg haben sich die weltoffenen Burghausener aus ihrer Altstadt kein Museum machen lassen, dafür mögen sie ihr Leben mitten im historischen Milieu viel zu sehr.

Die Salzach hätte ihnen dabei fast einen Strich durch die Rechnung gemacht: Nach dem verheerenden Hochwasser vom August 1959 gab es Planungen für einen künftigen Hochwasserschutz. Dabei war als Alternative zu einer Schutzmauer auch ein großflächiger Abriss der Altstadt in der Diskussion. Die Abstimmung ging angeblich nur knapp zu Gunsten der Mauer aus. Vom österreichischen Ufer aus gesehen ist das Bauwerk zwar kein Schmuckstück, doch es hat seinen Zweck mehrfach erfüllt. Auf der Schutzmauer wurde nämlich auch der Autoverkehr um einen Teil der Altstadt herumgeführt. So haben die Burghausener in deren Schutz die wunderschönen alten Gassen mit ihren spätgotischen

linke Seite: Lebendige Kunst unterwegs am Stadtplatz von Burghausen.

Handwerkerhäusern mit viel Engagement saniert. „Die Grüben", zentrale Achse zwischen Stadtplatz und Mautnerstraße, ist seitdem ein Fußgänger-Paradies mit kleinen Läden, Kunsthandwerkern, Theatern, Straßencafés und dem Mautnerschloss, wo neben viel Kultur auch Konzerte der Internationalen Jazzwoche (siehe S. 109 f.) stattfinden. Am Haus Nr. 130 in den Grüben ist die Hochwassermarke aus dem Jahr 1959 zu sehen, diese Zeiten sind zum Glück vorbei.

Unser Tipp für einen ersten Altstadt-Erkundungsgang geht wie folgt: Kostenlos parken in der Tittmoninger Straße (am Sportplatz), weiter leicht bergab Richtung Salzach und halblinks in die Mautner Straße (*der* Blick auf die Hauptburg!), dann nach links in die Grüben und weiter bis zum Stadtplatz (St.-Jakob-Kirche, Rathaus) und zurück vom Kirchplatz durch die Messerzeile und die Grüben zum Parkplatz. Der Burghausener Tourismusverband ist gut organisiert und bietet eine Reihe von Führungen durch die Altstadt an.
Zum Schluss noch ein paar Stichworte zum modernen Burghausen: Um 1900 herum noch eine vergessene Kleinstadt mit 2 500 Einwohnern, ist sie heute dagegen die größte Stadt im Landkreis Altötting mit rund 19 000 Einwohnern und wichtiger Industriestandort. 1915/1916 siedelte Dr. Alexander Wacker sein elektrochemisches Werk im Westen von Burghausen an, es entstand die Neustadt westlich der Burg, und ab 1966 kamen mit der transalpinen Ölleitung Raffinerien und petrochemische Industrie dazu. Burghausen ist ein grenzüberschreitendes Kultur- und Wirtschaftszentrum geworden, die Bayerische Landesausstellung 2012 wurde zusammen mit dem Land Oberösterreich veranstaltet. Dort waren das Kloster Ranshofen bei Braunau und das Schloss Mattighofen beteiligt, das gemeinsame Motto hieß: „Verbündet, verfeindet, verschwägert" – wobei sich nicht nur die Burghausener heute fragen: „Verfeindet? Das muss lange her sein!"

ⓘ Tourismusbüro, Stadtplatz 99,
Tel.: +49 (0)8677 887140, www.visit-burghausen.com

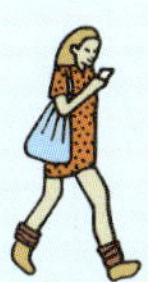

In der längsten Burg Europas

Start/Ziel: Burghausen, Parkplatz Burg (kostenlos)
Dauer: nach Belieben

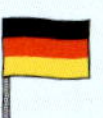

Diese Burg ist kein Ziel für schnell mal zwischendurch. Ein ganzer Tag ist bestimmt nicht verkehrt, am besten in Kombination mit einer der angebotenen Führungen. Wer immer dieses mächtige Bollwerk früher belagert hat, musste erheblichen Zeitaufwand betreiben – und das auch noch vergeblich. Dafür sorgten die endlosen Mauern mit ihren Türmen und Bastionen, dazu noch die steilen Abhänge nach allen Seiten, die mit der Zeit jeden Belagerer entmutigt haben. Da haben wir es leichter, denn Zugang findet heute jeder, direkt vom Parkplatz aus, ebenerdig und ohne Eintritt. Ob eiliger Bustourist, Mittelalter-Fan, Hochzeitsgesellschaften (wegen der tollen Fotokulisse) oder ganz einfache Burgbewohner. Die gibt es nämlich auch, sie werden aber nicht mitgezählt bei den jährlich 500 000 Gästen.
Seltsam, das ist gerade mal ein Drittel der Besucher von Neuschwanstein, dem königlich-bayerischen Märchenschloss. Warum historisch gewachsene Mauern aus Jahrhunderten bayerischen Herzogtums weniger Besucher haben als ein gerade mal 150 Jahre alter Zuckerguss-Bau, dem nachzuspüren überlassen wir der Bayerischen Schlösserverwaltung. Die schon erwähnten Burgbewohner mögen es jedenfalls genau so, wie es ist. Fünfzig vermietete Wohnungen gibt es derzeit auf der längsten Burg Europas, und die Burgverwaltung hat eine lange Warteliste von Interessenten. Wer stört sich schon an krummen Wänden bei einer so exklusiven Adresse? Zumal inzwischen moderner Standard die Regel sein soll und auch kleine private Gärten nicht selten sind. Zwar soll es schon passiert sein, dass Touristen plötzlich im Wohnzimmer standen und verblüfft waren über das komische Museum, doch gerade weil es auf der Burg normales Leben gibt, ist die Atmosphäre hier oben alles andere als museal.
In den fünf Burghöfen, die sich fast über einen Kilometer auf unserem Weg zur Hauptburg aneinanderreihen, haben sich auch kulturelle Initiativen angesiedelt. Im Liebweinturm bietet die Künstlergruppe „Die Burg" immer wieder wechselnde Ausstellungen an; nicht weit davon, gleich links vom Eingang des fünften Vorhofs, steht das 1983 gegründete „Haus der Fotografie". Es präsentiert Wechselausstellungen und eine der größten Sammlungen von Kameras. Auf dem Weg zur Hauptburg treffen wir noch auf einen Geschenkeladen, ein privates „Foltermuseum",

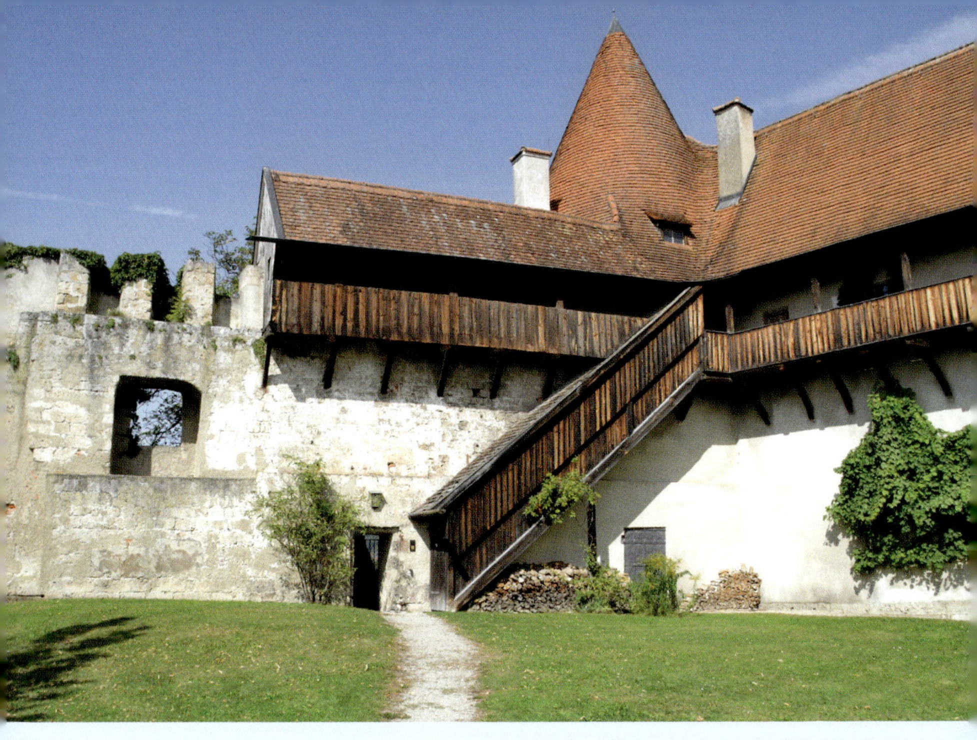

Beim Büchsenmacherturm geht der Weg runter zum Wöhrsee.

und im ersten Vorhof hat sich im ehemaligen Brauhaus das Burgcafé etabliert. Dringende Empfehlung: Ergattern Sie einen Platz jenseits des Mauerdurchgangs, der Blick von diesem „Balkon" auf den Wöhrsee und ins weite Land ist unbezahlbar! Dieser Hof ist überhaupt eine Ruheoase, unter Bäumen, auf grüner Wiese oder an der Burgmauer bietet er noch einmal ein paar ruhige Plätzchen, bevor wir über die Brücke und durch den Torbau die Hauptburg betreten.

Damit sind wir im Kern der Burganlage angekommen, die von außen gesehen mit ihren Türmen und Zinnen wie ein Schiffsbug auf dem Sporn des Felsenrückens thront. Richtig imposant ist der Anblick, die wehrhaft hohen Mauern flößen noch heute jedem Respekt ein. Den Platz haben schon die Kelten und Römer als sicher geschätzt, das haben aktuelle Grabungen gezeigt. Hinter den Mauern der Hauptburg, so wie wir sie heute kennen, spielte sich das höfische Leben der Herzöge aus der niederbayerischen Linie der Wittelsbacher ab.

Zuletzt war es Herzog Georg der Reiche (1455–1503), bekannt durch seine Landshuter Hochzeit, der die Anlage noch einmal massiv ausbaute. Mit dem Ende des Landshuter Erbfolgekriegs 1505 verlor die Burg den Status einer Residenz und wurde immer mehr Festung, Hauptwaffenplatz und Garnison. Das blieb so bis über die Napoleonischen Kriege hinaus bis ans Ende des 19. Jahrhunderts. Der große Korse hielt die Festung übrigens für veraltet und ließ alle Außenbefestigungen im Norden einebnen. Ihm haben die Bayern also nicht nur ihr Königtum, sondern auch auch den bequemen Eingang zur Burg in Burghausen zu verdanken. Noch einmal zurück zur Hauptburg: Hier haben es die Museums-Fachleute bewundernswert geschafft, uns einen Blick in die Zeit der Renaissance zu verschaffen, in der sich das Leben der bayerischen Herzöge und ihres Hofstaates abgespielt hat. Im Palas ist es das „Staatliche Burgenmuseum", in der Kemenate das „Stadtmuseum" und im so genannten Dürnitzstock, dem damals auf Burgen einzigen beheizbaren Bankett- und Gemeinschaftssaal, haben sie ein modernes Besucherzentrum eingerichtet. Leer sind nur die ehemalige Schatzkammer und die Kerkerkammern. All das ist unbedingt eine Besichtigung wert.

ⓘ www.burgfuehrung@gmx.de oder www.visit-burghausen.com.

Die Internationale Jazzwoche

Jazz und Burghausen gehören zusammen. Seit hier vor über fünfzig Jahren die „Internationale Jazzwoche Burghausen" begründet wurde, gibt es dieses swingende Einverständnis zwischen weltweiter Jazz-Szene und der kleinen Stadt aus dem Mittelalter. Wer als Jazzer auf sich hält, muss wenigstens einmal dort gewesen sein. Reicht eine einzige Festivalwoche aus, um ein Publikum auch das ganze Jahr über für den Jazz zu begeistern? Die Burghausener können das ganz offensichtlich. Zum einen durch das offene und wenig elitäre Programm ihres Festivals, zum andern durch die Arbeit der IG Jazz, einer „Interessengemeinschaft", die eine Beschäftigung mit diesem Thema effektiv am Leben erhält. Dazu gibt es Jazzkurse, einen Förderverein für junge Musiker, einen Nachwuchspreis für Bands und regelmäßige Jam-Sessions mit regionalen Musikern im Jazzkeller des Mautnerschlosses. Dort treffen sich auch gerne die Festival-Berühmtheiten nach ihren Konzerten zum Jammen, legendäre Nächte soll es da gegeben haben. Und schließlich ist da noch die „Street of Fame": In den Grüben, der spätgotischen

Flaniermeile Burghausens, sind Messingplatten ins Pflaster eingelassen, auf denen über vierzig große Namen der Jazzwelt mit Auftrittsdatum und Unterschrift zu sehen sind. Das geht von Count Basie bis Klaus Doldinger, von Albert Mangelsdorff bis Woody Hermann. Man weiß aber auch von Auftritten der Dutch Swing College Band oder dem Modern Jazz Quartett. Vielfalt war immer das Motto der Burghausener Jazzer, und wurden in den Siebzigern schon mal eingeladene Musiker von der Polizei wegen Drogenverdachts für eine Nacht eingesperrt, so überträgt mittlerweile der Bayerische Rundfunk alle Konzerte der Jazzwoche live und in Farbe. Jazz in Burghausen hält lebendig, der Gründer und Saxophonist Joe Viera ist immer noch künstlerischer Leiter der Jazzwochen, und das mit bald neunzig Jahren. Und wenn aus pandemischen Gründen mal eine Jazzwoche ausfällt, dann behilft man sich halt mit einer Herbstveranstaltung „Jazz im Burghausen". Und für alle Fälle gibt es noch die Website der IG Jazz oder die Mediathek des BR. So oder so, Burghausen und der Jazz sind im Groove.

ⓘ www.b-jazz.com

Schwimmen im Wöhrsee

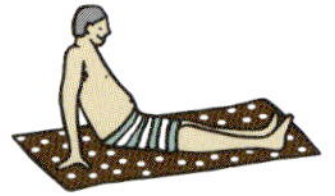

Natürlich kann man in ihm einfach nur schwimmen. Wer eine Rossnatur hat, macht das ganzjährig, so wie der Burghausener Extremschwimmer Christof Wandratsch. Mit ihm kann man die einzigartige Erfahrung machen, im vier Grad kalten Wöhrsee das Winterschwimmen zu üben. Dazu ist das Wöhrseebad am Eingang Pulverturm ganzjährig geöffnet. Wie gesagt, man muss das mögen. Was man hingegen ganz sicher mag, ist die landschaftliche Kulisse des Wöhrsees. Man schwimmt in ihm unterhalb der längsten Burganlage der Welt, weshalb Rückenschwimmen keine schlechte Option ist. Dabei kann es auch passieren, dass man über sich einen Vogel mit respektabler Flügelspannweite und langem gebogenem Schnabel sieht. Der Waldrapp, auch Schopfibis, hat in den kalkigen Nischen der Burgmauern seine Nester (siehe S. 112 f.). Nicht ganz unschuldig an der Wahl dieses idealen Wohnorts ist auch

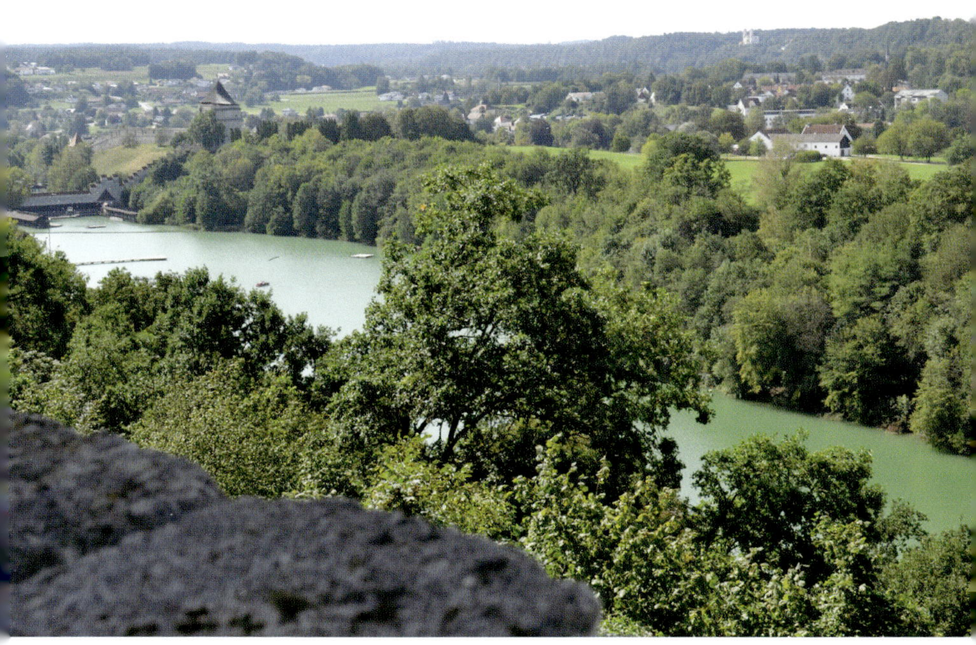

der Wöhrsee mit seiner geschützten Lage. Ursprünglich floss hier die Salzach, bis sie sich unweit bei Ach (siehe S. 115) – auf den Namen kommen wir noch einmal zurück –, der Burghausen gegenüberliegenden Gemeinde, einen Durchbruch gesucht hat. Übrig blieben ein Umlaufberg und Altwasser, das durch einen kleinen Bach gespeist wird. Im 14. Jahrhundert wurde die Wuhr, was soviel wie Stausee bedeutet, erstmals erwähnt. Sie diente als Abwehrgraben für die Burg, zur Mühlenbewässerung und als Fisch- und Eislieferant. Die Hänge zur Burg hinauf ließ man baumfrei zur besseren Verteidigung. In der warmen Epoche des Mittelalters wuchs dort Wein, und Ziegenherden waren die natürlichen Rasenmäher. Heute versucht man diese Bukolik wiederzubeleben. Das mineralhaltige Wasser einer nahen Quelle wurde von Herzogin Hedwig im 15. Jahrhundert zu Heilzwecken genutzt. Im 19. Jahrhundert entstand eine Schwimmanlage für Soldaten. Ab 1833 durfte ganz Burghausen hier planschen und 1935 wurde das Wöhrsee-Familienbad eröffnet. Natürlich kann man auch einfach zu Fuß um den See gehen und sich ein wenig in die Zeit versetzen, als man hier bei

Burghausener Wein und Ziegenkäse mit einem Burgfräulein anbandelte, während die Waldrappe ihr geselliges Begrüßungsritual vollzogen. Als Verkörperung des menschlichen Geistes wurden sie schon von den alten Ägyptern verherrlicht, sogar eine eigene Hieroglyphe widmete man den Tieren mit der Bezeichnung *Ach*. Ach was!

ⓘ Wöhrseebad Burghausen, Wöhrsee 2, Tel. +49 (0)8677/8819572

Der Waldrapp und sein Burghausener Revier

Schön sind sie nicht, aber selten. Und man muss sie einfach mögen, trotz oder wegen ihrer skurrilen Erscheinung und ihrer Zutraulichkeit. Waldrapp heißt dieser schräge Vogel, auch Schopfibis, Steinrapp, Klausrabe oder Waldhopf, wobei die letzten Bezeichnungen alle historisch sind. Historisch, also ausgestorben, war der Waldrapp in Europa schon seit dem 17. Jahrhundert und weltweit zählt er aktuell zu den am stärksten bedrohten Vogelarten.

In Burghausen ist er jedoch zwischen April und Juli der heimliche Star. In dieser Zeit kann man eine Brutkolonie an der Burgmauer beim Pulverturm beobachten und dabei zuschauen, wie die Vögel mit ihrem langen gebogenen Schnabel in der Wiese nach Futter stochern, oder ihn beim ausgiebigen Begrüßungsritual samt lustigem Federschopf in den Nacken werfen. Sie sind nämlich ausgesprochen gesellig, treten dabei seriös in Schwarz auf und haben durchaus Format mit ihren 1,5 Kilogramm. Nur ihr schrumplig nacktes Gesicht überzieht eine leichte Zornesröte, was wieder nicht zu ihrer sichtbaren Gelassenheit passt. Wie und warum kommen diese „Exoten“ ausgerechnet nach Burghausen?

Die erwähnte Zutraulichkeit liegt daran, dass es Aufzuchtvögel sind, seit 2004 in Bayern betreut von einem Waldrapp-Projekt, das ihnen an der Burgmauer künstliche Nistmöglichkeiten bietet und ihnen beibringt, dass sie eigentlich Zugvögel sind. Ein zweiter Standort des Projekts befindet sich im salzburgerischen Kuchl bei Hallein. Ihr Winterquartier in der Toskana zeigen ihnen die Artenschützer vom deutsch-österreichischen „Waldrappteam“ per Ultraleichtflieger, mit dem die Vögel

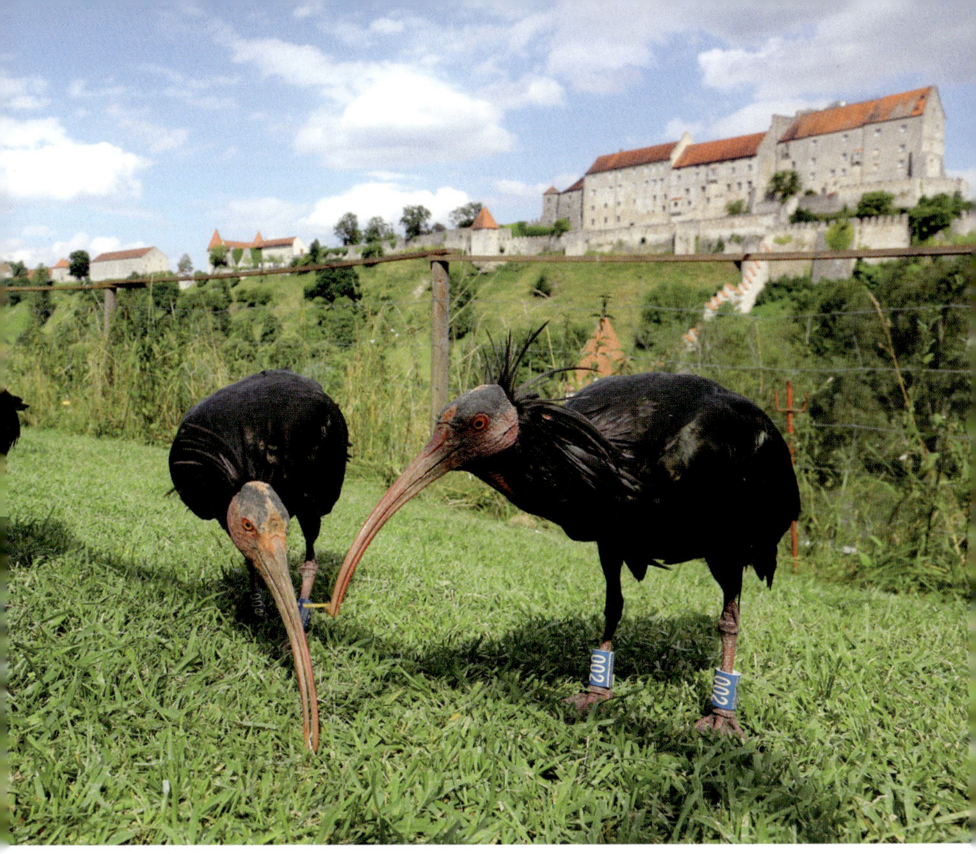

im Verband gen Süden ziehen. Das ist zwar ein Riesenaufwand, aber erfolgreich, denn die Waldrappe finden inzwischen im Frühjahr ihren Weg zurück an die Salzach. Das Ausbrüten von Nachwuchs klappt auch schon ganz gut. Nach über 300 Jahren ist der Waldrapp also wieder in Burghausen heimisch, derzeit schätzt man die Zahl der gefiederten Gäste auf rund zwanzig. Die Wittelsbacher Herzöge müssen den Waldrapp noch gekannt haben, und gejagt, weil wohlschmeckend, haben sie ihn wohl auch. Im zweiten Stock des Palas hat die Staatsgalerie spätmittelalterliche Altarbilder ausgestellt, auf einem davon soll ein großer schwarzer Vogel mit langem, gebogenen Schnabel zu sehen sein. „Such den Waldrapp" könnte die spannende Preisfrage für Besucher im Winter lauten, wenn die Burghausener Originale Urlaub in der Toskana machen.

ⓘ www.waldrapp.eu

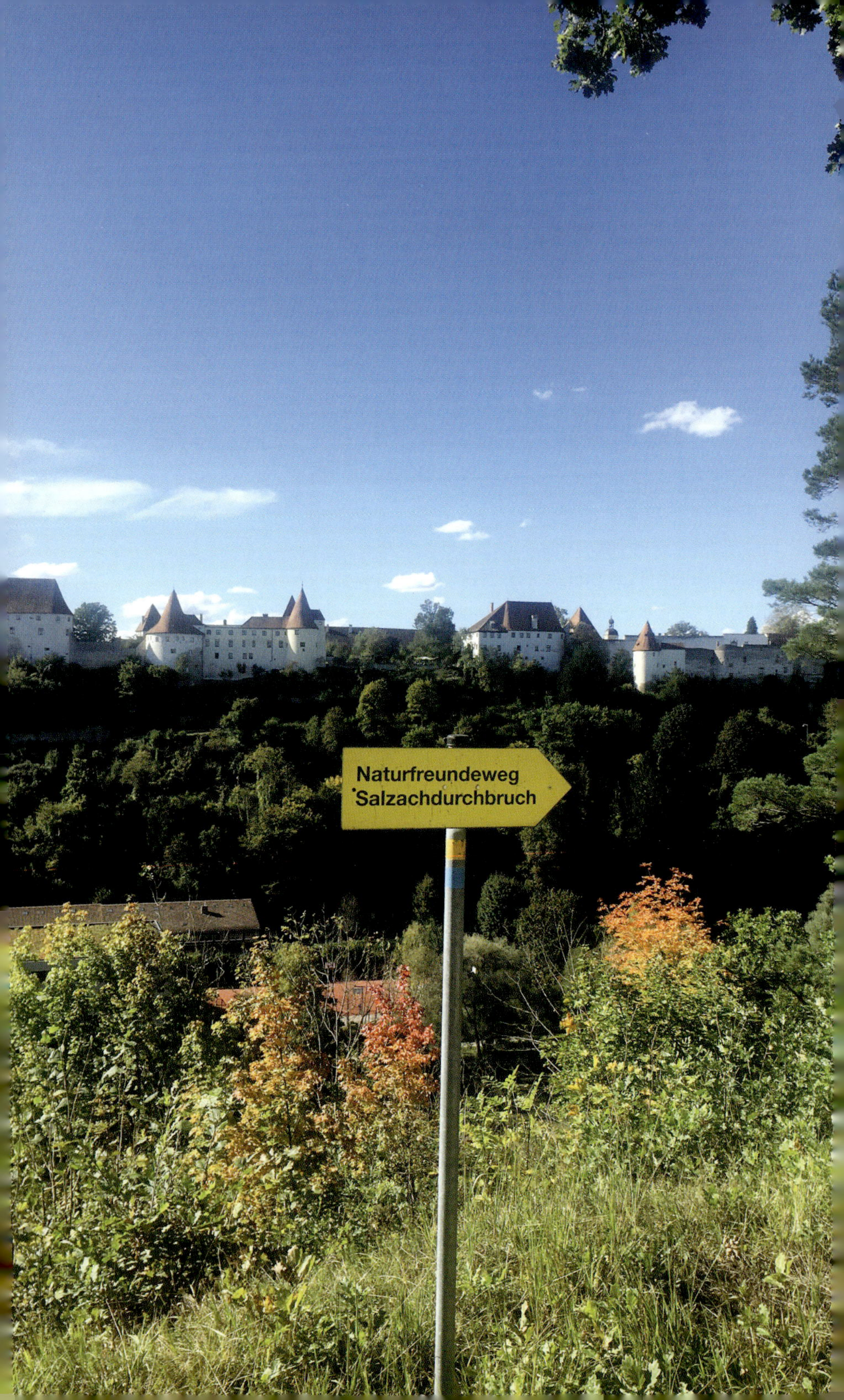
Naturfreundeweg
Salzachdurchbruch

Die Salzach – ein freier Fluss

Auf dem Weg von Hochburg-Ach bis Ostermiething

Gleich gegenüber von Burghausen liegt Hochburg-Ach, umrahmt vom Weilhartforst, Geburtsort von Franz Xaver Gruber, des Stille-Nacht-Komponisten (siehe S. 32 ff.). Ihm gewidmet ist das Heimatmuseum, ein mehr als 200 Jahre alter Holzbau, zeitlich gleich seinem Geburtshaus, das 1927 einem Neubau weichen musste. Das waren keine üppigen Verhältnisse, das flache Haus mit den hübschen Fensterläden ist ein Museum mit einigen wenigen guten Stücken aus dem Gruberschen Familienleben. Der hübsche Garten ist bäuerlich üppig. Führungen auf Anfrage beim Gemeindeamt (Tel.: +43 (0) 7727 2255). Von dort kann man eine kleine, rund eineinhalbstündige Wanderung auf dem Franz Xaver Gruber Friedensweg starten, der begleitet wird von den beeindruckenden Skulpturen des zeitgenössischen Bildhauers Hubert J. Flörl.
Einige Kilometer südlich von Ach an der Salzach gelegen befindet sich das Schloss Wanghausen, dessen Gebäude ins 12. Jahrhundert zurückgehen, es ist heute in Privatbesitz. Direkt im Ortsgebiet von Ach, unmittelbar neben der Salzach, steht die Wallfahrtskirche Maria Ach mit der Kapelle des sogenannten Goldbründl: ein durch eine Quelle gespeister Brunnen, dessen köstlich erfrischendes Trinkwasser bereits im mittelalterlichen Helmbrecht-Epos lobend erwähnt ist als der „allerbeste Ursprung, der auf Erden je geflossen“.

Das Helmbrecht-Epos

Die Versnovelle erzählt von einem Bauernsohn, der in den Adelsstand aufrücken möchte. Obwohl sein Vater ihn davon abhalten möchte, macht sich Helmbrecht auf und schließt sich Raubrittern an, mordet und plündert. Als er nach einem Jahr zu seiner Familie zurückkommt, prahlt er in vielen Sprachen von seinem neuen, einträglichen Leben. Alle sind entsetzt, außer seine Schwester, die sich überreden lässt, einen seiner Kumpanen zu heiraten. Nach der Hochzeit werden alle Raubritter gefangen genommen und gehängt. Nur Helmbrecht wird begnadigt, aber geblendet und ihm werden eine Hand und ein Fuß abgehackt. Wenig später wird er von Bauern, die er einst ausgeraubt hatte, aufgehängt. Das Epos gilt als erste deutsche Dorfgeschichte, da sie nicht in der höfischen Gesellschaft spielt. Sie ist voller Zahlen- und Namenssymbolik, wie sie für die mittelhochdeutsche Dichtung typisch ist. Sein Verfasser, ein bayerisch-österreichischer Autor, der sich Wernher der Gartenaere (um 1250) nannte, war wohl ein fahrender Sänger, ein Berufsdichter, der an den Höfen seine Texte gegen Entlohnung vortrug. Forscher vermuten bei seinem Pseudonym auch, es handele sich um einen Franziskanermönch, vielleicht einen Klostergärtner. Da auch Wanghausen in seiner Kleinepik vorkommt, hat er vermutlich im Umfeld der Burghausener Burg gelebt.

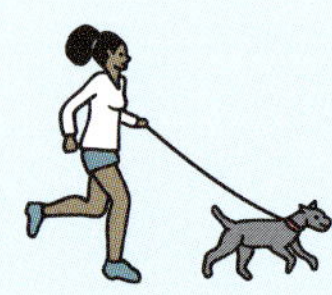

Im Auwald bei St. Radegund

Start: St. Radegund, Schulhaus

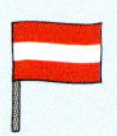

🕒 2,5 Stunden ↔ 9 km ↗ etwa 80 hm

Wenn man bei Burghausen über die Salzach quert, kann man den direkten Weg nach Salzburg wählen oder sich einen kleinen Schlenker erlauben, der sich in vielerlei Hinsicht lohnt. St. Radegund, keine zehn Minuten von Burghausen entfernt, schmiegt sich in einen Bogen der Salzach und wird begrenzt vom Oberen Weilhartforst. Im Ort lassen wir das Auto stehen. Am Gasthaus Hofbauer beginnt der Weg, der uns sogleich in den Buchenwald des sogenannten Schwabenlandl führt, ein durch Flusskerben und Schneisen zerklüfteter Pfad. Von ferne sehen wir das Franz-Jägerstätter-Denkmal, wenn wir uns an der Gabelung für den linken Weg, ausgeschildert mit „nach St. Radegund" entscheiden. Achtung, das ist nur im Sommer und Herbst empfehlenswert, wenn wenig Regen gefallen ist. Der Weg zieht sich gut eine halbe Stunde an einem Abbruch entlang. Schilder, die vor Absturzgefahr warnen, sind nicht ganz unberechtigt, allerdings bleibt der Weg hier

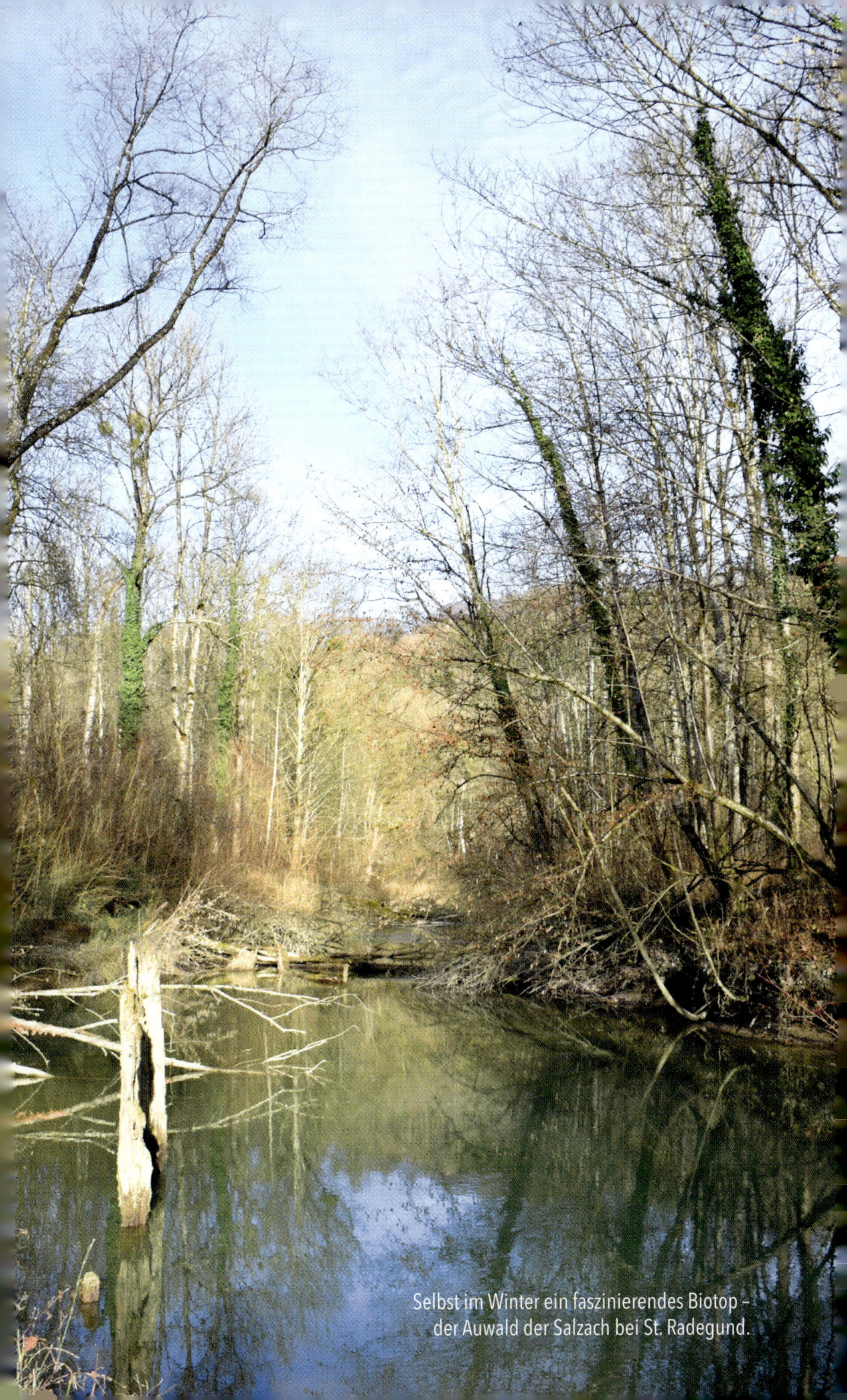

Selbst im Winter ein faszinierendes Biotop – der Auwald der Salzach bei St. Radegund.

stets ausreichend breit. Im Spätherbst tauchen Buchenblätter am Boden und noch die restlichen an den Bäumen den Weg in rötliches Licht. Geknickte Bäume zur Rechten, die in den steilen Graben gefallen sind, bilden eine wilde Kulisse zum sanft abfallenden Weg. An einer Lichtung mit einem Hochsitz öffnet sich der Wald zur Salzachaue hin. Darunter ein Abbruch – wildes Herumstreifen im Unterholz sollte man lassen. Die Aussicht aber ist grandios. Weil die Ausschilderung äußerst dürftig ist, entscheiden wir uns für den rechten der beiden nach Nordwesten führenden Wege, direkt am Hang entlang. Er führt uns etwa zehn Minuten in einem Rechtsbogen um den Hang herum und endet jäh scheinbar im Nichts. Wäre da nicht ein kleiner Trampelpfad, den wir mutig einschlagen. Durch dichtes Farnland zieht sich der geheime Pfad, bis wir an ein ausgetrocknetes Bachbett kommen – führt es viel Wasser, bitte nicht überschreiten! Hier müssen wir ein wenig kraxeln, erst einige tiefe Schritte nach unten und an der anderen Seite wieder recht steil nach oben. Aber dann sind wir auf dem Forstweg, den wir bergab nehmen. Vorbei an dem zauberhaften Forsthaus mit seinen saftig-grünen Fensterläden und dem gepflegten Garten, weiter auf der nun befahrbaren Forststraße, die in großzügigen Windungen in den Auengrund hinabführt.

Plötzlich sind wir mittendrin in einer fast urwaldartigen Auenlandschaft. Moosbewachsene Baumstämme, die an lauernde Krokodile erinnern, inmitten von Schilf. Zart flirrende Gräser, die als Chor im Wind wispern. Wir kommen an eine Brücke über ein Feuchtgebiet, das durch ein flatterndes Absperrband begrenzt ist. Das soll uns nicht aufhalten, es richtet sich an Reiter und Autofahrer. Wir gehen weiter und sind nach einer Wanderung durch verwunschenes Sumpf- und Auenland wieder in einer anderen Welt. Als seien wir wie Alice im Wunderland durch eine Hecke gegangen, so hört man hier plötzlich unzählige Vögel. Es raschelt, die Temperaturen sind deutlich höher, es ist fast tropisch feucht, selbst im Spätherbst.

Das Mikroklima des Naturschutzgebiets Ettenau an der Salzach ist ein ganz besonderes. Voller seltsamer warmer Ströme und zarter Winde. Einmal von den Zuflüssen der Salzach, dann wieder vom Strom selbst, der nun vor uns liegt. Man steht unvermittelt am Damm. Die Salzach ist hier ein breiter, träger Fluss, mit Kiesbänken, die ihn unterbrechen und mit einem Ufer auf der deutschen Seite, das jäh ansteigt: Zu sehen sind einsame Fischer, die das Gewässer für sich haben. Mächtige Bäume, die an beiden Seiten das Ufer säumen. Auf der St. Radegunder Seite noch mit einem Schwemmland, das Brut- und Wohnplatz zahlreicher Vögel ist.

Trotz dieses natürlichen Umfelds kommt jetzt das vielleicht unromantischste Teilstück des Wegs, denn es geht einen schnurgeraden Dammweg entlang, der im Sommer als Teilstück des Tauernradwegs sehr frequentiert ist. Im Spätherbst und sogar Frühwinter kann er an sonnigen Tagen ein Spazierweg sein, bei sich dem das Auge ausruhen darf. An der spiegelnden Oberfläche der Salzach, im filigranen Astgewirr der Bäume – der gerade verlaufende, gut ausgebaute Weg kann in Trance versetzen. So sehr, dass man die nach links einschwenkende Forststraße verpasst, die zurück nach St. Radegund führt, mitten durch das Naturschutzgebiet mit seinen Altarmgräben und den Silberweiden, Grauerlen, Buchen, Eschen und Hybridpappeln. Schilfwiesen begleiten den mäandernden Weg, bis man auf einige Häuser trifft. Hier muss man sich links halten und auf die Häuser am Hang zustreben, denn dort führt der Weg steil nach oben. Wieder sind es Buchen, die die Landschaft prägen und beleuchten, besonders im Winter, wenn das Restlaub einen Goldton schenkt. Man kommt ganz schön ins Schnaufen, wenn man den Kurven folgt, durch ein Gestüt hindurch, und schließlich dem Schild zum Wirtshaus folgend. Hier wird einem bewusst, wie mächtig die Salzach einmal in das Tal eingeschnitten haben muss. Vorbei an wulstigen Konglomerathängen zieht sich der Weg stetig schmaler werdend am Hochufer entlang, bis man fast dort wieder ankommt, wo der Ausflug begann: kurz vor dem Gasthaus, gleich neben dem Pfarrhaus. Nach rund zweieinhalb Stunden hat man sich ein Mittagessen verdient.

ⓘ www.gasthaus-hofbauer.at, Tel. +43 (0)6278 8172

Franz Jägerstätter
Widerständler an der Salzach

Kommt man in das beschauliche St. Radegund, weisen kleine Schilder zum Franz-Jägerstätter-Haus. Man muss sich heute schon an einer Reihe von Neubauten vorbeischlängeln, um zu dem malerisch-einfachen Bauernhaus zu gelangen. Es strahlt Bescheidenheit aus und zeugt noch von der bäuerlichen Herkunft Franz Jägerstätters (1907–1943). Als Franz Huber unehelich geboren, weil seine Eltern kein Geld für eine Hochzeit hatten, wächst er bei seiner Großmutter auf. Als Franz

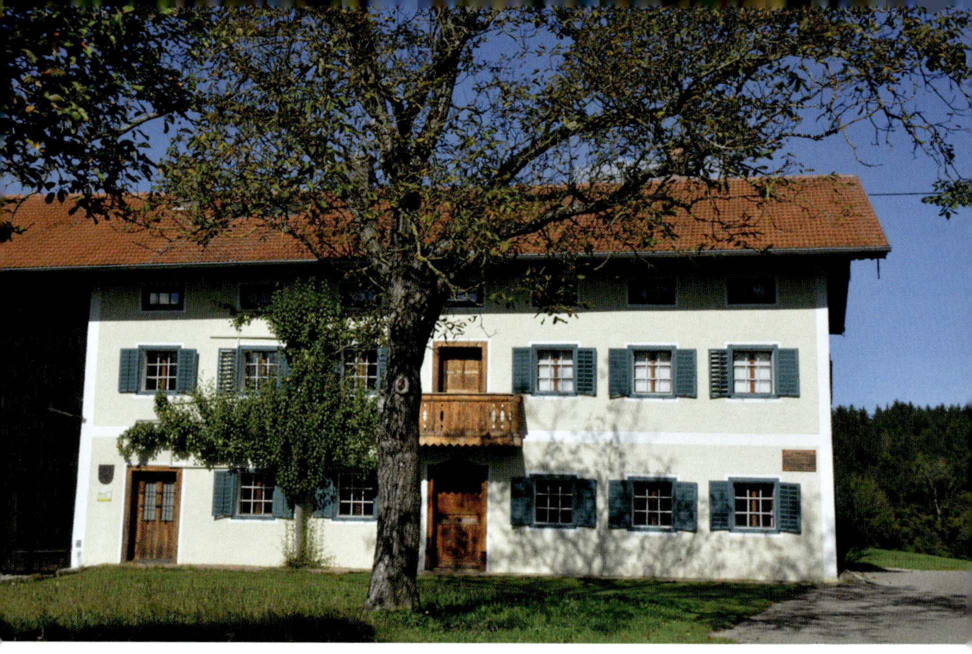

Kontemplation und Bescheidenheit strahlt das Wohnhaus von Franz Jägerstätter aus.

zehn Jahre alt ist, heiratet die Mutter den Landwirt Heinrich Jägerstätter aus St. Radegund, der ihn adoptiert. Dessen Vater weckt in Franz die Liebe zu den Büchern. Der junge Franz verdingt sich als Landarbeiter und als Minenarbeiter in Eisenerz. 1933 erbt er das Anwesen seines Stiefvaters in St. Radegund. Er wird Landwirt und heiratet 1936. Durch seine Frau zum Glauben gebracht, besucht er Gottesdienste und liest religiöse Literatur. 1938 erscheint ihm als Warnung vor dem Nationalsozialismus im Traum der Satz: „Dieser Zug wird in die Hölle fahren." Kurz darauf, nach dem „Anschluss" Österreichs an das Deutsche Reich, lehnt er das Amt des Bürgermeisters ab und zieht sich zunehmend aus dem dörflichen Leben zurück, an dem er bis dahin rege teilnimmt. Der Nationalsozialismus steht in tiefem Widerspruch zu seiner christlichen Gesinnung. Als er zum Wehrdienst einberufen wird, bekommt er zunächst durch den Eintritt in einen Orden, Fürsprache und Mesnerdienste Aufschub und bleibt in St. Radegund. Im April 1943 erneut einberufen, verweigert er den Dienst, wird verhaftet und nach Berlin-Tegel gebracht, wo ihm der Prozess gemacht wird. Wegen Wehrkraftzersetzung wird er im August dieses Jahres hingerichtet. Nach dem Krieg wurde seine Verweigerung auch von der Kirche noch kritisch gesehen, bis sich Historiker und Künstler der Geschichte dieses idealistischen Bauernsohns mit dem Hang zu Literatur, Gerechtigkeit und Nächstenliebe widmeten. Bücher, Bilderzyklen und Filme erschienen, der letzte im Jahr 2019/2020. Sein Andenken wird von der österreichischen Theologin Erna Putz gepflegt, die seit 1983 an seinem Todestag Gedenkfeiern organisiert. 2007 wird Franz Jägerstätter vom Vatikan seliggesprochen.

Das Vogelparadies Ettenau

Zwischen Ostermiething und St. Radegund erstreckt sich rund 40 Kilometer entlang der Salzach das Europaschutzgebiet Ettenau. Die dortigen Auenwälder, weite Gebiete mit Hartholz und Erlen-Eschen-Bestand, gehören zu den vielfältigsten Lebensräumen Europas mit rund 190 Vogelarten und geschützten Säugern. Seltene Orchideen wie das Breitblättrige Knabenkraut und das Helm-Knabenkraut bilden hier in den entsprechenden Jahreszeiten duftende Matten. Die Ettenau ist nicht nur etwas für Naturbeobachter, sondern auch für Radler und Wanderer ein meditativer Ort. Entlang der Salzach führt der Salzachradweg, der namentlich nur eine Variante des Tauernradwegs ist. Auch die Bezeichnung Mozart-Radweg begleitet den Lauf entlang der Salzach, ein Abschnitt, der dank fehlender Steigungen mühelos gemeistert werden kann.

Ostermiething

Fährt man heute von Wildshut kommend am Ortsschild Ostermiething vorbei, beherrschen zunächst die Schlote der Industrieanlagen des an der Salzach und am südlichen Rand des Weilhartforsts gelegenen Örtchens den Blick. Und das, obwohl gleich dahinter das Vogelschutzgebiet Ettenau liegt, das mit einer Brücke mit dem bayerischen Tittmoning verbunden ist. Bayerisch war Ostermiething auch lange Zeit. Bereits um 600 v. Chr. gab es hier eine Besiedelung, die zu dem riesigen Norikerreich gehörte. Von 15. v. Chr. bis zum Ende des römischen Reichs im 4. Jahrhundert blieb die Gegend unter römischer Herrschaft. Schon wenig später, im 8. Jahrhundert, ist *ostermuntingin* in einer Schenkungsurkunde des Bajuwarenfürsten Odilo erwähnt. 1000 Jahre unterstand es dann dem Erzbistum Salzburg. Die Pfarrkirche Mariä Himmelfahrt ist ein barockes Schmuckstück, das nicht nur durch die reiche Stuckatur mit dem sich auf dem Westufer befindlichen Kloster Raitenhaslach verbunden ist, sie war auch kurze Zeit Teil davon. Heute macht die erhabene Lage der gelb leuchtenden Kirche den Anblick der Schlote wieder wett. Am Fuße des Kirchbergs liegt der ehemalige Pfarrhof, erbaut im 15. Jahrhundert, ein wuchtiger Bau, heute ein Pflegeheim, der eine kulturgeschichtliche Preziose und Seltenheit enthält: gotische Fresken mit profanen Motiven. Die Seccomalerei zeigt eine „verkehrte Welt", in der Fische auf Bäumen und Vögel im Wasser leben, eingebettet in die höfische Szenerie einer ‚Hohen Jagd'. Besichtigen kann man diesen über

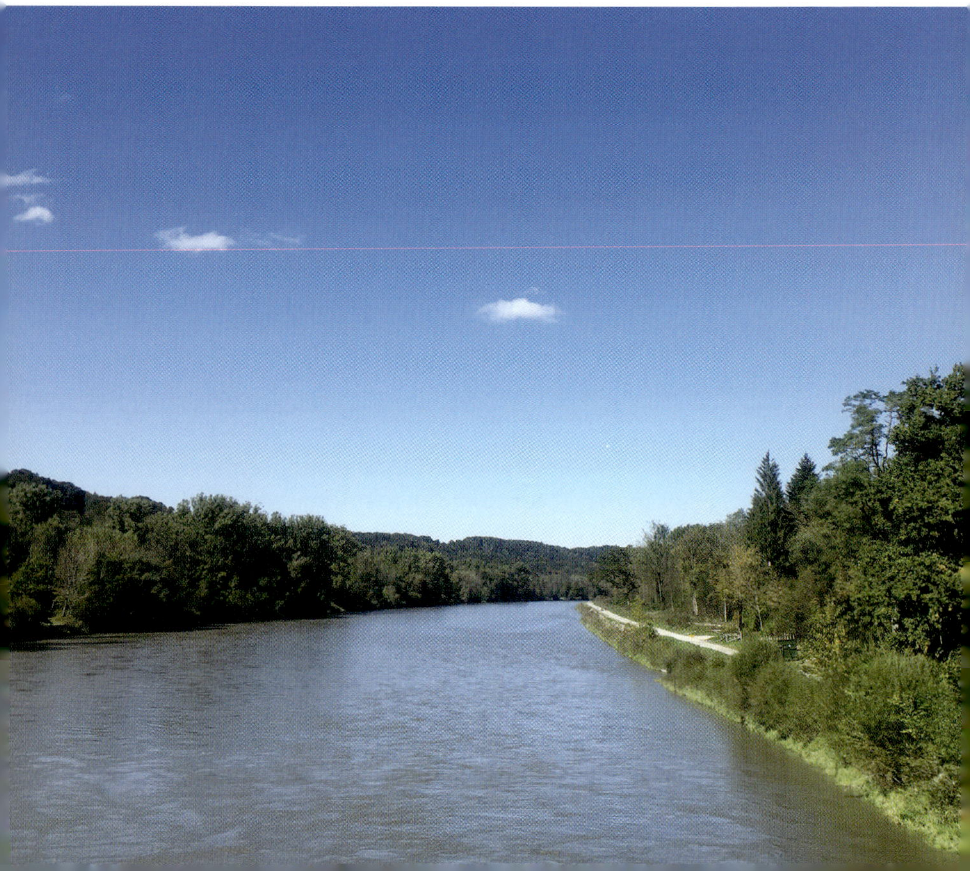

sechs Meter breiten Blick in die surreale Welt mittels Voranmeldung im Marktgemeindeamt Ostermiething (Tel. +43 (0)6278 6255).

Tarsdorf

Man kann sich Tarsdorf als Angler nähern und wird mit einem Geheimtipp belohnt, denn der nahe, südwestlich des Orts gelegene Coloradosee wird Angelscheinbesitzern unvergesslich bleiben. Wer eine Tageskarte erwirbt, darf dann bis zu drei Forellen entnehmen, vorausgesetzt es ist keine Schonzeit. Wer sich als Augenmensch um Tarsdorf bemüht, kommt ebenfalls auf seine Kosten. Der kleine, über 1000-jährige Ort liegt geografisch an einer spannenden Stelle. An der südlichen Ausbuchtung des Weilhartforsts gelegen, auf einem Geländevorsprung eines nach Süden abfallenden Moränenwalls, ist im Bereich der Ortschaften Hörndl und Eichbichl ein grandioser Blick bis in die Alpen möglich.
Wer sich Tarsdorf hungrig nähert, wird mit einer für diese Gegend ungewöhnlichen Dichte an Gasthäusern überrascht: fünf veritable Wirtschaften, fast alle mit Übernachtungsmöglichkeiten und sämtlich im landestypischen Gelb gehalten.
Wer in Tarsdorf das Geheimnisvolle sucht, dem seien die Huckinger Seen ans Herz gelegt: drei verwunschene, windstille Gewässer, in deren spiegelglatten Oberflächen sich die umgebende Natur zu jeder Jahreszeit faszinierend spiegelt. Dass sich um solch pittoreske Flecken reiche Sagen bilden, kann man sich denken. Angeblich hatte vor Jahr und Tag der Ritter Veit hier ein Schloss. Als er bei seiner Magd übergriffig wurde, wollte die arme Frau lieber im Huckinger See sterben als ihm ausgeliefert zu sein. Der See erlöste sie. Ritter Veit aber geistert seither rastlos zwischen dem Ibmer Moor und den Huckinger Seen hin und her. Alle 100 Jahre muss er dem Huckinger Weiberl im See einen Jüngling opfern. Ja, sowas nennt man wohl frühe Me-Too-Bewegung samt drastischer Strafe. Die Seen sind heute von der Ortschaft Hofstadt aus zu erreichen und wer sich fürchtet, geht halt zu zweit.

ⓘ www.coloradosee-tarsdorf.at, Tel. +43 (0)664 10 23 482

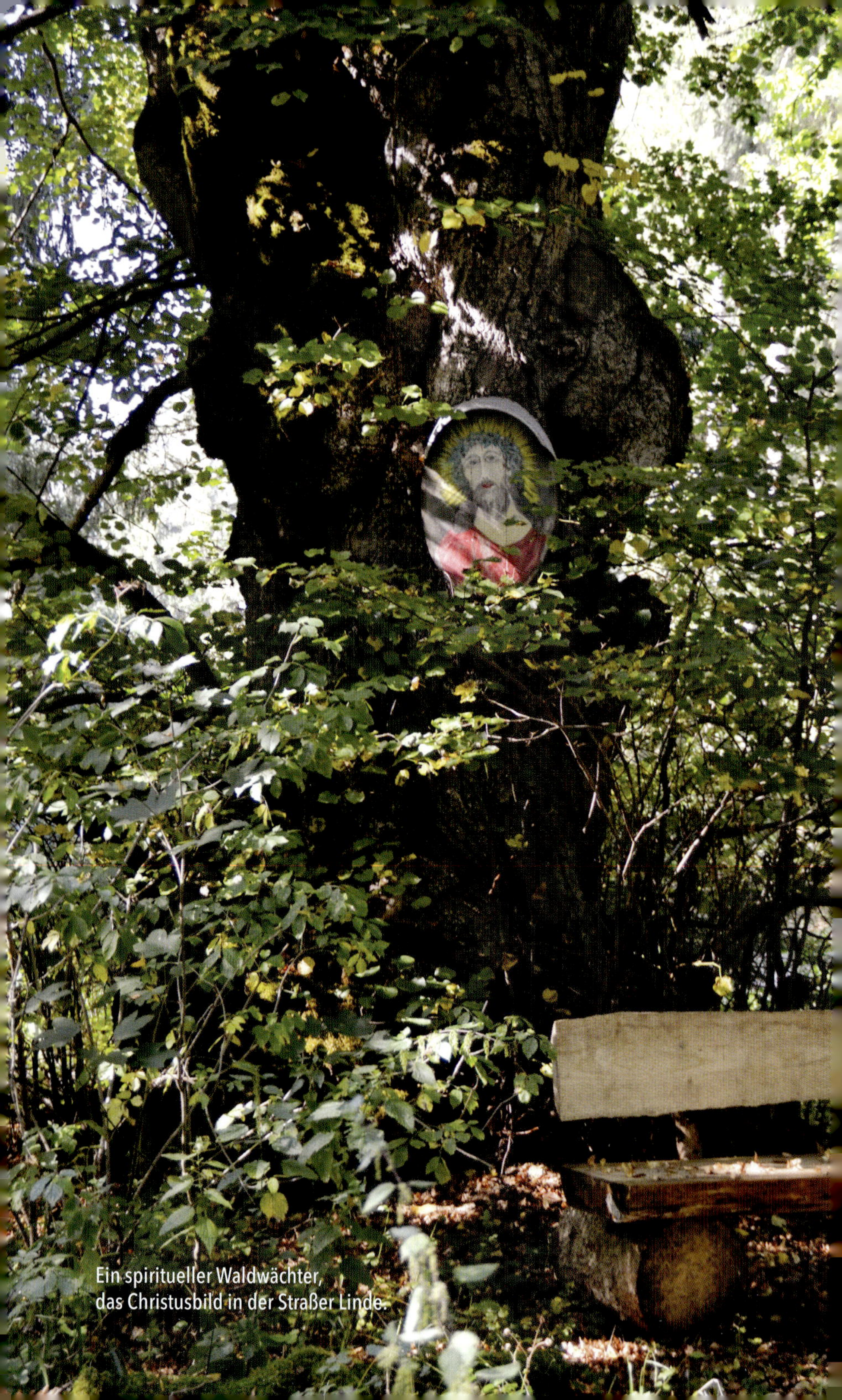

Ein spiritueller Waldwächter,
das Christusbild in der Straßer Linde.

Am Puls des Waldes

Exkursionen im Altöttinger Forst

Unser Wald ist bedroht, so hört man es von allen Seiten. Der Klimawandel zeigt am Wald schon länger seine negativen Auswirkungen, was für die Forstleute nichts Neues ist. Doch sie sind nicht nur alarmiert, sondern auch schon seit vielen Jahren aktiv, ohne dass davon viel in die Öffentlichkeit dringt. Bei unserer Radtour durch den Altöttinger Forst wollen wir uns eine dieser stillen, aber nützlichen Aktivitäten im Forst anschauen.
Die Waldklimastation Altötting ist eine von neunzehn vergleichbaren Stationen in den bayerischen Staatsforsten. Sie wurden erstmals eingerichtet, als man in den 80er-Jahren gegen Waldschäden durch den sauren Regen aufrüstete. Die Stationen zeichnen selbstständig und permanent alles auf, was für den Fortbestand des Waldes und für die Forstwirtschaft an Daten relevant ist. Dazu gehören Lufttemperatur, Niederschlag, Schadstoff-Einträge, Boden-Wasservorrat und manches mehr. Ausgewertet werden die Daten von der Bayerischen Landesanstalt für Wald und Forstwirtschaft in Freising. Auch Österreich betreibt solche Stationen, sie sind europaweit vernetzt für das so genannte Wald-Monitoring, an dem 47 Staaten teilnehmen. Die Forstleute haben also die Hand am Puls unserer Wälder, das klingt ernst, aber für uns Wanderer auch irgendwie beruhigend.

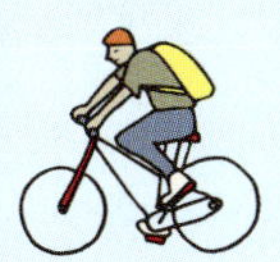

Der Altöttinger Forst & die Waldklimastation

Start: Alzgern, Parkplatz am Waldrand

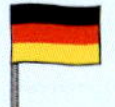

4 Stunden ↔ 16 km ↗ 0 hm

Heute nehmen wir zwei Dinge mit, unsere Fahrräder und ganz viel Zeit. Denn wir werden in aller Ruhe einige Kilometer kreuz und quer durch den Alzgerner Forst radeln, einen Teil des noch größeren Öttinger Forstes, ein sogenannter Staatsforst von rund 25 000 Hektar Fläche. Vielleicht finden wir dabei heraus, was es mit dem

Waldbaden auf sich hat, von dem man Wunderdinge hört und das vielleicht auch in einem Forst funktioniert.
Von Altötting oder von Marktl mit dem Auto kommend, nehmen wir auf der A 94 die Abfahrt Neuötting-Ost. Nach einem Kilometer Richtung Neuötting erreichen wir die kleine Gemeinde Alzgern, passieren dort die uralte Pfarrkirche mit ihrem gotischen Turm und nach einem kurzen Anstieg können wir rechts am Waldrand im Schatten parken. Mit den Rädern geht es dann auf der Forststraße namens „Neuer Kirchenweg" schnurgerade nach Süden, mitten hinein in einen spätsommerlich flimmernden, wunderschönen Mischwald. Ganz altmodisch ist am Lenker die „Amtlich topografische Karte N 16" befestigt, sie bringt uns im Maßstab 1:25 000 viele Details und zugleich den großen Überblick. Doch das ist natürlich Gewohnheits- und Geschmackssache, für Navis gibt es ja auch praktische Halterungen.
Der Forstweg Richtung Süden ist schattig, wir fahren im gemütlichen Gang, den wir auch nicht mehr wechseln, denn heute erwartet uns keine einzige Steigung. Der Fahrtwind duftet nach Erde, Laub und Pilzen, die Lunge macht von alleine weit auf und bis auf unser Fahrgeräusch ist nichts zu hören. Im Wechselspiel von Licht und Schatten und zunehmend entspannt erreichen wir unser erstes Ziel: „Vier Linden", wie die Kreuzung zweier Forststraßen heißt. Unter dieser grünen, von vier Linden gebildeten Kuppel steigen wir ab, außer dem Wind in den Bäumen und ein paar Vogelstimmen hören wir nichts und dämpfen unsere Stimmen. Ist das schon Waldbaden?
Der kreuzende Forstweg heißt „Nördliches Haupt-Geräumt", was uns daran erinnert, dass wir hier in einem Staatsforst, also einem Nutzwald sind, selbst wenn es ringsum überhaupt nicht danach aussieht. Der Weg nach Osten liegt in der Sonne, darum entscheiden wir uns für ihn, auch weil unser nächstes Ziel das „Forsthäusl" ist. Es fällt auf, dass an vielen Kreuzungen uralte Bäume stehen, die auf der Karte markante Namen haben. Gerade kommen wir an der„Ewaldbuche" vorbei, weiter im Westen gibt es eine „Einsiedeleiche" und für den Nachmittag haben wir uns schon mal die „Straßer Linde" vorgenommen.
Auf der Suche nach Fotomotiven steigen wir ab und betreten ganz behutsam eine halb zugewachsene Schneise ins Waldinnere. Kiefern, wenige Fichten, dafür Buchen jeden Alters, lichter Jungwald und einzelne Altbäume. Insekten summen, Wasserläufer im Mini-Feuchtbiotop aus alten Traktor-Spuren, grüne Idylle pur! Auf einem umgestürzten Stamm machen wir Rast, im äußerst lebendigen Totholz krabbelt es, wir sind tief entspannt und so gut wie stumm. Das muss Waldbaden sein.

Wieder zurück auf der Forststraße sind wir uns einig: Hier wird das betrieben, was man „Waldumbau" nennt, eine Methode, den Wald durch die behutsame Veränderung der Baumarten klimafit zu machen. Aus Fichten-Monokulturen sollen so Mischwälder mit Buchen und Tannen entstehen. Auch mit exotischen Baumarten von anderen Kontinenten wird schon experimentiert, doch im Altöttinger Forst ist von der Atlaszeder aus Marokko oder der Japanischen Lärche noch nichts zu sehen. Am „Forsthäusl", das aus zwei modernen Flachbauten aus Holz besteht, zeigen uns freundliche Forstarbeiter auf der Karte den Standort der Waldklimastation, auf die wir neugierig sind. Ganz am anderen Ende des Forstes liegt sie, abseits und gut versteckt entdecken wir sie erst nach einer guten Stunde. Eingezäunt und zwischen nummerierten Bäumen stehen weiße, halbhohe Röhren, außerdem noch ein offener kleiner Schuppen und ansonsten sind hier Natur und messende Wissenschaft gemeinsam still beschäftigt – seit über dreißig Jahren, wie wir später erfahren – was uns ein gutes Gefühl gibt. Andererseits bringt die aktuelle Zwischenbilanz zur Waldgesundheit nach den letzten extrem trockenen Sommern „ungeahnte Herausforderungen mit sich", wie es die Bayerische Landesanstalt für Wald- und Forstwirtschaft in Freising auf unsere Nachfrage formuliert.
Von der Klimastation machen wir uns auf den Rückweg, dabei wollen wir die alte „Straßer Linde" besuchen. Auf dem „Schilcher-Geräumt" geht es bis zur nächsten

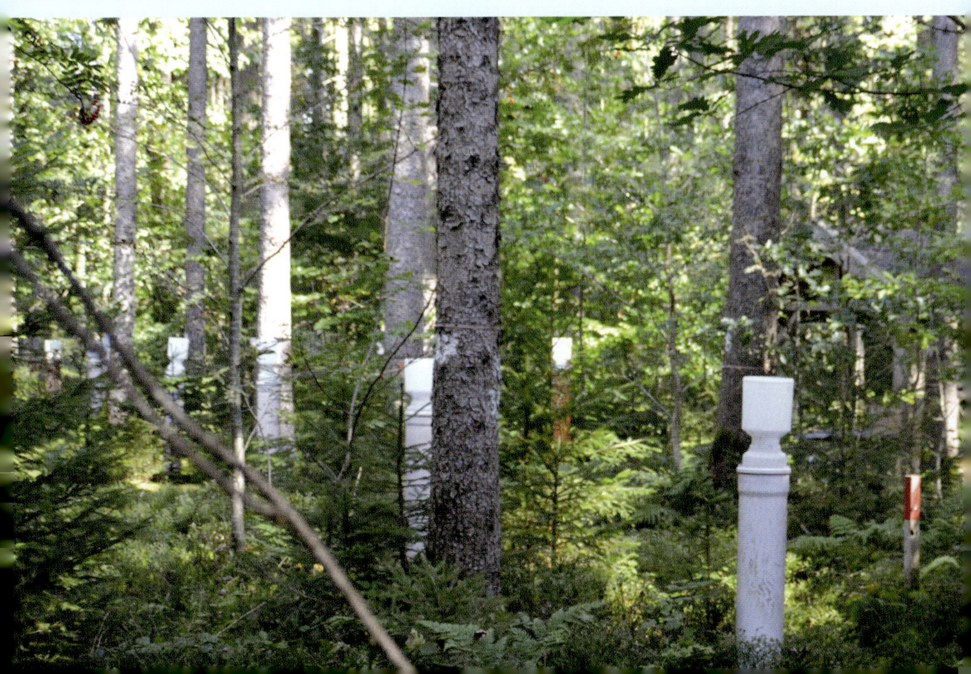

großen Kreuzung, wo sich gleich sechs Wege treffen. Wir nehmen die Richtung „10 Uhr", wie die Pfadfinder sagen würden. Ab jetzt sind wir in einem sichtbar älteren Teil des Forstes, die Wege sind nicht mehr schnurgerade, der Baumbestand ist höher, der Wald dunkler und die knorrige, 200 Jahre alte Linde an der nächsten Kreuzung passt genau hierher. Am Stamm entdecken wir ein Christusbild, quasi ins Holz eingewachsen auf seiner ovalen Tafel, bäuerlich naiv gemalt erweckt es sofort Vertrauen. Der Hobbymaler und begeisterter Waldwanderer Alfred Lipp aus Altötting soll es vor zwanzig Jahren hier angebracht haben, als Mahnung, den Wald nicht zu vergessen. Auf der Bank unter dem Blätterdach und mit Hilfe dieser Inspiration begreifen wir, dass sich der Wald schon immer von uns hat helfen lassen, nicht erst seit der Klimabedrohung. Und mit den paar Wald-Badegästen wird er auch noch klarkommen.

ⓘ www.lwf.bayern.de

Kurzbesuch in Alt- und Neuötting

Zum berühmtesten bayerischen Wallfahrtsort könnte man viel sagen, aber wir wollen uns auf eine Besonderheit beschränken: die ungewöhnlich große Zahl der Votivbilder um die Gnadenkapelle mit ihrer berühmten „schwarzen" Muttergottes aus dem 13. Jahrhundert. Aus fünf Jahrhunderten stammen die Bild- und Mirakeltafeln und rund 2000 sind derzeit präsent. Doch in der Geschichte der Wallfahrt geht man von einer Gesamtzahl von 50000 (!) aus. Die frommen Dankes- und Opfergaben kleiden den gesamten Innenraum und den Umgang der Kapelle aus, was einen überwältigenden Eindruck macht. Diese Bilderwände sind ein Spiegel menschlicher Nöte zu allen Zeiten, sie berichten von Krieg und Unglück, Krankheit und Verbrechen, Schuld und Sühne und preisen die wunderbare Hilfe Mariens. Nicht alle Tafeln sind Originale, die wertvollsten befinden sich in der Neuen Schatzkammer des Wallfahrtsmuseums. Der Ort wurde erstmals im Jahr 748 urkundlich erwähnt, damals noch als Oetting oder im offiziellen Latein als *autingas*. Der Agilolfinger Tassilo III. hatte hier einen seiner bedeutenderen Herzogssitze.

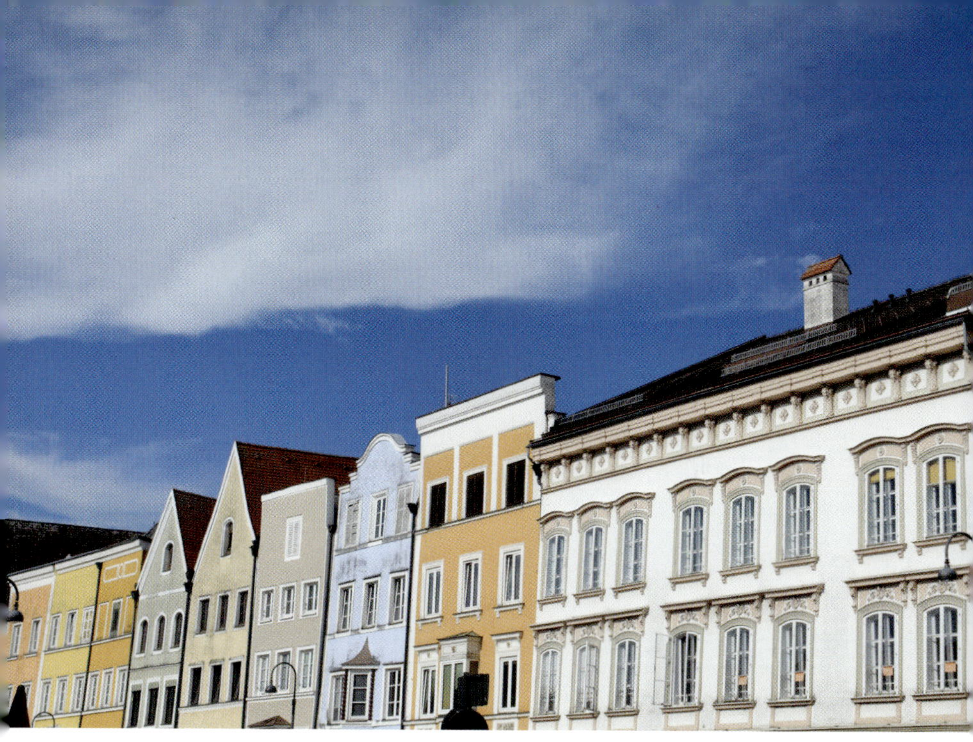

Mit dem Beginn der Wittelsbacher Herrschaft in Bayern entstand als unmittelbarer Nachbar Richtung Inn der Markt Neuötting, bereits 1296 mit Stadtrecht, Zollstation, Münze und allem ausgestattet, was eine Handelsstadt am Inn brauchte um zu florieren. Der langgeschwungene Stadtplatz von Neuötting mit seinen typischen Inn-Salzach-Fassaden, spätgotischen Bürgerhäusern, Brunnen und Laubengängen hat neben dem imposanten Backsteinbau der St. Nikolaus-Kirche noch eine weitere Attraktion: in einem ehemaligen klösterlichen Rentamt, offizielle Adresse Ludwigstraße 12, ist das sehenswerte Stadtmuseum eingerichtet. In moderner Ausstattung unter einem Sichtdachstuhl von 1560 zeigt es die Geschichte Neuöttings als ehemals bedeutenden Handelsplatz der Innschifffahrt, sein Salzstapelprivileg von 1340 ist eines der ältesten am Inn.

ⓘ www.altoetting.de, Tel. +49 (0)8671 5062 19
ww.neuoetting.de, Tel. +49 (0)86 71 8837-0

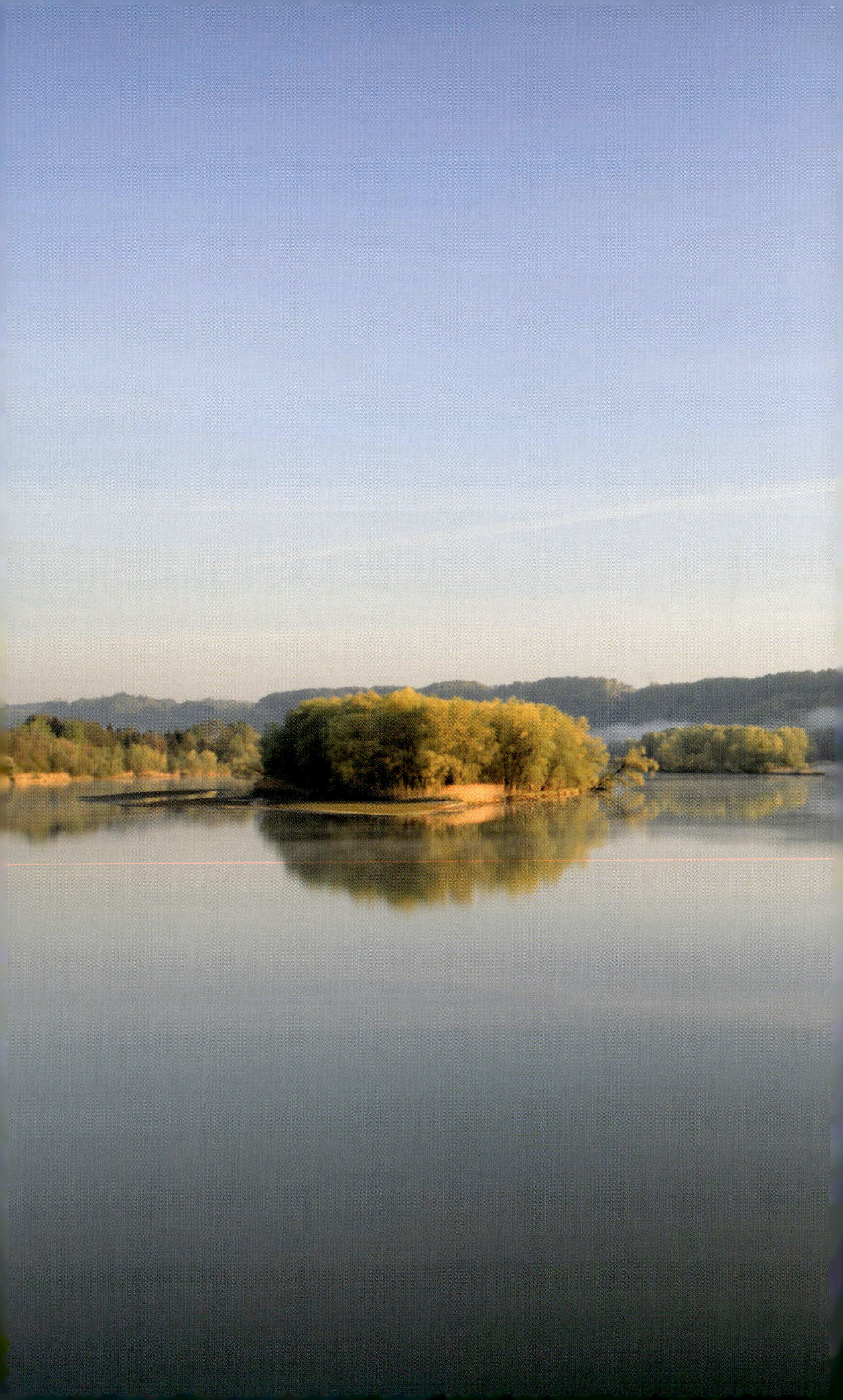

13

Wo Burgen in den Fluss stürzen

Wanderungen und mehr bei Marktl am Inn

Es gibt Landschaften, die nüchterne Menschen gerne als hügelig bezeichnen. Was eine rein statische Sicht ist, quasi bewegungslos. Wanderer wissen es besser, sie suchen das „Hügelige", weil sie in der Bewegung, im Auf und Ab und im Links und Rechts als Kulissenschieber für sich selber immer wieder die Horizonte auswechseln können. Das geht in manchen Gegenden besonders gut, oft braucht es nur wenige Schritte für einen Perspektivwechsel mit immer neuen Bildern. Wer das bisher übersehen hat, dem empfehlen wir zum Ausprobieren eine kleine Wanderung oberhalb von Marktl am Inn. Richtig, das ist der Geburtsort des bayerischen Papstes Benedikt XVI., was aber reiner Zufall und beim Thema Perspektivwechsel ohnehin nicht von Bedeutung ist.

Entdeckungen an der Dachlwand bei Marktl

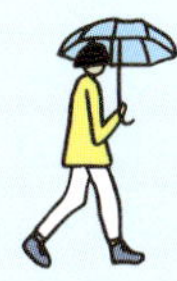

Start: Parkplatz Landgasthof Leonberg,
Kreisstraße 5 Richtung Perach

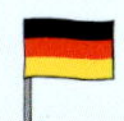

🕒 1 ½ Stunden ↔ 5 km ↗ 40 hm

Vom berühmten Ratzinger-Geburtshaus am Marktplatz (siehe S. 136 f.) verlassen wir Marktl Richtung Startplatz über die Bruckbergstraße, der wir nach dem Bahnübergang bergauf folgen. Rund 120 Höhenmeter geht es auf Asphalt in engen Serpentinen durch den Wald hinauf, bis das hügelige, von der Eiszeit geformte Plateau oberhalb von Marktl erreicht ist. Sportliche Radler nehmen dafür ihr Mountainbike, bequemere Zeitgenossen fahren mit dem Auto die paar Kilometer bis zum Parkplatz an der Kreisstraße 5 nach Perach. Ab hier sind dann die Wanderschuhe dran – und mit ihnen das ganz persönliche Spiel mit dem Horizont.

Nach zehn Minuten auf dem geteerten Wirtschaftsweg sehen wir Fassade und Zwiebelturm der kleinen Kirche „Sankt Sebastian in Leonberg" vor uns, in Ocker

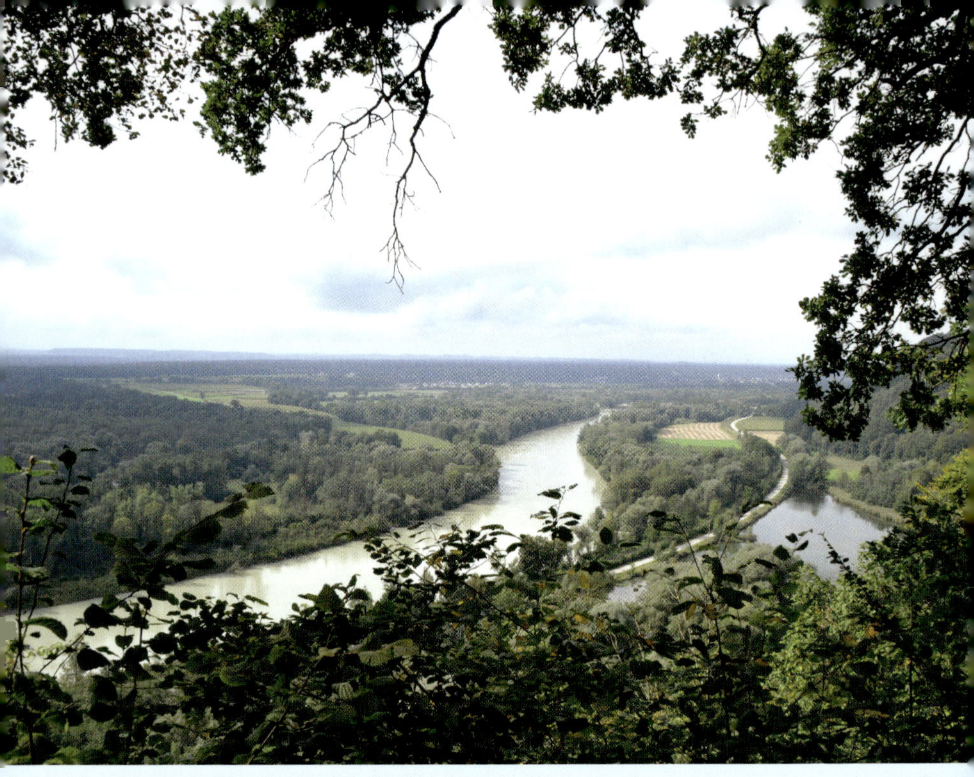

Hundert Meter über dem Inn, Blick von der Dachlwand.

und Weiß so frisch renoviert, als ob die Denkmalschützer und Handwerker gerade ihr Werkzeug abgelegt hätten. Unser Ziel heute liegt jedoch im Süden, am Aussichtspunkt der Dachlwand. Noch ein paar Spielereien mit Kamera und Horizont, dann verschluckt uns schattiger alter Buchenwald neben einem Hohlweg, der so ausgetreten ist, dass vielleicht schon die Grafen von Leonberg hier gegangen sind, bevor ihre Burg Anfang des 15. Jahrhunderts verschwand. Kurz darauf zeigt ein Wegweiser nach links zur „Bärenhöhle", die heben wir uns für den Rückweg auf. Der Aussichtspunkt ist bald erreicht, und der imposante Blick nach Süden ins weite Land verlangt zu Recht eine ausgedehnte Pause. Dafür gibt es hier Bänke und Infoschilder über die Geologie und die besondere Geschichte dieses Platzes.

Vorne an der Abrisskante der Dachlwand sind sogar die Kids irgendwie beeindruckt, kein Gezappel hinter der Absperrung, dafür neugierige Fragen an die Großen, die erklären müssen, was jetzt wo ganz da hinten genau zu sehen ist. Auf dem Rückweg kommen uns kurz vor der Bärenhöhle Wanderer entgegen, die von Süden den steilen Fußweg durch die Dachlwand genommen haben. Eine sportliche Alternative fürs nächste Mal. Ob nun die Höhle etwas mit Bären zu tun hat, lässt die Infotafel im Ungewissen, interessant ist sie und ihr Überhang in der Nagelfluhwand allemal. Besonders der laut Tafel rätselhafte „ovale Steintrog". Die Heimatforscher schwanken bei ihrer Deutung zwischen einem Getreidemörser und einem Kultgegenstand.

Zurück an unserem Startplatz ist der Landgasthof Leonberg immer noch geschlossen. Das Wetter war dem Wirt offenbar nicht gut genug, um zu öffnen. Schade, eine Pause im altbayerisch-großzügigen Biergarten unter uralten Eichen und Ahornbäumen hätte am Ende unserer kleinen Wanderung gut gepasst. Dann also beim nächsten Mal, vielleicht bei einem der Swing- oder Rockkonzerte, für die noch alte Plakate werben. Das Spiel mit dem Horizont ist im Auto zwar nicht ganz so spannend, doch schauen wir einfach mal, was das Land hinter der Dachlwand noch zu bieten hat.

ⓘ www.landgasthof-leonberg.de, Tel. +49 (0) 8678 8888

Wie die Burg der Leonberger verschwand

Die Dachlwand bot zweifellos den idealen Platz für eine Burg: Im Süden schützte der steile Abhang des Inn-Hochufers und eine Wallanlage übernahm die restlichen Himmelrichtungen in einem Gelände, das schon die Kelten als strategisch günstig erkannt hatten. Später fanden die Bauern während der Ungarneinfälle Zuflucht an diesem Ort und so erbaute Herzog Heinrich der Löwe vor 1180 hier seine Zollburg, gut hundert Meter über dem Inn. Auf Umwegen kam sie über das Kloster Raitenhaslach an die Wittelsbacher und schließlich als Lehen an die Grafen von Leonberg. Die waren ein hochangesehenes Geschlecht, ihre Ritter hatten unter anderem 1313 in der Schlacht von Gammelsdorf siegreich auf der Seite Ludwigs des Bayern gekämpft. Später fiel die Burg Leonberg durch Erbfolge 1386 an die bayerischen Herzöge. Deren Interesse an der Anlage schwand jedoch, als sie Burghausen auszubauen begannen. So verfiel Leonberg mit der Zeit, und für das endgültige Ende sorgte seine einst so privilegierte Lage. Der reißende Inn, unterstützt von der gegenüber einmündenden Alz, unterhöhlte mit der Zeit das Hochufer an der heutigen Dachlwand, so dass die Burganlage im 16. Jahrhundert innerhalb weniger Jahre in den Inn stürzte. Es wird überliefert, dass man die Burgkapelle noch rechtzeitig abbrechen konnte und sie 1586 als „St. Sebastian in Leonberg" in sicherem Abstand wieder aufbaute. Die Schotterschichten der Dachlwand sind zwar nach wie vor geologisch sensibel, doch die Maßnahmen der Wasserbauer am Inn sorgten dafür, dass die Ausflügler heute am ehemaligen Burgplatz eine ebenso grandiose wie angstfreie Aussicht genießen können. So wie seinerzeit die Leonberger, die bei Föhn bis zum Alpenhauptkamm den Überblick hatten.

St. Florian und St.Nikolaus in Birnbach

Nach unserer Wanderung oberhalb der Dachlwand wollen wir einen Blick auf den Badesee am Inn bei Perach werfen. Vom Landgasthof Leonberg nehmen wir deshalb die Kreisstraße 5 und sehen nach einem Kilometer ein unauffälliges Schild, das mit dem Wort „Kirche" nach rechts verweist. Kein Name, nichts Konkretes, das macht die Sache spannend. Was wir dann kurz darauf in einem Talgrund entdecken, ist verblüffend. Einen Kirchturm dieser Art haben wir noch nie gesehen. Die Denkmalliste beschreibt das Kuriosum als „Satteldach mit barocken Volutengiebeln", doch wer kann sich das schon vorstellen? Da hilft wirklich nur der Augenschein. Wir sind bei St. Florian und St. Nikolaus nahe einem Weiler namens Birnbach angekommen, der einer Infotafel nach im 15. Jahrhundert eine Hofmark mit niederer Gerichtsbarkeit war. Aus dieser Zeit stammt auch die kleine Kirche, für deren originellen Turm ein Heiliger nicht gereicht hat. Kürzlich renoviert weist sie innen ein Kreuzrippengewölbe und einen schmucken neugotischen Flügelaltar auf. Ein Platz, an dem es leicht fällt, Ruhe zu finden. Dann schauen wir uns draußen den Turm von allen Seiten an und entdecken nebenbei am nahen Waldrand eine winzige hölzerne Kapelle und im Inneren hinter dem Gitter Votivgaben, die auf ein „Heilbrünnl" hinweisen. Hierher kommen offenbar Wallfahrer, zum Gnadenbild einer *Madonna coronata*. Also eine Koronakapelle, wie wir nachlesen, die der

Volksmund aber „Kroahäusl" nennt, was uns besser gefällt. Die Kapelle wurde 1972 von den Grundbesitzern Franz und Anna Strasser erbaut, den abgelegenen Heilbrunnen kennen Wallfahrer dagegen schon seit Jahrhunderten. Als heutige Entdecker lernen wir daraus: Achte am Straßenrand auch auf kleine Schilder!

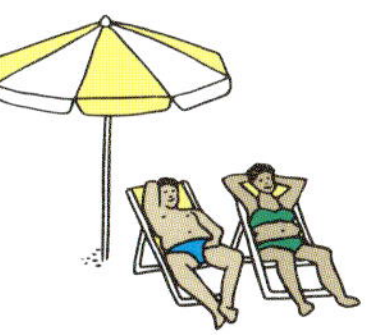

Idylle am Bahndamm
Der Marktl-See

Der Inn bei Marktl wird durch das Kraftwerk Stammham bis weit hinauf in die Fluss-Schlaufe an der Dachlwand aufgestaut. Bei der Gelegenheit hat man am linken Ufer ein paar Altwasser durch einen Damm abgetrennt und daraus einen wunderschönen, idyllischen Badesee

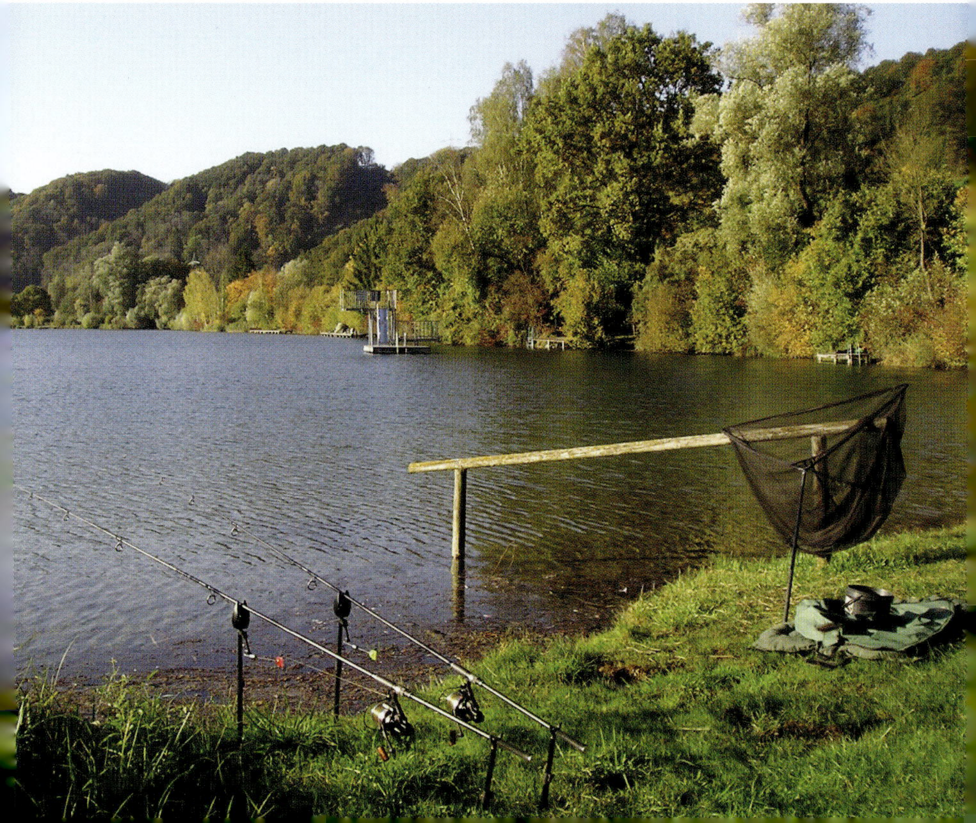

gemacht. Einen Kilometer lang, mit einer geschwungenen Holzbrücke in der Mitte, die zum Kiosk mit Biergarten führt, mit gepflegten Wiesen, Stegen, Badeinseln und Schatten unter alten Bäumen. Das Wasser ist natürlich frisch und nie zu warm, dafür sorgt die Grundwasserverbindung zum Inn. Dazu noch ganz ohne Eintritt und mit jeder Menge Parkplatz. Auf dem Damm zuckelt gemütlich alle Stunde die Regionalbahn München-Mühldorf-Simbach vorbei. Ganz früher soll hier mal der Orientexpress gefahren sein, der dann über die Innbrücke in Simbach die Grenze nach Österreich und weiter Richtung Balkan überquerte.
Ein Kraftwerk weiter stromauf und am gleichen Ufer wiederholt sich die Altwasser-Bade-Idylle in der Variante des Peracher Sees. Diesmal keine Bahn, auch keine Straße in der Nähe und somit total ruhig. Ruhig ist auch das Quartier beim Schusterbauer, nur fünf Geh-Minuten bergab bis zum Marktl-See. Auf den Balkons seiner Ferienwohnungen sind die Sonnenuntergänge über dem Auwald ein Genuss!

Beim kleinen Joseph Ratzinger
Das Papst-Geburtshaus in Marktl

Die Bürger von Marktl sind historisch aufgeschlossen, das beweisen zwei Gedenktafeln am Haus Marktplatz Nr. 11. Links von der Haustür der Hinweis, dass hier am 31. März 1770 Georg Lankensperger geboren wurde, bekannt als Erfinder der Achsschenkel-Lenkung. Ein technisch geniales Prinzip aus dem Wagenbau, das heute noch genutzt wird. Die Tafel rechts zeigt das päpstliche Wappen von Benedikt XVI., der hier, so der folgende Text, am 16. April 1927 als „Joseph Aloisius Ratzinger“ geboren und getauft wurde. Das Geburtshaus, wie es die Marktler auf ihren Hinweisschildern lapidar nennen, ist auch heute noch eine Sehenswürdigkeit, die Menschen aus aller Welt anzieht. Der Rummel der ersten Jahre nach der Papstwahl 2005 hat sich gelegt, wer also noch kurz vor dem 4. Oktober – alljährlich am Franziskusfest schließt das Haus – Besuch bei Benedikt macht, ist meist ungestört und kann die besondere Atmosphäre des 320 Jahre alten Hauses auf sich wirken lassen. Shop, Info und Ticketschalter sind zum Glück in einem Nebengebäude, und so geht man danach über den Hof des ehemaligen Amts- und Mauthauses, um durch die Hintertür einzutreten. Ob ihr Griff für den zweijährigen Sepp nach dem Spielen auf dem Hof erreichbar war? Wir dürfen annehmen, dass ihm geholfen wurde. Uns Besuchern wird auf zwei Stockwerken sehr professionell und mit Stil der Lebenslauf eines besonderen Menschen nähergebracht. Kurz nach Josephs zweitem Geburtstag zog die Familie Ratzinger von Marktl nach Tittmoning und später nach Aschau am Inn und nach Traunstein. Seiner bayerischen Heimat blieb Josef Ratzinger auch als Papst Benedikt XVI. immer verbunden.

ⓘ www.papsthaus.eu, Tel.: +49 (0)8678 747680

Früher die „gute Stube", heute das Papstzimmer.

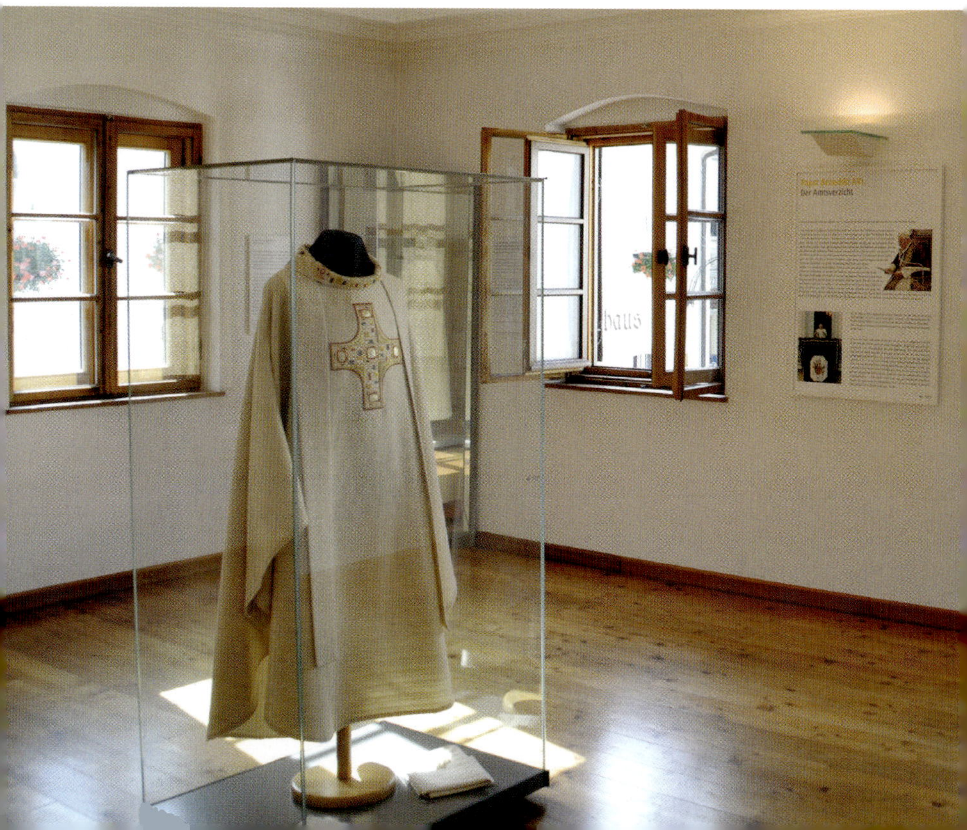

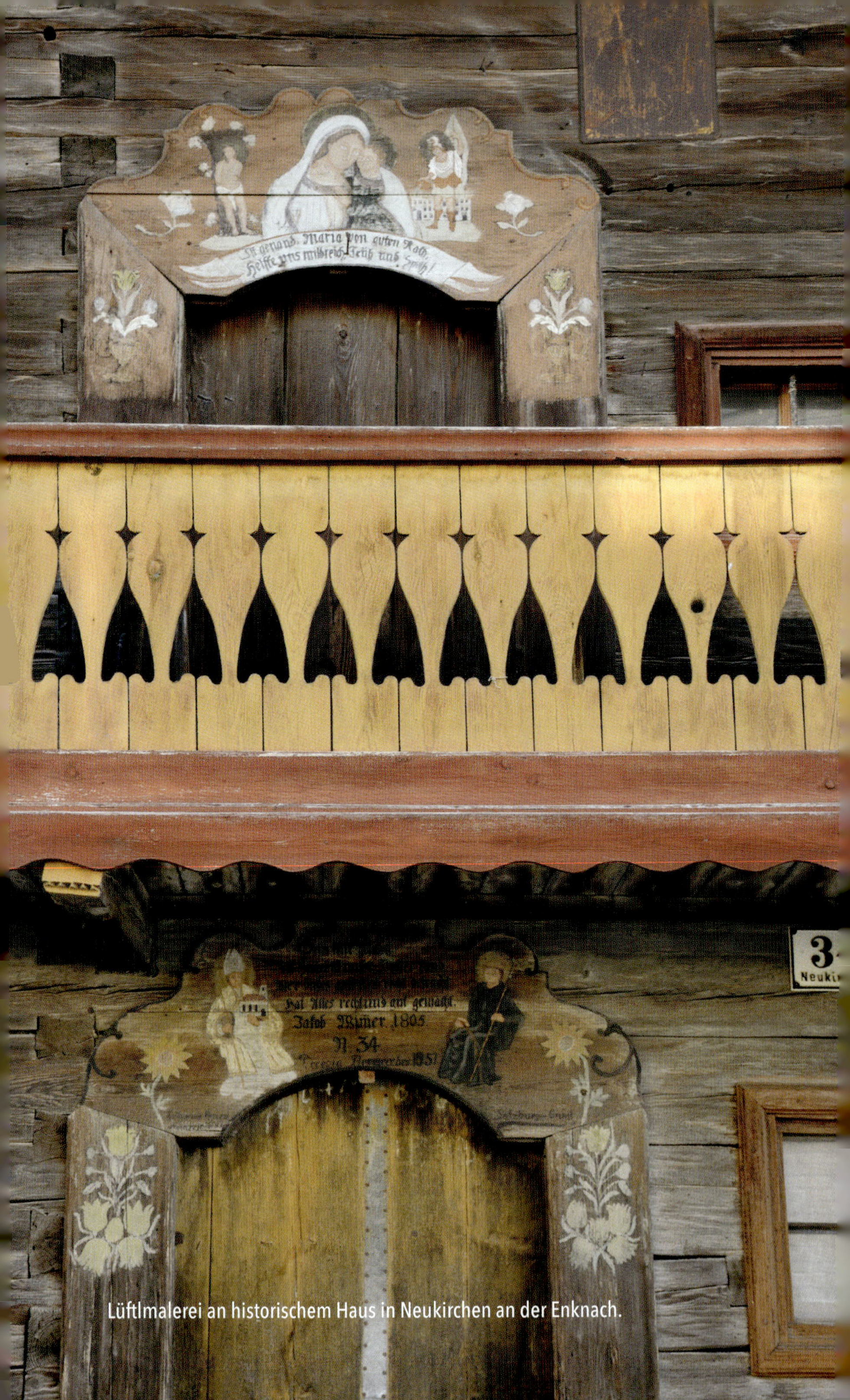

Lüftlmalerei an historischem Haus in Neukirchen an der Enknach.

14

Sonnenblumen, Waldgeister und Pilger

Verwunschene Wege im Tal von Enknach und Mattig

Wer bitte kommt einfach so nach Helpfau-Uttendorf im Innviertel? Nur wer es schafft, in Braunau Richtung Salzburg zu fahren und die Abzweigung nach Mattighofen zu erwischen. Wir werden noch einige Male erleben, dass Ausschilderungen im oberösterreichischen Innviertel völlig überschätzt werden. Keine 20 Kilometer südlich von Braunau führt die Straße direkt durch Uttendorf hindurch. Sollte man den Weg bei Nacht nehmen, ist der helle Stadtplatz ein erfreulicher Lichtblick, der neugierig auf den Tag macht. Hier steht ein altes Städtchen, die Fassaden stammen aus dem 17. und 18. Jahrhundert, allerdings mit einer gewissen pragmatischen Nonchalance hergerichtet. Wir biegen bei einer Rechtskurve nach links ab, Richtung Helpfau. Was zunächst eher industriell geprägt erscheint, mündet in einen barocken Dorfkern, dessen einladendes Schmuckstück neben Kirche und passendem Ensemble der „Helpfauer Hof" ist. Ein veritabler Gasthof mit großem Garten, dem man das milde Klima der Gegend ansieht. Oleanderlauben und schattenspendende Bäume verraten, dass es hier gastlich zugeht.

ⓘ www.helpfauerhof.at, Tel. +43 (0)7724 44131

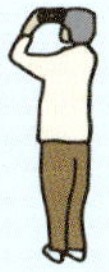

Keltengräberweg bei Helpfau-Uttendorf

Start/Ziel: Uttendorf, Gemeindeamt

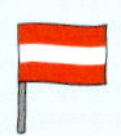

🕒 2 Stunden ↔ 7 km ↗ etwa 50 hm

Zwei Augen, eine geschuppte Nase. Auf einem von Moos bewachsenen Wurzelstück haben sich Fundstücke des Waldes angesammelt, zufällig, und doch ergeben sie ein Bild: ein Gesicht im grünen Pelz. An diesem feinen Gespinst aus grünen Ärmchen bliebt hängen, was der Wind verweht. Manchmal wie absichtlich, so dass diese Nature-Art-Gebilde wie Moosgeister einen Wanderweg säumen, wie beim

Keltengräberweg bei Uttendorf. Ein Goldreifen-Fund hat der Gegend den geschichtsträchtigen Pfad beschert. Datiert auf die Zeit 800 bis 450 v. Chr. zeugt die fürstliche Grabbeigabe von der alten Besiedelung der Gegend. Als im 19. Jahrhundert Gräber gefunden und geplündert wurden, gingen viele Nachweise für diese einstige Kultur verloren. Nur an wenigen Stellen lassen sich hügelige Bodenerhebungen noch dem keltischen Erbe zuordnen.

Der Keltengräberweg, der durch den Uttendorfer Wald führt, wird gesäumt von Moosfaunen und wilden Flechtentieren. Man kann sich gut vorstellen, wie die Naturmythen unserer Vorfahren von solchen Gestalten angeregt wurden. Da ein Auge aus verwelkten Blättern, dort ein Stoßzahn aus einem Fichtenzapfen, an anderer Stelle überwuchern Farne wie ungebändigtes Haar einen von Moos überwucherten Baumstumpf, der trotzig ein zahnloses Lächeln zeigt, weil die Verwitterung ihm ein klaffendes Maul in den Stamm gefressen hat. Wer hier geht, darf nicht schreckhaft sein. Nein, es sind nicht die Geister der keltischen Fürsten, die hier außerhalb ihrer geschändeten Gräber eine letzte Ruhe suchen. Es sind Zufälle der Natur. Äste und Wurzeln, die sich einen moosigen Pelz angelacht haben und nun liegenden Elefanten, hockenden Weiblein oder zahnlosen Riesenmolchen gleichen. Dass hier schon viele tausende Jahre lang Menschen siedeln, macht die Mystik des Ortes perfekt. Hier ist geschichtlicher Boden, und die Moosgesellen am Wegesrand scheinen viel mehr darüber zu wissen als wir glauben. Manchmal ist man den Vorfahren ganz nahe und spürt, was sie auch gespürt haben: Zum Beispiel, dass die Natur eine Fabulierkünstlerin ist, wenn man ihr mit offenen Augen und einem Hauch von Fantasie begegnet. Dann kann es schon sein, dass ein Wald noch zu weiterem Leben erwacht und die Moosgeister Geschichten erzählen, die eine Wanderung mit einem zusätzlichen Zauber versehen.

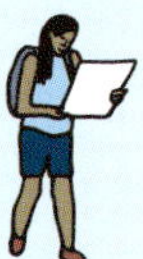

Unterwegs im Mattigtal

Start/Ziel: Uttendorf, Gemeindeamt

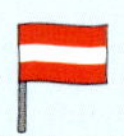

🕒 4 Stunden ↔ 15 km ↗ 40 hm

Wir starten am Gemeindeamt Uttendorf. Werktags kann man sich dort eine Wanderkarte besorgen, die sämtliche Rad- und Fußwege ausweist. Vier Routen stehen bereit: die Florianirunde, die Keltengräberrunde, der Helpfauer und der Kagerer

Rundweg. Soweit der Plan. Wir wollen aber zunächst einen eigenen Weg kreieren, einen Mix, der die Elemente der vier Routen vereint. Mit ein paar Pausen kann man daraus eine vierstündige Tour machen.
Zunächst lassen wir uns zu einem Abstecher zur Marktkirche verleiten. Wenn man sich an dieser links hält, zweigt ein Treppenweg zur Schlosskirche ab. Wie sich bald herausstellt, ist es ein Kreuzweg, der die fünf Stationen des Schmerzhaften Rosenkranzes in Votivtafeln festhält, die ein wenig arg bunt restauriert wurden. Von Kurve zu Kurve wird der Ausblick über das Mattigtal schöner, der Blick auf Uttendorf harmonischer und man sieht die fruchtbare Vegetation der hügeligen Senke immer besser.
Die Schlosskapelle, die man an ausgesuchten Tagen im Sommerhalbjahr besichtigen kann, ist eine weit sichtbare Landmarke. Der 1711 neu gestaltete Bau ist der letzte Rest der einstigen Burg Uttendorf, die 1298 hier errichtet wurde. 1761 wurde sie abgetragen. Hinter ihr führt uns der Pfad nach Süden, am Ziegelwerk vorbei, am wenig befahrenen Schlossberg entlang. Nur im unteren Teil, nach einer scharfen Rechtskurve, wenn der Weg auf die Grillhamer Landesstraße trifft, wird es für rund 100 Meter ein wenig ungemütlich, wenn man am Straßenrand Richtung Lohnau absteigt.
Aber wir werden belohnt. An der Stelle mit der scharfen Linkskurve, an der die Straße zurück nach Uttendorf führt, gehen wir einen kleinen Weg nach rechts, an zwei Häusern vorbei (Lohnau 35). Schild ist keines zu sehen, aber schon bald verschwindet der Weg im Wald, sanft aufsteigend. Was nun für eine gute Dreiviertelstunde folgt, ist eine Wanderung durch einen vor Feuchtigkeit strotzenden Wald mit abwechslungsreichen Eindrücken. Binnen kürzester Zeit scheint hier alles unter einem Moosteppich zu verschwinden. Dieser Teil des sogenannten Keltengräberwegs könnte einem Lehrbuch für Waldbaden entsprungen sein. Geht man den Weg im Herbst, verströmt die Umgebung einen kräftigen Pilzgeruch. Überall schießen die unterschiedlichsten Schwammerlkolonien aus dem Boden. Dichte Flechtenteppiche überwuchern das unebene Gelände, Moos konkurriert mit Farn um die Wette. Das Herabfallen vereinzelter Buchenblätter wird zum leisen Taktgeber. Nach etwa einer halben Stunde zweigt an einer Gabelung die Forststraße nach links ab. Ihr folgen wir. Man sollte sich Zeit nehmen in dem saftigen Biotop, in dem auch das Indische Springkraut ein paar Duftnoten setzt.
Sobald der Weg auf die Straße stößt, setzen wir ihn über Land fort. Der klassische Keltengräberweg würde noch einmal zurück in den Wald führen und eine

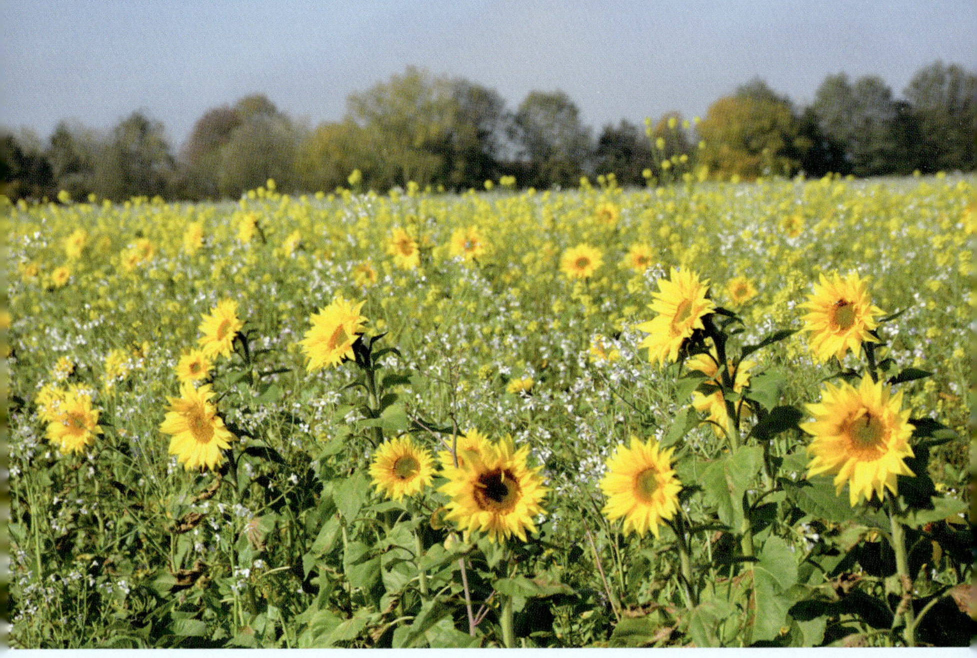

Herbstliche Landschaft – Sonnenblumenfelder bei Uttendorf.

großzügige Kurve in südlicher Richtung machen, bevor er wieder nach Uttendorf zurückführt. Wir aber wollen ein wenig Sonne und freien Blick und folgen der kleinen Straße Richtung Mattigtalradweg R 24, eine Ausschilderung für die Radfahrer unter uns. Die ruhige Straße führt durch Siedlungsgebiet mit den für die Gegend so schmucken gelb gestrichenen Häusern in allen möglichen Stilrichtungen. Aus allen Gärten wird freundlich gegrüßt, Mäh- und Kettensägengeräusche begleiten uns. Dass man an der Mattighofener Straße noch ein kleines Stück nach rechts gehen muss, steht zwar nirgends, aber wir tun es, denn plötzlich taucht der Wegweiser R 24 wieder auf und verleitet uns, die Straße zu überqueren. Kein ganz leichtes Unterfangen, denn hier brettert der Schwerverkehr in beiden Richtungen vorbei. Sobald man die Heldentat gemeistert hat, mäandert der Weg am Gehöft „Schrankbäumer" vorbei und mündet direkt in ein schwarz geteertes Strässchen. Nirgends stößt der Blick an, kein Haus stört. Einmal noch muss man achtgeben beim Überqueren eines unbeschrankten Bahnübergangs. Jetzt könnten wir an der Mattig entlang zurück nach Helpfau gehen, oder noch eine Variante einbauen. Gesagt, getan. Gleich hinter dem Bahnübergang führt ein kleiner Feldweg geradeaus, steigt am Hügel leicht nach links an und zielt auf ein Wäldchen, an dem wir in östlicher Richtung leicht ansteigend entlangwandern. Am Nachmittag ist das ein herrlich sonniger Weg, der einerseits den Blick über Hügelfelder frei gibt, andererseits den Waldrand zum Hintergrund hat. Felder mit Gründüngung und Sonnenblumen bringen eine romantische Note in diesen Teilabschnitt, der dann wieder auf eine kleine Straße führt. Die gehen wir nach links und an der Pferdekoppel wieder scharf links, denn das ist der direkte Weg zurück nach Helpfau, das wir fast mitten im Ortskern bei der Kirche erreichen. Jetzt sind es nur noch wenige Schritte zum „Helpfauer Hof", in dem man nicht versäumen sollten, einzukehren. Die Wildgerichte und süßen Schmankerl runden jede Wanderung ab.

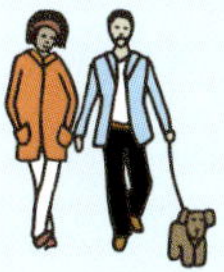

Der Florianiweg
Zwischen Blühwiesen und Forellenbecken

Start/Ziel: Helpfau, Ortsmitte

🕒 2 ½ Stunden ↔ 11 km ↗ etwa 30 hm

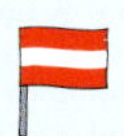

Natürlich kann man die Touren um Hepfau auch einzeln absolvieren, der Florianiweg klingt nicht nur hübsch, er ist es auch. Dieser Weg ist ideal in Frühling und Herbst, denn bis auf ein winziges Waldstück geht's immer der Sonne entgegen. Nach einem kleinen Schlenker zur barockisierten Pfarrkirche von Helpfau wenden wir uns Richtung Osten auf den Triftweg, Markierung 2. Auf der wenig befahrenen Straße sind wir schon einmal beim großen Uttendorfer Rundweg gegangen – mit dem Unterschied, dass wir an der Pferdekoppel in St. Florian scharf links abbiegen und uns nach wenigen Metern, beim „Grünlingbauer" wieder nach rechts wenden. Immer schmaler wird die Straße, die zwischen den Feldern immer Richtung Osten führt.
In Steinrödt sehen uns Kühe aus einem großen Stall freundlich an, während wir scheinbar mitten durch die Hofanlage gehen. Bald zweigt ein Weg scharf nach links ab, führt über eine Wiese direkt auf einen kleinen Wald zu. Wir merken uns den Abzweiger, weil wir ihn gleich noch brauchen, und gehen dennoch ein kleines Stück unsere größere Straße weiter geradeaus. Malerische Streuobstgärten rechts und links begleiten uns bis zum Waldrand, an dem die tipptopp hergerichtete Hütte der Waldpädagogik steht, direkt an einem malerischen Weiher, dem Eglsee. Hier kann man rasten und in sich gehen oder ganz einfach still am Ufer sitzen, bevor es weitergeht, wieder zurück zu unserem Abzweiger, bei dem wir uns auf dem Hauptweg halten. Es gibt auch einen schmaleren Weg als Abzweiger, der ein

deutlich längeres Stück durch den Wald führt, und am Ende wieder auf den Weg stößt, den wir jetzt gehen. Malerischer gekiest ist er und schlängelt sich durch Wiesen. Gar nicht so selten begegnen einem auf dem Pfad Pilger, die Gebete murmelnd scheinbar schon eine ganze Weile unterwegs sind.

Ein kleines Waldstück verschafft Kühlung, nach regenreichen Tagen könnte es auch schlammig werden. Schon nach fünf Minuten öffnet sich der Weg in eine Agrarlandschaft. Eine mächtige Eiche steht als Landmarke am Wegesrand, bevor es leicht ansteigt in Richtung Wienern/Stangbauer. Ein stattliches Gut, harmonisch gelb gestrichen. erhebt sich auf der Höhe. Ein malerischer Anblick, auch weil hier sorgfältig renoviert und so manche malerische Ecke geschaffen wurde. Aus der Ferne ist das ein feiner Anblick. Wir biegen hier scharf rechts ab und kommen an einem weiteren Vierkanthof „Stöger" vorbei. Nach 200 Metern überqueren wir die Straße, die nach St. Florian führt und folgen dem kleinen Feldweg, der durch Wiesen und Äcker weitergeht. Die Kirchturmspitze begleitet uns schon die ganze Zeit, jetzt liegt sie direkt vor uns. Es lohnt sich, ein wenig am Wegesrand zu rasten und in die Weite zu sehen. Oder einfach in den Himmel, denn ab da senkt sich der Weg ins Mattigtal, an einem kleinen Gehölz entlang.

Wenn man die Straße erreicht, wendet sich unsere Route nach rechts, wir bleiben jetzt auf dieser Route, die nach einer Linkskurve an Forellenteichen vorbeiführt. Schon bald führt der Pfad durch blühende Wiesen. Bei der Erbermühle, wo eine kleine Kapelle, eine Bank und einige Häuser stehen, biegen wir scharf nach links ab und gehen zwischen den Gebäuden hindurch. Nur Mut, das ist die offizielle Route, auch wenn wieder einmal nirgends ein Wegweiser zu sehen ist. Außer dem Hinweis auf Radweg Nr. 24 hat man sich solche Hilfestellungen gespart. Was heißt: Wer in dieser Gegend zu Fuß unterwegs ist, dem werden pfadfinderische Fähigkeiten zugetraut. Aber die Menschen dort sind so freundlich und aufgeschlossen, dass man sogar an einem Haus klopfen und nach dem Weg fragen kann. Weiter geht's in einer Rechtskurve, danach immer geradeaus. Ab jetzt führt der Weg durch eine flache Landschaft , bis die Siedlung Reichsdorf am Horizont auftaucht. Nach einem unbeschrankten Bahnübergang muss man wenige hundert Meter weiter beherzt die Bundestrasse 142 queren und nach Reichsdorf einbiegen. Ein unspektakulärer Weiler, den man an der Brücke über die Mattig wieder verlässt, um sich südlich entlang des Flüsschens auf den Heimweg zu machen. Das sind die letzten zweieinhalb Kilometer der kleinen Reise. Sie setzt sich zunächst durch die Auen der Mattig fort, dann führt der Weg durch ein kleines Industriegebiet und

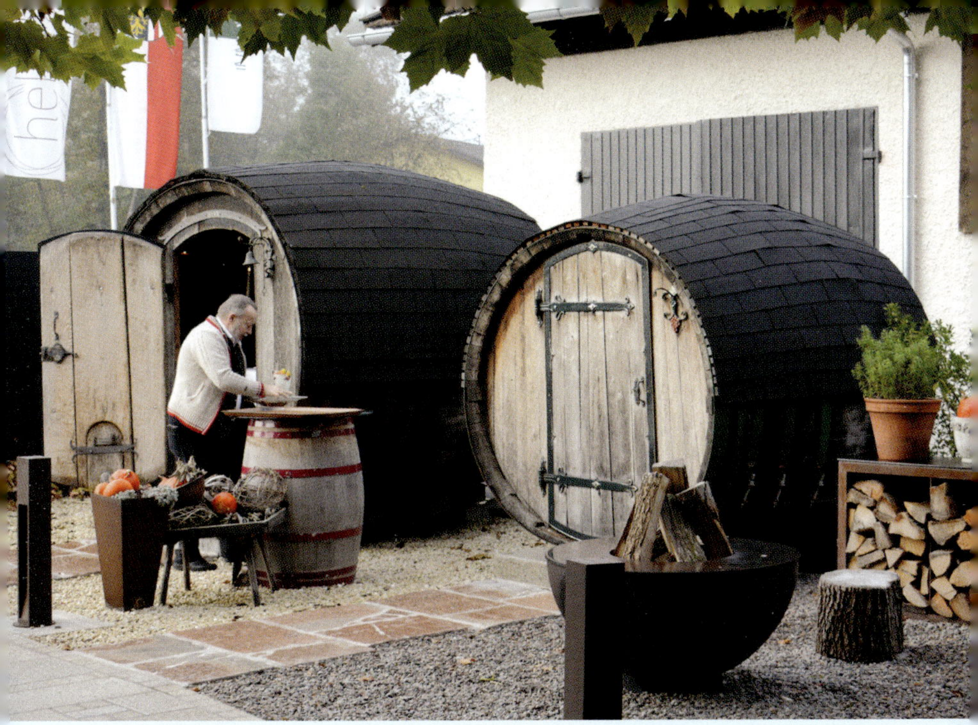

Im Helpfauer Hof kann man auch ein Separé im Fass buchen.

die Neubausiedlung von Uttendorf. Nach der Schulstraße, die rechts abgeht, muss man linker Hand einen kleinen Weg durch die Häuser finden. Dieser führt direkt nach Helpfau, zurück zu unserem Ausgangspunkt.

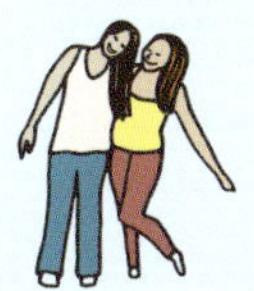

Rund um Pischelsdorf am Engelbach

Start/Ziel: Pischelsdorf, Parkplatz Pfarrkirche

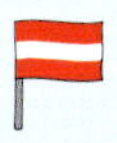

🕒 1 ½ Stunden ↔ 6,5 km, ↗ 50 hm

Auf der B 147 aus Mattighofen kommend zweigt südlich von Uttendorf die Straße nach Pischelsdorf ab. Und der kleine Abstecher lohnt sich: Pischelsdorf, der Name leitet sich wohl von Bischofsdorf ab, liegt in der Talsenke des Engelsbachs, geschmiegt an die westliche Flanke der waldigen Erhebung, die sich zwischen den beiden Flusstälern Mattig und Engelbach erhebt. Die Pfarrkirche Mariä Himmelfahrt besticht mit einem gotischen Gewölbe und wurde um 1400 vom Meister von Burghausen erschaffen. Die Fresken am Südeingang sind sehenswert.

Vom Parkplatz aus wandern wir die Straße in Richtung St. Georgen und kommen dabei an drei aufgelassenen Wirtshäusern vorbei. Wie schade für uns Wanderer, aber das zeugt von einem einst regen Dorfleben. Dabei wächst der Ort, ersichtlich an den vielen neu gebauten Villen und Einfamilienhäusern, welche die Eichelberger Straße säumen, die wir entlanggehen. Von fehlenden Schildern darf man sich auch hier nicht beirren lassen. Am Ortsausgang wird die Straße schmal und führt Richtung Unterhart zu einem Bauernhof, der gut sichtbar auf einer Anhöhe liegt. Für manchen mag es unspektakulär wirken, was sich hier dem Auge bietet. Aber wer sanfte Hügel, abwechslungsreiche Felderwirtschaft und die Spuren eines alten Siedlungsgebiets liebt, wird bei diesem Rundweg auf seine Kosten kommen. Nach etwa 400 Metern erreichen wir den mächtigen Vierkanthof mit dem typischen, reich verzierten Hoftor. Auch eine kleine Hauskapelle fehlt nicht. An einer kleinen Eiche zweigt der Weg gleich hinter dem Hof nach rechts ab Richtung Ottendorf. Es geht den sanften Hügel wieder hinunter, über Felder mit Sonnenblumen und Bienenweiden, insektenreich und ein wildromantischer Anblick. Nach etwa 800 Metern mündet der Weg in einen hohen Mischwald, der ganz besonders im Herbst grandiose Farben zeigt.

Auf der anderen Seite des Wäldchens öffnet sich der Blick ins Engelbachtal, und wir erreichen Ottendorf über einen Feldweg. Leider führt er hier an der Hauptstraße entlang, Richtung Neukirchen an der Enknach. So mancher Hof verströmt hier Vintage-Charme mit Streuobstwiesen und schönen Fassaden, im besten Fall wurden die alten Sprossenfenster beibehalten oder sanft renoviert. An der Bushaltestelle verlassen wir die Hauptstraße und biegen in den Weg nach Imstötten ein und folgen einem kleinen unscheinbaren Pfad für Land- und Waldmaschinen, der zwischen Feldern direkt wieder auf den Wald zuführt. Ein Wildgehege taucht auf und der Weg führt wieder leicht hinaus, pilzreich und duftend. Der kleine Hartbach kreuzt unseren Weg, wir halten uns links und folgen der ausgetretenen Grasnabe, die uns den Hügel hinauf nach Imstötten führt. Buchweizenfelder tauchen auf. Ein ungewöhnlicher Anblick, wenn die roten, störrischen Stängel mit den schwarzen Samen ein unruhiges Bild bieten, das von Sonnenblumen und Mohn gerahmt wird.

An der Wegzweigung, wenn wir auf eine kleine Straße stoßen, halten wir uns links und kommen durch ein großes Gehöft mit Pferdekoppeln hindurch. Da sich der Verkehr hier sehr in Grenzen hält, kann man ungestört auf der Straße gehen. Wenn nach einer langgezogenen Linkskurve sich abermals die Wege gabeln, nehmen wir den linken, der uns an einer schönen jungen Weißtanne vorbeiführt. Da laufen schon mal keine 20 Meter entfernt Rebhühner über die Straße, hinein ins Dickicht des Waldes. Das Rascheln im Unterholz weist darauf hin, dass hier viel Wild unterwegs ist und den Vorbeiziehenden ganz genau beobachtet. Hinter einem einsamen Haus mit merklich „duftenden" Hinweisen auf Schweinehaltung halten wir uns rechts, den Hügel hinauf. An einer kleinen Eiche kann man Rast machen und den Blick schweifen lassen, oder sich ein bisschen ausstrecken und dem Zug der Wolken zusehen. Jetzt wir sind wieder kurz vor dem Vierkanthof mit der kleinen Kapelle, hier schließt sich der Rundweg und das letzte Stück nach Pischelsdorf ist dasselbe wie am Anfang, doch das ist verzeihlich.

Neukirchen an der Enknach

Man kommt nicht zwangsläufig in den Ortskern von Neukirchen an der Enknach. Wer auf der Bundesstraße 156 zwischen Braunau und Laufen unterwegs ist, muss schon abbiegen, um in den Genuss des Zentrums zu kommen. Zum Beispiel, um im Garten des Hoferwirts wirklich feine österreichische Spezialitäten zu genießen. Oder um den historischen Pfarrhof zu besuchen. Oder staunend vor den Inntaler Höfen mitten im Ort stehen zu bleiben, die fast ein wenig an die Rottaler Bauernhöfe erinnern, mit ihren bis zum Sockel reichenden Holzfassaden. Wer ein wenig in dem verwinkelten Ort unterwegs ist, wird auf so manches historische Gebäude stoßen. Vom Schloss Enknach, dessen Ursprünge im 8. Jahrhundert zu suchen sind, ist längst nichts mehr vorhanden. Aber man ahnt, dass unter dem jetzigen Städtchen eine ganze Zeitreise verborgen liegt.

ⓘ www.gasthaus-hofer.com, Tel. +43 (0)7729 2282

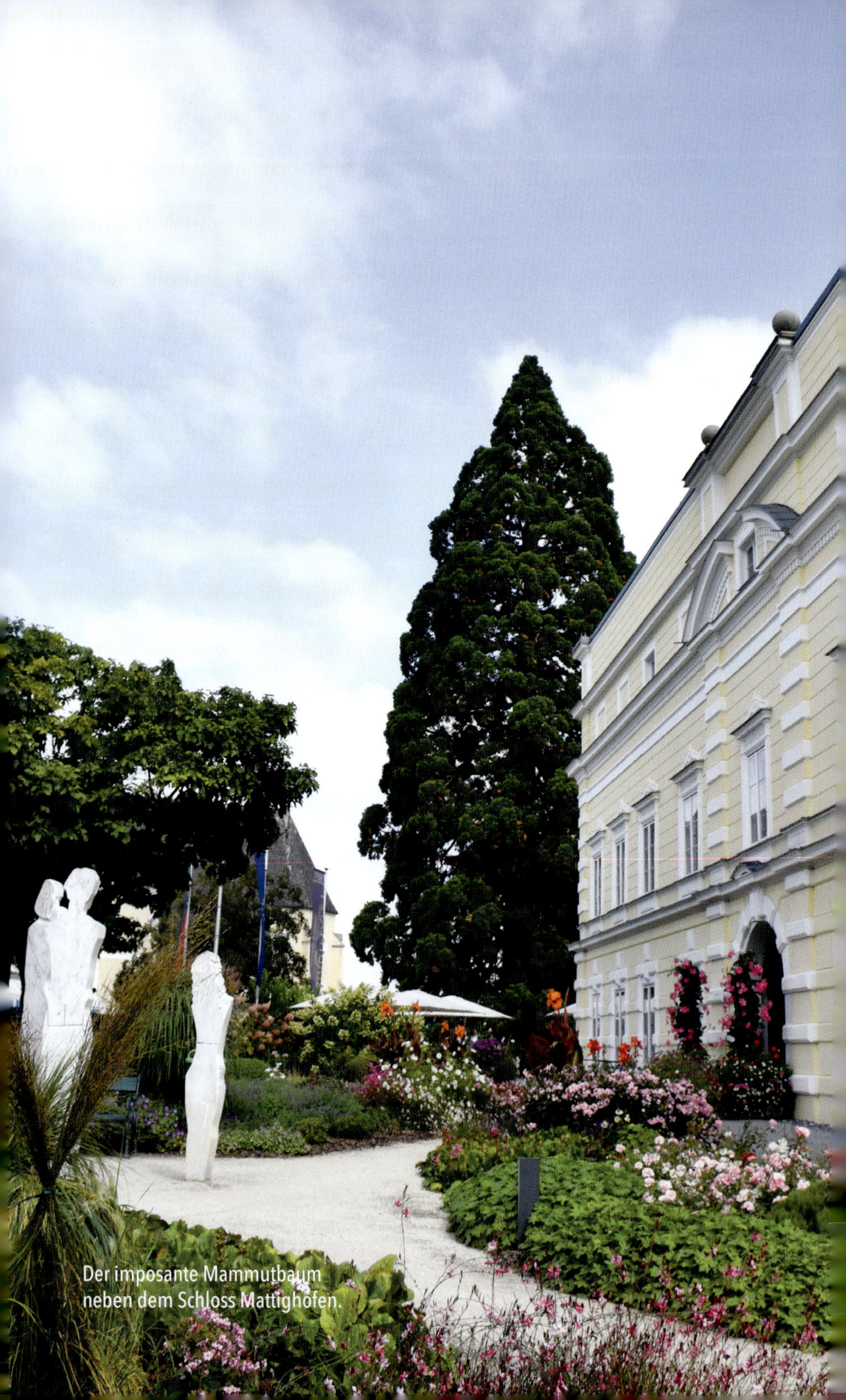

Der imposante Mammutbaum
neben dem Schloss Mattighofen.

15

Mammutbäume, Motorräder und Marienbilder

Auf Entdeckertour in und um Mattighofen

Die Stadt liegt ein wenig abseits vom Inn, ein wenig abseits der Grenzen, angelehnt an den Kobernaußerwald und die nördlichen Ausläufer des Haunsbergs – also von Wäldern umgeben. Die Umgebung ist mit Flüssen durchzogen, die jahrhundertelang das Triftwesen befeuert haben und das viele Holz aus den weiten Wäldern Oberösterreichs dahin brachten, wo man es (vor)industriell brauchte. Zudem ist hier ein wichtiger Verkehrsknotenpunkt: Die Entfernung von Mattighofen nach Passau beträgt 75 Kilometer, nach München sind es 134, von Salzburg aus knapp 50, nach Linz 120, und von Burghausen dauert der Hupfer per Auto 20 Minuten oder 30 Kilometer. Ein Phänomen: Wenn man sich jeweils von den sehr unterschiedlichen Richtungen nähert, erscheint der bunte Ort jedes Mal anders.

Die Gegend rund um Mattighofen sowie die Stadt selbst bilden den östlichen Rand der Region Seelentium (siehe S. 91 ff.). Das quirlige Städtchen mit einem der ältesten Ortsnamen der ganzen Region hat eine wechselvolle Geschichte hinter sich und wurde zwischen verschiedenen bayerischen Geschlechtern und Österreich hin- und hergereicht. 757 entstand an der Stelle eine frühbajuwarische herzogliche Pfalz. 1007 wurde der Ort dem Bistum Bamberg geschenkt, um 1517 erwarb der Graf von Ortenburg das Schloss. Er hatte zwei Jahre zuvor die vermögende Anna Hollup zu Mattighofen und Neudeck geheiratet, die Tochter eines mächtigen böhmischen Ritters. Der hatte als Lohn für seine Taten große Ländereien vor allem rund um Mattighofen angehäuft. Tochter Anna erbte alles und durch die Heirat verschmolz deren Besitz mit dem derer von Ortenburg, die daraufhin zu einem der einflussreichsten Geschlechter Niederbayerns wurden. Die Ortenburgs führten innerhalb ihrer Familie einen jahrhundertelangen Erbstreit. Zusätzlichen Zündstoff bildete die Durchsetzung der Reformation in allen Ortenburger Grafschaften. Mattighofen wurde im

17. Jahrhundert kurze Zeit Wittelsbacher-Besitz, bis es nach dem Frieden von Teschen 1779/1780 an Österreich fiel. Die Napoleonischen Kriege führten es wieder Österreich zu. 2012 bildete Mattighofen zusammen mit Braunau und Burghausen einen der drei Austragungsorte der Bayerisch-Oberösterreichischen Landesausstellung, die höchst erfolgreich das Licht auf diese historische Handelsachse richtete und die Region auch durch zahlreiche Renovierungen und Einrichtungen neu belebte.

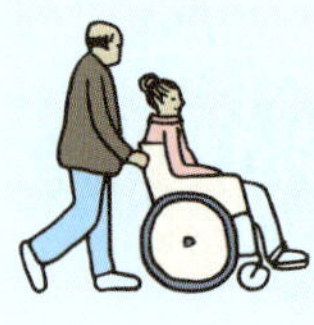

Der Triftweg in Munderfing

Start: Munderfing, Parkplatz an der Kirche

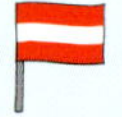

½ Stunde ↔ 2,5 km ↗ 0 hm

Wir fahren von Perwang Richtung Kirchberg und dann Richtung Jeging, also nicht ganz den direkten Weg nach Mattighofen. Das beschert uns einen kleinen Schlenker über Munderfing am Westrand des Kobernaußerwaldes, der sich lohnt. In dem am Schwemmbach gelegenen Örtchen lassen wir das Auto am Parkplatz an der Kirche stehen. Wir wechseln dort die Straßenseite und mogeln uns durch eine schmale Gasse am Zebrastreifen in Richtung Schwemmbach, der gut zu sehen ist und das Dorf zweiteilt. Vorbei geht es an einer einstigen Kulturstätte, dem Bräu-Kino, wie die Lettern über dem Eingang der alten Aufnahme noch zeigen. Das alte Bräuhaus, sicher einst einer der mächtigsten Bauten am Ort, umfasst den Bach von zwei Seiten, die Gebäude sind mit einer Brücke verbunden. Seit 2018 hat sich Munderfing des Leerstands angenommen. Der Bräugasthof wurde dank engagierter junger Betreiber wiederbelebt und in dem historischen, nun sanierten Gebäude sind Seminarräume untergebracht sowie ein Co-Working-Space für Kreative. Das ehemalige Bräu-Kino kommt auch wieder zu Ehren: Das ganze Ensemble steht den Munderfingern für Versammlungen zur Verfügung.
Ab 1765 wurde der Schwemmbach zur Holztrift genutzt. Heute treibt er noch drei Sägewerke und drei Kleinkraftwerke an. Wir wandern auf der linken Triftwegseite. Es ist ein Teilstück des 44 km langen Triftweges von Schneegattern nach Hagenau. Und ein malerischer Weg durch einen Ort mit Geschichte. Vorbei geht es an alten

Bauernhöfen, die man behutsam wieder instand setzt. Die Bauerngärten sind legendär: Von Walnussbäumen beschattet, gedeihen hier Obst, Gemüse und mediterrane Blumen. Mächtige Scheunentore zeugen von der Agrargeschichte des Orts, der an allen Ecken kleine Stilleben bietet. Natürlich kann man auch den Triftweg bis nach Mattighofen mit dem Fahrrad fahren, das sind noch etwa zehn Kilometer. Wir aber folgen dem Weg, auf der einen und einmal auf der anderen Seite des Bachlaufs in Munderfing und freuen uns an dem wie aus der Zeit gefallenen Ortskern, bis wir wieder an unserem Ausgangspunkt ankommen.

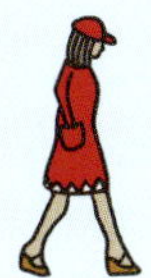

Stadtrundgang Mattighofen

Start: KTM Stadthaus
Dauer: nach Belieben

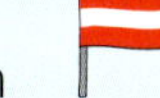

In Mattighofen empfängt uns Hochtechnologie: Der österreichische Motorrad- und Sportwagenhersteller KTM hat hier sein Werk. Es dominiert den Landstrich bis ins Herz von Mattighofen, wo das gleichnamige Museum einen avantgardistischen Akzent setzt. Für Motorenfans ein Must, für Architekturfans reizvoll, für alle anderen ein offener Platz, an dem man Kaffee trinken kann, bevor man den Weg durchs Stadttor auf einen der typischen Marktplätze im Innviertler Raum einschlägt. Bunte Fassaden aus vier Jahrhunderten. Die Mitte bildet die „Apotheke Zum Kaiser Franz" mit zwölf (!) Schaufenstern. Schloss und Kirche bilden jeweils das etwas erhöht liegende Ende der Hauptachse. Wer rechts und links dieser Achse die Stadt erkundet, muss steile Stufen nehmen und wird auf Bauern- und Zunfthäuser, Magistratsgebäude und restaurierte Fassaden treffen. Ober- und Unterstadt – hier ist es deutlich, was früher den Standesunterschied ausmachte.
Man fragt sich, wie es die Mattighofener aushalten, dass der gesamte Last- und Transitverkehr durch ihren schönen Ort rollt. Da donnern die Zwölftonner über den historischen Marktplatz mit den typischen Inntaler Barock- und Klassizismus-Häusern, dass der Putz bröckelt. Die Stadtgärtner sind fleißig dabei, vom Verkehrslärm mit Blumendekoration abzulenken. Und wer Ruhe sucht, kann hinter dem Schloss die Kneippanlage besuchen. Bei aller Geschäftigkeit – man darf nicht vergessen, dass Mattighofen ein industrielles Zentrum des Oberen Innviertels ist – bleiben die Menschen gelassen und fröhlich. Ansteckend!

Schloss Mattighofen

Dass die Ursprünge von Schloss Mattighofen bis ins 8. Jahrhundert zurückreichen, sieht man der Fassade heute nicht mehr an. Als *Matagao* erwähnt, stand hier zunächst ein agilolfingischer Wirtschaftshof, der im Laufe der Jahrhunderte und wechselnder Zugehörigkeiten zur Burg anwuchs. 1799 wurde es im italienischen Stil zum Schloss umgebaut und erhielt so weitgehend sein heutiges Aussehen. Das Schicksal des Schlosses hing immer schon eng mit den Besitzverhältnissen im Kobernaußerwald zusammen. Im 18. Jahrhundert diente es als Bierbrauhaus, nachdem der Besitz von den Wittelsbachern an einen Baumeister übergegangen war. 1868 gehörte es mit seinen Ländereien den Habsburgern, die daraus ein kaiserliches Jagdschloss machten. Im 20. Jahrhundert wechselten Wald und Schloss in der Zwischenkriegszeit ihre Besitzer. Erst 2007 kam der Bau in den Besitz der Stadt, die es den Österreichischen Bundesforsten abkaufte.
Der Mammutbaum (*Sequoiadendron giganteum*) neben dem Schloss ist eine vergleichsweise junge Pflanzung vom Anfang des 20. Jahrhunderts. Auch im Park der Kaiservilla in Ischl und im Park der Toskana-Villa in Gmunden stehen solche Baumriesen, die unter günstigen Bedingungen Höhen von 135 Metern erlangen können. Der Mattighofener misst bescheidene 35 Meter und hat einen Stammumfang von 7,5 Metern. Und macht mit seiner Silhouette ganz schön was her.

KTM-Motohall

Was so schnittig klingt, das Kürzel KTM, stand bei seiner Gründung 1934 ganz pragmatisch für „Kraftfahrzeuge Trunkenpolz Mattighofen", nach seinem Gründer, dem Innviertler Schlosser Hans Trunkenpolz, und ab 1955 mit dem Eintritt von Ernst Kronreif eben für „Kronreif Trunkenpolz Mattighofen". Kein Wunder, warum man sich für ein Kürzel entschied. Heute ist die KTM AG eine Holding mit 31 Tochtergesellschaften und Weltmarktführer im Bereich Geländesport-Motorräder. Die 2019 eröffnete KTM Motorhall am südlichen Eingang der Altstadt

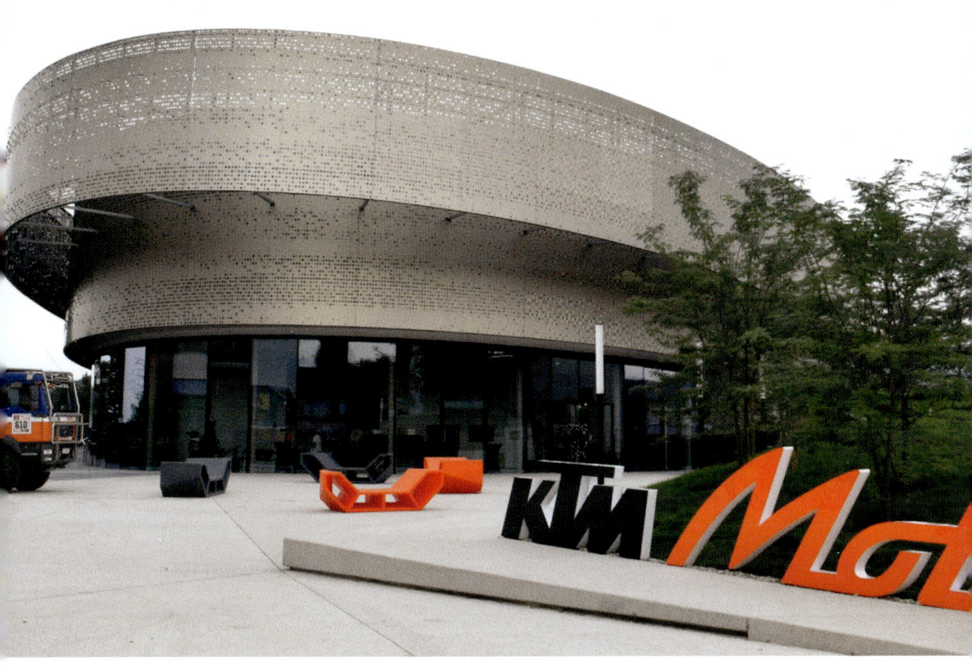

ist ein architektonischer Hingucker. Auf 2600 Quadratmetern können hier Motorradfans in der Dauerausstellung glücklich werden.

ⓘ www.ktm-motohall.com

Pfaffstätt

Pfaffstätt liegt wenige Kilometer südlich von Mattighofen Richtung Mattsee. Und überrascht durch ein einstiges Wasserschloss, das heute in Privatbesitz ist. Wir gehen die Schlossmauer entlang, die sich von der Hauptstraße weit nach hinten zieht. Dort, wo es schon wieder anfängt, ländlich zu werden, öffnet sich das Schloss zur Landschaft hin. Im Vorgarten blühen die Rosen, und pittoreske Sitzplätze scheinen auf Poeten zu warten. Oder auf zwei Menschen, die sich liebhaben und etwas durch die Blume sagen wollen. Vielleicht durch die „Rose von Pfaffstätt", eine duftende Eigenzüchtung von Elsa Prinzessin zu Schaumburg-Lippe. Der eigentliche Garten ist ein Lavendel-Dorado, das laut Aushang in der Blütezeit auch für die Öffentlichkeit zugänglich ist und zum Selberpflücken

einlädt. Man kann sich nicht sattsehen an der klassizistischen Fassade des Landschlösschens. Dabei hat dieser Ort noch mehr zu bieten.
Verlässt man das romantische Ambiente des Schlossgartens und wendet sich Richtung Osten, gelangt man zu einem Anwesen, das vermutlich einmal zum Schloss gehört hat. Eine einstige Mühle, heute samt historischem Nebengebäude Sitz des Krippenbauvereins. Dazwischen führt der Weg hoch zur Kirche „Zum hl. Johannes dem Täufer", ein spätgotischer Tuffsteinquaderbau, wie er auch im benachbarten Rupertiwinkel üblich ist. Als Taufkirche belegt sie schon die frühe Christianisierung des Ortes, ebenso wie der Ortsname Pfaff, der auf den Klerus hinweist. Pfaffstätt gilt als eine der ältesten Siedlungen zwischen Inn, Salzach und Mattig. Vierzehn vorchristliche Keltengräber wurden hier gefunden, die erste urkundliche Erwähnung geht auf das Jahr 796 zurück.
Gar nicht so lange her ist die Geschichte der Riesin von Pfaffstätt, Martina Hinterberger (1906–1931): Mit ihren 2,31 Metern Körpergröße gilt sie bis heute als eine der größten Frauen der Welt und das machte sie weit über die Grenzen des beschaulichen Pfaffstätt berühmt. Ihr Leben aber war alles andere als beschaulich. Schon früh wurden Varieté-Agenturen auf sie aufmerksam. Als der Zirkus Krone einmal nach Mattighofen kam, und die Riesin die Vorstellung besuchte, überredete

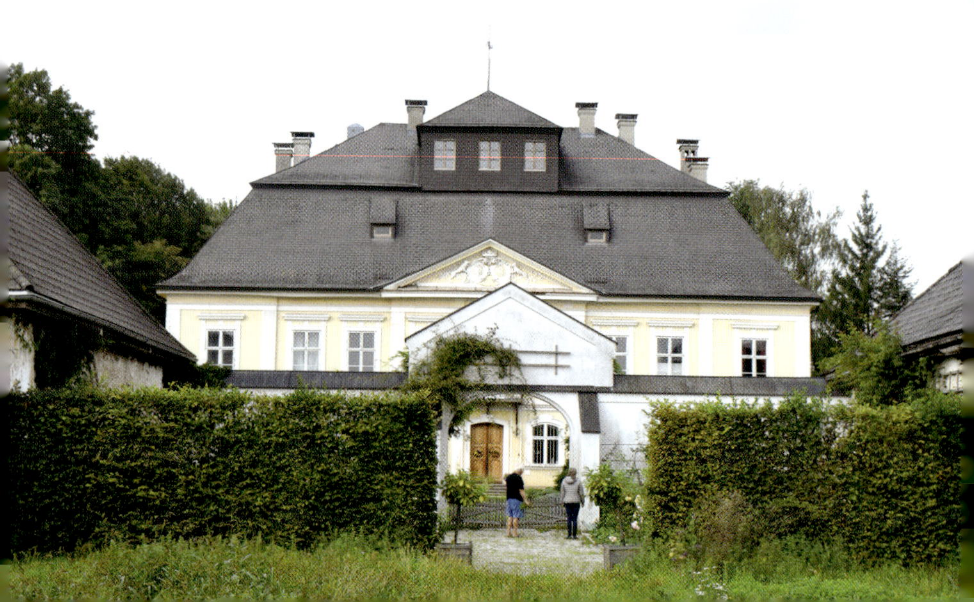

sie der Entfesselungskünstler Tom Jack, mit ihr auf Welttournee zu gehen. Sie wurde daraufhin in Europa und in den Vereinigten Staaten eine Sensation. Aber das Leben als „Freak“ verstörte sie verständlicherweise und sie kehrte in ihren Heimatort zurück, in dem sie mit nur 25 Jahren an Typhus starb.
Das Gegenteil von riesig sind die Exponate von Helga Eidenhammer: Seit ihrem zwölften Lebensjahr sammelt und restauriert sie Gartenzwerge – und man muss sagen, in der Masse sehen sie fast riesig aus. Bewundern kann man die 5000-köpfige Zipfelmützenparade in den Sommermonaten im Zwergerlhaus.

ⓘ www.schloss-pfaffstaett.at
Zwergerlhaus, Kirchenplatz 9 (nahe Volksschule)

Schalchen

Kurz hinter Mattighofen Richtung Norden leuchtet schon von Weitem die Jakobikirche von Schalchen gelb vor blauem Himmel. Daran fährt oder geht man nicht achtlos vorbei. Das ganze Ensemble, das den Pfarrhof, die Kirche und den Friedhof umgibt, wirkt wie hindekoriert. Imposant der Brunnen davor. Ein Gutshof mit vielen grünen Elementen, vermutlich aus dem 17. Jahrhundert, schmiegt sich in die Biegung des Dorfbachs, der träge und flach dahinfließt. Man kann ihn an mehreren Stellen überwinden, dank kleiner Brücken und Stege. Dass bei soviel Harmonie ein regionaltypisch gelb angestrichenes Wirtshaus samt Gastgarten wartet, ist kein Wunder. Beim „Laimer Wirt“ kocht man reell und regional.. Nach der Wuseligkeit von Mattighofen ist Schalchen das Paradies. Und das scheinen auch schon die Römer so gesehen zu haben, die hier nachweislich eine Siedlung, eine Kultstätte und einen Friedhof hatten. Später waren es der Kobernaußerwald und seine Flüsse, die Schalchen attraktiv machten für das Trift- und Holzwesen – aber auch bekannte Hammerschmieden befanden sich hier ebenso wie zwei Sensenwerke.

ⓘ www.laimerwirt.at, Tel. +43 (0)7742 5669

Maria Schmolln

Man muss nicht besonders gläubig sein, um den Marien-Wanderweg einzuschlagen. Ein Teilstück führt von Schalchen nach Maria Schmolln, einem der bedeutendsten Wallfahrtsorte Oberösterreichs. Ein Kraftort, denn kaum passiert man das Ortsschild, wird es ruhig in der Seele. Die Franziskaner waren schon früh da. Um 1300 wurde das Kloster gegründet. Dann sollte es aber noch ein paar Jahrhunderte dauern, bis die Wallfahrt in Schwung kam. Heute kann man ganz ohne religiöses Anliegen einfach die unglaublich schönen Düfte im angrenzenden Klostergarten wahrnehmen. Eine kleine Schatztruhe mit allerlei Pflanzen, mit Heilendem, Nährendem, Schmückendem und Sinnlichem. Nach einem kleinen Rundgang scheinen die Sinne wie frisch poliert.

Der Marien-Wanderweg

Maria Schmolln bildet quasi den Mittelpunkt des 132 Kilometer langen Marien-Wanderwegs von St. Marienkirchen am Hausruck bis nach Altötting auf der bayerischen Seite. In sieben Tagesetappen kann man neun berühmte Wallfahrtskirchen besuchen oder eben nur wandern und in sich gehen. Denn die Natur bietet reiche Abwechslung, von sanften Hügeln bis tiefe Waldgebiete, von Abbrüchen bis zu stillen Gewässern, Resteisweihern und Mooren.

Die erste Hälfte führt über den Höhenrücken des Hausruck- und Kobernaußerwaldes, berührt die Orte Hinterschlagen, Maireck, Waldzell, Steiglberg, dann Maria Schmolln, Schalchen, Mattighofen, Auerbach, Gstaig, Eggelsberg, Ibm, Gilgenberg am Weilhart, Hochburg-Ach, Raitenhaslach, Marienberg, Burghausen und erreicht schließlich Altötting. Auf dem ganzen Weg befinden sich kleine Hinweistafeln zu Marienkräutern, die teils am Weg wachsen, aber auch in den Klostergärten von Maria Schmolln und im Hildegard-Garten in Kirchberg kultiviert werden.

Sehenswert auf dem Marien-Wanderweg

Steiglberg: Hier auf 757 Höhenmetern ist man am höchsten Punkt des Kobernaußerwalds. Die Kobernaußerwaldwarte ist ein 30 Meter hoher Aussichtsturm, von dessen Plattform man bis in den Böhmerwald, das Salzkammergut und in die Alpen blicken kann.

Waldzell: Sehenswert ist die gotische Pfarrkirche mit Netzrippengewölbe und schöner barocker Innenausstattung.

Auerbach: Die Pfarrkirche wurde bereits 868 urkundlich erwähnt. Der romanische Kern wurde später zur gotischen Staffelkirche ausgebaut. Wandmalereien aus dem 15. Jahrhundert wurden 1953 entdeckt und restauriert.

Gstaig ist ein Ortsteil der Gemeinde Feldkirchen bei Mattighofen. Dort sind das historische, renovierte Gasthaus Maria zum Guten Rat und die Filialkirche sehenswert.

Der Klostergarten von Maria Schmolln ist eine Oase der Stille.

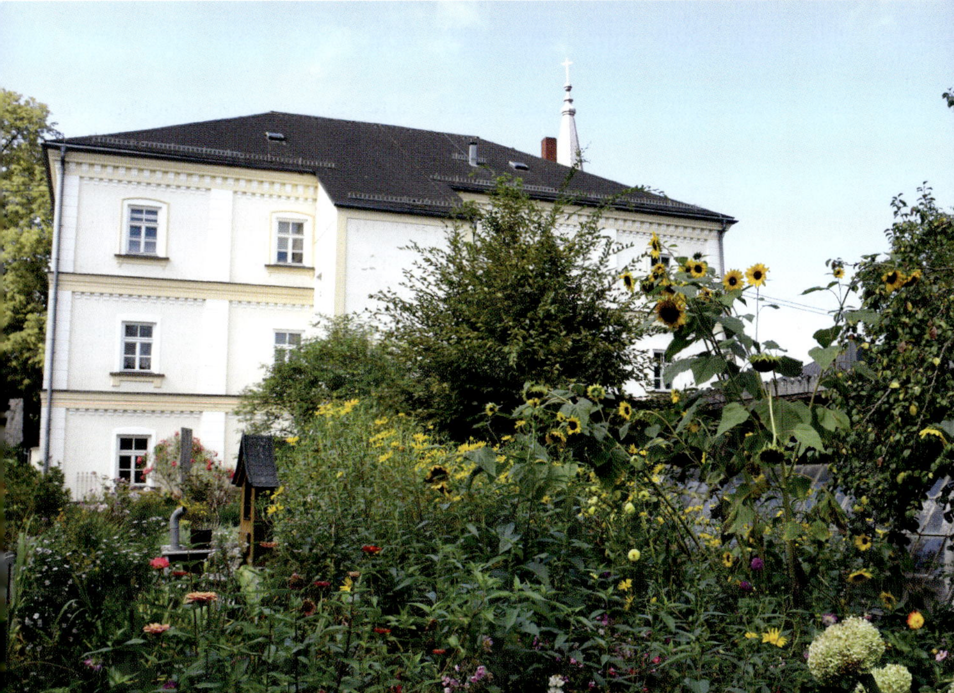

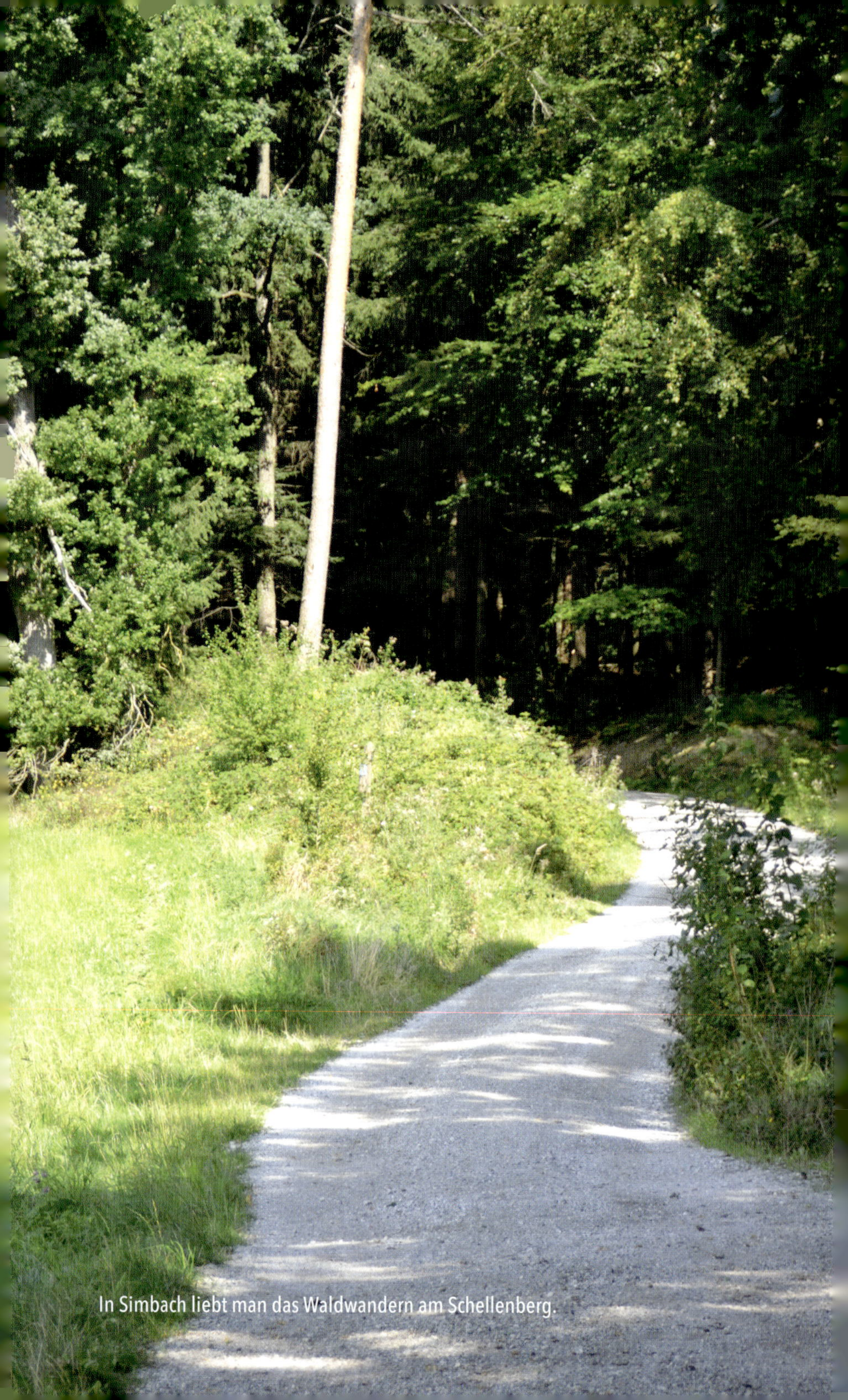

In Simbach liebt man das Waldwandern am Schellenberg.

16

Hier hielt auch mal der Orientexpress

Waldwandern und Bahnbetrieb bei Simbach am Inn

Wenn die Simbacher früher „in die Stadt gingen", dann machten sie sich auf nach Braunau, für einen Verwandtenbesuch, oder auch für Geschäfte. Dazu nahmen sie die Brücke über den Inn, waren kurz darauf am anderen Ufer und dabei immer noch in Bayern. Denn der Inn war dort über Jahrhunderte als Grenze kein Thema, zum Nachbarn Österreich kam man schließlich erst etliche Meilen weiter östlich, in der Gegend um Hausruck, Kobernaußerwald und Waldzell, dort gab es mitten im Wald richtige Grenzsteine und geschmuggelt wurde auch nach Kräften. Derweil lebte man im städtischen Braunau (siehe S. 165 f.) und drüben im Vorort Simbach quasi „grenzenlos" – bis zum Jahr 1779. Denn nach dem bayerischen Erbfolgekrieg verschob sich mit dem Frieden von Teschen Österreichs Westgrenze bis an den Inn, und Braunau wurde samt seinem weiten Hinterland kaiserlich.

Diese Grenzziehung, von oben verordnet, fand nicht überall Beifall, stellte sie doch das gewohnte Leben von heute auf morgen auf den Kopf. Selbst von den Behörden wurden viele der plötzlichen Neuerungen oft ignoriert, bis Mitte des 19. Jahrhunderts kamen amtliche bayerische Schreiben immer noch gerne aus „Simbach bei Braunau". Auf der Innbrücke zogen also Grenzwachen auf und Handel und Gewerbe hatten mit einem Mal ganz neue Probleme, darunter auch die vielen Brauer in Braunau: Sie waren von ihren Braustadeln am anderen Innufer abgeschnitten. Bis dahin galt nämlich die Regel, dass wegen der Feuersgefahr in Braunau kein Bier gebraut werden durfte, dafür nutzte man lieber das ungefährlichere Simbacher Ufer.

Die dafür nötige Brücke überquerte den Inn damals fast an derselben Stelle wie heute, eine der ältesten Brückenbilder ist ein Merianstich aus der Zeit um 1700 und zeigt sie mit nicht weniger als acht hölzernen Pfeilern. In den 1890ern errichteten die Simbacher auf bayerischer Seite ein überaus prachtvolles Brückenportal aus Granit, das aber, zusammen mit den fünf eisernen Brückenbögen, die Sprengung von 1945 nicht überlebte. Die heutige Straßenbrücke ist in ihrer Nüchternheit dagegen kaum zu übertreffen. Die Simbacher wollten auf ihrer Seite etwas dagegen tun: 2008 stellten sie eine Bronzeplastik des Bildhauers Dominik Dengl auf. Zu sehen ist der Inn-Gott Aenus, wie er auf einem Huchen reitet und Richtung Simbach grüßt. Die Braunauer mochten die Figur erst einmal überhaupt nicht, denn Aenus streckte ihnen sein Hinterteil entgegen, wenn sie Richtung Simbach unterwegs waren. Inzwischen haben sich die Gemüter beruhigt.

Eine Kuriosität aus der Zeit der neuen Grenzziehung von 1779 war der Umstand, dass viele Braunauer Bürger Wald- und Grundbesitz in und um Simbach besaßen, zum Teil bis heute noch. Ein Beispiel ist mit 95 Hektar der Schellenberg, heute ein beliebtes Ausflugsziel der Simbacher, für dessen Waldpflege zwei Jahrhunderte lang österreichische Förster aus Braunau zuständig waren. Erst 1979 wurde der Schellenberg an die Bayerischen Staatsforsten verkauft. Zum Glück ist Österreich seit 1995 in der EU und damit Teil des Schengen-Raums, die Grenzen sind fast unsichtbar geworden und an Inn und Salzach ist fast alles wieder wie in den kurfürstlichen Zeiten.

Waldeslust am Schellenberg

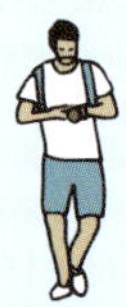

Start: Freibad Simbach, Gollinger Str. 2, dort Infotafeln zu Wanderrouten; oder Simbach, Engstall 2

🕒 3 Stunden ↔ 9 km ↗ 200 hm

Wenn es die Simbacher nach der frischen Luft im Wald und unter Bäumen gelüstet, dann haben sie es nicht weit. Direkt vor ihrer Haustür liegt der Schellenberg, der ihnen als „Berg" gerade mal 200 Höhenmeter abverlangt, verteilt auf diverse schöne Wanderrouten und mit einem Ziel in Aussicht, das alle Simbacher kennen: das Schellenberghaus. Bis dorthin, wo man von der Terrasse bei schönen Tagen die Alpenkette sehen kann, geht es durch den reinsten Bilderbuchwald. Zumindest ab dem auffälligen Wegkreuz am Waldrand bei Asenberg, das „Einem Forstmann z. Gedenken" neben einer Aussichtsbank steht und ihn offenbar zitiert mit den Worten: „Bäume sind zu Gott wie Stufen". Ein frommer Baumgedanke, dem wir auf der Bank nachsinnen können, bei Brotzeit und grandioser Aussicht, um dann voll motiviert einzutauchen in den hügeligen, von kleinen Bächen durchzogenen Schellenberg-Forst. Bald wird klar, dass die verschlungenen Wege durch den alten Baumbestand unseren verschütteten Orientierungssinn herausfordern, denn mit Schildern haben die Simbacher offenbar gespart.

Dafür zeigt uns am Freibad Simbach, wo wir parken können, eine Infotafel sämtliche Wanderrouten an, die wir uns am besten auf die eigene Karte übertragen. Der fromme Forstmann von der Aussichtsbank kannte mit Sicherheit alle Wege im Schlaf, auch wenn er möglicherweise ein Österreicher gewesen ist. Denn den Schellenberg haben die Bayerischen Staatsforsten erst 1979 der Republik jenseits des Inn abgekauft, die das Waldgebiet seit der Grenzziehung im Jahr 1779 betreut hatte. Und das haben sie offensichtlich so behutsam gemacht, dass wir nur gelegentlich merken, dass wir uns in einem Nutz- und nicht in einem Märchenwald bewegen. Für die Schwammerlsucher ist hier auf jeden Fall ein märchenhaftes Revier.

Die frühen Siedler aus dem 15. Jahrhundert sahen das sicher nüchterner. Sie gaben dem Berg seinen Namen, denn „Schelch" wurden Leute genannt, die versuchten, karge, abgelegene Regionen urbar zu machen. Von einem ihrer Einödhöfe, der im Dreißigjährigen Krieg zerstört wurde, ist noch ein Brunnen vorhanden, 35 Meter tief, längst trocken, aber liebevoll gepflegt und immer wieder restauriert von heimatverbundenen Simbachern. Nicht weit davon steht die „Waldkapelle", um deren Errichtung sich eine Legende rankt, zu der die Wirtsleute vom Schellenberghaus mehr wissen. Bei ihnen treffen sich an den Wochenenden die Wanderer der verschiedenen Routen, ob Panoramaweg, Kapellenweg, Schellenbergrunde oder ein privater Geheimpfad.

Kenner haben rechtzeitig ihre „Original Oberkrainer Platte für Zwei" vorbestellt, ein Klassiker seit Jahren. Die Terrasse ist bei schönem Wetter zu jeder Jahreszeit offen, das Bier kommt aus Traunstein und die Weine aus dem Burgenland, im Sommer wird gegrillt und die Kaffeegäste ohne Wanderschuhe kommen wegen der frisch herausgebackenen „Schellenbergstrauben". Nur fünfzehn Minuten sind es nämlich von der Waldkapelle und ihrem Parkplatz, und den erreicht man ganz bequem über die Kreisstraße 57 zwischen Mühlau und Wittibreut. Der Schellenberg ist also eindeutig für alle da, auch Mountainbiker haben den Kapellenweg und seine breite Forststraße schon für sich entdeckt.

ⓘ www.schellenberghaus.de, Tel. (+49 (0)151 19 49 19 63

Der Geisterbahnhof von Wittibreut

Wer nach seiner Wanderung am Schellenberg nach Norden Richtung Rottal unterwegs ist, der sollte nicht einfach durch Wittibreut hindurchfahren. Der kleine Ort hat nämlich eine einmalige Kuriosität zu bieten, europaweit! Seit fast 150 Jahren steht dort ein denkmalgeschützter Bahnhof, der seit seiner Einweihung 1876 nie einen Gleisanschluss und schon gar keinen Zug gesehen hat. Die nächsten Bahnstrecken laufen heute viele Kilometer entfernt an ihm vorbei, doch der wohlhabende Bauer Anderl Aigner handelte seinerzeit nach dem Prinzip Hoffnung: „Die in München wollen eine Bahn nach Simbach bauen", dachte er sich, „wenn ich ihnen einen Bahnhof schenke, kommen sie gewiss hier vorbei!" Dumm nur, dass Wittibreut auf der Wasserscheide zwischen Inntal und Rottal liegt und die Eisenbahner nun mal Flusstäler für ihre Gleisstrecken bevorzugen.

Und so steht der Geister-Bahnhof heute noch da, drei Stockwerke hoch, aus roten unverputzten Ziegeln, das Halb-Walmdach mit Schiefer gedeckt und von jedem unschwer als Bahnhof zu erkennen. Seine

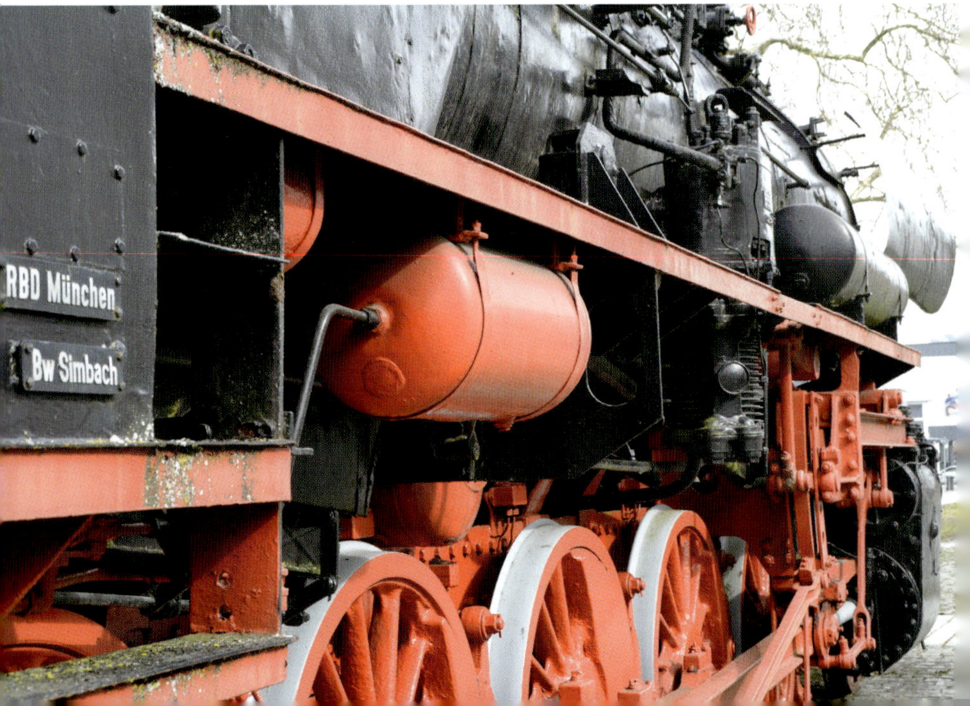

heutigen Bewohner sind es gewohnt, dass neugierige Touristen ihr besonderes Domizil ausgiebig fotografieren und die Wittibreuter weisen auch gerne den Weg dorthin: „einfach die Bahnhofstraße entlang!“

Simbach, die Eisenbahnstadt

Lange Zeit war Simbach nicht mehr als ein Grenzort, über dessen Innbrücke die Reisenden nach Braunau gelangten, der bedeutenden Handelsstadt der k. u. k. Monarchie am anderen Ufer. Doch dann kam aus Richtung München die Königlich Bayerische Eisenbahn. Man hatte dort am 24. September 1863 nämlich beschlossen, in Simbach einen Grenzbahnhof nebst Flussübergang für die kürzeste neue Bahnverbindung zwischen München und Wien zu errichten. Von da an erlebte Simbach einen ungeahnten Aufschwung, schon 1871 wurde der neue Bahnhof eingeweiht, damals das größte Gebäude am Ort. Er steht auch heute noch imposant da und lässt ahnen, für welch internationales Flair er damals in Simbach gesorgt hat. Ab Mai 1883 hielt hier sogar zweimal wöchentlich der Orientexpress! Es fuhr auch schon mal Kaiserin Elisabeth von Österreich samt Gefolge im Extrazug über die Grenze und als 1888 Kaiser II. Wilhelm Besuch in Wien machte, musste sein Hofzug ebenfalls hier halten.

Von alter Pracht und Bedeutung zeugen neben dem Bahnhof noch der restaurierte Lokschuppen und die Häuser der Eisenbahner-Wohnungen in der Bahnhofstraße mit ihren stolzen Platanen. Im Lokschuppen haben sich heute Kleinkunst und Musik angesiedelt, außerdem mögen Gastronomie und Partyszene sowie die Simbacher Pfingstdult dieses alte Ambiente.

Als Erinnerung an die Blütezeit der Bahnverbindung von München über Simbach nach Wien steht heute noch auf dem Bahnhofsvorplatz eine Dampflok aus der Baureihe 52.80 der Deutschen Reichsbahn, 1944 in Wien-Florisdorf gebaut. Der Lokführer „Bubi“ Wimmer hat sie 1992 von München nach Simbach gefahren, seit dieser letzten Fahrt der Lok sorgt er mit Eisenbahner-Freunden dafür, dass sie als „offizielles Denkmal“ immer gut ausschaut. Bei einem kompletten Neuanstrich

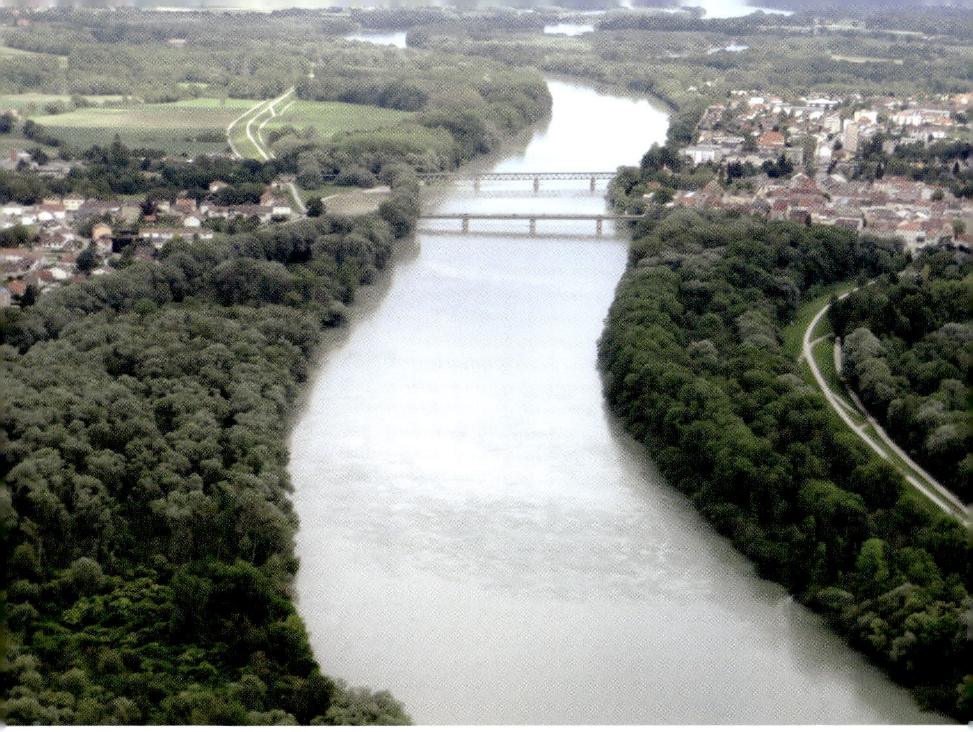

Zwei von drei Innbrücken zwischen Braunau und Simbach.

kommen dann schon mal rund 25 Liter schwarze Farbe und gut zehn Liter Signalrot zum Einsatz.

Der Bahnhof selber ist dagegen kein Denkmal, sondern ein Drehkreuz für Pendler und Bahnfahrer in alle vier Himmelsrichtungen. In Simbach kann man sogar Fahrkarten an einem richtigen Schalter, oder besser Ticketcenter, erwerben und muss sich nicht mit anonymen Automaten abgeben.

Zeitgleich mit der Einweihung des Bahnhofs begann der fahrplanmäßige Zugverkehr über die neue Eisenbahnbrücke. Auf fünf Pfeilern überquerte sie den Inn, errichtet im schmiedeeisernen „Ständerfachwerk“, für das angeblich über 160 000 Nieten eingesetzt wurden. Der Pfeilerbau im Senkkastenverfahren war für damalige Verhältnisse revolutionär, die fünf Pfeiler haben auch die Sprengung von 1945 gut überstanden, denn bereits im Dezember 1948 liefen die ersten Züge auf dem 400 Meter langen neuen „Überbau“ über den Fluss Richtung Linz, Wien und weiter in den Balkan. Zunächst aber mit der Ansage: „nächster Halt Braunau!“

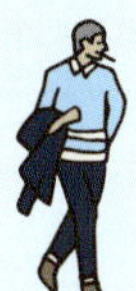

Stadtspaziergang in Braunau

Start: Historische Badstube Vorderbad, Mühlengasse

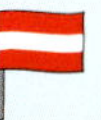

Dauer: nach Belieben

In der Mitte strömt ein Strom und rechts und links davon haben sich schon in der Antike Menschen angesiedelt. Schließlich gehört so ein Strom überquert, sein Schwemmland genutzt, als natürliche Grenze verteidigt und das Wasser zum Transport genutzt. Man tat es von beiden Seiten des Flusses, in Braunau am Inn und Simbach gegenüber. Beim großen Brand im 14. Jahrhundert wurde die Brücke zerstört, was das Hin und Her zwischen den mal vereinten, mal getrennten Gemeinden störte. Dann kamen Kriege und Erbfolgen, die Pfälzer, die mal Braunau besetzten, und die Donaumonarchie, die Braunau den Habsburgern zuschlug. Dazwischen kam Napoleon und ließ dort einen Buchhändler wegen Hochverrats hinrichten. Damals hätte man das schon als Menetekel sehen können ... Ungeachtet der Zeitläufte entwickelte sich Braunau in den vergangenen Jahrhunderten zu einem reichen Innstädtchen, wie man sie dank Triftwesen sowohl an der Salzach als auch am Inn findet. Laufen, Burghausen, Mühldorf, Wasserburg und schließlich die schöne Primadonna der Flussstädte, Passau. Heute verirren sich eher wenige Menschen nach Braunau – zu Unrecht. Nicht nur, weil es einen der schönsten spätgotischen Kirchenbauten Österreichs birgt, sondern auch jene barocken Bürgerhäuser, die sich in den Salzach- und Innstädten mittels Fassaden und dickleibigen Mauern wie ein einheitliches Ganzes zelebrieren. Und mit ihren Farben Lachsrot, Himmelblau oder Ockergelb den Orten eine Heiterkeit verleihen, die das Gemüt positiv stimmt und einladend ist.

Doch hat Braunau bei all seiner fast mediterranen Schönheit einen Makel: Dort steht das Geburtshaus Adolf Hitlers (1889–1945), über dessen Nutzung auch seit seiner Übernahme durch den österreichischen Staat im Jahre 2016 noch debattiert wird. Geplant ist, das denkmalgeschützte Biedermeierhaus als Sitz der Polizei umzubauen. Es geht aber vor allem darum, den sogenannten Hitlertourismus der letzten Jahrzehnte zu unterbinden. Dafür hat Braunau in jüngster Zeit viel getan, zuletzt im Rahmen der Bayerisch-Oberösterreichischen Landesausstellung 2012, bei der die Stadt neben Burghausen und Mattighofen ein Ausstellungsort war. Seither gibt es einen Kulturrundgang durch Braunau und seine Geschichte, den man gut nachvollziehen kann.

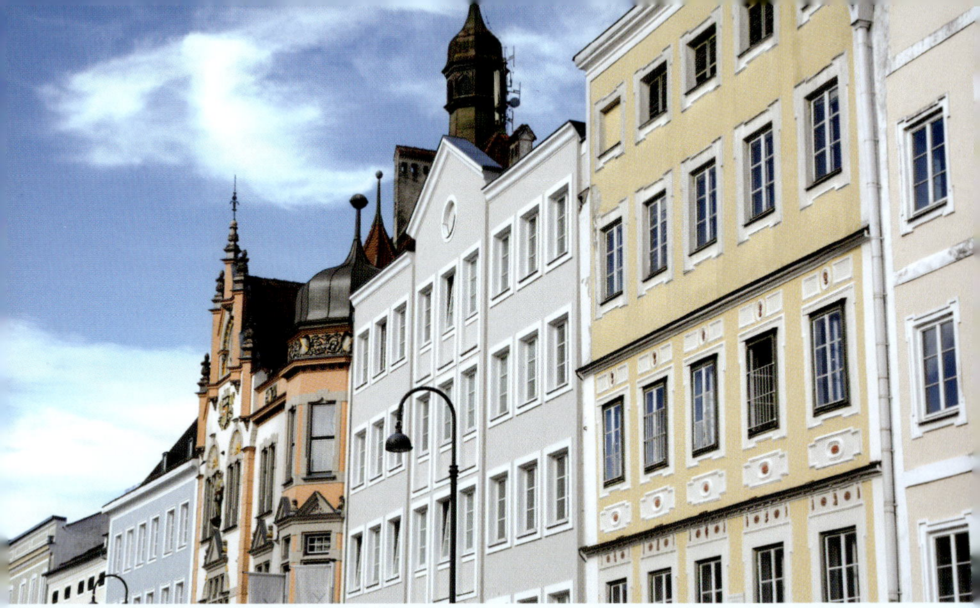

Braunaus historische Altstadt ist ein Musterbeispiel der farbenfrohen Inn-Salzach-Architektur.

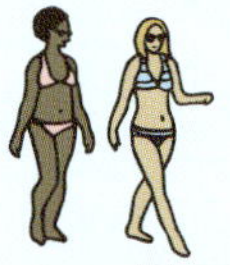

Badekultur am Stadtbach

Den Anfang macht ein Besuch der historischen Badestube oder des „Museum Vorderbad" in der Färbergasse 13, ein gelungener Schulterschluss zwischen mittelalterlicher Bausubstanz und moderner Architektur – schon einmal ein guter Einstieg in die historische Badekultur, die mit dem sogenannten Bäderdreieck im Oberen Innviertel eine neuzeitliche Version erfahren hat. Der fesche moderne Anbau des Vorderbads in Form eines Riesenbadezubers schmiegt sich an das Ufer des Stadtbachs. Die beiden anderen Badhäuser Mitterbad und Hinterbad fügen sich dahinter an. Die Aufteilung stammt noch aus der frühen Zeit der Nutzung, als das Vorderbad den Armen, das Mitterbad den reichen Bürgern und das Hinterbad den Geistlichen vorbehalten war. Die historische Badestube „Vorderbad" ist ein wahres Schatzkästlein der Hygienegeschichte. 1592 wurde sie erstmals erwähnt, bestand aber schon lange vorher. Zu besichtigen ist das kleine Museum per Münzeinwurf. Schautafeln schildern die soziale Bedeutung der Badehäuser in Europa, in einer Zeit, da es kein fließendes Wasser gab. Das öffentliche Baden war sozialer Treffpunkt und wichtig für die allgemeine Hygiene – die Braunauer Anlage wurde noch bis ins späte 18. Jahrhundert betrieben.

Von dort aus kann man entlang des Stadtbachs weiterwandern, der sich weitgehend naturbelassen durch den Ort schlängelt. Die Scheinfassaden der farbenfroh strahlenden Bürgerhäuser im Inn-Salzach-Stil ragen hoch auf. Die Bauweise mit der geschlossenen Front, hinter der sich die Grabendächer verstecken, wurde wegen der ständig drohenden Brandgefahr etwa im 17. Jahrhundert eingeführt: Sie sollte ein Übergreifen des Feuers von einem Haus aufs andere verhindern.

Eine kleine Stiege führt zum Stadttor hoch, durch das man auf den Hauptplatz kommt. Dort verlockt ein Beisl neben dem anderen, und wir brauchen einige Zeit, um zu schauen. Schließlich verlieren wir uns in dem Gewirr der

Am Badhaus treffen historische Hygienekonzepte auf moderne Architektur.

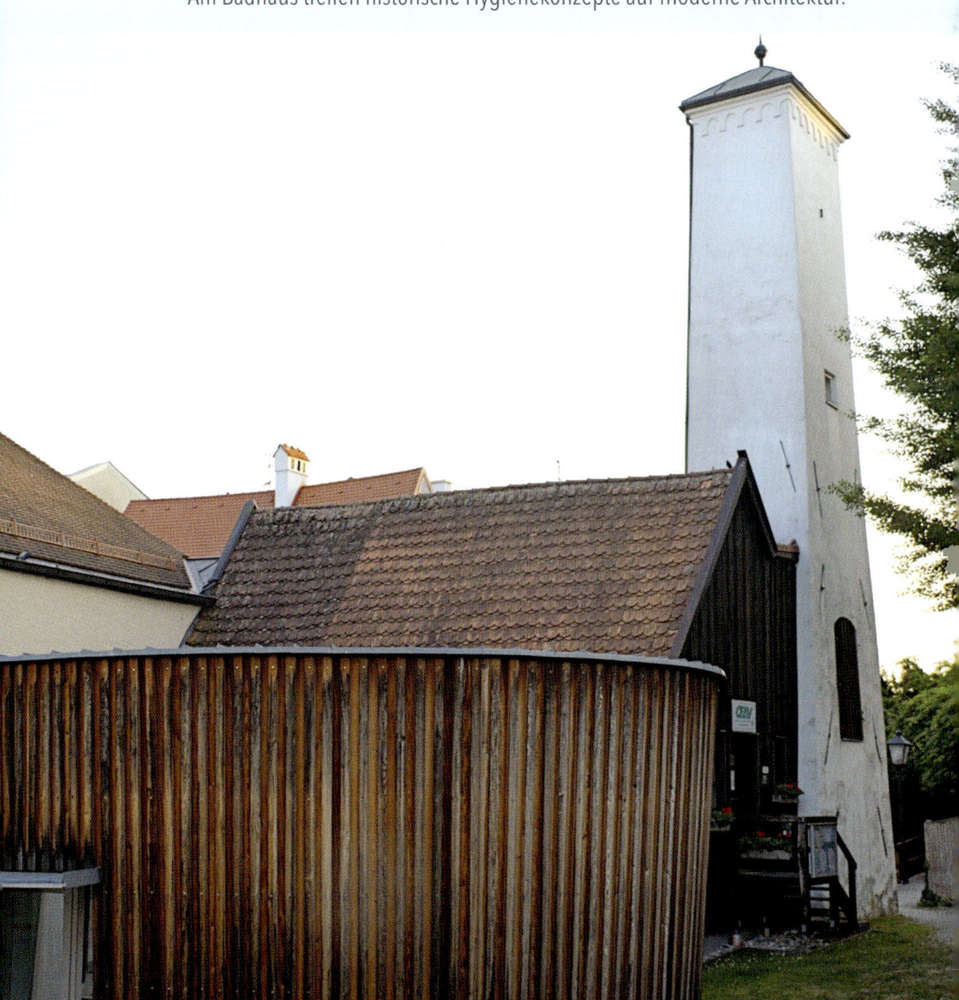

Seitenstraßen, wenn wir den Stadtplatz in Richtung Inn durchschlendern. Sich treiben lassen geht gut in den kleinen Gassen, die ein solch schönes mittelalterliches bis barockes Gepräge haben, dass man die Stadt sofort als Kulisse in einem Historienfilm sieht.
Dass man sich in Braunau früh um das Wohl seiner Bürger gesorgt hat, beweist nicht nur die Kultur der Badehäuser, sondern auch der Bau des Bürgerspitals Heiliger Geist am Palmplatz 8. Im spätgotischen Stil wurde es im 15. Jahrhundert für unschuldig in Not geratene Bürger errichtet. Die angrenzende Kirche mit einem schönen Netzrippengewölbe präsentiert sich als Sechseckkirche, eine Bauform, die in dieser Region hüben wie drüben sehr verbreitet ist.

Im Palm-Park

Angrenzend an das Spitalsgebäude befindet sich der Palm-Park. Dort erinnert eine Bronzestatue an den Nürnberger Buchhändler Johann Philipp Palm, der am 26. August 1806 in Braunau wegen der gegen Napoleon gerichteten Verbreitung der Schrift „Deutschland in seiner tiefsten Erniedrigung“ von den Franzosen erschossen wurde. Weiter geht es zum sogenannten Rabenhaus, errichtet im 15. Jahrhundert. Es gehörte als vierstöckiger Speicherbau zu den Mauthäusern. Heute ist darin eine Bäckerei untergebracht.
Auf die Feuerlöschfabrik der Familie Rupert Gugg & Söhne, gegründet 1781, geht das Gugg-Kulturhaus, Palmstraße 4, zurück. Seit einigen Jahren dient der historische Bau als Veranstaltungsort für Kulturelles. Dort finden auch die Braunauer Zeitgeschichte-Tage jeweils am letzten Septemberwochenende statt.
Die Stadtpfarrkirche St. Stephan mit ihrem siebengeschossigen Turm ist das Wahrzeichen Braunaus. 192 Stufen führen hinauf, oben wird man mit einem grandiosen Ausblick belohnt. Der Sakralbau gilt als eine der bedeutenden spätgotischen Kirchenbauten Österreichs, geschaffen von Baumeister Stephan Krumenauer zwischen 1439 und 1466. Das dreischiffige Langhaus mit seinen zwölf Seitenkapellen, die jeweils einem Handwerk gewidmet sind, beeindruckt ebenso wie das

kühne Netzrippengewölbe. Der Bäckeraltar aus dem 15. Jahrhundert ist einer der seltenen erhaltenen Flügelaltäre aus dieser Zeit.

Der Mann mit dem langen Bart

Mächtige Epitaphe zieren die Außenmauern der Kirche, darunter auch das von dem einstigen Braunauer Stadthauptmann Hans Steininger (1508–1567), der Mann mit dem langen Bart – auch eines der „Wahrzeichen" des Ortes. Sechsmal wurde er zum Stadthauptmann gewählt. Seinen wohl um zwei Meter langen Bart trug er meist eingerollt in der Tasche. Meist. Zumindest einmal muss er das vergessen haben, und so fiel er über ihn, brach sich das Genick und starb. Seitdem ranken sich die Legenden um den berühmten Barträger. Seinen Bart, dessen Echtheit verbrieft ist, kann man im Bezirksmuseum Herzogsburg Braunau, Altstadt 10, betrachten. Das Epitaph dieses Hans Steininger an der Außenmauer der Stadtpfarrkirche St. Stephan hat wohl auch in der Vergangenheit immer wieder internationale Künstler auf den Plan gerufen. Im Louvre in Paris und in London gibt es Bilder und Stiche von ihm. Das zimtfarbene Heimathaus Braunau in der Johann-Fischer-Gasse beherbergt die älteste Glockengießerei im deutschsprachigen Raum und ein Heimatmuseum, in dem wertvolle Hinterglasmalerei präsentiert wird. Das mittelalterliche Haus mit einer Rauchküche, einer Backstube und der originalen Glockengießerwerkstatt aus 1385 wurde 1916 vom Heimatverein Braunau gekauft und in ein Museum umgewandelt.

ⓘ Tourist-Info Braunau, Stadtplatz 2, Tel. +43 (0)7722 62644

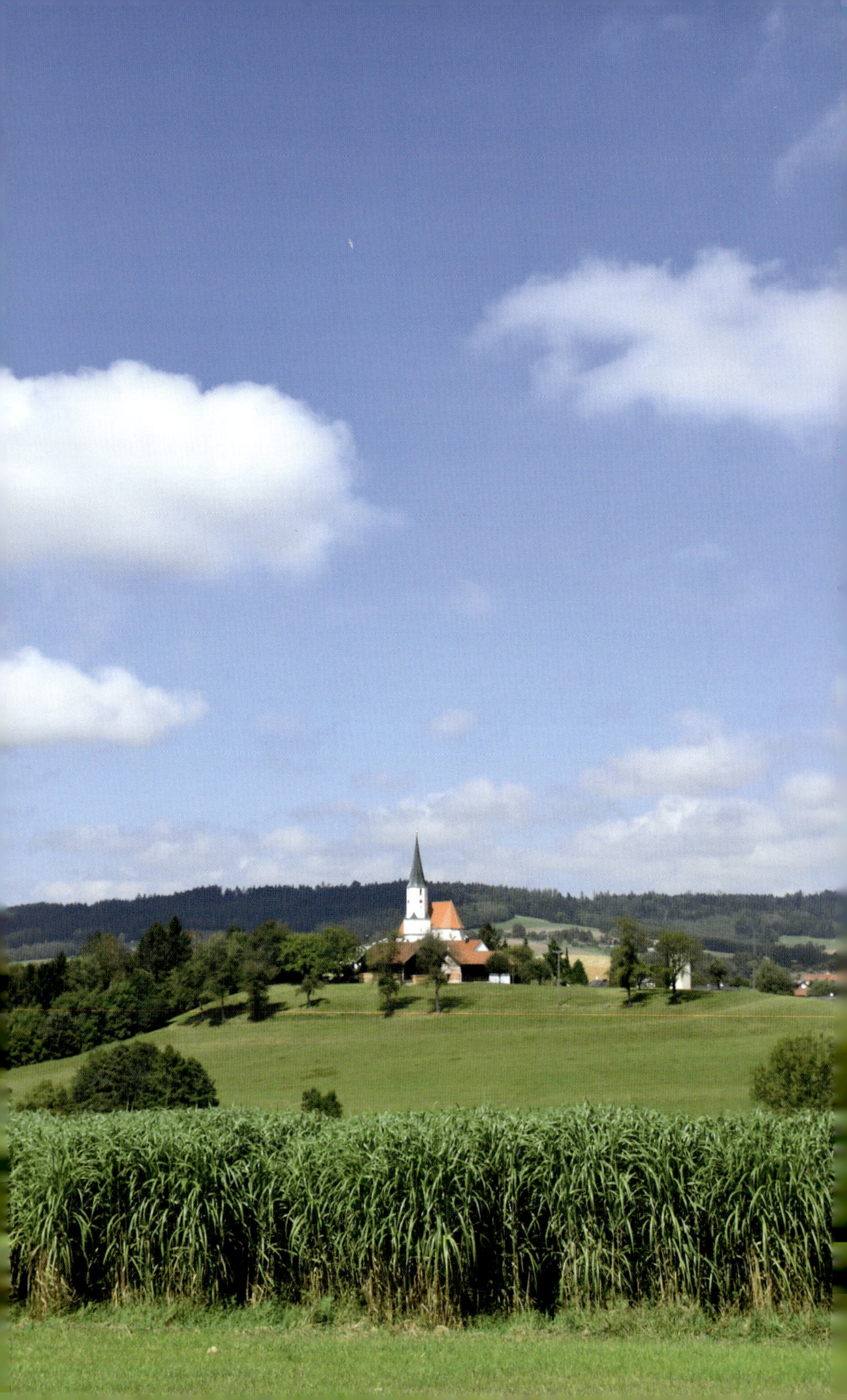

Rösser, Rundblick, Radlwege

Wandern und entdecken im Rottal

Bereits im 8. Jahrhundert wurde an der Stelle des heutigen Rotthalmünster ein Klösterchen gegründet. Dieses älteste adelige Eigenkloster Bayerns wurde allerdings durch die Ungarnstürme im 10. Jahrhundert zerstört. 1150 wurde das heutige Rotthalmünster unter den Grafen von Vornbach gegründet und war bereits im 13. Jahrhundert ein Markt, der bis weit ins 18. Jahrhundert „Münster" genannt wurde. Die Historie sieht man dem Ort an. Am Marktplatz reihen sich bunte Häuser aus dem 18. Jahrhundert mit Schweifgiebeln, Satteldächern und sauberer weißer Putzgliederung. Fast alle Gebäude sind zweigeschossig und so wirkt das Zentrum wie eine Kulisse zu einem Theaterstück, in dem man in Eisdielen und Restaurants dem gemächlichen Verkehr auf dem Kopfsteinpflaster zusehen kann.

Die sehr typische Bauweise des Rottals, Bauernhäuser, die komplett aus Holz gezimmert waren, brachte dem schmucken Marktflecken so manches Mal im Laufe seiner Geschichte Unglück: Zahlreiche Brände zerstörten immer wieder Großteile des Ortes. Heute finden wir nur mehr „am Goldberg" drei der typischen Bauernhäuser, deren dunkle Fassaden von Blumenschmuck und farbigen Fensterumrandungen unterbrochen werden. Anfang des 19. Jahrhunderts wurde die bayerische Bauordnung dahingehend geändert, dass ein Wohnhaus nun zumindest ein gemauertes Erdgeschoss haben musste. Man ist sich des historischen Erbes bewusst, viele dieser einzigartigen Bauernhäuser oder Höfe wurden komplett ins Bauernhofmuseen im niederbayerischen Massing übersiedelt.

linke Seite: Blick auf Stubenberg im Hügelland rund um Rotthalmünster.

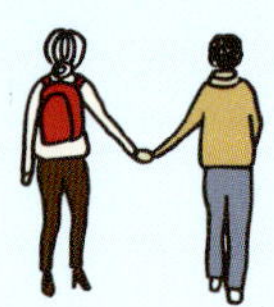

Von Rotthalmünster nach Asbach

Start/Ziel: Rotthalmünster, Marktplatz

🕒 2 Stunden ↔ 7 km ↗ 30 hm

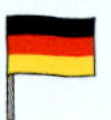

Gemächlich starten wir auch die Wanderung ins etwa fünf Kilometer entfernte Asbach. Es ist eine unaufgeregte Tour durch eine fast südländisch anmutende Landschaft. Wir gehen vom Marktplatz an der spätgotischen Pfarrkirche Mariä Himmelfahrt vorbei, durch das „Portalstöckl" hindurch, ein Torturm an der einstigen Wehrmauer aus dem 15. Jahrhundert. Ein wenig Schaudern gehört dazu, wenn man gleich dahinter auf den noch intakten Pranger stößt, an dem bis vor 200 Jahren Verbrecher zur Schau gestellt wurden.

Wir folgen der Straße bis zu den Schildern, die nach Kößlarn und Asbach weisen. Ein zauberhafter Weg führt entlang des Kößlarner Bachs, nach etwa zehn Minuten verweist ein Schild auf den kurzen Weg nach Asbach (4,5 km) oder einen längeren Schlenker über das Naturbad (5,6 km). Es ist heiß in der Auenlandschaft, da will man sich ein Bad nicht entgehen lassen, und wir biegen links über ein Brückerl Richtung Ortsteil Leithen ab. Dort folgen wir einen Kilometer der Straße, bis nach einer Abwärtskurve ein kleines, schmuckes Naturbad wartet, in dem Seerosen über die Wasserqualität wachen. Die Versuchung ist groß, sich die weitere Wanderung zu schenken, aber nach einem erfrischenden Bad in dem wenig besuchten Miniatursee geht es erfrischt weiter. Hinter dem Bad zieht sich nach rechts abzweigend ein kleiner Weg bis zur Straße nach Pattenham, vorbei an einem Seerosenteich mit angrenzender Wiese, auf der Schafe weiden.

In Pattenham halten wir uns rechts, der Weg nach Asbach ist ausgeschildert. Vorbei am Gasthaus „Wirt z' Pattenham" mit den mächtigen Kastanien im Biergarten, weiter vorbei an Bauernhöfen, bis sich der Weg sozusagen ins Gebüsch schlägt. Ein schmaler Trampelpfad durch viel Brennnessel- und Brombeergestrüpp – da empfehlen sich lange Hosen. Nach einer Viertelstunde mündet diese kleine Urwaldstrecke in einen lichten Weg zwischen satten Maisfeldern und mit einem Blick über das Inntal, der die Brennnesselqualen belohnt. Dann wird der Pfad schön schattig, mit lichtem Fichtenbestand auf einem kleinen Höhenzug und weiter Aussicht. Nach einem leichten Auf und Ab geht es durch einen Pferdehof mit vielen Apfelbäumen.

In Asbach führt der Weg direkt zum ehemaligen Benediktinerkloster, dessen Gründung im 11. Jahrhundert war. Heute ist das Anwesen ein Museum, das aber samt

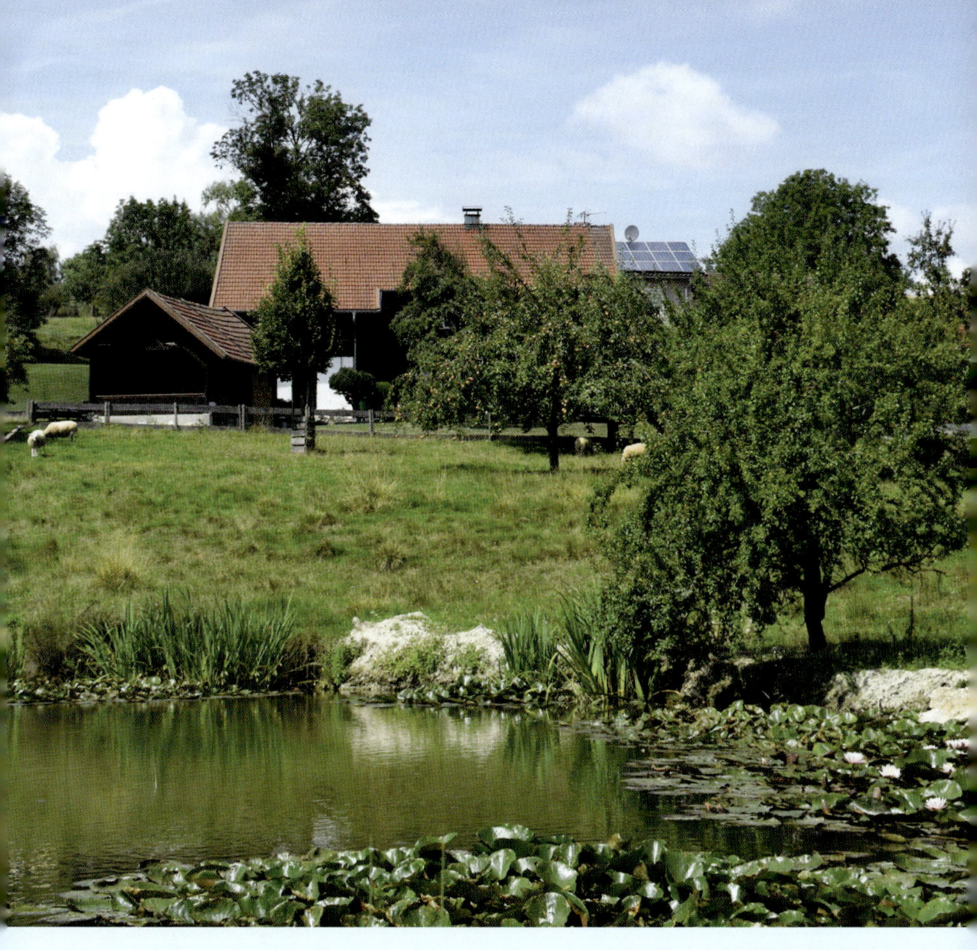

Der Dorfteich in Pattenham, ein Idyll, für das man die Wanderung gerne unterbricht.

Gasthaus schon seit geraumer Zeit geschlossen ist. Schade. Aber man kann dennoch die aufwendig renovierte Klosterkirche, heute Pfarrkirche St. Matthäus, besuchen. Lohnend, denn das lichtdurchflutete Gotteshaus aus dem späten 18. Jahrhundert ist ein Schmuckstück des Frühklassizismus, mit Deckenfresken und Altarbildern zu jedem der neun Seitenaltäre. Niemand geringerer als François de Cuvilliés der Jüngere, Sohn des bayerischen Hofbaumeisters, hat sie entworfen.
Zurück geht der Weg über Riedhof, wer mag, macht noch einen Abstecher zum „Schneepoint", einem Vierkanthof aus dem 19. Jahrhundert. Kurz vor Pattenham treffen wir wieder auf den Weg, den wir schon kennen. Nun könnte man an der Straße entlang direkt nach Rotthalmünster gehen oder einen zweiten Abstecher über das Naturbad machen. Je nach Wetter.

Kößlarn
Wehrhafter Wallfahrtsort

Dass der Markt Kößlarn jahrhundertelang eine Sonderstellung einnahm, sieht man ihm noch heute an. Der Marktplatz ist von repräsentativen Bauten geprägt, und er gehört zu den ältesten Wallfahrtsorten Bayerns. Und das kam so: Auf dem Areal des heutigen Ortes stand 1364 der Kößlhof. In seiner Nähe fand der Graf von Ortenburg beim Überqueren eines Bachs eine Marienstatue. Er ließ dafür eine Bretterhütte bauen. Kurz danach war der todkranke Kößlbauer, der sich zu diesem Bildwerk tragen ließ, plötzlich geheilt. Die Menschen, die damals von den schweren Pestjahren gezeichnet waren, sahen das als wundertätiges Werk. Mit vielen Spenden konnte die Holzkapelle bereits um 1400 zu einem Steinbau mit drei Altären ausgebaut werden, die immer mehr Pilger anzog. 1448 wallfahrteten bereits 137 Pfarreien nach Kößlarn. Die Seelsorge oblag zunächst dem Zisterzienserkloster Aldersbach, später erhielt der Markt mehrere eigene Geistliche. In der zweiten Hälfte des 15. Jahrhunderts wurde mit den Priesterhäusern auch der Wehrgang errichtet, denn die wertvollen Kirchenschätze der florierenden Wallfahrt – darunter die gotische Silbermadonna – mussten geschützt werden. Gleichzeitig wurde das Schankrecht erteilt und Kößlarn wurde zum Markt. Eine weitere Kirchenerweiterung im 16. Jahrhundert und blühender Handel machten den Ort zu einem religiösen und wirtschaftlichen Machtzentrum der Wittelsbacher. Die Wehrkirche lag strategisch günstig nahe der österreichischen Grenze. Das sorgte im Laufe der Jahrhunderte für Konflikte. Der Einfall der Schweden im 17. Jahrhundert, mehrere Pestwellen, die Abtretung des Innviertels an Österreich und die Vertreibung der Zisterzienser, die mit ihrem Seelsorgewesen das Wallfahrtgeschehen prägten – das alles veränderte die wirtschaftliche Leben des Marktes. Heute sind der frisch renovierte, schmucke Marktplatz sowie die angrenzenden Wälder inklusive dem Grafenwald einen Besuch wert.

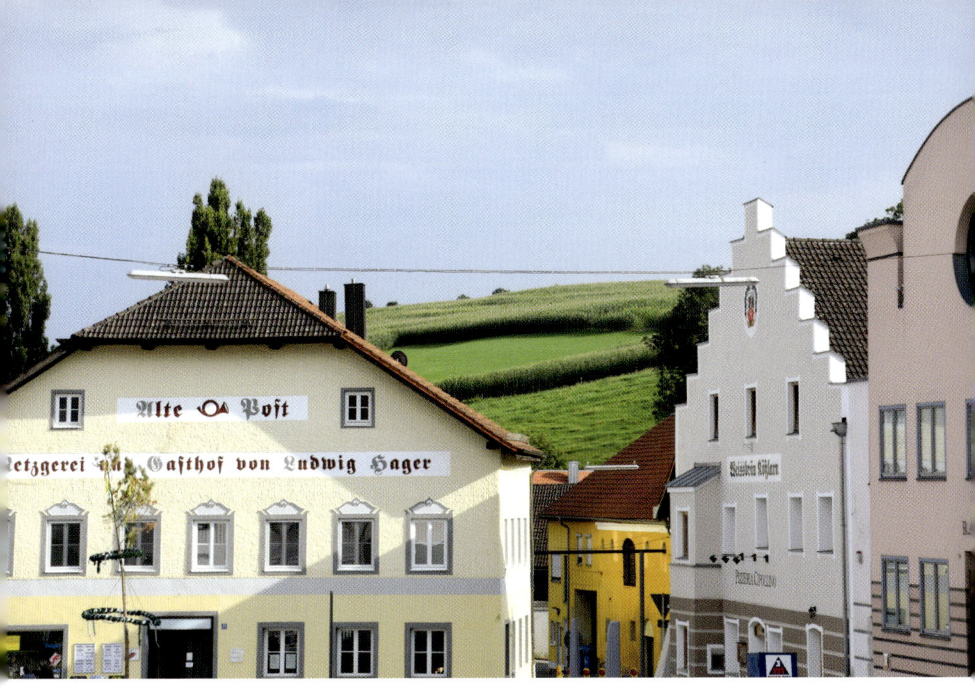

Der Marktplatz von Kößlarn ist nach der Generalsanierung ein Schmuckstück.

Malching

Besiedelt wurde das Gebiet des heutigen Malching bereits 4000 v. Chr., das belegen die vielen neolithischen Fundstücke und eine Wehranlage aus dieser Zeit. Später haben die Bajuwaren das Gebiet für sich entdeckt und der Gegend zahlreiche Orte hinterlassen, die auf die Silbe „ing“ enden. Man benannte sie wohl nach den Sippenoberhäuptern, deren Namen man mit dieser Silbe ergänzte, was auf „die Leute des …“ hindeutet. Malching lebte jahrhundertelang von der Schifffahrt am Inn. Das imposante Gasthaus Post geht auf das Jahr 1436 zurück und war eine Zeit lang eine wichtige Station auf der Strecke München–Passau–Wien, so lange, bis eine Bahnlinie 1910 die Postkutschen ablöste. Die Anbindung an die Welt durch Schifffahrt und Postverkehr brachte allerdings auch zwischen dem 16. und 18. Jahrhundert drei verheerende Pestwellen in den Ort, ein Pestfriedhof zeugt davon. Heute wird Malching von einem imposanten Gestüt dominiert: Gleich an der westlichen Ortseinfahrt liegt die Hengststation Holzeder. Wer sich für Pferde und Turnierreiten interessiert, ist hier richtig.

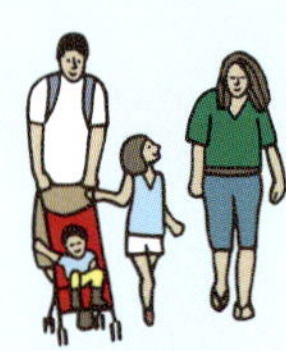

Im Bärenwald von Aigen am Inn

Start/Ziel: Aigen am Inn, Kindergarten

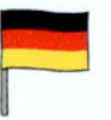

🕒 1 Stunde ↔ 3,5 km ↗ 0 hm

Keine sechs Kilometer von Rotthalmünster entfernt liegt Aigen am Inn. Wer es idyllisch und ursprünglich mag, ist hier richtig. Zwei Kirchen und ein Zehentstadel, das sind schon einmal die historischen Eckpfeiler, die Aigen als Ort mit Geschichte ausweisen. Sie reicht weit zurück, denn die fruchtbare Gegend im Urstromtal des Inn war bereits vor 7 000 Jahren besiedelt. Kelten, Römer und Bajuwaren zogen hier durch, bis sich im frühen Mittelalter wohl Fischer ansiedelten. Um 1000 gehörte der Landstrich dem Geschlecht derer von Katzenberg. Damals geschah es der Legende nach, dass das Burgfräulein von Katzenberg eine vom Inn angeschwemmte Statue des hl. Leonhard fand. Ziemlich rasch entwickelte sich Aigen zum Wallfahrtsort des damals schon beliebtesten Heiligen der Niederbayern, des Schutzpatrons über das Vieh. 1108 wurde die Kirche St. Leonhard im romanischen Stil erbaut, 300 Jahre später dann im gotischen Stil erweitert. Die Leonhardi-Wallfahrt von Aigen ist eine der ältesten in ganz Bayern. An ihrem Hauptfest am ersten Sonntag im November findet der Leonhardiritt mit Reitern aus Bayern und Österreich statt.

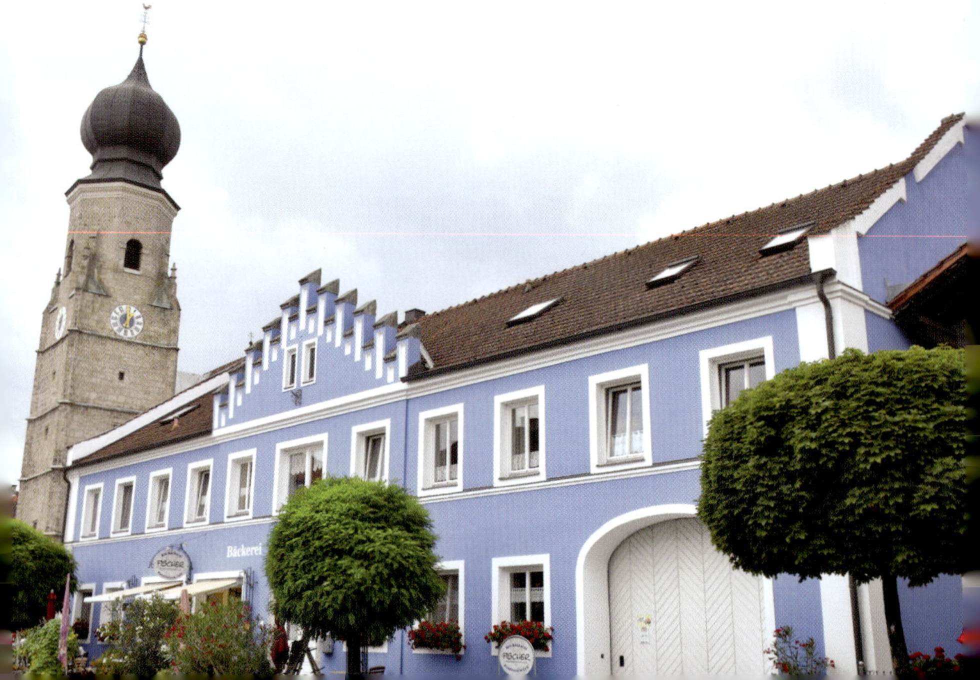

Unweit von St. Leonhard wurde 1161 die Pfarrkirche St. Stephan erbaut, 1470 vom Meister von Aigen, Thomas von Braunau, umgestaltet und später barockisiert. Eindrucksvoll ist im Ortskern der Zehntkasten mit einer Mauer aus Tuffstein, 1450 erbaut und zuständig für Gerichtsbarkeit, Speicher und Wohnräume samt Tafernwirtschaft, eine Art frühes Gemeindezentrum, das man heute als Ferienwohnung beziehen kann.

Doch auch die Natur kommt hier nicht zu kurz: In den Innauen von Aigen findet man in bis zu 300 Vogelarten. Der Pilgerweg Via Nova und der Römerradweg führen hier vorbei. Wir aber nehmen den Weg zum Bärenwald. Am wunderschön restaurierten Kindergarten in Aigen starten wir, schräg gegenüber des im typischen Innviertler Gelb leuchtenden Fischerbräu, dessen Gastgarten ganz mediterran von blühenden Oleanderbüschen eingerahmt ist. Der Weg führt uns zunächst zum Leonhardi-Museum, das Funde und Reliquien der Wallfahrten und Heiligenverehrung zum hl. Leonhard dokumentiert.

Ein fast schnurgerader Pfad über Felder führt direkt hinter dem Museum durch eine dampfige Schwemmebene. Der Wegweiser, dem wir folgen, heißt stets „Zum Bärenpark". Für Kinder ein spannendes Rätsel auf dieser Wanderung. Wie jetzt? Bären? Der gut markierte Weg führt dann durch dichtes Holz. War da nicht ein Knacken? Ein Rufen? Ein Brummen? Die Einsamkeit macht unsicher, aber schon nach 20 Minuten gelangen wir an einen zweifach gesicherten Zaun. Das Geheimnis lüftet sich: Es ist das Gelände des Bären-Gnadenhofs, gegründet von dem Tierschützer und Rechtsanwalt Dr. Andreas Grasmüller (1925–2005), der sich schon früh für würdige Lebensbedingungen für Nutz-, Haus- und Wildtiere einsetzte. Auf einer Aussichtsplattform kann man dort den sechs aus prekären Verhältnissen geretteten Braunbären beim Planschen im Teich zugucken. Tierschutz, begreifbar gemacht für Kinder und Erwachsene, und ein schönes Ziel, um in dem großen Waldstück – einem ehemaligen Bundeswehrgelände – verschiedene Wege zu gehen, die bis zu sieben Kilometer lang sein können und dann doch immer wieder schön zentral bei der katholischen Pfarrkirche St. Stephan in Aigen herauskommen. Gut so, denn im Zentrum von Aigen wartet der bezaubernde Garten das Café zum Kolbinger auf uns. Mit selbstgemachtem Kuchen und herzlicher Bedienung. Von dort zurück zum Parkplatz beim Kindergarten sind es nur mehr fünf Minuten.

ⓘ www.leonhardimuseum.de,
Führungen nach Voranmeldung unter Tel. +49 (0)8537 91089

Pocking

Pocking liegt inmitten der fruchtbaren Ebene zwischen den Flüssen Rott und Inn. Es galt einst als Zentrum der Rottaler Pferdezucht, die seit dem 9. Jahrhundert belegt ist, und damit neben der ostfriesischen die älteste Deutschlands ist. Aus den zunächst ungarischen Beutepferden mit Araberanteil wurden stabile Wirtschaftspferde und schließlich Militärpferde. Um 1558 ließ Herzog Albrecht IV. wertvolle Deckhengste an die Klosterhöfe verteilen, um die damalige Landrasse zu veredeln. Als 1879 Pocking einen Eisenbahnanschluss erhielt, wurde es zum Zentrum des bayerischen Pferdehandels. Noch bis in die 1950er-Jahre bildeten die Rottaler Pferde die bedeutendste Warmblutpopulation in Bayern. Mit dem Siegeszug des Automobils schwand jedoch die Bedeutung der Arbeits- und Militärpferde. Schließlich wurde die bayerische Pferdezucht von Wirtschafts- auf Rennpferde umgestellt. Das bedeutete fast das Aus für den vielseitigen, gutmütigen Warmblüter aus dem Rottal. Heute tragen noch viele bayerische Sportpferde Rottaler Blut in sich. Als gefährdete Nutztierrasse eingestuft, gibt es heute nur mehr 80 Rottaler Exemplare. Sie werden auf Gut Feuerschwendt in Neukirchen vorm Wald gezüchtet, das sich liebevoll um den Erhalt der seltensten Pferderasse Europas kümmert.

Tipp: Der westlich der Stadt an der B12 gelegene Pockinger Badesee bietet eine beliebte Freizeitlandschaft, frei zugänglich, mit Nichtschwimmerbereich. Vom nahe gelegenen Aussichtsturm kann man bis in die Alpen schauen.

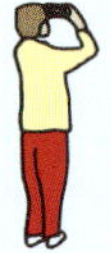

Stubenberg – zwischen Mais und Alpenblick

Start/Ziel: Stubenberg, Schlossberg
🕒 3 Stunden ↔ 9 km ↗ 60 hm

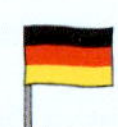

Das langgezogene Gemeindegebiet Stubenberg mit den Ortsteilen Prienbach, Fürstenberg und Stubenberg zieht sich vom Inn bis in das Rottaler Land hinein

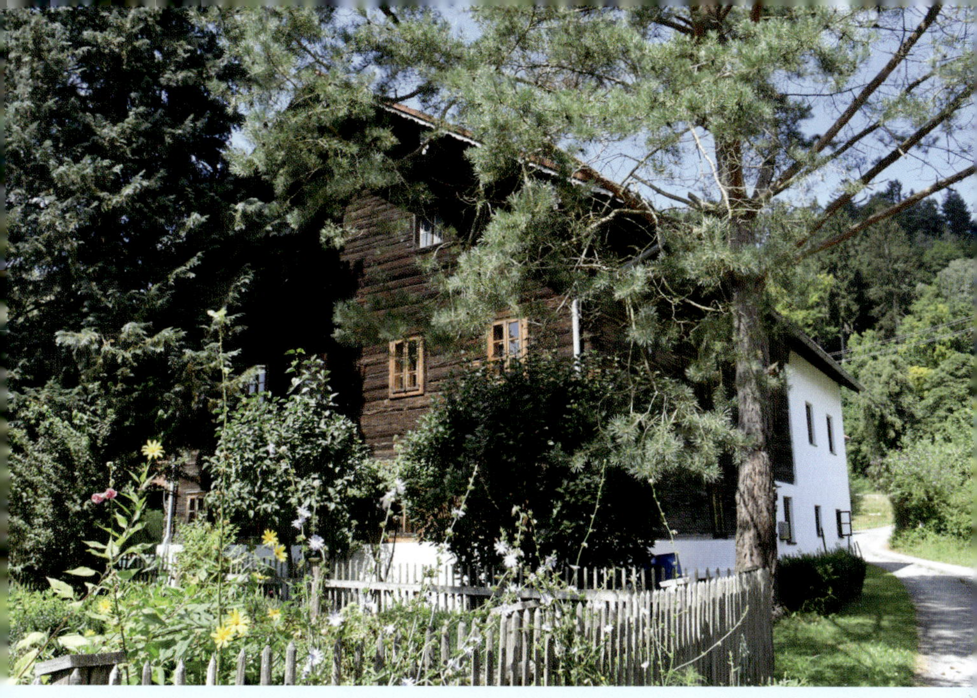

und ist so etwas wie ein Überraschungspaket in Sachen Natur und Kultur. Das Natur- und Vogelschutzgebiet Europareservat Unterer Inn mit dem grenzüberschreitenden Naturium ist ein verlockendes Ausflugsziel am großen Fluss, samt der romantischen Mühlauer Bucht, in der man sogar baden kann.
Wir starten in der einstigen Hofmark Stubenberg, am Fuße des Schlossbergs, einer weithin sichtbaren Erhebung, die von der Kirche St. Georg und Urban gekrönt wird. Von der mittelalterlichen Burg sind nur noch Reste des Turms geblieben sowie der spätgotische Kern der prächtigen barocken Pfarrkirche – eine alte Marienwallfahrtsstätte mit einem Gnadenbild aus der Zeit um 1600. Wir steigen die vielen Stufen zur Kirche hinauf. Von den adeligen Ahnen erzählen noch die rötlichen Marmorgrabsteine, die an der Nordwand eingelassen sind. Der spätgotische Bau wurde nach 1740 barockisiert, und wir lassen die farbenfrohen Fresken auf uns wirken. Nach der kleinen Andacht führt uns der Weg die Straße vom Schlossberg hinunter, direkt zu unserem Wanderweg Richtung Pettenau über Roßbach. Die gelben Schilder weisen sorgfältig die verschiedenen Möglichkeiten aus. Nach einem kurzen Stück auf der Straße mündet der Weg direkt in einen Wiesenpfad zwischen Maisfeldern ein. Im Hochsommer ein recht dampfiger Streckenabschnitt, der aber mit famosen Ausblicken belohnt wird. Am Ende geht es eine kaum befahrene Straße entlang, direkt nach Roßberg, das seinem Namen

alle Ehre macht und aus zwei großen Reiterhöfen besteht, umstanden von Streuobstwiesen. Der mit grünem Pfeil gut ausgewiesene Weg führt direkt durch ein Gestüt hindurch und schlängelt sich dann bergauf in den Wald, höher und höher, irgendwann auch auf einer einsamen Straße. Schatten ist dort spärlich und deshalb ist der Aufstieg anstrengend. Sobald es aus dem rechts und links von Wald begrenzten Streckenabschnitt rausgeht, wartet die Belohnung: Der Blick über das Inntal, bei gutem Wetter bis zu den Alpen. Kein Wunder, warum an dieser Stelle eine Kapelle und ein Aussichtspunkt warten. Die Kapelle von Bertenöd erinnert an den ersten „bayerischen" Papst Damasus II., der ganz in der Nähe um 1000 in Pildenau geboren wurde und bis zu seinem Tod nur drei Wochen im Amt war. Und es ist ein grandioser Platz, an dem man dank Bank und Tisch auch picknicken kann. Von einem Kraftort zu sprechen, ist sicher nicht übertrieben,

Weiter geht's bergab auf einem Hohlweg Richtung Pettenau. Tief eingekerbt zieht sich der Weg bisweilen steil hinab, vorbei an einem gelb leuchtenden Sandsteinabbruch und weiter Richtung Pettenau – ein landwirtschaftlich geprägter Weiler mit einem wunderschönen Rottaler Bauernhaus in seiner Mitte. Danach zieht der Pfad über Ackerland und wieder einmal durch Maisfelder. Am Ende wartet der Ort Prienbach mit seiner spätgotischen Pfarrkirche St. Stephan. Das kühle Innere verlockt zu einer Verschnaufpause, bevor wir dem grünen Pfeil zunächst auf dem Rad- und Wanderweg entlang der Straße zurück Richtung Stubenberg folgen. Bauerngärten mit Brombeersträuchern versüßen den etwas kargen, aber kurzen Streckenabschnitt, der nach dem Ortsschild in einen Waldweg entlang der Prien mündet, die sich hier beschaulich gluckernd den Berg hinabschlängelt. Ein an Sommertagen wirklich lauschiger Ort mit reicher Vegetation – für deren Entdeckung es im Rathaus zu Stubenberg ein kostenloses Begleitheft gibt.

Neben dem Schloß und der Kirche hat Stubenberg einen ganz besonderen Schatz vorzuweisen, das zweiteilige „Stubenberger Liederbuch", die größte Sammlung alter, volkstümlicher Lieder im bayerischen Raum. Sie dürften in der Gegend von Stubenberg auch gesungen worden sein. Von den Wallfahrern hörten die Stubenberger auch Lieder, die aus dem Salzburgischen, aus dem Rupertiwinkel oder aus dem Bayerischen Wald kamen. Die Sammlungstätigkeit erfolgte wohl gegen Ende des 18. Jahrhunderts, die ältesten Lieder, Oster- und Pfingstrufe, gehen bis ins 12. Jahrhundert zurück. Das mit wertvollen Miniaturen ausgestattete Original verwahrt die Bayerische Staatsbibliothek in München, eine Kopie bewahrt das Rathaus Stubenberg.

Naturium

Das grenzübergreifende Besucher-, Naturschutz- und Umweltbildungszentrum „Naturium“ im nahen Ering und im Schloss Frauenstein auf der österreichischen Seite ist eine Besichtigung wert. Es liegt im Zentrum des Naturjuwels Europareservat Unterer Inn. Die gemeinsame Einrichtung des bayerischen Landkreises Rottal-Inn und der oberösterreichischen Gemeinde Mining wurde 2020 eröffnet und lädt zum Erleben, Entdecken und Verstehen ein.

ⓘ www.naturium-am-inn.eu, Tel. +49 (0)8573 1360

Wallfahrtskirche St. Anna in Pildenau

Ein kleines Schmuckstück steht da in Sichtweite der B 12, die meisten fahren daran vorbei, wundern sich vielleicht über die hell leuchtende, kompakte Fassade des Kircherls. Wer die Abfahrt nicht verpasst, erfährt, dass hier in Pildenau der spätere Bischof Poppo von Brixen um 1000 geboren wurde. Er sollte der erste bayerische Papst Damasus II. werden.

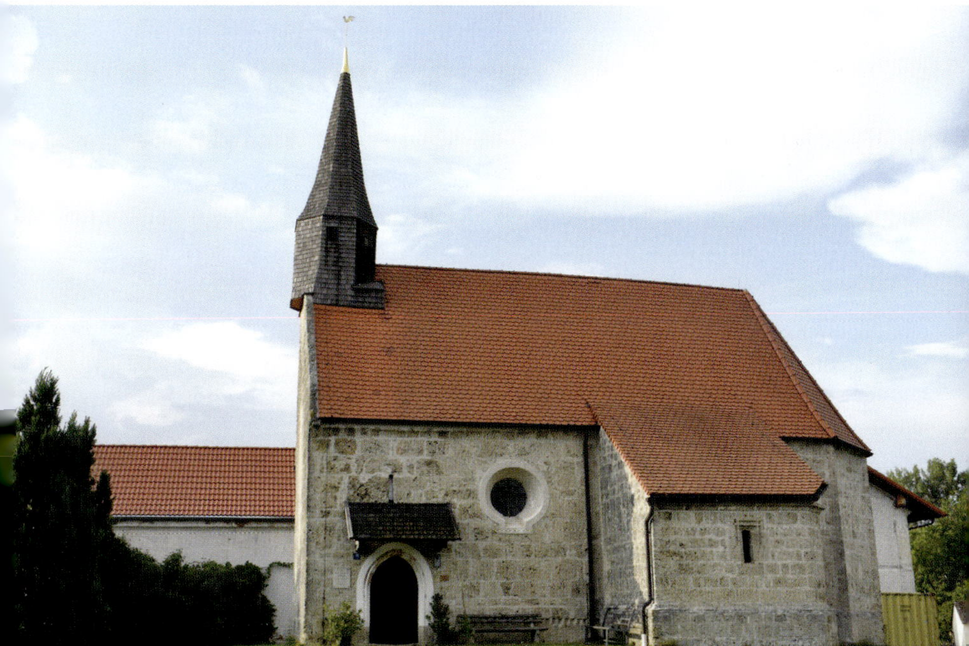

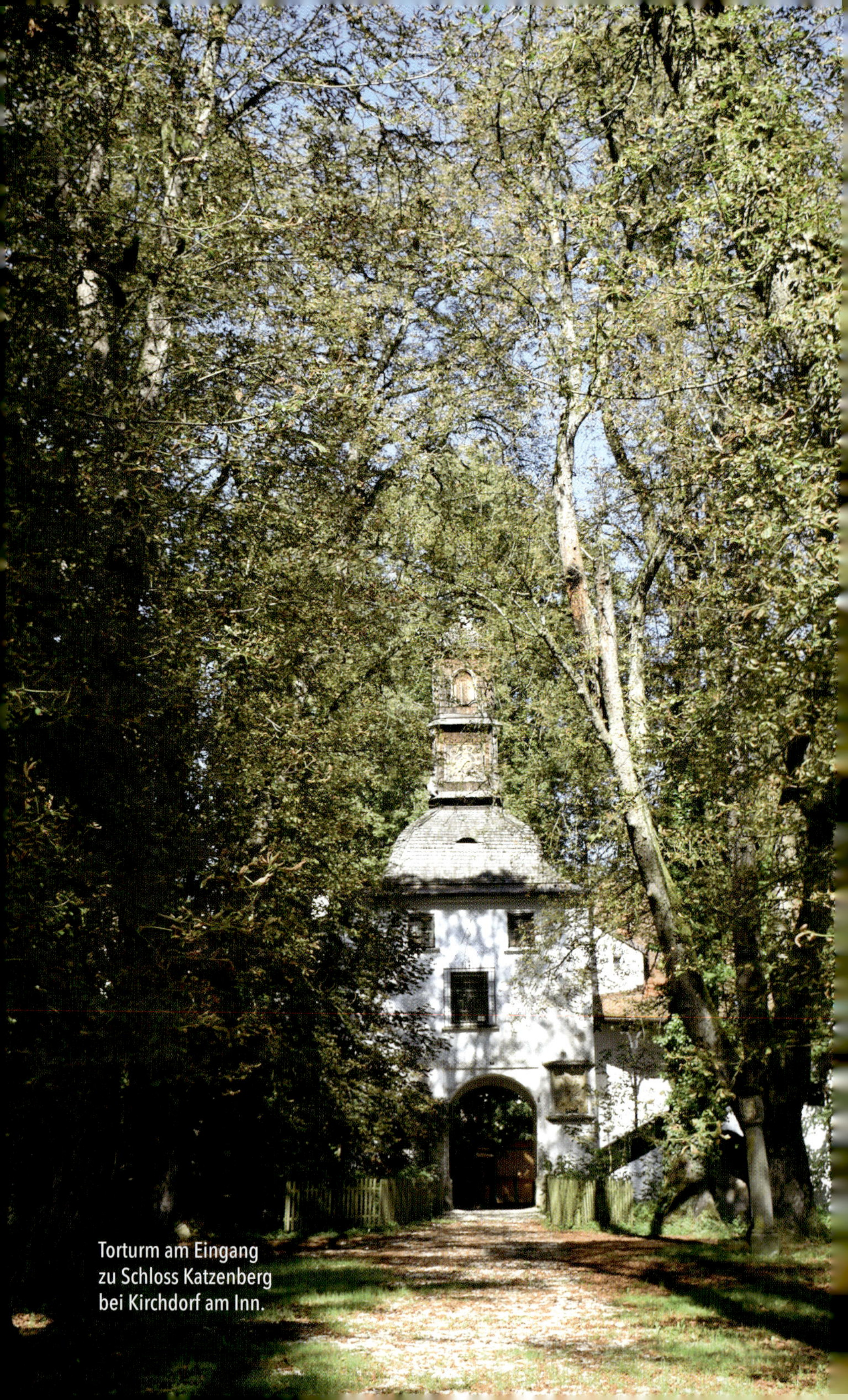

Torturm am Eingang
zu Schloss Katzenberg
bei Kirchdorf am Inn.

18

Naturschutz, Schlösser und Museen

Vielfältige Entdeckungen am Unteren Inn

Das Gebiet zwischen Maria Schmolln, Braunau und Schärding hat keinen bestimmten Namen innerhalb des Oberen Innviertels und doch geht von diesem durch die drei Orte markierten Landstrich ein besonderer Zauber aus. Am Rande des Kobernaußerwaldes, an den sich auch der Wallfahrtsort Maria Schmolln schmiegt, kann man an bestimmten Tagen ein wenig Toskana-Feeling verspüren. Zum einen liegt das an der Hügellandschaft, die wegen der landwirtschaftlichen Nutzung wie eine Patchworkdecke in Braun-, Beige- und Grüntönen wirkt. Dann wieder durchbrechen kleine alte Siedlungen, Gehöfte und Landmarken aus Kapellen, Wegkreuzen und imposanten Solitärbäumen das erdige Muster. Nähert man sich dem Inn, werden die Siedlungen größer, der industriell geprägte Mittelpunkt Braunau streckt seine Arme weit aus und ernährt seine „Gemeindekinder" mit. Hohe Lebensqualität vereint mit einer großen Zahl von Betrieben, das sind die beiden Säulen der Region, wie sie auch rund um Mattighofen und ganz im Nordosten rund um Schärding zu finden sind. Dazwischen scheint man sich ein wenig Auszeit vom hektischen Treiben zu nehmen und setzt auf Erholung und Mehrwert durch die Schönheit der Natur. Thermalbäder wie in Geinberg pflegen imposante Anlagen, die sich für eine kleine luxuriöse Auszeit anbieten. Und schließlich erstreckt sich zwischen den beiden Industriemagneten Braunau und Schärding am rechtsseitigen Inn mit dem Europareservat Unterer Inn und den Schärdinger Innauen eines der größten Naturschutzgebiete Österreichs und ein einmaliges Vogelreservat. Wer sich vorher amüsiert hat über die etwas ausgefallene Passion der Hobby-Ornithologen, wird hier bald eines Besseren belehrt. Vögel zu beobachten kann zur Obsession werden. Zu einer Massenbewegung ist zweifellos das E-Biken geworden – verständlich bei den gut ausgebauten Radwegen entlang des Inn, die von einem netten Ort zum nächsten führen. Für den kontemplativen Wanderer kann es allerdings eine Herausforderung sein. Denn an guten Tagen ist auf dem

Innradweg soviel Betrieb wie auf einem Highway. Als passionierter Geher wirkt man in dieser Menge motorisierter Drahtesel wie ein Exot. Und schätzt umso mehr die kleinen versteckten Ecken, die auf dem Rad an einem vorbeirauschen würden.

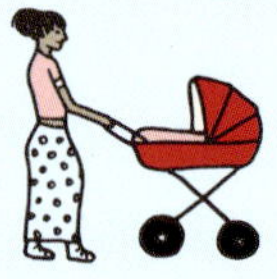

Der Daringer Weg in Aspach

Start: Aspach
Dauer: kurze Runde nach Belieben

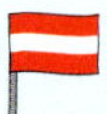

Am nördlichen Rand des Kobernaußerwaldes liegt auf rund 450 Meter Seehöhe der Ort Aspach. Vielleicht ist man vom lieblichen Maria Schmolln aus hergekommen, ist durch dunkle Fichtenwälder und auf kurvigen Straßen gereist. Und reibt sich die Augen, wenn sich die Landschaft nach der Durchquerung des Waldgebietes lichtet und sich fast wie eine sienesische Hügellandschaft vor einem ausbreitet. Je nach Jahreszeit grün und golden in tausend Schattierungen, am Horizont, dort wo man die Innauen erahnt, schimmert es bläulich. In Aspach selbst bildet der Kirchberg den Mittelpunkt, an dessen Südseite sich ein mächtiges historisches Gebäude schmiegt: das Gasthaus Zwink. Der schattige Parkplatz davor ist verlockend. Mächtige Kastanien, zwei schöne Eingangstore – leider versperrt. Auch wenn man in einem Führer gelesen hat, die Wirtsstube aus den 1920er-Jahren unbedingt anzuschauen, es hilft nichts, das Gasthaus ist geschlossen, und zwar nicht nur wegen eines Ruhetags, sondern für immer. Man kann aber erahnen, welch historischer Schatz sich hinter der mächtigen Fassade verbirgt. Mit viel Aufwand haben sich die Eigentümer gegen das Wirtshaussterben gestemmt. Der Ehemann der verstorbenen Wirtin hat noch mit 90 Jahren eine Schanklizenz erworben – aber es hat alles nichts geholfen. Ende 2019 hat dieses Denkmal der Wirtshauskultur, in dem jährlich das große Innviertler Gstanzlsingen veranstaltet wurde, dichtgemacht. Schade ist das, doch gegenüber ist der Hinweis auf ein weiteres Wirtshaus zu sehen. Wir folgen dem imposanten Fries um das Gebäude herum auf der Suche nach der Eingangstür und stutzen: Denn auch hier findet man kein Wirtshaus mehr, sondern das heutige Gemeindehaus. Gleich daneben ist der gepflegte Durchgang zum Daringer Kunstmuseum zu finden. Jetzt versteht man, was es mit dem Fries auf dem Gemeindehaus auf sich hat: Die aus Aspach stammende Familie Daringer ist eine Künstlerdynastie, die bereits seit drei Generationen lang das Bild Aspachs prägt. 2013 wurde das Museum eröffnet, 2017 mit dem Österreichischen Museumsgütesiegel ausgezeichnet. Tatsächlich ist der Bau ein architektonisches Schmuckstück und lohnt nicht nur wegen der Exponate einen Besuch, um die stark religiös geprägten Skulpturen des Bildhauers Manfred Daringer und Bilder Engelbert Daringers zu sehen. Auf dem „Daringer Lebensweg" machen wir eine kleine Rundreise durch den Ort, vorbei am Atelier und auch am großen Kurbetrieb von Aspach mit Hotel und Klinik. An zwölf spirituellen Stationen kann man den Werken der Künstlerfamilie Daringer begegnen. Dass man in Aspach Urlaub im Grünen machen kann, so der Slogan des kleinen Luftkurortes, ist nicht zu übersehen. Zurück geht es am Dorfbach samt Kneippanlage entlang, eine idyllische Landschaft, über der sich auf einem Hügel die Aspacher Pfarrkirche erhebt. Schmuck sind die Doppelzwiebelhelme des gotischen Turms. Vom romanischen Ursprung ist durch viele barocke Umgestaltungen nicht mehr viel zu sehen. Von der gotischen Bauepoche zeugen noch die Netzrippen in den Seitenschiffen, die Sakristeitür und der Turm. Wir stellen fest: In Aspach kann man nicht nur im Grünen urlauben, sondern in ganz besonderer Weise innehalten. Es ist ein wenig so, als würde die Zeit hier langsamer vergehen. Kein Wunder, warum man sich hier auf Kurangebote verlegt hat.

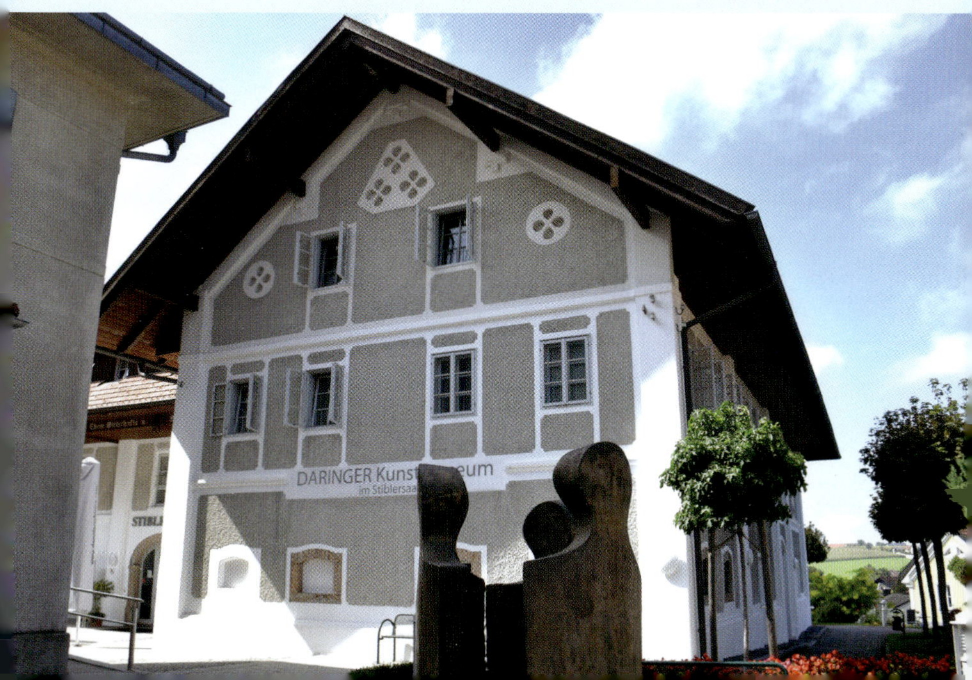

Wildenau

Bereits in Zentrum von Aspach lacht einen das Hinweisschild „Zum Badesee“ an. Dass es sich um eine wirklich große, schöne Freizeitanlage nahe dem Ortsteil Wildenau handelt, hat man nicht erwartet. Supergepflegte Liegewiesen, ein Wirtshaus mit Steg. Das Wasser auch im Herbst noch bacherlwarm. Nach einem „Schwumm“ ist man neugierig auf das nahe Schloss, das aber in Privatbesitz ist. Reizvolle Arkadengänge und ein romantischer Weiher machen Lust auf mehr – immerhin zählt es zu den ältesten Schlossanlagen des Innviertels. Schade ist es dann schon, dass man da nicht einfach reinspazieren kann. Dafür hat der kleine Weiler ein schmuckes Modehaus in seiner Mitte, auch das eine Überraschung.

Gasthof Kaiserlinde in Polling

Dieses Sich-treiben-Lassen im Oberen Innviertel bringt Begegnungen mit sich. Ein wenig ausgekühlt vom Bad im schön gelegenen Wildenauer See, steht einem der Sinn nach Süßem und Heißem. Auf dem Weg Richtung Altenberg durchfährt man Polling im Innkreis. Und stutzt. Nicht nur wegen des Tuffsteinkircherls, das man auch ohne kunsthistorische Vorbildung auf das 12. Jahrhundert schätzt, sondern wegen eines veritablen Gasthofs mitten im Ort, gut einsehbar von der Hauptstraße. Der Gasthof zur Kaiserlinde. Die Linde sieht man nicht auf Anhieb, was daran liegt, dass sie etwas durstig vor sich hinwelkt, dafür locken mächtige Kastanien in einen Wirtsgarten vor einem prachtvollen Gebäude. Die Gäste dort blicken auf vom Tisch, wenn ein Fremder kommt und – laden einen sogleich ein, bei ihnen Platz zu nehmen. Doch sie haben die Rechnung ohne die Wirtin gemacht: Frieda Stranzinger erhebt sich zu ihrer Größe von einem Meter vierzig und freut sich sichtlich über den unbekannten Gast. Man muss nicht lang fragen nach der Geschichte des Wirtshauses. Der Sohn der alten Dame, selbst Lehrer und Amateurwirt, erzählt freimütig, dass hier früher, zu Zeiten Maria Theresias, eine Poststation war. Die Kaiserlinde selbst wurde zu Ehren des letzten österreichischen Kaisers gepflanzt. Allerdings ist das schon deren Nachfolgerin, und auch die wird die neue Trockenheit nicht packen. Aber dafür soll ich mir bitteschön die Gaststube anschauen. „Mei ham's da g'rauft früher, als ich jung war", sagt die Wirtin und gesteht, dass sie 1918 (!) geboren wurde, zur Zeit meines Besuchs im Jahr 2020 also unglaubliche 102 Jahre zählt. Der Innenraum ist in der Tat eine perfekte Kulisse für einen Heimatfilm: schwarze Holztäfelung, bauchige Bierkrüge. Als dann der Zwetschkenstrudel serviert wird, ist man restlos vernarrt in diesen Ort. Das blitzsaubere Gasthaus hat neuerdings seine Öffnungszeiten der Köchin und Tochter Frieda Stranzingers angepasst, die selbst mit weit über 70 längst in Pension ist und nur noch an ein paar Tagen kochen möchte. Dafür sei dann die Stube brechend voll, bestätigen die übrigen Gäste des Biergartens, allesamt Stammkunden und Wahrer der Tradition. Den gefüllten Kalbsbraten müsse man probieren, den gibt's hier jeden Sonntag seit über 70 Jahren. Vom Wirtshaus sind es nur ein paar Schritte über die Hauptstraße zur Andreaskirche. Kirche und Friedhof stehen unter Denkmalschutz, und die Kaiserlinde natürlich auch, mitsamt der legendären Wirtin. Den Geschmack vom ihrem sehr fein austarierten Zwetschkenstrudel im hauchdünnen, ausgezogenen Teig hat man noch lange auf der Zunge.

Rokoko in Obernberg

Man erlebt es oft in den alten Salzstädten rechts und links von Salzach und Inn: Erst kommt man durch einen Gürtel an Neubauten, dazwischen viele lokale Industrie- und Handwerksbetriebe, gerne mit Holz- oder Metallbauten. Dann eine ebenfalls häufige Einkaufskrake mit Baumarkt, dem Drive-in einer Fast-Food-Kette und Discount-Märkten. Und schließlich, als man nach einem Potpourri aus Tankstellen und Getränkemärkten schon jede Hoffnung auf Romantik fahren lässt, durchbraust man ein Stadttor und – reibt sich verwundert die Augen. Soviel Schönheit an einem langen Platz. Ob die Städte nun Laufen, Tittmoning, Burghausen, Neuötting, Rotthalmünster oder eben auf österreichischer Seite Braunau, Obernberg, Schärding oder Mattighofen

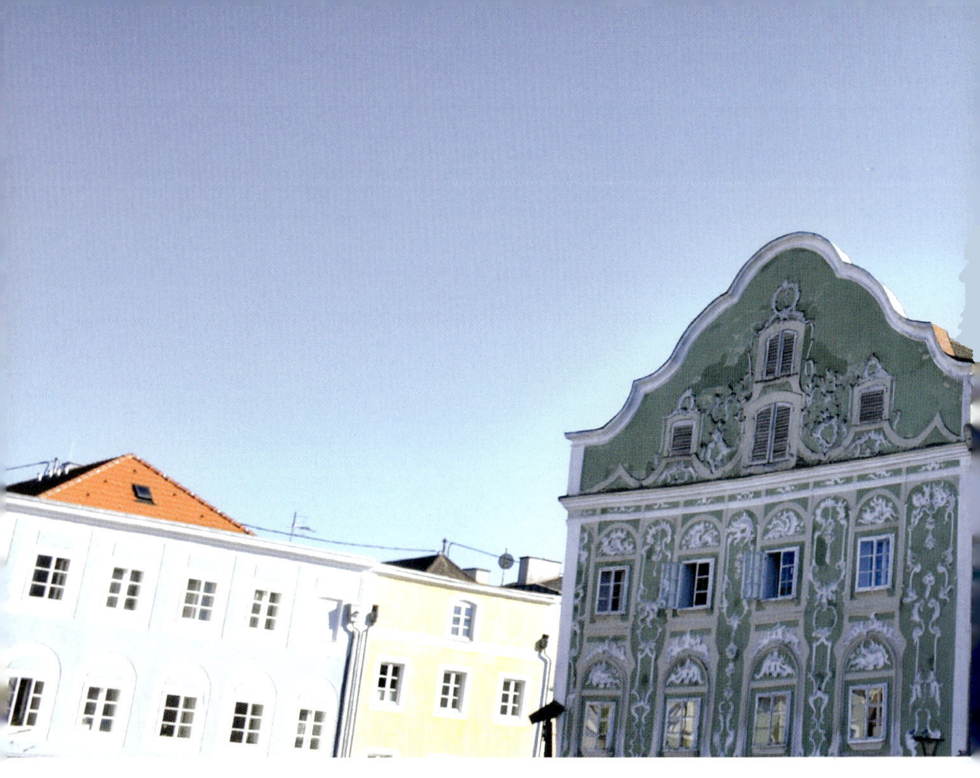

heißen – es ist immer derselbe Effekt. Wow, ist das schön. Knallbunt schmiegen sich die teils frühbarocken, teils rokokogeschmückten Fassaden aneinander. Ergeben eine Kulisse, die zusammen mit wolkenlosem Himmel fast ein Zuviel des Guten ist. Diese Plätze saugen einen auf: Schanigärten an allen Ecken, im besten Fall ein altehrwürdiges Hotel in der Mitte, daneben eine Apotheke. Und würde an der gut getarnten Supermarkt-Post-Filiale das Schild „Kolonialwarenladen" stehen, würde man sich auch nicht wundern. Einen solchen Bilderbuchplatz hat Obernberg am Inn, durch eine der wenigen Brücken über den Oberen Inn mit der bayerischen Seite verkehrstechnisch verbunden.

Schon im 10. Jahrhundert wurde hier eine Burganlage errichtet. Die hoch über dem Fluss gelegene Uferterrasse, die von einem tiefen Graben umgeben ist, galt als uneinnehmbarer Standort. Solch einer trutzigen Lage war nur mit List beizukommen, und so wurde die Feste Obernberg Jahrhunderte lang Spielball zwischen Österreich, Bayern und dem Erzbistum Passau. Heute sind zwei Gebäude der ehemaligen

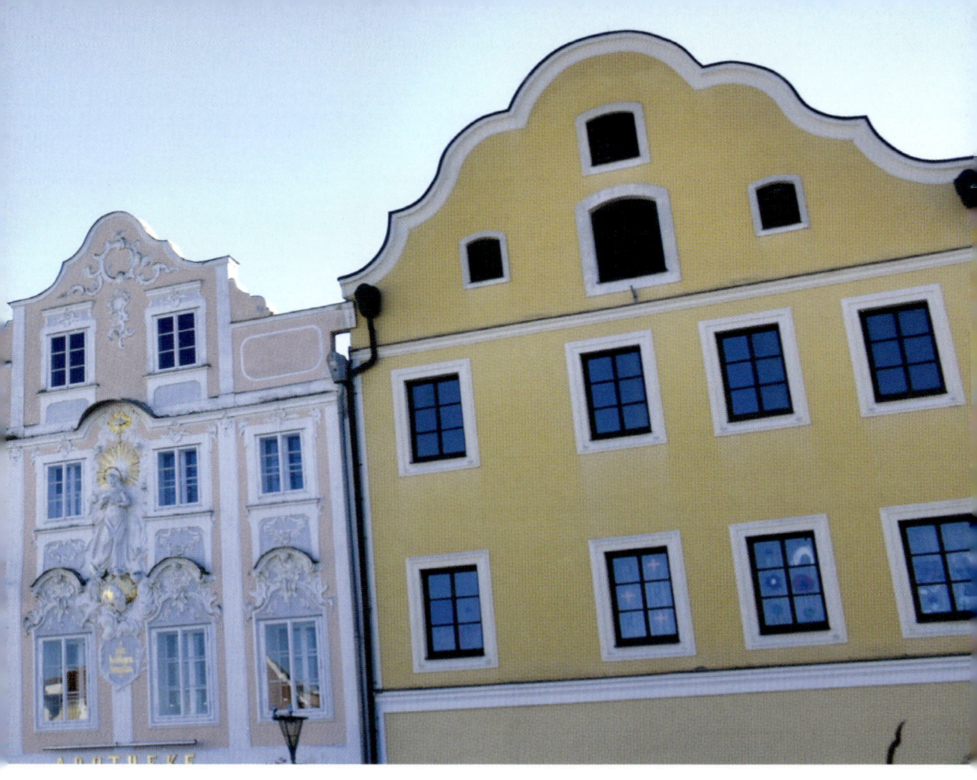

Fast wie eine Theaterkulisse wirken die prächtigen Häuserfassaden von Obernberg.

Burganlage noch erhalten und werden für Seminare und Veranstaltungen genutzt. Ja und in der nahen Burg-Lounge auf der Terrasse des historischen Ensembles einen Abend mit untergehender Sonne über dem Inn genießen, Sundowner im Glas, das ist schon ein magischer Moment.

Obernberg selbst wurde schon 995 urkundlich erwähnt. Im Jahr 1276 erhielt der Ort das Marktrecht durch Kaiser Rudolf von Habsburg. Salzhandel, Maut und Handwerk machten ihn und seine Bürger sehr wohlhabend. Auch mehrere Feuersbrünste und das Schleifen durch die napoleonischen Truppen konnten seiner Schönheit nichts anhaben. Der Marktplatz mit seiner einheitlich barocken Fassadenkultur ist ein Juwel und erzählt vom Wohlstand des Fleckens. Namhafte Künstler und Stuckateure haben der Stadt ihr Gepräge gegeben. Die gotische Tafelmalkunst hatte im 15. Jahrhundert in Obernberg ein Zentrum. Der bayerische Künstler Johann Baptist Modler wohnte hier und schuf im 17. Jahrhundert das Wörndle- und Apothekerhaus mit

seiner faszinierenden Rokoko-Stuckatur, dem so genannten Bandelwerk. Hinter dem Marktplatz, im so genannten Gurtengraben hinter dem Gurtentor waren diejenigen Handwerker ansässig, deren Tätigkeit eine Lärm- oder eine Geruchsbelästigung darstellte: Schmiede, Färber, Gerber, Seifensieder und Schlachter. Ende des 19. Jahrhunderts übernahm die Eisenbahn den Güterverkehr und die goldenen Zeiten der Salzstädte wie Obernberg war vorüber. Über die vorhergehenden 700 Jahre erzählt das Heimatmuseum Obernberg, das im Gurtentor am nordöstlichen Ende des Marktplatzes untergebracht ist.
Das historische Gurtentor, dessen obere Räume das Heimatmuseum beherbergen, stammt in seinen Ursprüngen aus dem 13. Jahrhundert. Seine eigentliche Gestalt erhielt es im 15. Jahrhundert, sichtbar sind die Herrscher Obernbergs mit ihren Wappen auf der Fassade verewigt. Wie sehr sich Berufsbilder wandeln, wie wechselvoll die Geschichte einer Gemeinde ist – alles Themen, die der Heimatverein in Schautafeln und historischen Exponaten hier präsentiert. Obernberg war zur Zeit des Salztransports, der zwischen Hallein und Passau erfolgte, eine wichtige Mautstelle. Hier wurden auch die größten Schiffstypen gefertigt, welche die schwierigen Flussläufe des Inn passieren konnten, darunter die sogenannte Obernpergerin. Bis zu 65 Tonnen konnte sie aufnehmen und war sozusagen das Containerschiff der Salzhändler. Bis ins 15. Jahrhundert wurden diese Kähne von Menschenhand flussaufwärts gezogen. Erst dann ließ man Pferde zu – Grund des Verbots war, dass dann die Menschen ihre Arbeit verlieren würden. Rationalisierung war also schon immer ein Thema. So kann ein Gang durchs Museum durchaus zu aktuellen Diskussionen führen. Versöhnlich stimmt der abschließende Besuch in der Originalstube von Pfarrer Anton Reidinger (1839–1912), des Schöpfers des berühmten alpenländischen Weihnachtslieds „Es wird scho glei dumpa“. Dass der beliebte Pfarrer am Weihnachtstag 1912 verstarb, welch ein Zeichen.

ⓘ www.burg-obernberg.at
www.museum-obernberg.at, Tel. +43 (0)7758 22550 (Gemeinde Obernberg)

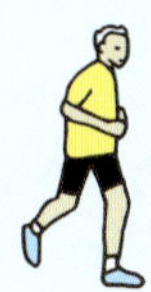

Der Froschgoscherlweg in Obernberg am Inn

Start/Ziel: Marktplatz

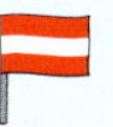

🕒 1 ½ Stunden ↔ 5 km ↗ 80 hm

Ja, nicht nur die Stuckaturen an den Häusern, sondern auch die Wege in Obernberg sind verschlungen – besonders der sogenannte Froschgoscherlweg. Die Innterrassen rund um Obernberg rauf und runter, einmal ein ganzes Stück flussabwärts und dann wieder flussaufwärts bis Richtung Kirchdorf, macht er so seinem Namen Ehre, der angelehnt ist an eine spezielle Rüschenform am Dirndlg'wand. Wir beginnen unsere Runde direkt am Marktplatz von Oberndorf, machen einen Schlenker über das Heimatmuseum und passieren das Gurtentor. Der Weg geht bergab, ein wenig an der Straße entlang, den Berg hinunter. Kurz ist das Stück, dann biegt ein Wiesenweg links ab, entlang des Gurtenbachs, der Via-Nova-Wegweiser sagt uns, dass wir richtig sind. Lauschig geht es etwa zehn Minuten dahin, bis wir linker Hand einen schmalen Ufersaum nehmen bis zu einem Brückerl, das wir überqueren und auf der Straße ein kurzes Stück gehen, bis sämtliche Rad- und Wanderwegpfeile wieder nach links weisen. Wir sind jetzt ganz offensichtlich in den Innauen. Es zirpt und raschelt im Wald. Dann schraubt sich der Weg die Innterrasse hinauf. Die unvermeidlichen Radler müssen hier schieben, so steil und unwegsam ist es, aber nur kurz. Und dann geht's auch schon wieder flacher entlang vorbei an Maisfeldern und recht bald sind wir am Stadtrand von Obernberg. Eine von Pflanzen überwucherte Bauruine verbreitet Schaudern. Es sind die seit Jahrzehnten vor sich hinvegetierenden Überbleibsel einer geplanten Kuranlage, die auf Grund unklarer Zuständigkeiten zur makabren Kulisse verkommen ist: für Fotoshootings, Crossläufer, illegale Partys und als eine Art wirklicher Escape-Room. Schaurig-schön shabby, bis rechter Hand die ehemalige Burg Obernberg auftaucht. Umringt von einem tiefen Graben, der einst von Menschenhand in den lehmigen Grund geschaufelt wurde. Das machte die frühere Burg ziemlich uneinnehmbar. Jetzt birgt die schön renovierte Anlage plus Nebengebäude das Kunsthaus und ein Seminargebäude. Überquert man den Graben, biegt gleich linker Hand ein kleiner Pfad ab. Der führt entlang des Gebäudes wieder in die Tiefe und ist fast schon unheimlich grün eingewachsen. Wir landen bei der Aussichtsplattform „Zum Peterl" und haben den bräsig fließenden Strom vor uns. Ein herrliches Bild, das uns die Kraft zum Weitergehen gibt. Weiter nochmal den Berg hinunter, bis wir unten auf dem Vormarkt-Ufer ankommen – hier, wo früher die Schiffer und Händler unterwegs waren, informieren Schautafeln über das Plättenwesen. Was muss das für ein buntes Treiben gewesen sein auf dem Fluss! Die farbigen Salzkähne, Pferde, die die Schiffe wieder flussaufwärts zogen, Zöllner, die Geld erhoben, Waren, die umgeladen wurden. Noch heute sorgt die Schiffer-Gesellschaft dafür, dass das Andenken an diese Zeit gewahrt wird. Wir gehen den Uferweg entlang, weiter flussaufwärts, bis wir schon fast aus dem Ort draußen sind. Dann „froschgoschelt" der Weg zurück über die Hauptstraße wieder hinauf bis zum Marktplatz.

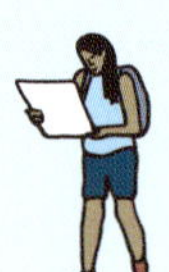

Von Obernberg nach Kirchdorf

Start/Ziel: Marktplatz Obernberg

🕒 3 Stunden ↔ 12 km ↗ 40 hm

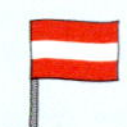

Es ist ein Weg der Kontemplation, denn es passiert … nichts. Vom Marktplatz gehen wir auf der Hauptstraße durch das südliche Tor, an den zauberhaften Rokokofassaden des Apotheker- und des Wörndle-Hauses vorbei. Je näher wir zum Inn kommen, desto dichter wird der Morgendunst. Die typische Auenvegetation bildet ein milchiges Dickicht. Einzelne Vogelstimmen sickern durch die feuchte Luft. Der Nebel nimmt alle Geräusche in sich auf, sogar der wenige Motorenlärm wird gedämpft. Wir folgen der Beschilderung „Tauernradweg", schlängeln uns durch Siedlungsgebiet südlich von Obernberg am lustig bemalten Freibad vorbei und sehen einen schnurgeraden Teerweg vor uns. Schon bald überholen uns E-Bikes und Rennradler – ihnen entgeht so manches reizvolle Detail. Wir verfallen in ein monotones Voranschreiten, das gut zu den gedämpften Farben der Landschaft passt. Ab und zu blitzt der Fluss zwischen Weiden und Unterholz hervor. Breit und behäbig fließt dieser Nebenarm des Inn hier wegen der Staustufe bei Obernberg dahin. Auf dem Stauwehr könnte man zu Fuß nach Deutschland übersetzen, in den kleinen Weiler Ering mit dem Naturium (siehe S. 181). Wir aber bleiben auf der österreichischen Seite, bis wir nach etwa einer halben Stunde an einem gelichteten Uferbereich vorbeikommen. Hier haben sich bereits seit Stunden die Vogelbeobachter mit ihren langen Kameraobjektiven aufgestellt. Schon nach kurzer Zeit kommen wir ins Gespräch mit einem Ehepaar, das hier seit 16 Jahren mehrmals in der Woche hierherkommt. Beide in Tarnkleidung, selbst die

Objektive tragen einen Tarnwickel. Ab und zu tritt der Mann ans Stativ und löst aus. Weithin sichtbar sind weiße Silberreiher, aufsteigende Graugänse, räuberische Schwarzmeermöwen oder schwarzgraue Kiebitz-Schwärme. Über 1 000 Vögel können da manchmal in der Luft sein, wenn sich ein Fuchs über das Flachwasser anpirscht. Beruhigt sich die Lage, stehen die Vögel wieder im seichten Wasser, das durch den Schwemmsand entsteht, der sich in der Mitte des mächtigen Flussarms zu Sandbänken formiert – wandernde Futter- und Ruheplätze für Vögel. Bis vor ein paar Jahren, erzählt uns der Amateur-Ornithologe, waren die Sandbänke noch ein paar Kilometer weiter westlich, am Vogelbeobachtungsplatz bei Kirchdorf. Extra eine Plattform hat man dort geschaffen. Nun ist dort die Verlandung so weit fortgeschritten, dass sich dichter Bewuchs gebildet hat, zum Vogelbeobachten ungeeignet.

Wir freuen uns an dem neu gelernten Vogelwissen und setzen nach einer Weile die Wanderung fort, auch wenn man noch stundenlang dem Auf- und Absteigen der Vögel, ihrer plötzlichen Aufregung und genauso plötzlichen Ruhe zusehen könnte. Und sich nach einer Weile ein richtiger Pulk an Vogelkennern zusammengefunden hat. Der leicht begehbare Weg kann auch mit Kinderwagen gemeistert werden. Nach einer Weile zeigt ein Hinweisschild zur „Taverne Schloss Katzenberg". Dem folgen wir bergauf zur Innterrasse, vorbei an Pferdekoppeln. Und schon taucht die Schlossmauer auf, dahinter ein etwas verwilderter Park. In der Schlosstaverne, einem leuchtend gelben, historischen Innviertler Bau kann man sich mit Wildgerichten und Mehlspeisen stärken. Gleich neben dem Gasthaus führt ein Drehkreuz gegen Eintritt in den Schlossgarten, dessen vegetative Vielfalt wir bewundern. Danach setzen wir den Weg fort nach Kirchdorf. Zunächst entlang eines Maisfeldes, dann weiter auf einem Uferweg, der sich ziemlich rasch sehr steil nach Kirchdorf hinunterwindet. Wie schön, dass es dort nicht nur eine wunderschöne Kirche, sondern auch das benachbarte Gasthaus Marienhof gibt, für das gilt: so schmuck die Fassade, so köstlich die Speisen.

Zurück gehen wir von Kirchdorf in Richtung Katzenbergleithen, dort über die Vogelbeobachtungsstation wieder zurück nach Obernberg. Es gibt aber auch einen Bus.

ⓘ www.schlosstaverne-katzenberg.at
www.marienhof.co.at, Tel. +43 (0)7758 2050

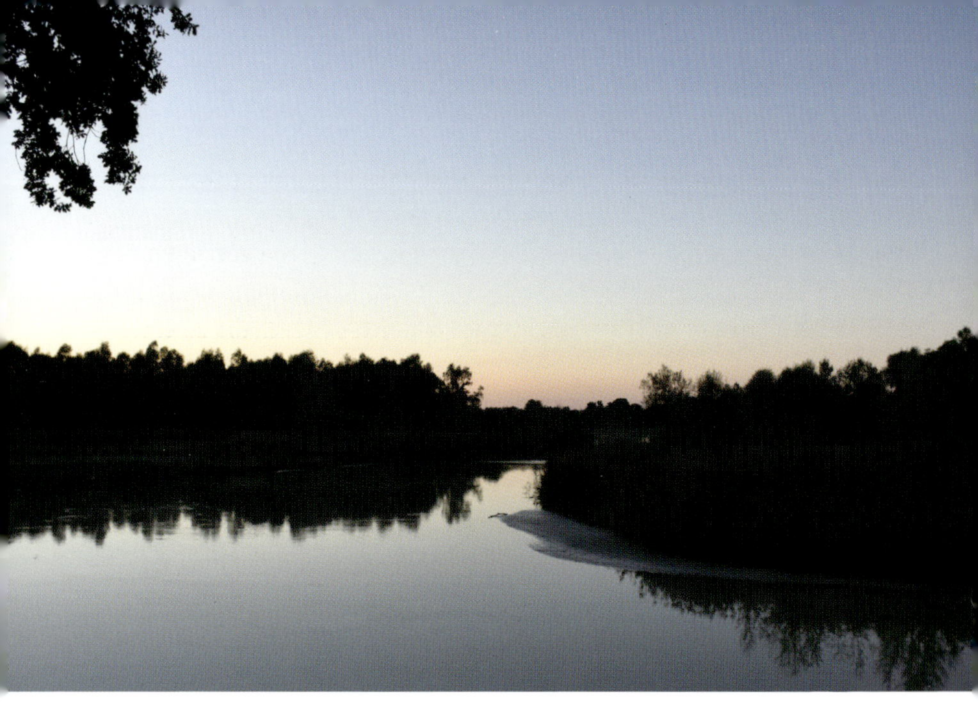

Schloss Katzenberg

Seit 1196 hat Schloss Katzenberg eine bewegte Besitzergeschichte. Ab 1931 gehört das Anwesen der Fabrikantenfamilie Steinbrenner. Die im 17. Jahrhundert barockisierte ehemalige Burg ist heute an bestimmten Tagen und nach telefonischer Vereinbarung zu besichtigen. Das Gebetbuch- und Buchbindermuseum sowie Innenräume, vor allem aber der Adventmarkt, bieten dann Einblick in das wildromantische Anwesen mit Rosengarten und barocken Statuen.

ⓘ www.schloss-katzenberg.at, Kirchdorf am Inn, Tel. +43 (0) 7758 2251

Europareservat Unterer Inn

Eingebettet zwischen Salzach- und Rottmündung, im Grenzgebiet zwischen Österreich und Deutschland, hat sich in den Staubereichen des Unteren Inn ein einzigartiger Lebensraum gebildet. Angeschwemmter Schlick hat im Wasser Schwemmbänke gebildet, teils sind sie verlandet und mit Weiden bewachsen, teils liegen sie nur knapp unter der Wasseroberfläche und dienen Vogelschwärmen als Watflächen. Unberührte Auenwälder säumen die Ufer und bieten vielen, teils streng geschützten Pflanzen und Tieren Schutz, darunter rund 300 Vogelarten. Entstanden ist diese Landschaft durch die vier Staustufen des Inn, die zu einer Verlangsamung der Fließgeschwindigkeit geführt haben. Im Laufe der Zeit haben sich die mitgeführten Schwebstoffe zu Inseln geformt, Flachwasserzonen und Schilfareale entstanden. Im mittlerweile dichten Röhricht nisten Rohrdommel, Haubentaucher und Zwergdommel. In den unzugänglichen Auenwäldern der Inseln haben Wald- und Greifvögel ihre Nistplätze. In den Altwassern und Tümpeln leben Libellen und Frösche. Biber, Fischotter, Fledermäuse sind die typischen Auenwaldsäuger. Mehr über die pflanzlichen und tierischen Besonderheiten der einmaligen Schutzregion kann man im Informationszentrum Naturium am Inn erfahren, es liegt auf der bayerischen Seite gegenüber von Obernberg am Inn, in Ering, siehe S. 181.

Stift Reichersberg

Auf das Jahr 1084 geht die Gründung des Stifts Reichersberg zurück. Damals wurde das hoch über dem Inn liegende, kleine romanische Kloster von den Burgherren derer von Reichersberg errichtet, nachdem deren einziger Sohn im Inn ertrunken war. Augustiner Chorherren wurden zur Bewirtschaftung aus Salzburg geholt. Bis heute ist diese priesterliche Gemeinschaft der Seelsorge verpflichtet und wirkt österreichweit. Nach einem Brand im 17. Jahrhundert wurde das vollständig zerstörte Kloster im Stil des Barock neu aufgebaut und zählt heute zu den bedeutendsten Bauten dieser Art in Oberösterreich. Bibliothek, Kirche sowie Säle sind mit Fresken berühmter Barockmaler ausgestattet. Der Klostergarten lädt unter Arkaden zum Rundgang ein. Klosterladen und -schenke fehlen auch nicht. Der insgesamt freundliche Bau wirkt ungeheuer einladend und harmonisch.

ⓘ www.stift-reichersberg.at, Führungen unter Tel. +43 (0) 7758 2313 0

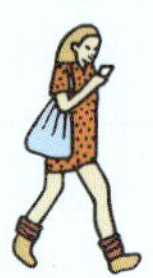

Mining und seine Schlösser

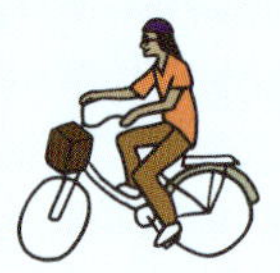

Start: Kirchdorf, **Ziel:** Mining
Dauer: nach Belieben

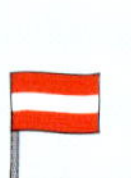

Von Kirchdorf am Inn kann man nach Mining wandern oder radeln und dabei eine kleine Schlössertour absolvieren. In Mühlheim haben wir den neoklassizistischen Bau des Schlosses bereits bewundert – Ende des 19. Jahrhunderts wurde er mit dem Material des Vorgängerbaus errichtet und ist umgeben von einem Park. Ursprünglich befand sich bereits im 12. Jahrhundert ein Wasserschloss hier, vom Geschlecht der „Muhlhamer" errichtet. Mühlheim ist also alter Adelssitz. Auf der Mininger Straße, die zur Mamlinger wird, geht's nach einem erfrischenden Stopp am Badesee weiter nach Schloss Mamling, einem zweigeschossigen, schmucken Komplex, der ins 13. Jahrhundert zurückgeht und ebenfalls einst ein Wasserschloss war. Der vollständig renovierte Bau wird heute für Festivals und Events genutzt. Wir fahren auf der Mamlinger Straße ein kleines Stück zurück und biegen in die Untersunzingerstraße ein, an der das nächste Schlösschen, Schloss Sunzing, liegt, im 15. Jahrhundert Stammsitz der Sunzinger. Heute in Privatbesitz, wurde es sorgsam renoviert und lässt sich von außen betrachten.
Unterwegs auf dem Radweg Richtung Frauenstein begegnen wir noch einem Baumriesen, einer Stieleiche, die um etwa 1720 gepflanzt wurde und heute einen Stammumfang von 6,2 Meter hat. Sie war zwar noch nicht zu Zeiten der Römer da, aber dass die Römer hier waren, belegen Funde aus der Zeit. Genaueres gibt's auf Infotafeln neben der Stieleiche zu lesen.
Schließlich nähern wir uns Schloss Frauenstein. Dass sich dort der Römerradweg, die Via Nova und der Innradweg kreuzen, merkt man: Ohne Fahrrad wirkt man fast fehl am Platz. Man kann aber als Wanderer zum Ausgleich den imposanten Salzstadel aus Tuffstein, in dem Ateliers und Gastronomie untergebracht sind, in Ruhe besichtigen, ohne vorher einen Parkplatz für seinen Drahtesel suchen zu müssen. Direkt am Innstausee Frauenstein-Ering gelegen, tobt sich hier die Natur rund um das Schloss richtig aus. Die vorgelagerte Felsterrasse, auf der einst der Vorgängerbau des Schlosses stand, wird heute von einem Kraftwerk dominiert. Von der ursprünglichen Burganlage sind heute nur mehr der Torturm und ein Teil der Umfassungsmauer erhalten. Die einstige Lage lässt auf altes Beobachtungsland schließen. Denn nach den Kelten waren es später auch die Römer, die hier einen strategisch guten Platz fanden.

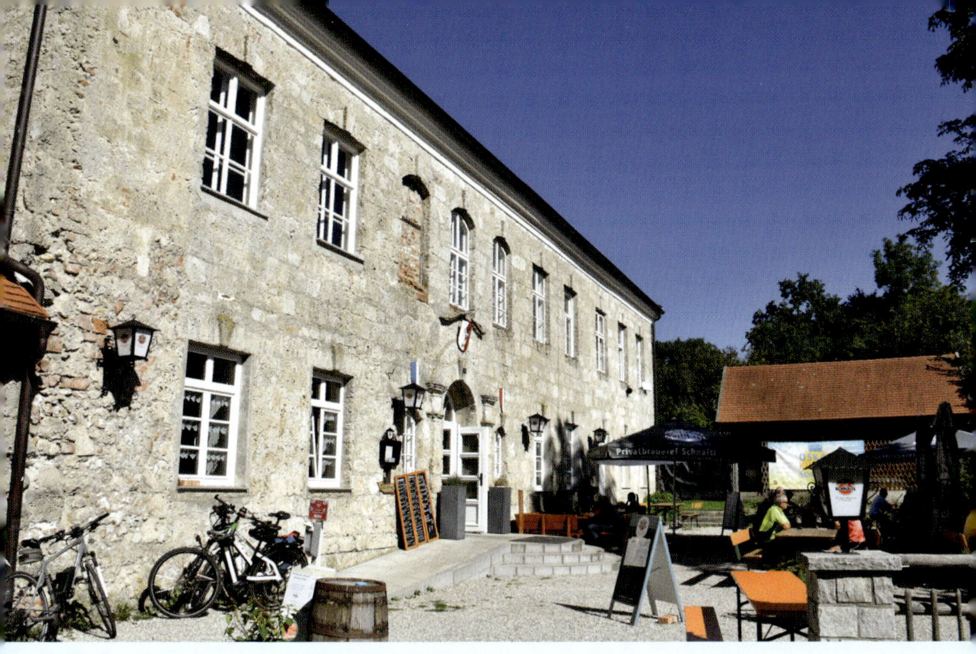

Die Bezeichnung Römerradweg ist also ein schöner, über 2 000-jähriger Schulterschluss, auch wenn Fahrradfahren keine antike Kulturleistung ist.
Dass Mining schon im 9. Jahrhundert karolingischer Königshof war, sagt noch nichts über die viel frühere Siedlungskultur. Das erzählen die Funde aus der Latènezeit, also dem 4. Jahrhundert vor Christus, zum Beispiel bronzene Alltagsgegenstände, die heute im Landesmuseum Linz zu besichtigen sind. Reihengräber aus keltischer und frühchristlicher Zeit, die beim Aushub für Keller und Kabelschächte gefunden wurden, zeugen von keltischer Besiedelung. An den Seitenwänden der gotischen Stiftskirche in Mining, die auch den ortstypischen Tuffstein der niederen Innterrassen aufweist, erinnern Grabtafeln an die einstigen Herren der Gegend: die Mamlinger, Sunzinger und Frauensteiner. Aber das Wappen Minings zeigt die wahren Herrscher, das Geschlecht Paumgarten, das auch lange Zeit Besitzer von Schloss Ering war, gleich auf der Mining gegenüberliegenden Flussseite. Das Innkraftwerk Ering-Frauenstein bildet die Fußgänger- und Radbrücke zwischen den beiden Residenzen. Der massige Industriebau könnte auch als Filmkulisse dienen.
Minings Marktplatz hat nicht die barocke Geschlossenheit eines Braunauer oder Obernberger Marktes. Dennoch lohnt es sich, in die Ortsgeschichte einzutauchen. Der Platz hat schon jahrtausendelang Menschen angezogen. Und wenn man dem emsigen Baugeschehen im Sommer 2020 glauben darf, dann wird der Stadtkern saniert und aus Mining wieder ein Schmuckstück gemacht.

Der gute Geist von Schloss Hackledt

Nach Hackledt kommt man nur, wenn man wirklich hinwill. Aber ein Hinweisschild „Zum Schloss“ hat seine Wirkung. Auf dem Weg von Reichersberg nach Schärding, zwischen Eggerding und St. Marienkirchen, muss man absichtlich von der Hauptstraße abbiegen und sich durch das Örtchen schlängeln, in dem auffallend viele schmucke Neubauhäuser neben historischen Bauernhöfen stehen. Plötzlich aber wird es fast theatralisch: Ein verwilderter Eingang, der auf eine Gastwirtschaft hinweist, ein hoher Giebel, eine barocke Fassade mit erheblichen Gebrauchsspuren. Unterm Portalbogen wedelt ein junger Schäferhund, den man sofort streicheln muss, so einladend guckt er. Neugierig nähert man sich dem ehemaligen Wirtsgarten. Eine alte Dame sitzt auf einem Bankerl. Die Dame und das Bankerl wirken wie aus einer anderen Zeit – bis die fröhliche Seniorin zu sprechen anfängt. Ich solle mich doch zu ihr setzen, und ihr Hund wisse schon, wer die richtigen Gäste seien. Ja, und dann erfährt man was über den ehemaligen Herrschaftssitz derer von Hackledt, einem einst mächtigen Oberinntaler Geschlecht, das hier seinen Familiensitz hatte und zwar erstaunlich lange, vom 13. bis zum 18. Jahrhundert. Im 17. Jahrhundert wurde das Gebäude, das bis vor wenigen Jahren noch von landwirtschaftlichen Flächen umgeben war, barockisiert und eine eigene Kapelle angebaut, die sich im ersten Stock befindet. Längst ist die alte Dame mit dem Treppenlift und mir in eben dieses obere Geschoss unterwegs. Jahrzehntelang hat sie hier die Gastwirtschaft geführt. Eine Großküche und eine holzgetäfelte Gaststube zeugen davon. Ja, gefilmt habe man hier auch schon. Kein Wunder, man muss sich nur umsehen und schon läuft der Film vor dem inneren Auge ab. Und würde die kleine, zerbrechliche Burgherrin nicht so fröhlich wirken, könnte man auch an Edgar-Wallace-Krimis denken. An der Westseite, des Hauses schließt sich nicht nur die Kapelle an, sondern auch der dazugehörige Redoutensaal, ein Kleinod mit Kassettenfenstern und souverän großzügiger Stuckatur. Weiße Tücher liegen über den zusammengeschobenen Stühlen, als würde am nächsten Wochenende eine Hochzeit stattfinden. Aber die Zeiten, sie sind eben nicht so, sagt die alte Dame. Und man weiß nicht recht, ob es an eben diesem besonderem

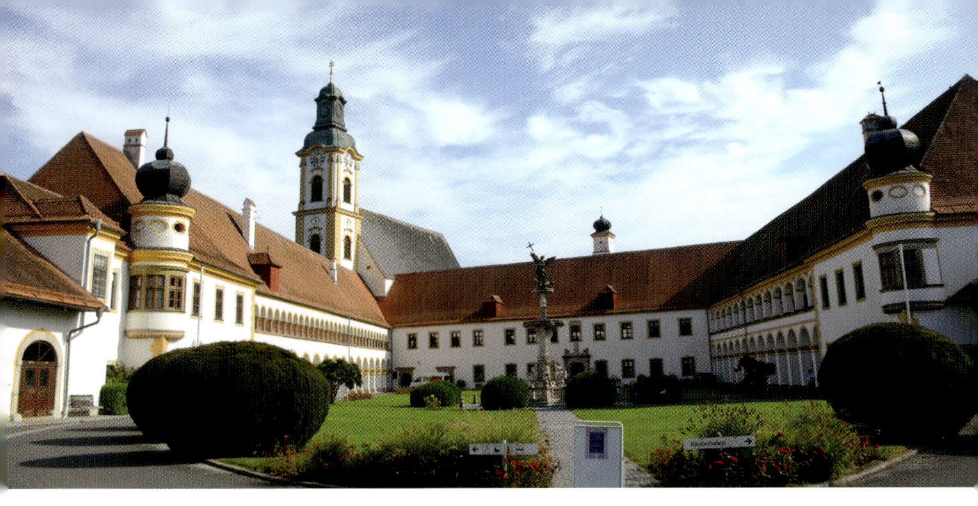

Vom prächtigen Kloster Reichersberg aus (Foto) ist das kleine Landschlösschen Hackledt ein entzückender Abstecher.

Sommer 2020 mit seinen Hygienevorschriften liegt oder an der Tatsache, dass in diesem Schloss doch schon länger nicht mehr gekocht und gefeiert wurde – alles wirkt ein wenig zerbrechlich. Nicht nur die Bewohnerin und frühere Wirtin, die vor Jahren den Besitz an einen jungen Adeligen verkauft hat, der ihr lebenslanges Wohnrecht eingeräumt hat. Sie lacht verschmitzt, der Hund wedelt, und dann deutet sie auf einen Vorsprung in der Mauer, der von einem Herman-Munster-Filmplakat verdeckt wird. Hier wohnt er, der Geist, ruft sie, gar nicht mehr zerbrechlich, und klopft energisch an die Mauer, von der ein wenig der Putz bröckelt. Nie mehr würde man an der Existenz von Geistern zweifeln nach dieser Begegnung, ja, man ist sich noch nicht einmal sicher, ob nicht die alte Dame selbst eine Untote ist. Aber dann springt wieder der muntere Junghund an einem hoch, sabbert ein bisschen und hinterlässt ganz reelle Spuren auf dem historischen Parkett.
Hackledt war nie ein Wehrschloss, sondern ein Edelsitz, wie es ihn im Oberen Innviertel gar nicht selten gab. Das Schlösschen, das auf alten Kupferstichen recht üppig wirkt, ist einen Besuch wert. Pittoresk und eben noch nicht museal saniert, stoßen hier Mittelalter, Barock und Neuzeit aufeinander. Reizend interpretiert durch den guten Geist seiner Bewohnerin.

ⓘ Schlossgasthaus Hackledt, Hackledt 1, 4773 Eggerding
Tel.: +43 (0)7767 258

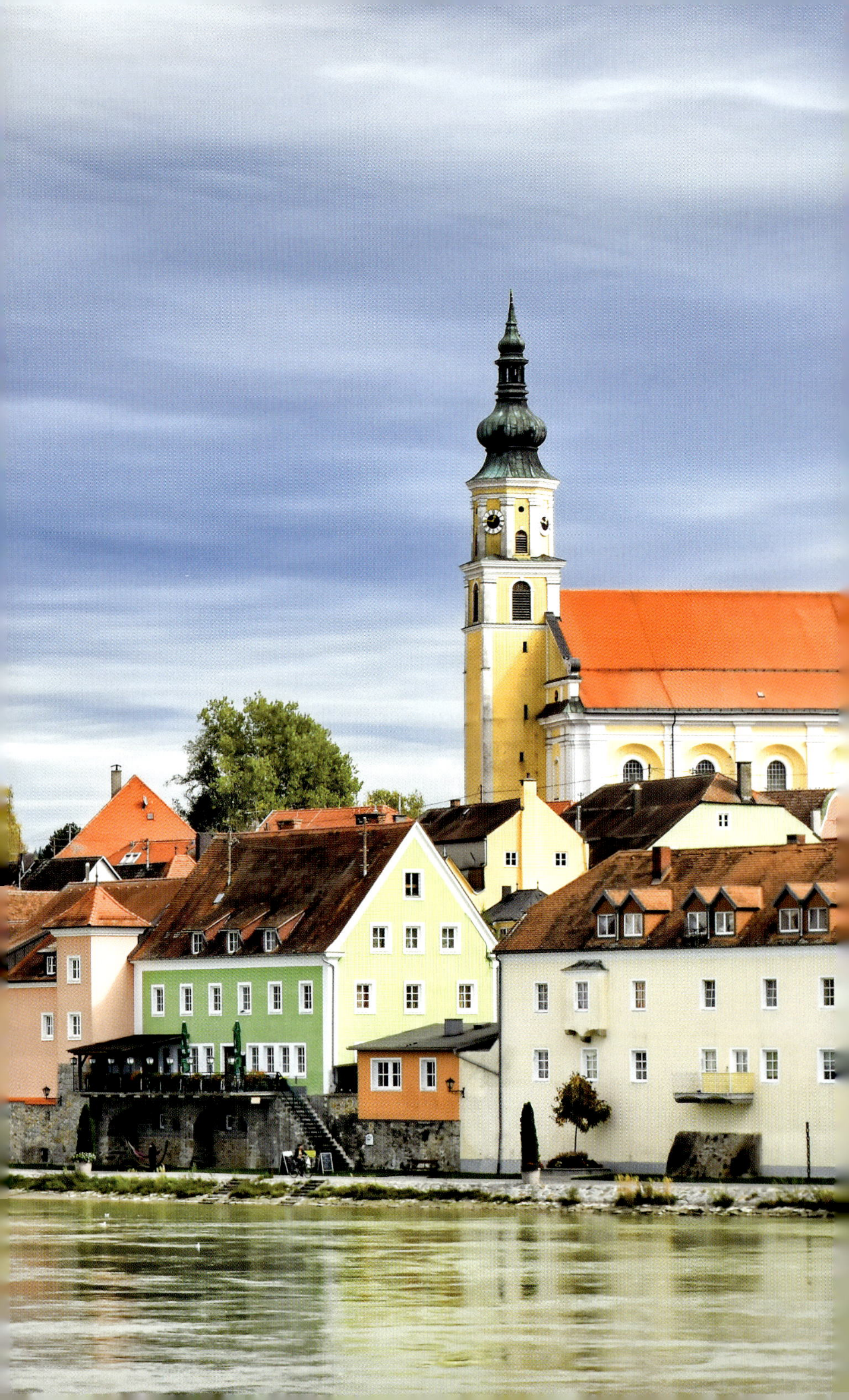

19

Goldenes Schärding

Auch wenn man heute weniger martialische Gegenstände hier vermutet – Schärding macht eher den Eindruck einer lebenslustigen, dem Genuss zugetanen Stadt – belegen Funde von Lochäxten und Beilen, dass schon jungsteinzeitliche Siedler die strategisch günstige und fruchtbare Nähe zum Inn gesucht haben. Auch damals bildete der Fluss eine natürliche Grenze nach Norden oder nach Süden, je nachdem, auf welcher Seite man sich befand. Heute hört man vom recht frequentierten Grenzübergang bei Schärding und wer klug reist, macht unbedingt einen kleinen Abstecher, um einen Rundgang in dem bunten und lebendigen Eingangstor zum oberösterreichischen Innviertel zu unternehmen. Vermutlich haben die Kelten, die rund um 500 v. Chr. hier ansässig waren, auch schon das Klima, die Lage und den Fluss geschätzt, und nach ihnen die Römer, die das Gebiet in die Provinz Noricum eingegliedert haben.

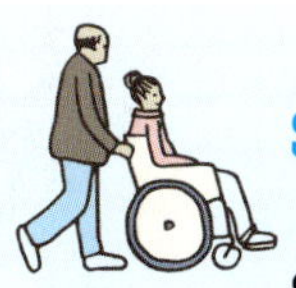

Stadtrundgang

Start/Ziel: Schärding, Parkplatz Seilergraben

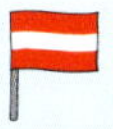

1,5 Stunden ↔ 7 km ↗ etwa 50 hm

Wir werden noch einer Reihe geschichtlicher Fundstücke und Szenen begegnen, wenn wir die Gässchen und Parks, die Plätze und Promenaden durchwandern. Beginnen können wir im Seilergraben, dessen Name schon sagt, welches Handwerk hier zu Hause war. Der Bedarf an Seilen, die einst die schweren Schiffe am Flussufer festmachten oder den Fluss hinaufzogen, war jahrhundertelang groß, entsprechend dicht die Anzahl der Handwerker, die sich am Fuße der äußeren Stadtmauer eingerichtet hatten. Schmutz, Geruch und Lärm wollten die Schärdinger schon

früher aus ihrer schmucken Stadtmitte verbannen, und so bildeten die verschiedenen Gewerke und ihre Häuser sozusagen einen Gürtel um die östliche Stadt, rechts und links vom imposanten Linzer Tor, in das ihre Zunftzeichen eingelassen sind.
Wir aber biegen zunächst am Linzer Tor rechts in den Seilergraben ein und parken recht pittoresk am Fuße der mit Türmchen bewehrten Stadtmauer, hinter der die bunten Rückseiten der Häuser an der „Silberzeile" mit ihren Spitzgiebeln herauslugen. Über eine Treppe geht es hoch Richtung öffentliche Toiletten und Parkhaus Schärding, und von dort über einen schmalen Fußgängersteg in Richtung Innenstadt. Rechts erhebt sich gelb-weiß die Stadtpfarrkirche St. Georg, deren Ursprünge in der Frühgotik liegen. Um- und Anbauten, Brände und Wiederaufbauten sowie Erweiterungen machen sie zu einem hell leuchtenden Mittelpunkt. Nach ein paar Metern erreichen wir die sogenannte Silberzeile genau an der Stelle, wo der Obere in den Unteren Stadtplatz übergeht. Leuchtend, bunt und lebendig geht es hier zu, aber mehr gönnen wir uns erst kurz vor Schluss des Rundwegs.
Wir schlendern in die Schlossgasse. Über eine kleine Brücke, die den früheren äußeren Burggraben überspannt, geht es zum ehemaligen Schlosstor, das gleichzeitig der Eingang zum Heimathaus und Stadtmuseum ist. Damals wohnte hier der herzogliche Burghüter. Auf der zum Inn zugewandten Seite befand sich einst ein vierstöckiger Turm aus Tuffstein, Teil einer Wehranlage, die um 1430 erbaut wurde. Das Stadtmuseum widmet sich der reichen Handwerkstradition der Schärdinger Bürger, ihren Wohneinrichtungen und natürlich dem Wasser und seinem Segen für die Wirtschaft der Stadt. Neben der Schifffahrt brachte das Wasser des Inn auch das Mühlenwesen in Schwung, Müller und Bäcker hatten hier gut zu tun, allerdings wurden sie auch scharf überwacht, aber davon später.
Dem Schlosstor schließt sich die Schlossgasse an, die direkt zum Schlosspark führt. Vom Schloss selbst, das hier als Burg 1225 entstand, sind nur mehr wenige Ruinenstücke vorhanden. Als es im 18. Jahrhundert abbrannte, wurde es nicht wieder aufgebaut. Ab 1895 wurde das ganze ehemalige Burggelände zu einem Stadtpark umgestaltet. 2003 wurde ein 26 Meter tiefer Brunnen entdeckt, der von Anfang an der Wasserversorgung des Schlosses diente. Das heutige Brunnenhäuschen ist eine Rekonstruktion, das Vorbild ein Votivbild aus dem Jahre 1499. Nach ein wenig Lustwandeln im Park nehmen wir den steilen Weg zum Burggraben hinunter. Für Kinder enthält der Weg ein kleines Gruselelement, Erwachsene genießen die Blütenpracht, die auf diesem sonnenverwöhnten Granitbuckel auf vielen Terrassen gedeiht. Vorausgesetzt, man kann sich auf dieser Landmarke von dem grandiosen

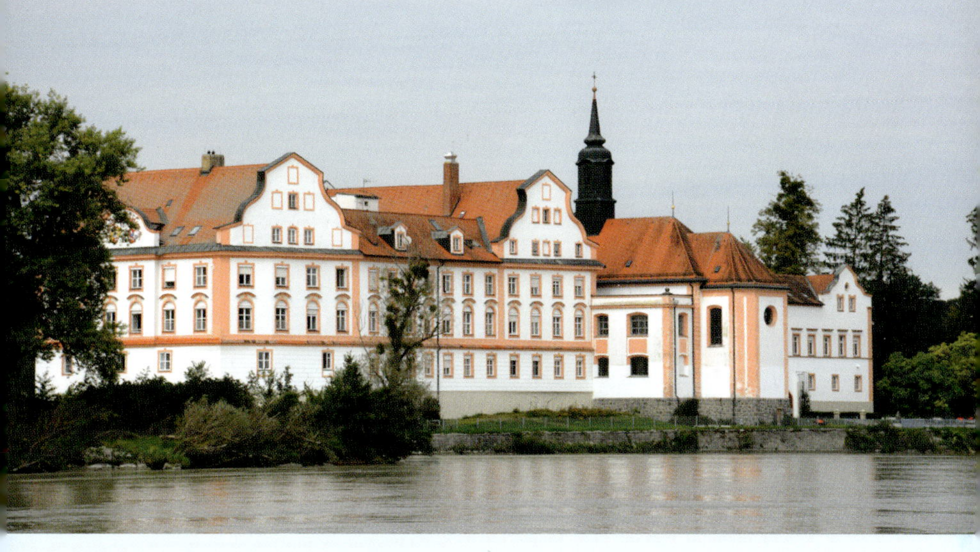

Von Schärding aus ein Blickfang ist Schloss Neuhaus gegenüber.

Blick losreißen, der über den Inn bis nach Neuhaus und seinem Schloss auf der anderen Flussseite schweift.

Im Burggraben gehen wir Richtung Norden zum Granitmuseum, das die Schärdinger Geologie beleuchtet. Danach wundert man sich auch nicht mehr, dass die elf granitenen Pfeiler der Alten Innbrücke wohl aus dem 14. Jahrhundert stammen, errichtet auf Granitfelsen im Flussbett. Im Jahre 1899 hat dann das Jahrhunderthochwasser die Fahrbahn weggerissen, schließlich erhielt die Brücke nach dem Zweiten Weltkrieg eine Eisenkonstruktion. Zu dieser Brücke gelangen wir nach einem sonnigen Spaziergang entlang der Uferpromenade, wo man auf Bänken oder an hoch gelegen Caféterrassen „Flusswatching" betreiben kann. Damit es uns nicht zu wohlig wird, erinnert ein Schild an ungemütliche Zeiten in Schärding: Es erinnert an das „Bäckerschupfen", einen recht rustikalen Brauch, um Bäckergesellen zu strafen, die es mit der Bemessung der Zutaten nicht ganz genau nahmen und zu leichte Brote herstellten. Sie wurden in einem Käfig in den Fluss getaucht. Vorher kamen sie noch an den Pranger, den man am Seilertor sehen kann. Maria Theresia hat dem unwürdigen Treiben ein Ende gesetzt.

Zur Entspannung wenden wir uns der Sonnenseite der Promenade zu. Tatsächlich ist man beeindruckt vom Inn, wenn er breit und gemächlich dahinfließt, meist. Dass er das nicht immer tut, sehen wir alsbald an den Hochwassermarkierungen am Gesundheitshotel Gugerbauer, kurz nach der Alten Innbrücke. Aber das ist

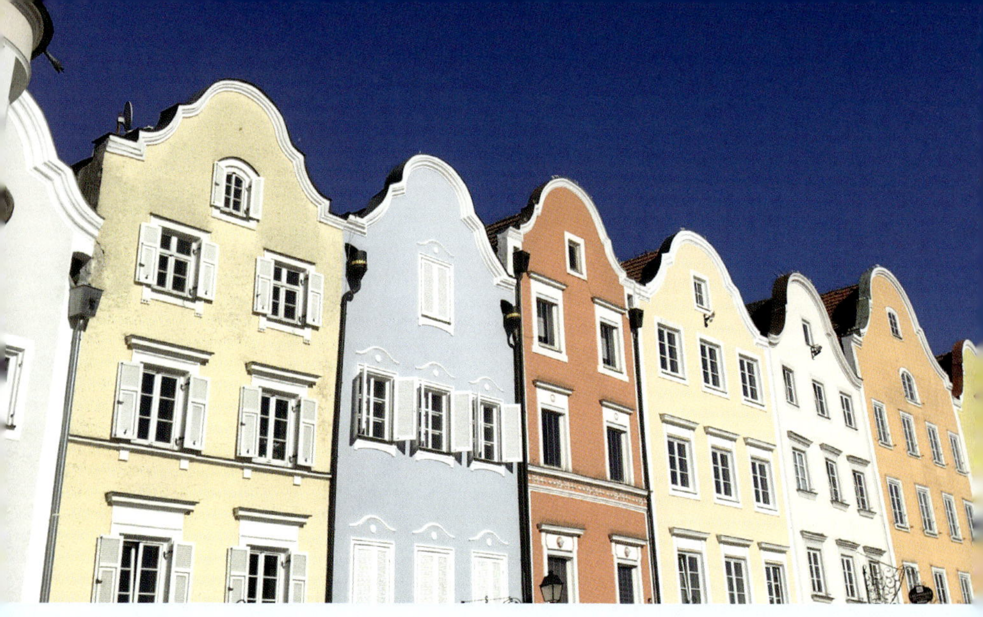

Die Farben der Schärdinger Häuserfassaden weisen auf die früheren Zünfte hin.

nichts gegen die Zeugnisse an der Rückseite der wunderschön hoch gelegenen Lokalität mit Biergarten – da finden sich Hochwassermarken bis zur Dachrinne des Hauses! Jetzt ahnen wir, warum die Cafés und Biergärten als Logenplätze gebaut sind. Direkt am Hotel führt uns der Kurhausweg am Kurhaus Barmherzige Brüder vorbei, dem sich auf seiner Rückseite der ausgedehnte Kurpark anschließt. Wir aber wenden uns der Orangerie linker Hand zu. Barock ausgestaltet, macht der Ort uns leicht glauben, dass einst in geschützter Lage an der Felsenwand hier auch einmal Wein wuchs. Heute gönnen wir uns auf der Terrasse der Orangerie ein Glaserl, bevor wir am Seerosen-Wasserbecken entlanggehen, in Richtung des kleinen Weinbergs. Am Ende der Mauer erklimmen wir an der östlichen Seite eine Fußgängerstiege in Richtung Innenstadt, hoch in die Ludwig-Pfliegl-Gasse, die zur Denisgasse wird. Vorbei oder auch direkt hinein ins „Wirthaus zur Bums'n" wo es kulinarisch ausgesprochen herzhaft zugeht. An der Innbrucker Straße wenden wir uns noch einmal nach links und gleich wieder nach rechts, ins Stögergaßl, denn dort bildet das Gasthaus Kupferpfandl nicht nur ein architektonisch pittoreskes Eck, sondern auch noch den Feinschmecker-Geheimtipp von Schärding, wo man vorher reserviert haben sollte. Weil wir das nicht getan haben, folgen wir der Straße bis zum Oberen Stadtplatz, der Silberzeile.

An ihr kann man sich nicht sattsehen: die Fassadenzeile an der Nord-Ost-Seite des Oberen Stadtplatzes. Blau, Gelb, Rot, Aprikot oder Grün leuchten die Häuser der reichen Kaufleute, die sich früher an der regen Handelsroute entlang des Inn niederließen. Die Farben repräsentieren die mittelalterlichen Zunftfarben: die Bäcker in Blau, die Metzger in Rot, die Gastwirte Gelb und Grün. Davon gab's reichlich, denn das gute Wasser von Schärding sowie die durstigen Innschiffer brachten die Brauzunft voran und in alle Welt! Wo einst 14 Betriebe die Innviertler Braukunst beherrschten, hat heute das Brauhaus Baumgartner das Sagen, das sich schon vor 400 Jahren innerhalb der Stadtmauern niederließ. Nach und nach sind im wahrsten Sinne des Wortes einige der Brauereien in das Baumgartner Imperium eingeflossen und an vielen Stellen der Stadt hat das der Tradition verpflichtete Brauhaus seine Niederlassungen.

Nach einem Bierbrauer, dem Agrarwissenschaftler und Politiker Georg Wieninger (1859–1929), wurde auch die Wieningergasse benannt, die wir auf dem Weg vom Oberen zum Unteren Stadtplatz erreichen, wo sie nach Nordosten abzweigt. Als Spross einer einflussreichen Brauereidynastie revolutionierte Wieninger das österreichische Agrarwesen. Er kaufte ein Landgut in St. Florian bei Schärding, richtete dort einen Musterhof für Pflanzen- und Tierzucht ein, gründete eine landwirtschaftliche Frauen- und Volksschule, die sich dem ländlichen Leben anpasste und exportierte sein Wissen bis nach Südamerika, wo er ebenfalls ein Mustergut unterhielt. Die ganze Umtriebigkeit wurde allerdings 1911 durch einen Konkurs gebremst. Fortan widmete sich Wieninger der Politik und Agrarwissenschaft. Sein Mustergut in St. Florian beherbergt heute die Landwirtschaftliche Fachschule Otterbach.

Von der Wieningergasse gelangen wir unmittelbar in die Brunngasse, wo wir mit 2,40 Meter Breite das kleinste Haus des Ortes vorfinden – und endlich begreifen, warum die Häuser der Salzstädte entlang des Inn alle recht schmal sind. Denn früher richtete sich die Steuer nach der Anzahl der Fensterachsen – Glas war teuer, und wer sich das leisten konnte, war reich.

Über die Brunngasse schlendern wir wieder zur Kirchgasse und Stadtpfarre zurück, werfen einen Blick in das Gotteshaus und gelangen über die Stiege zum Seilergraben wieder zu unserem Ausganspunkt zurück. Nach diesem farbigen Rundumschlag durch Jahrhunderte, Zünfte, Reichtum, Bier und Wasser tut ein Ausruhen gut, im Schatten der Stadtmauer, hoch oben auf den Caféplattformen, die es nicht nur an der Innpromenade, sondern auch hoch über dem Seilergraben gibt.

ⓘ Stadtmuseum Schärding, Tel: +43 (0)7712 3154 700
Führungen unter Tel. Tourismusverband: +43 (0)7712 4300 0

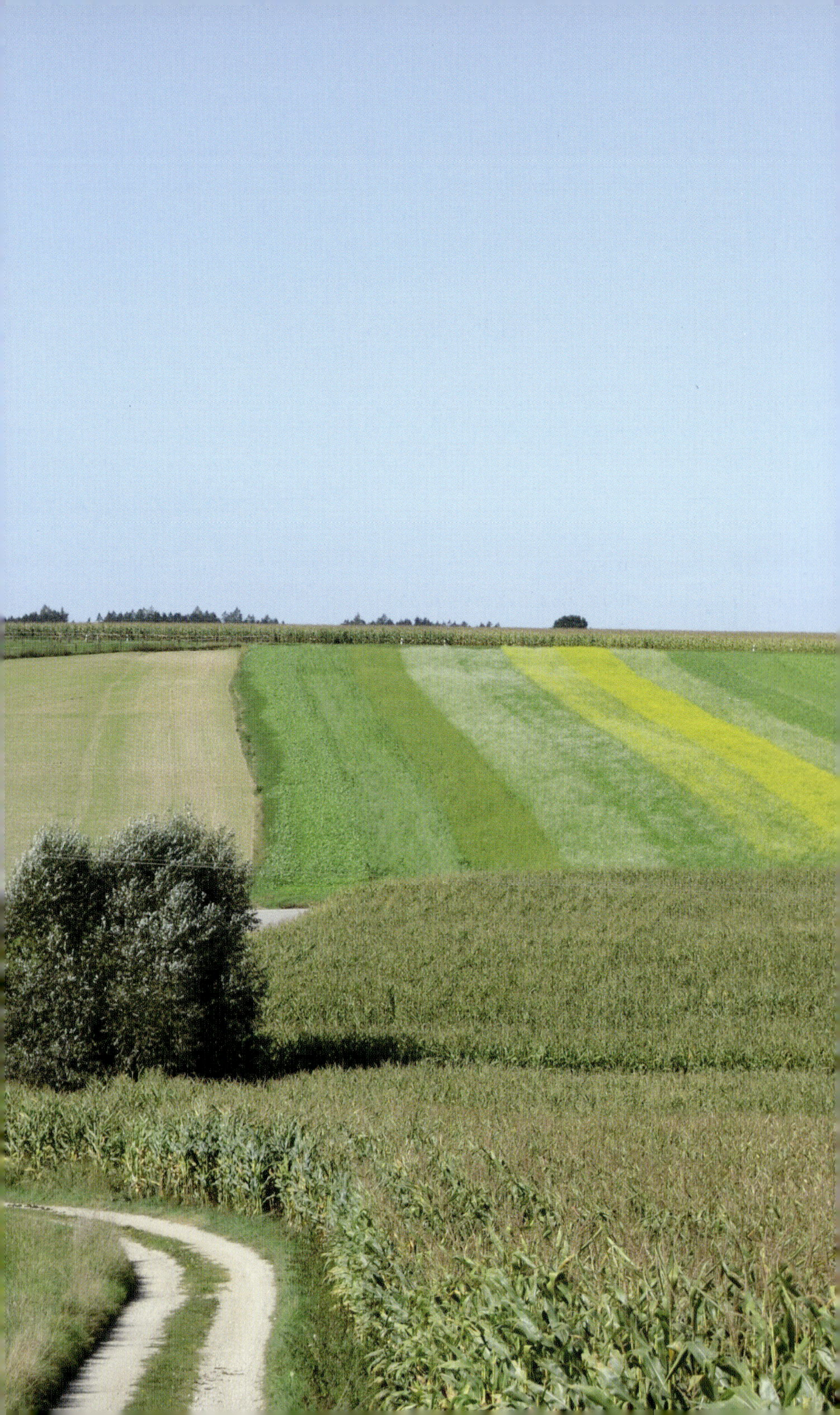

Fallobst und Schwefelquellen

Unterwegs bei Bad Höhenstadt und Fürstenzell

Experten des Tourismus arbeiten gerne mit Super-Vergleichen. So haben sie unlängst die „niederbayerische Toskana" entdeckt, einen Landstrich südlich von Passau, der solche Superlative eigentlich gar nicht nötig hat. Die Hügel rund um Bad Höhenstadt wären ein Beispiel dafür, wo schon eine kleine Rundwanderung Eindrücke beschert, die unverwechselbar sind: altbayerisches Bauernland in sanften grünen Wellen, mit natürlich verlaufenden Wiesenbächen und kaum Spuren von Flurbereinigung. Wir sind hier in einer der selten gewordenen ländlichen Idyllen, in denen die Zeit irgendwie langsamer vergeht.
Genau dort hinein passt ein Ort wie Bad Höhenstadt, der weder „Stadt", noch ein richtiger Kurort und auch als Wallfahrtsort nicht mehr aktuell ist. Doch seine Schwefelquelle, bei der schon bayerische Könige kurten, wird heute noch genutzt, und die auf der Höhe weithin sichtbare Pfarrkirche und ehemalige Wallfahrt Mariä Himmelfahrt wurde erst vor wenigen Jahren liebevoll renoviert. Der Ort atmet optisch und atmosphärisch eine Art von Tradition, die selbstbewusste Gelassenheit vermittelt, erkennbar auch an der entspannten Miene von Wilhelm Diess, dessen in Bronze gegossenem altbayerischem Schädel wir an der Kirche begegnen. Er hätte sicher ein paar gute Tipps für den Rundweg um Bad Höhenstadt, doch wir wollen ja unsere eigenen Entdeckungen machen.

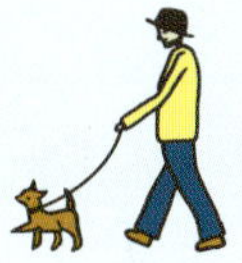

Wandern in der „niederbayerischen Toskana"

Start/Ziel: Bad Höhenstadt, Parkplatz nahe Kirchenwirt

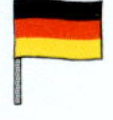

🕒 2,5 Stunden ↔ 7,5 km ↗ 15 hm

Unser Startplatz ist ganz in der Nähe der Pfarrkirche, als offiziell kostenloser Parkplatz hinter dem Gasthaus Stopfinger, auch Kirchenwirt genannt. Zwischen dem

Dorfladen und der Kirche geht es kurz bergab, dann gleich nach links, am Friedhof vorbei und schon nach kurzer Zeit nähern wir uns einem imposanten Baumriesen, an dem wir unmöglich vorbeigehen können. Der alte Bildstock in seinem Schatten bietet viel zu lesen: Vor über 300 Jahren hat hier der Bauer Georg Winkelhofer die „Friedenslinde" gepflanzt, zum Gedenken an die 81 Bauernsöhne und Knechte, die am 8. Januar 1706 in der Schlacht von Aidenbach gefallen sind. Darunter auch sein Sohn Lorenz im Alter von 23 Jahren.

Bei Aidenbach, mitten in der „niederbayerischen Toskana", fochten im Spanischen Erbfolgekrieg aufständische Bauern gegen die Truppen der Habsburger, die unter ihnen ein schlimmes Gemetzel anrichteten. Es war das letzte Aufbegehren der „bayerischen Landesdefension", das ähnlich ausging wie die „Sendlinger Mordweihnacht" bei München.

Nachdenklich gehen wir einen Feldweg hinauf, von weiter oben lässt sich die Linde in ihrer ganzen Pracht besser ablichten. Dabei stoßen wir auf ein steinernes Kreuz, dessen Inschrift zum Glück kein weiteres Kriegsopfer beklagt. Schuld war hier der bäuerliche Alltag. Berichtet wird von Alois Pilstl und von Franz, seinem fünfzehnjährigen Begleiter, die hier am 2. Dezember 1892 beim Brunnenbau zu Tode kamen. Sie werden vielleicht für den Brummer-Bauern gegraben haben, an dessen stolzem Vierseithof wir kurz danach vorbeikommen. Er ist seit Jahrhunderten der Sitz der Familie Winkelhofer, den Pflanzern und Bewachern der Friedenslinde.

Auf dem nächsten Höhenrücken wartet eine Allee von alten Birnbäumen aufs Abernten, Bäume der Gemeinde, die früher zu dieser Zeit bei einer Begehung unter den Dorfbewohnern für die Ernte des Jahres versteigert wurden. Jeder hatte dafür schon alle seine Gerätschaften dabei, doch der gesellige alte Brauch ist leider auch hier ausgestorben. Die Birnen liegen im Gras oder zertreten auf dem Weg, ein Fest für die Wespen. Mittendrin das für heute letzte „Marterl": Gusseisen auf steinernem Sockel, und seine Widmung lautet: „2 marokkanische Flieger 17. 12. 1970". Was da genau passiert ist, bleibt im Dunkeln, vielleicht war der kleine Flugplatz im nahe gelegenen Fürstenzell ihr Ziel. Wie auch immer, der Ausblick von hier oben ist wunderbar entspannend und für Nichtflieger scheint er absolut ungefährlich.

Unser Weg führt in die nächste Talsenke, wir kreuzen eine Asphaltstraße und gehen danach sanft bergauf und wieder bergab, biegen rechts ab in einen Feldweg, überqueren einen Bach und wieder geht's nach oben bis zu einem Hof mit Pferdekoppeln und einem schönen weiten Ausblick ins Land. Wer mag, kann sich dabei

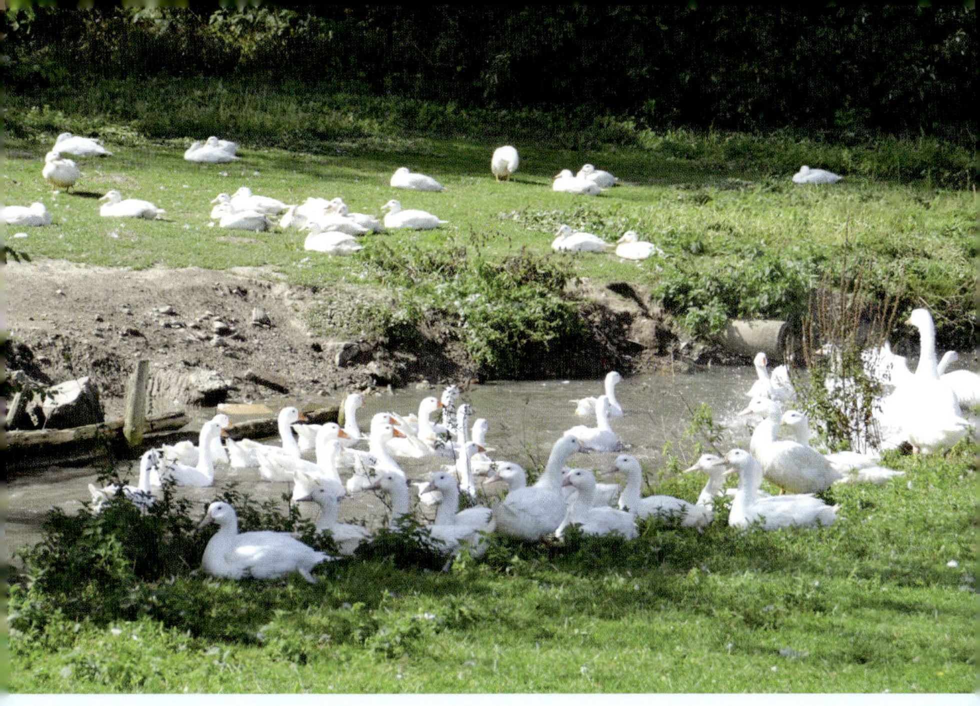

die Toskana vorstellen, doch auch ohne solche Fantasien ist es hier unvergleichlich! Es geht zum letzten Mal bergab, ins Tal vom Aushamer Bach, der uns auf dem Rückweg begleiten wird. Vorher aber schauen wir uns noch die erste Schwefelquelle des Tages an.

Sie liegt etwas aufwärts am Hang, und bis vor einiger Zeit konnte man hier Schwefel- und Moorbad-Kuren machen. Dabei im Hotel „Viktoriaquelle" nächtigen und in einem ländlichen Kurpark lustwandeln. Doch derzeit dämmert die gesamte Anlage verlassen vor sich hin, gerade recht für eine Pause auf den Stufen des halb zugewachsenen Kneipp-Beckens, gleich neben dem versperrten Brunnenhaus. Kein Mensch weit und breit, einzig die reifen Äpfel im „Kurpark" hören wir vom Baum fallen. Angeblich gibt es einen interessierten Münchner Investor, der Hotel und Quelle wieder sprudeln lassen will. Doch auch ohne Sprudel hat der verwunschene Platz seinen Reiz.

Im grünen Wiesental des Aushamer Bachs machen wir uns auf zum letzten Teil unseres Rundweges. Ein paar Reiher stehen unbeweglich am Ufer gegenüber, ein Feldhase hoppelt ohne Hast über den Weg, und als wir kurz vor Bad Höhenstadt den Bach überqueren, werden wir von einer badenden Gänseschar aufgeregt beäugt und beschnattert. Die historische Schwefelquelle finden wir fast zufällig, ein Schild „alter Kurpark" weist auf den Durchlass in einer Hecke hin und kurz darauf stehen wir vor dem „Schwefelhüttl" und einem modernen Wassertretbecken mitten im Wald. Drumherum hölzerne Ruhebänke, die müden Füße freuen sich und im Hüttl gibt es viel zu lesen, über das Kuren allgemein und die heilsame Wirkung von Schwefelwasser im Besonderen.

Ein paar Stichworte zur Geschichte der Höhenstadter Schwefelquelle: Erworben 1713 vom Kloster Fürstenzell, verbindet sie als „Marianischer Heyl- und Gnadenbrunnen" recht ertragreich die Wallfahrt mit dem Kurbetrieb. Ein erstes hölzernes Badehaus entsteht 1719, Leo von Klenze entwirft 1839 für König Ludwig I. das frühklassizistische Kurhaus, Höhenstadt wird Staatsbad. Später verkauft Ludwig II. das Kurhaus, es folgen viele Besitzerwechsel, und ab 1925 führt Höhenstadt den Titel „Bad". Nach dem Zweiten Weltkrieg endet der Badebetrieb, das Kurhaus dient seit 1974 als Pflegeheim. Die Quelle ist heute das Gegenteil von einem Staatsbad, denn jetzt ist sie für jeden zugänglich.

Die „Schöne Maria im Turm"

Sehr alte bayerische Dorfkirchen haben oft eines gemeinsam: dass von den Baustilen aus manchmal tausend Jahren meist nur noch der letzte wahrnehmbar ist. Bei der Pfarrkirche in Bad Höhenstadt, der ehemaligen Wallfahrt zur „Schönen Maria im Turm" ist das anders. Romanik, Gotik, Barock und Klassizismus waren am Bau zu jeder Zeit in Teilen präsent, hinzu kam dann noch eine neugotische Einrichtung und die paar Ergänzungen aus der Moderne der 70er. Doch richtig sichtbar wurde diese Mischung erst vor wenigen Jahren. Die aufwendige Renovierung von 2015 hat man nämlich nicht den Puristen überlassen, sondern all das, was aus den Epochen vorhanden war, wieder liebevoll sichtbar gemacht. Das Ergebnis ist in seiner Vielfalt und der fast lustvollen Farbigkeit verblüffend. Unbedingt anschauen!

Der Dichter Wilhelm Diess

Die Kleinen von nebenan kennen ihn, zumindest seinen Kopf vom Anschauen, und weil ihr Kindergarten neben der Kirche nach ihm benannt

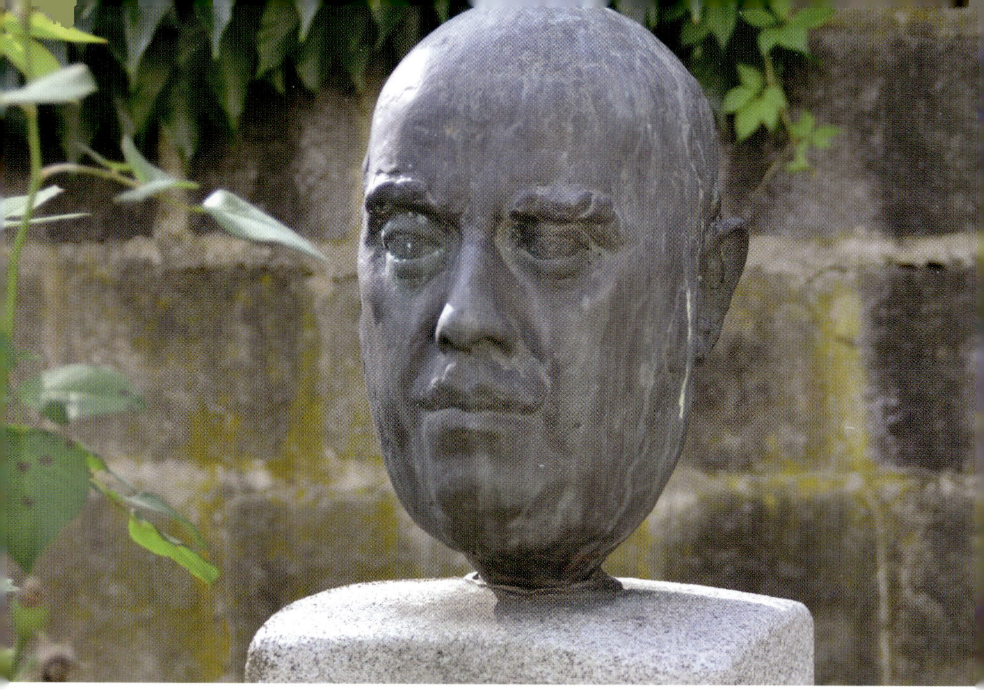

ist: Wilhelm Diess (1884–1957), dessen Bronzebüste wir zufällig entdeckt haben beim Umrunden der Kirche in Bad Höhenstadt. Als begnadeter Stegreif-Erzähler war der gebürtige Höhenstadter unter seinen Freunden bekannt, zu denen die Literaten Ernst Penzoldt, Josef Hofmiller oder der Verleger Ernst Heimeran gehörten. Als Anwalt war er ein geachteter Spezialist für Verlags- und Urheberrecht, als Schriftsteller trat er aber erst mit weit über fünfzig in Erscheinung. Anfangs soll Heimeran Erzählabende mit ihm heimlich mitstenografiert haben. Diess ließ sich überreden, seine Zustimmung zur Drucklegung zu geben. So wurde er zum erfolgreichen Schriftsteller, von manchen auch als „Heimatdichter" wahrgenommen. Der deutsche Schriftsteller Harald Grill attestierte seinem Kollegen jedoch allerhöchsten literarischen Rang. „Derart klassische Texte gehören zum Besten, was wir an deutscher Kurzprosa haben." Urwüchsig, sozialkritisch, humorvoll – auch wenn viele seiner Bücher nur im Antiquariat zu haben sind, es lohnt sich, ihn zu entdecken!

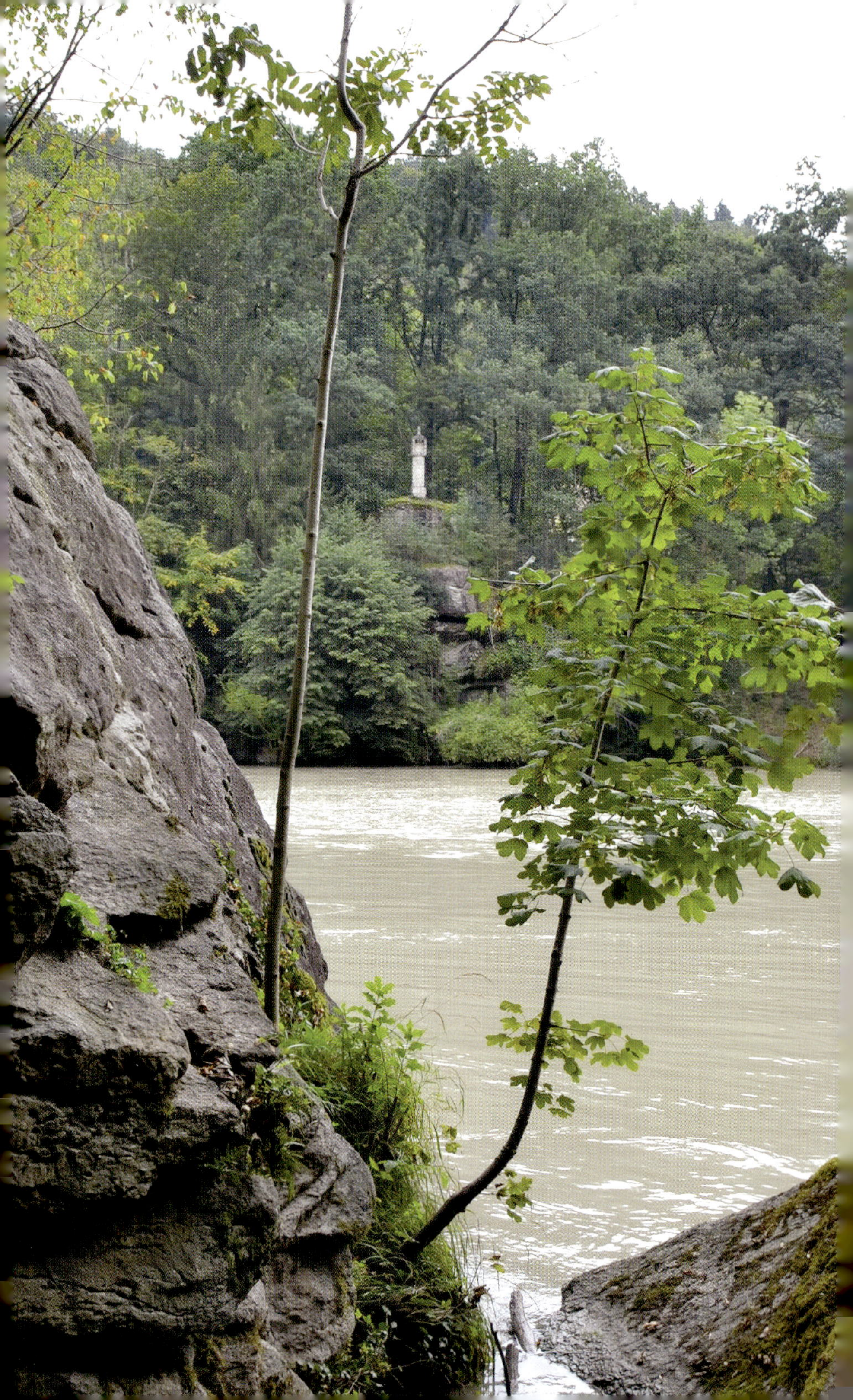

21

Früher war hier Wildwasser

Wanderung an der Vornbacher Enge

Es ist nicht zu übersehen, der Inn zwischen Vornbach und Neuburg ist ein gezähmter Strom. Doch hinter seiner sichtbaren Trägheit scheint immer noch die Kraft des früheren Wildflusses zu stecken. Aus der Tiefe aufsteigende Teller-Strudel treiben sanft stromab, bei Kanuten sind sie als „Schwammerl“ unbeliebt, sie können ihr Boot unversehens aus dem Kurs bringen. Doch das sind Kleinigkeiten gegen frühere Zeiten, denn bevor die Kraftwerke kamen, hat sich hier der Fluss zwischen steilen Felsufern richtig austoben können. Die Einheimischen hörten ihn „singen“, wenn das Geschiebe aus Kies und Steinen tief unten mit Macht über den felsigen Grund getrieben wurde – an seiner engsten Stelle ist der Inn gerade mal sechzig Meter breit. Vor diesen drei Kilometern Wildwasser hatten die Flussschiffer immer schon großen Respekt und schickten Dankgebete gen Himmel, wenn das Tal hinter Neuburg wieder weiter wurde.

Gelegenheit dazu hatten die frommen Schiffsleut' auch am Eingang der Schlucht, dort stand hoch auf einem Felsen im Strom der Schutzpatron Nepomuk. Schutz hätte der Heilige 2013 selber gebraucht, denn durch den Kraftwerksstau erreichte der Wasserspiegel beim damaligen „Jahrhundert-Hochwasser“ erstmals seinen Standplatz auf der Spitze des Felsens und nahm ihn mit. Ein Jahr später wurde eine neue Statue aufgestellt, die können wir beim Kloster Vornbach auf der Aussichtsplattform über dem Fluss aus der Ferne sehen – dort, wo sich sein trüb-grünes Wasser zwischen die bewaldeten Steilufer zwängt und hinter der nächsten Biegung verschwindet.

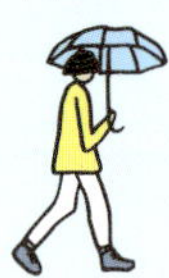

Zwischen Vornbach und Schloss Neuburg

Start/Ziel: Vornbach, am Ende der Abt Rumpler-Straße
kostenloser Parkplatz bei der Freiwilligen Feuerwehr
🕒 2,5 Stunden ↔ 7,5 km ↗ 150 hm

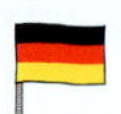

An der Klosterkirche entlang ist die Aussichtsplattform über Inn und Vornbacher Enge nach ein paar Minuten erreicht. Genau dort, wo der Fluss zwischen den bewaldeten Steilufern verschwindet, wollen wir heute hin und mehr von diesem Naturschauspiel sehen. Dafür gehen wir zurück, überqueren den Friedhof und stoßen kurz darauf auf den Innradweg, der uns als romantischer und zugleich beeindruckender Pfad für die nächste Stunde bis nach Neuburg führt. Er beginnt erst einmal mit einer Steigung durch schönen alten Buchenwald. Vom Inn sehen wir vorerst nichts, bis dann nach einer halben Stunde rechts zwischen Felsen und Wald der Fluss hindurchschimmert. Das Steilufer ist schwindelerregend, doch bei der Suche nach Fotomotiven erobern wir trotzdem einen kleinen Felsbalkon, wo uns die Bäume einen Blick auf den Fluss erlauben. Jetzt schnell die richtige Einstellung für die Kamera finden – da irritiert ein Geräusch vom Fluss her, das irgendwie nach Diesel klingt. Ein seltsames Wasserfahrzeug schiebt sich in unser Blickfeld: Ausflugsdampfer? Bierlaster? Piratenschiff? Von allem etwas, doch zum Glück ohne Gaudi-Musik.

Nach einem Kilometer führt der Weg ziemlich steil bergab Richtung Flussufer, den Radlern wird hier per Hinweisschild empfohlen abzusteigen. Weiter unten öffnen sich zwischen bemoosten Granitfelsen immer wieder tolle Ausblicke auf den Inn, bis er schließlich, zum Reinspucken nahe, neben uns dahinfließt. Der Weg ist zum Teil in den Felsen gesprengt und zur Flussseite hin gesichert. Ob das hier der ehemalige Treidelweg war? Vom anderen Ufer schaut zwischen Bäumen von seiner Steinstele ein Schutzheiliger herüber, hier hat sich die Alpenvereinssektion Passau an der senkrechten Felswand den „Inntal-Klettergarten" eingerichtet. Ein Schild weist darauf hin, dass wir uns im Landschaftsschutzgebiet befinden, passt das zusammen? Ein zweites Schild beruhigt, weil es ermahnt, den Abfall wieder mitzunehmen. Passt also alles.

Noch einen Kilometer Flussromantik und wir erreichen den Mariensteg und damit den Umkehrpunkt unserer Rundwanderung. Die elegante moderne Hängebrücke führt hinüber ins oberösterreichische Wernstein und ist nur für Fußgänger und

Radler ausgelegt, die sich gerne Zeit lassen, denn die Ausblicke nach allen Seiten sind es wert. Gerade zieht unter uns das seltsame Schiff von vorhin wieder stromauf, eine Lautsprecher-Ansage des Kapitäns an seine unsichtbaren Passagiere ist zu hören, die sitzen hinter Scheiben, wie bei einer Busfahrt über Wasser.

Zur Neuburg, manche sagen „Schloss Neuburg", geht es 150 Höhenmeter über viele Stufen hinauf durch den Uferwald und weiter bis zum Burgvorplatz. Der Ort selber besteht aus ein paar uralten Häusern, das frisch renovierte alte Gasthaus Ritzer ist leider endgültig geschlossen. Dafür bietet die neue „Hoftaferne" edle Gerichte an, für die Tagungsgäste der gegenüberliegenden Burg. Über den Parkplatz im ehemaligen Burggraben erreichen wir den „Künstlersteig", unseren wunderschönen Rückweg nach Vornbach. Dieser heißt wohl deshalb so, weil in Teilen der Burg schon seit rund hundert Jahren Künstler aus der Region arbeiten und ausstellen können.

Burg Wernstein, Teil der bewegten Geschichte von Schloss Neuburg.

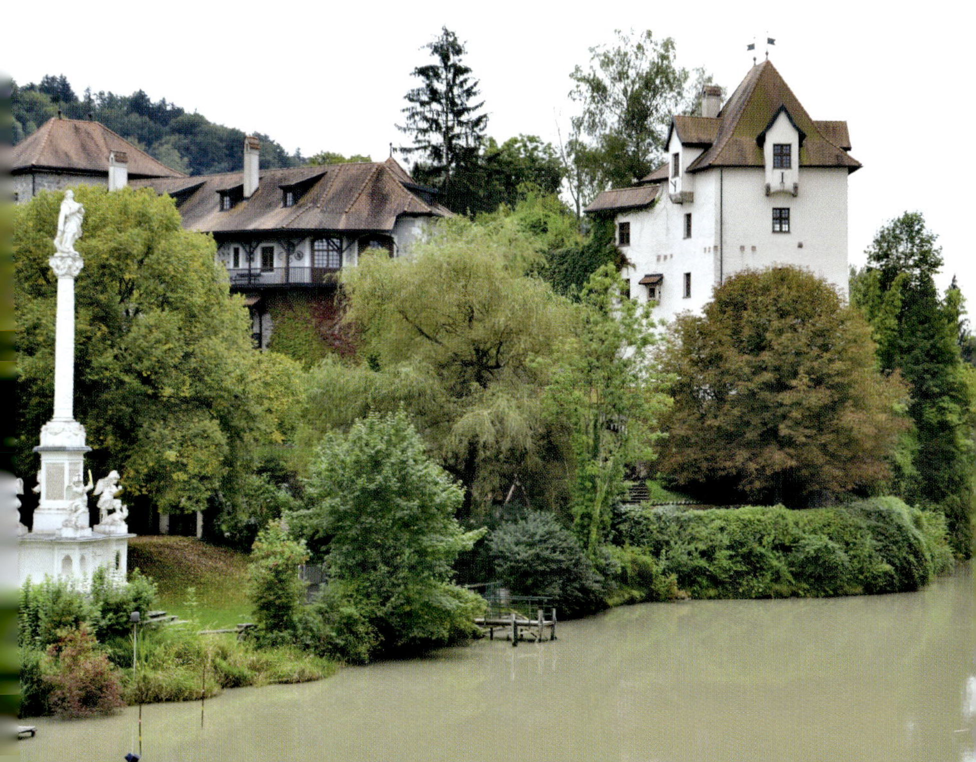

Wer von Ihnen eine Vorliebe für romantische Landschaften hat, kann sich hier voll entfalten. Unser Weg zum Beispiel bietet reichlich Motive dieser Art: bemooste Felsen, versteckte Grotten, rieselnde Bäche, und das alles in einem steil abfallenden Säulenwald von alten Buchen, zwischen denen ganz weit unten der Fluss hindurchblitzt. Beinahe schade, dass dieser traumhafte Pfad schon bald wieder auf den Inntalradweg trifft, der uns in Vornbach bei unserem Parkplatz bei der Freiwilligen Feuerwehr wieder abliefert. Wenn jetzt die Zeit noch reicht, sollten wir die Gelegenheit nutzen und uns in Ruhe die Klosterkirche anschauen.

Die Klosterkirche in Vornbach

Schilder am Ortseingang weisen darauf hin: Vornbach ist tausendjährig. Zuerst war da die Burg der Grafen von Vornbach, kurz darauf stifteten diese ein Kloster für die Benediktiner, das für seine Schreibschule berühmt wurde. Erst siebenhundert Jahre später haben es die Erben der Säkularisation zu einem „Schloss" umgewandelt. Ein „Lebenslauf", wie er uns in Varianten in Bayern öfter begegnet. Unübersehbar und heute für jeden offen ist aus den tausend Jahren Geschichte die ehemalige Klosterkirche Mariä Himmelfahrt mit ihren stolzen Doppeltürmen. Sie ist romanischen Ursprungs, machte alle üblichen Stilwandlungen durch und ist heute als sorgfältig restaurierte Pfarrkirche ein Muss für alle Freunde des bayerischen Barock.

Eine Legende um Kloster und Kirche gibt es natürlich auch. Gräfin Hilmtrud von Vornbach gilt als Stifterin, aus Dank für die Heilung ihres Augenleidens nach einem Besuch bei „Maria am Sand", einer schon damals in Vornbach existierenden Wallfahrtskirche, die nach der Säkularisation abgerissen wurde. In einer dunklen Nische links vom Eingang der Kirche berichtet ein Fresko von diesem Ereignis.

Unter Musikfreunden ist die Kirche auch wegen ihrer Orgel bekannt, einem wunderschönen Instrument des Salzburger Orgelbauers Johann Ignaz Egedacher (1675–1744). Fast dreihundert Jahre alt, entfaltet die Orgel seit September 2009 wieder ihren vollen Klang, Organisten aus aller Welt geben seitdem in Vornbach Konzerte. Als die Schweizer

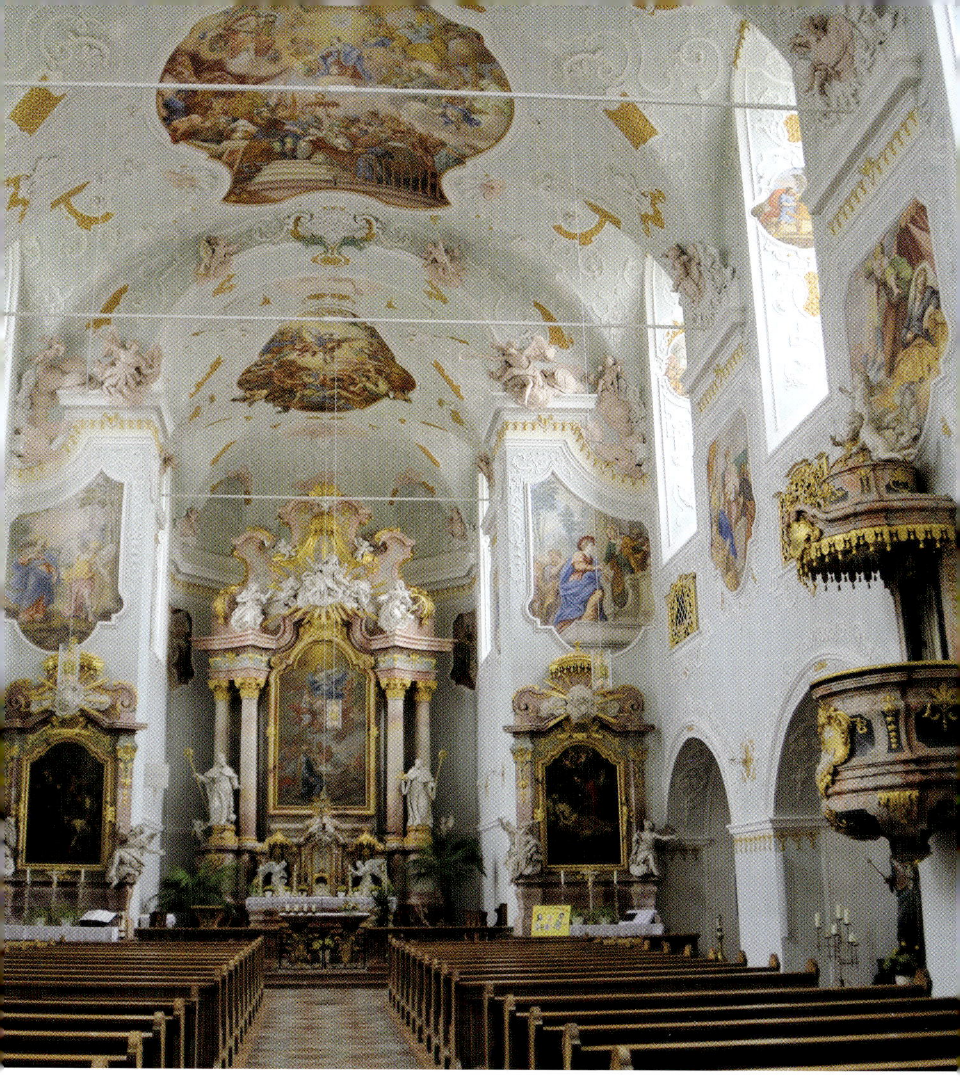

Orgelbauer aus dem Kanton Zürich ihre monatelange Restaurierung erfolgreich abschließen konnten, sprachen sie von „einem unserer anspruchsvollsten Projekte der letzten Jahrzehnte!“
Die ehemaligen Klostergebäude im „Schloss“ sind heute in Privatbesitz und leider nicht öffentlich zugänglich. Das gilt auch für den kunstvoll gestalteten Schlosspark mit Felsengrotte und Weiher, den der Königlich Bayerische Hofgärtendirektor Carl von Effner 1859 angelegt hat. Von ihm stammen auch die Gärten auf Herrenchiemsee und Schloss Linderhof.

Schloss Neuburg am Inn – des Kaisers Pfand

Auf dem Mariensteg über den Inn nehmen wir die Burg erstmals wahr, ihre ockerfarbenen Mauern und Zinnen, die roten Dächer und wuchtigen Türme mit ihren Dachreitern. Wie sie über den Uferwald von hoch oben auf uns herunterschaut, macht das schon Eindruck. Um sie im Detail kennenzulernen sind viele Stufen den Hang hinauf zu überwinden, aber der Weg und die Mühe lohnen sich!

Es waren die bayerischen Grafen von Vornbach, die sich dort oben im Jahre 1050 eine neue Burg bauten, von dort konnten sie über den Inn besser ins Habsburgerreich hinüberschauen. Nach dem Aussterben der Vornbacher kamen die Andechser, danach die Wittelsbacher und von da an wechselte der Burg-Besitz ständig zwischen Bayern und Österreich. Im Streit, wer von beiden den König des „Heiligen Römischen Reiches Deutscher Nation" stellen sollte, wurde 1310 die Burg zerstört. Ihr heutiges Bild verdankt sie größtenteils dem damaligen Wiederaufbau

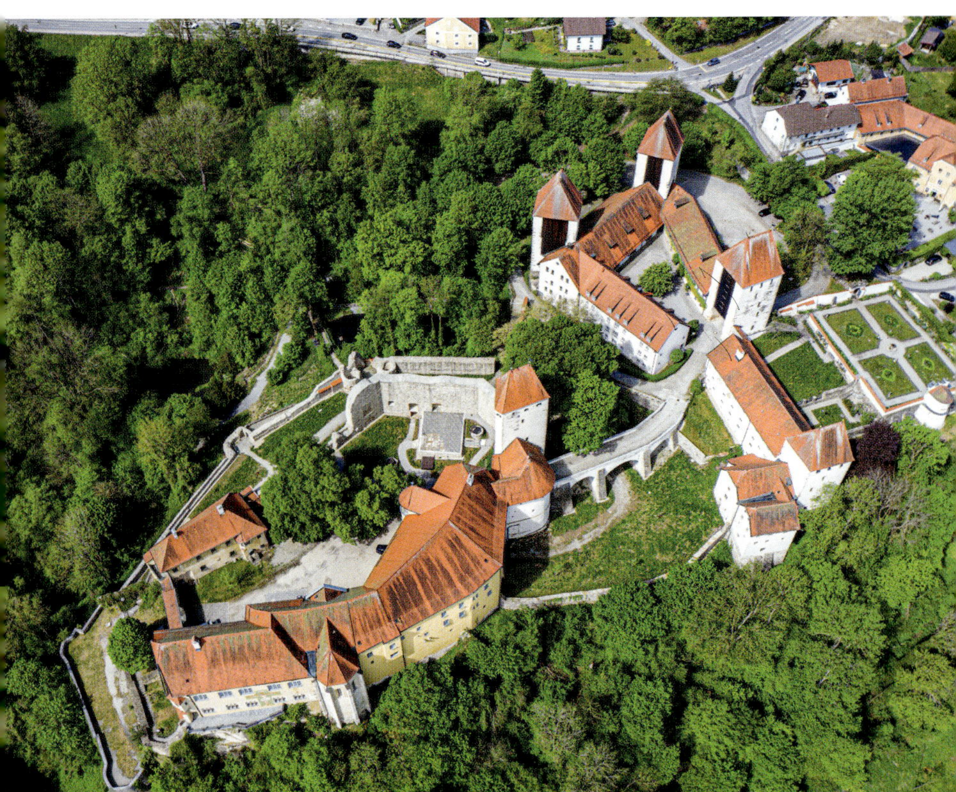

durch die siegreichen Österreicher. Die Habsburger verpfändeten in den folgenden Jahrhunderten Burg und Grafschaft immer wieder an verdienstvolle Adelige, darunter die Rohrbachs, die Niederthors und die Herren von Salm. Sie alle hinterließen Spuren ihrer gestalterischen Ambitionen.

Wanderer wie wir landen nach den unzähligen Stufen aus dem Inntal erst einmal mitten im Barock, genauer gesagt am Eingang zum „Paradiesgarten", einer kleinen ummauerten Gartenanlage mit Pavillon, Brunnen und symmetrisch angelegten Beeten. Ihr Auftraggeber war um 1670 der Graf Georg Ludwig von Sinzendorf, sein „Prunkgärtl", wie es Zeitgenossen nannten, sollte mit aufwendig gestalteter Gartengrotte und etlichen Zwergenfiguren à la Jacques Callot Reichtum und Prachtliebe des Grafen demonstrieren. Das hatte allerdings nicht lange Bestand, am Hof in Wien wurden Korruptionsvorwürfe gegen ihn laut, sogar Falschmünzerei wurde ihm vorgeworfen. Dafür soll ihm die Burg Wernstein auf der anderen Innseite gedient haben, wo heute noch die auffällige Mariensäule steht, die ihm Kaiser Leopold I. zum Geschenk gemacht hatte. In einem Strafprozess wurde er 1680 wegen Betrugs, Erpressung und Diebstahls verurteilt, außerdem zur Rückzahlung von zwei Millionen Gulden. Nach dem Verlust aller seiner Ämter schickte man ihn in die Verbannung.

Die Geschichte der Neuburg blieb aber weiterhin spannend, verschiedenste Besitzer wechselten sich ab, bis sie im Jahr 1810 nach einem Brand schwer beschädigt wurde. Erst 1910 nahm sich der Bayerische Verein für Heimatpflege den Wiederaufbau vor, bei dem auch der Passauer Kunstverein mitmischte. Seitdem gehören Künstlerinnen und Künstler zu den ständigen Gästen der Burg. Aktuell ist der Landkreis Passau der Besitzer, er teilt sich die Nutzung durch seine Landkreisgalerie mit verschiedenen Instituten der Universität Passau. Der Außenbereich des Schlosses und der Garten sind durchgehend geöffnet, der Eintritt in die Galerie ist frei.

ⓘ Führungen nach Anmeldung möglich,
Dr. Wilfried Hartleb, Tel. +49 (0)8507 265, www.wilfried-hartleb.de

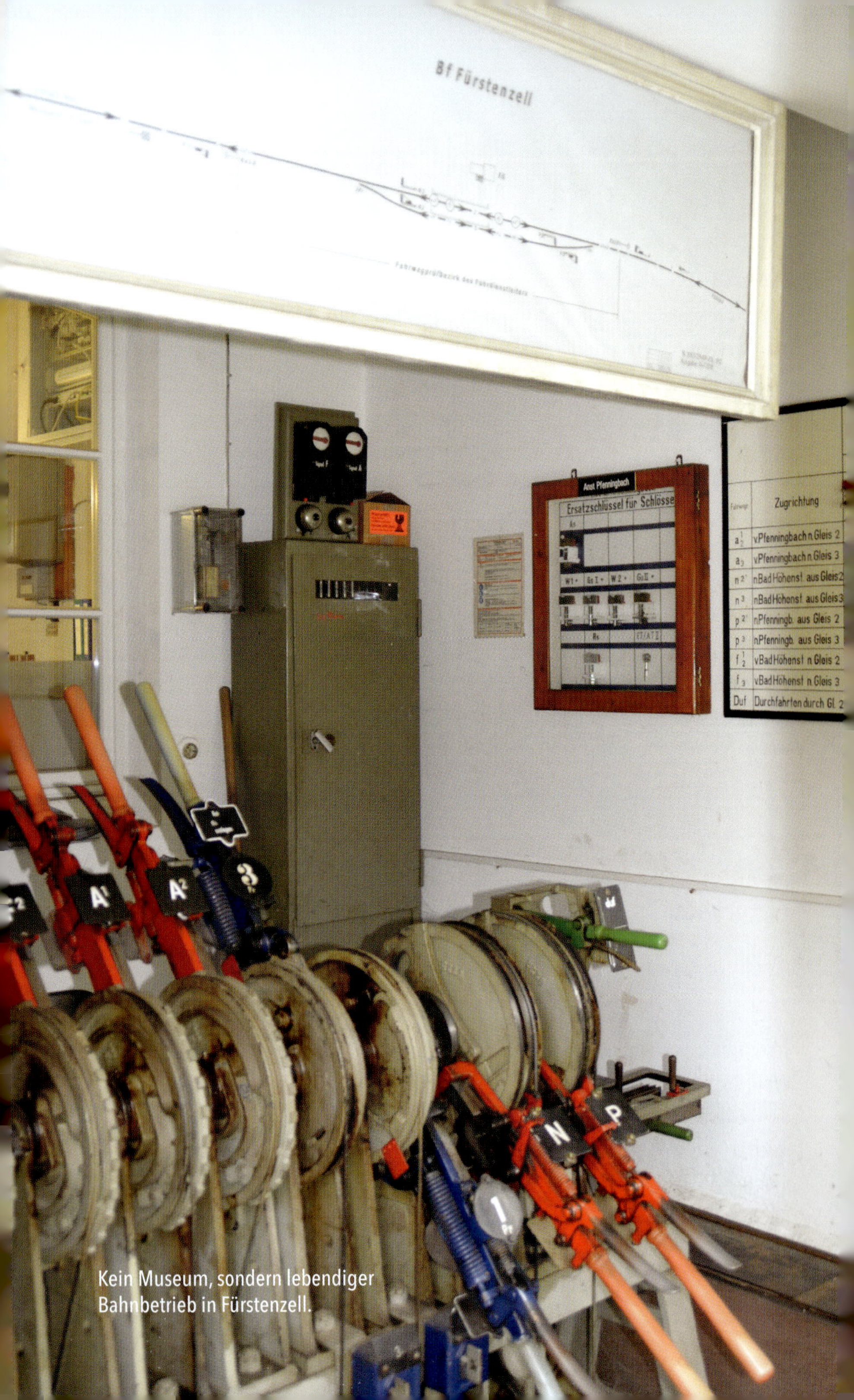

Kein Museum, sondern lebendiger Bahnbetrieb in Fürstenzell.

22

Enge Kurven, grüne Schluchten

Nostalgisch reisen mit der Rottalbahn

Als Tourist gilt laut der Definition im Grimmschen Wörterbuch der „Reisende, der zu seinem Vergnügen, ohne festes Ziel, zu längerem Aufenthalt sich in fremde Länder begibt" – was zur Zeit der Entstehung des berühmten Wörterbuches noch ein Privileg der Begüterten war. Als dann 1854 der erste Band des Mammutwerkes erschien, gab es in Bayern bereits ein Eisenbahnnetz von rund 700 Kilometern. Die Brüder Grimm haben also noch miterlebt, wie das Reisen, mit oder ohne festes Ziel, sich zu einer Selbstverständlichkeit für jedermann entwickelte. Und dass die Ziele nicht nur in fremden Ländern lagen, sondern dank der Eisenbahn auch einmal ganz nahe vor der eigenen Haustür. Bahnhöfe als Reiseziel, von dem aus man fröhlich die Heimat erwandern konnte, das war damals etwas Neues. Eine kurze Teilstrecke der frühen bayerischen Eisenbahn wollen wir deshalb im Grimmschen Sinne „zu unserem Vergnügen" als Touristen nutzen.

Unterwegs mit der Rottalbahn

Start: Passau, **Ziel:** Sulzbach
🕒 ½ Stunde → 26 km (Luftlinie 14 km) ↗ 55 hm

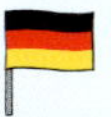

Wer von Passau nach Süden will hat viele Möglichkeiten: einen Kurztrip mit dem Schiff bis Schärding, eine Radltour innaufwärts, soweit wie Lust und Zeit reichen, oder auf der Autobahn in zwei Stunden bis Wien brettern. Reisende Richtung „niederbayerische Toskana" sollten aber auf jeden Fall die Rottalbahn nehmen. Ab Gleis 5 im Hauptbahnhof werden sie eine entspannte Zugfahrt erleben, bei der sie Taubenschwärme gemütlich nebenher fliegen sehen und manche Bahnhöfe auf der Strecke denkmalgeschützt sind. Und im Ohr bleiben

wird das Signal vor den vielen unbeschrankten Übergängen: drei Sekunden lang nur, einem Tenorsaxophon ähnlich und am Schluss mit diesem Schlenker nach oben, der wie ein Fragezeichen klingt.
Bei ihrer ersten Fahrt im Oktober 1888 klang das Signal sicher anders, doch die dampfende Lokalbahn durchlief so eingleisig wie heute dieselben engen Kurven durch den Neuburger Wald. Immer brav den Bachläufen entlang, zu steil wollte man die Strecke nicht und Tunnelbauten gab der Etat nicht her. Schön, dass unser Doppel-Triebwagen (Typ 628.5) heute kaum schneller fahren kann. Blumenpflücken während der Fahrt geht zwar nicht, doch in den grünen Waldschluchten streift üppig wucherndes Geißblatt direkt an den Fenstern entlang. Ich sitze vorne und kann dem Fahrer bei der Arbeit zuschauen. „Nächster Haltepunkt Neukirchen, bei Bedarf bitte beim Triebwagenführer melden", so seine offizielle Ansage. Die sonst üblichen Signalknöpfe für Fahrgäste gibt es nicht, also klopft die Schülerin mit der Mappe unterm Arm beim Führerstand an die Scheibe: „I miasset glei aussteign!" Freundliches Nicken und ein „Basst!" So entspannt kann das heute noch gehen.
In Fürstenzell hält der Zug ganz offiziell, an einem Bahnhof, der für Ludwig Thomas

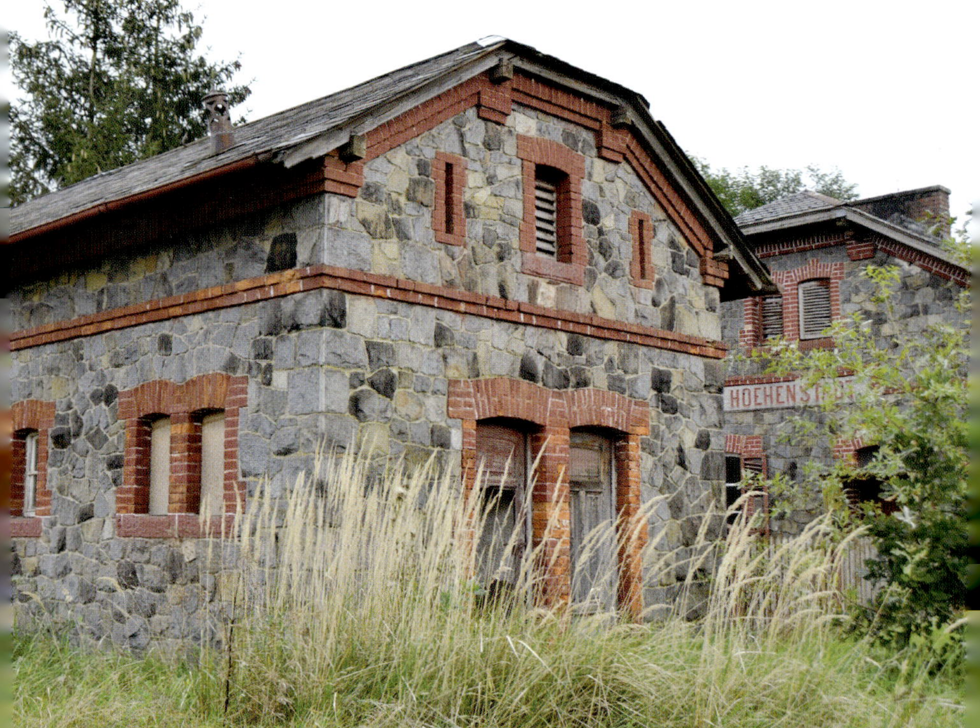

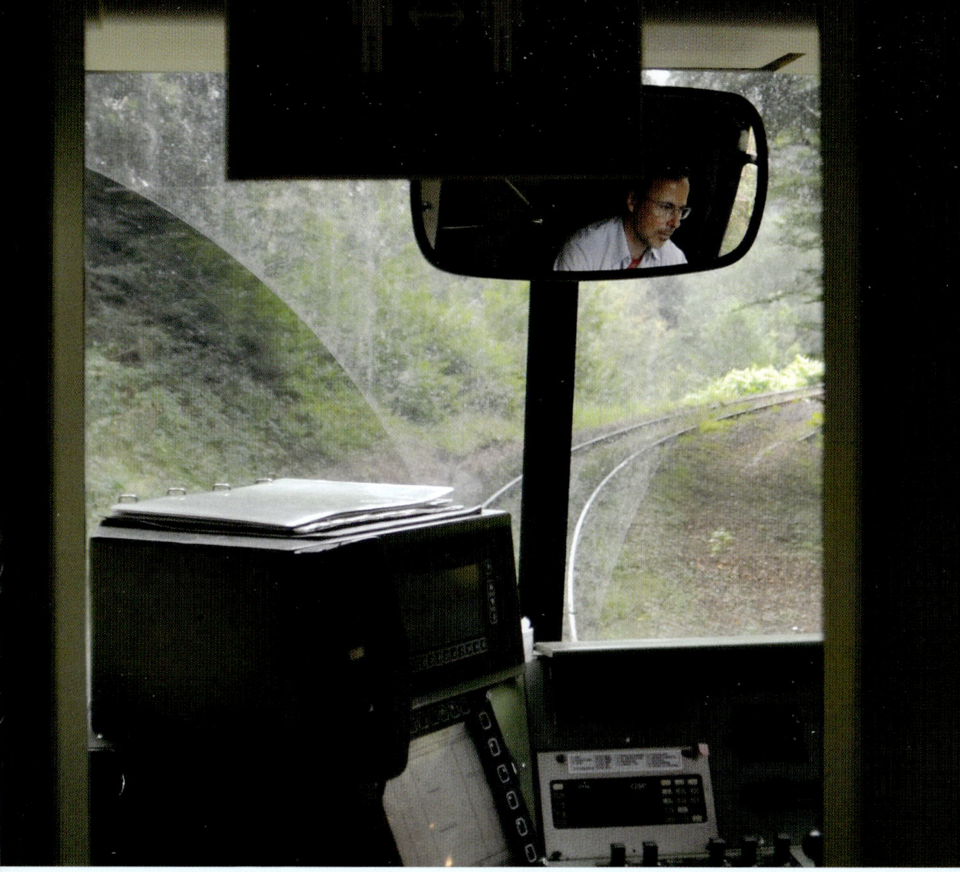

Komödie „Die Lokalbahn" als Kulisse dienen könnte: Grauer Bruchstein, mit roten Ziegeln eingefasste Bogenfenster und oben im zweiten Stock die Wohnung des Stationsvorstehers. Die scheint heute unbewohnt, stattdessen steht das ganze Ensemble, wie drei weitere Bahnhöfe an der Strecke, unter Denkmalschutz. Das erfahre ich von meinem Zugführer im Tausch gegen die Information, für wen ich eigentlich so fleißig fotografiere. Ich melde mich bei ihm für einen Halt in Bad Höhenstadt an, von wo ich eine Wanderung geplant habe, doch die Idee für den nächsten Tag steht bereits: Diese vier historischen Lokalbahnhöfe muss ich mir unbedingt genauer anschauen.

In Bad Höhenstadt fange ich gleich heute damit an – und bin erst mal geschockt. Zwar ist es derselbe Baustil wie in Fürstenzell, sogar etliche Nebengebäude gibt es hier, doch meist mit demolierten Fenstern und ausgehängten Türen. Weitab vom Ortskern und dabei so zugewachsen und verlassen, dass ich mich wie in der Kulisse eines Endzeit-Movies fühle. Als Fotomotiv hat das seinen Reiz und den

Tagespendlern nach Passau, Simbach oder Pocking ist es vielleicht egal. Hauptsache, der Zug kommt wie gewohnt im Stundentakt.
Tags drauf besuche ich im Auto die Bahnhöfe in Sulzbach, Engertsham und Fürstenzell, letzterer ein zweigleisiger Kreuzbahnhof, in dem die Züge den Gegenverkehr abwarten. Die Tür zum Dienstraum am Bahnsteig 1 steht offen – wer erklärt mir jetzt, was es mit den vielen Hebeln und Tafeln auf sich hat? Ein wenig sieht das alles nach Museum aus, aber zugleich solide und sicher, also mache ich ein paar Fotos, so lange hier die digitalen Zeiten noch nicht eingezogen sind. Wegen ihrer „unsicheren" Eingleisigkeit sollte um 1980 die gesamte Strecke der Rottalbahn schon mal stillgelegt werden, doch die Proteste waren heftig und wirkungsvoll. Auch weil die Kurdirektoren des Bäderdreiecks sich einmischten, zu ihren Bädern in Füssing, Griesbach und Birnbach brachte die Rottalbahn damals noch Kurswagen mit Kurgästen aus allen Großstädten der Republik.
So verlassen der Halt in Bad Höhenstadt ist, so idyllisch wohnen heute Privatleute in den Bahnhöfen von Sulzbach und Engertsham. Mit Blumenkästen an den Fenstern und kleinen Gärten hinter Hecken, dazu noch die Sicherheit, dass die Denkmalschützer ein Auge auf alles haben und die Nachtruhe per Fahrplan geregelt ist. Die Rottalbahn, die offiziell „Südostbayernbahn" heißt und mit 97,2 Kilometern Gesamtlänge bis Neumarkt/St.Veit geht – Anschluss nach München ist garantiert –, hat viele Fans. Zu denen gehören natürlich außer ihren regulären Fahrgästen die Passauer Eisenbahnfreunde (PEV) e.V. und die Österreichische Gesellschaft für Eisenbahngeschichte (ÖGEG), die auf der Strecke gerne mit ihren Dampfloks Sonderfahrten unternehmen. Es soll immer mal wieder Beschwerden über „Lärmterror" geben, das Signal vor den Übergängen ist manchen Anwohnern wohl lästig. Pünktlich jede Stunde, was doch eigentlich, wie bei den Kirchenglocken, recht praktisch sein kann für die Tagesstruktur.

Tipp: Fürstenzell – Kloster mit Bahnhof

Vom denkmalgeschützten Bahnhof bis zum Markt Fürstenzell ist es einen guten Kilometer am Zellerbach entlang, doch für Neugierige lohnt sich der Abstecher. Die Siedlungsgeschichte des Marktfleckens ist nämlich außergewöhnlich. Ab dem Jahr 1274 gab es hier ein Kloster der Zisterzienser und sonst nicht viel mehr. Nach der Säkularisation

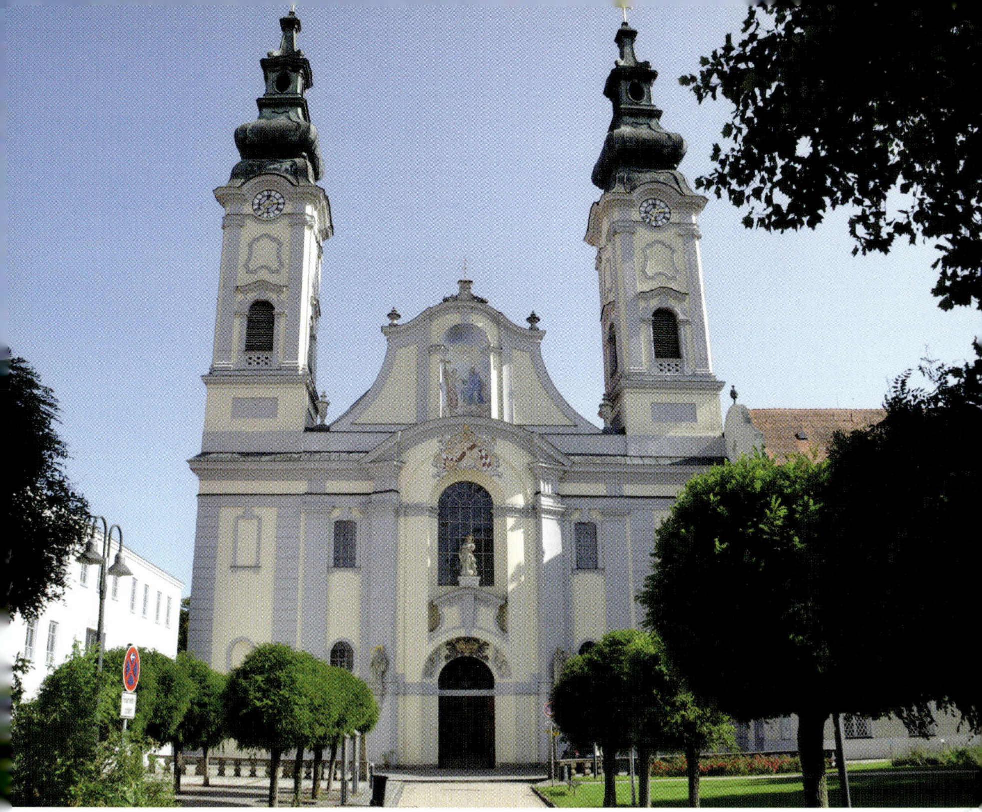

Stolz sind die Fürstenzeller auf ihren „Dom des Rottals".

1803 erwarb die Brauerfamilie Wieninger die Anlage und bald begann sich um ihre „Kloster-Brauerei" herum eine Gemeinde zu bilden. 1930 erwarben die Maristen das Kloster, gründeten eine Ordenshochschule und 1948 ein Gymnasium mit Internat. Erst 1975 bekam der Ort dann das Marktrecht und so ergibt sich ein Ortsbild mit dem Kloster samt grandioser Kirche (unbedingt anschauen!) als Zentrum, umgeben von ein paar Bürgerhäusern aus dem Biedermeier und den üblichen Bausünden der Gegenwart. Schüler im Maristen-Internat war bis zum Abitur auch Ottfried Fischer, später überregional bekannt und beliebt als Kabarettist und Schauspieler (Bulle von Tölz, Pfarrer Braun).

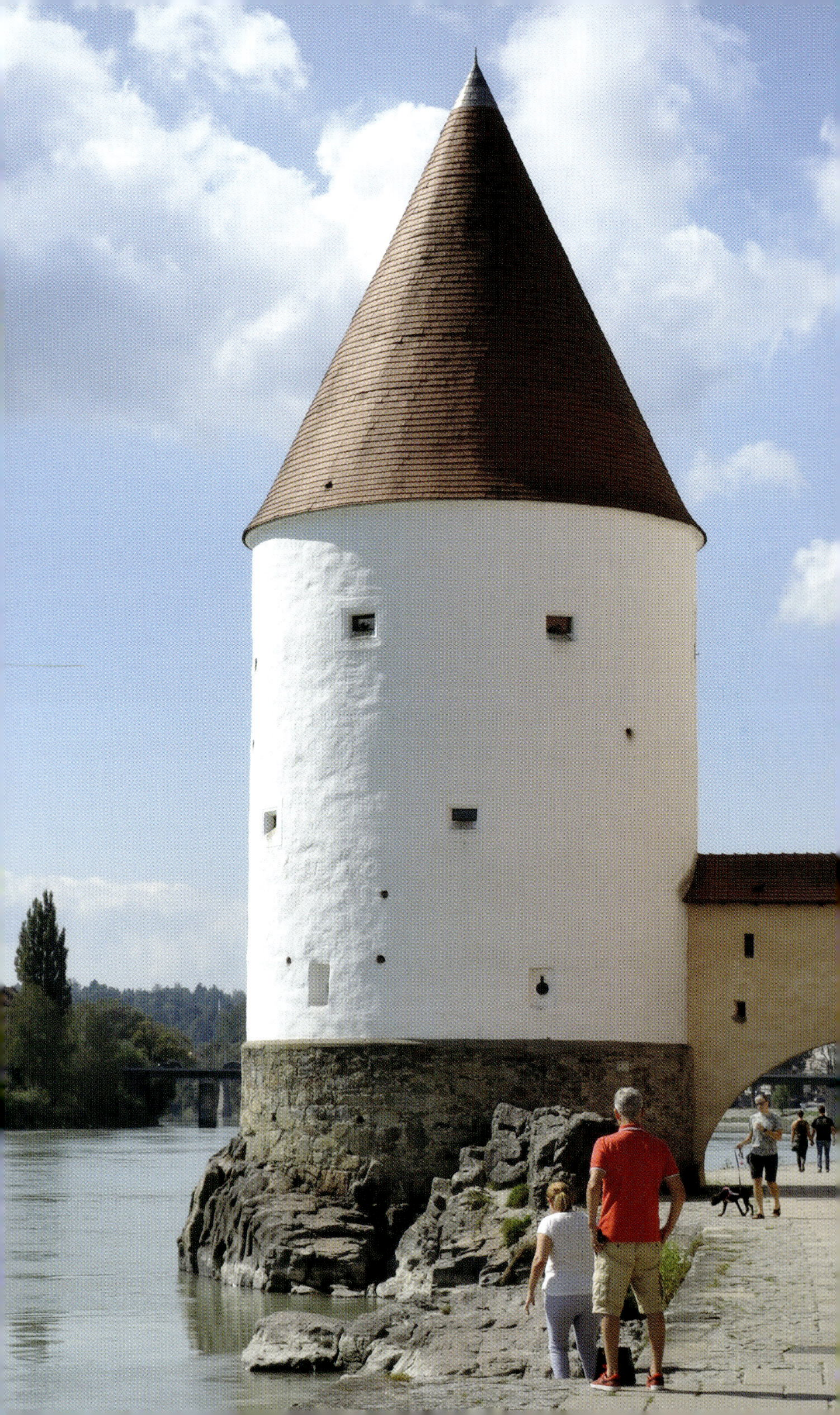

Wenn sich drei Flüsse treffen

Stadtrundgang und mehr in Passau

Die Domstadt Passau ist das, was man gerne „historisch" nennt und ein Beispiel dafür, dass eine lange Geschichte nicht langweilig sein muss. Die Lage auf der Halbinsel zwischen Donau und Inn erschien schon den Römern so spannend, dass sie hier ein Limes-Kastell bauten, dem folgte im 6. Jahrhundert eine bajuwarische Herzogsburg, und im Jahr 739 wurde Passau zu einem Bischofssitz, der noch heute von Bedeutung ist. Das Stadtrecht bekamen die Bürger im Jahr 1225, der Handel an den Flüssen brachte ihnen Wohlstand, und gegen die Fürstbischöfe in ihrer Festung am anderen Donauufer probten sie auch schon mal den Aufstand. Im Kerker dieser „Veste Oberhaus" entstand das älteste protestantische Gesangbuch – es wird heute noch weltweit von den Amischen genutzt – und die Jesuiten sorgten in der Gegenreformation für eine Philosophisch-Theologische Hochschule. Sie ist heute noch eine der vier Uni-Fakultäten. Die Räterepublik dauerte 1918 in Passau nur eine Woche, und die Nibelungenhalle aus dem Jahr 1935 war später Schauplatz der Aschermittwochsreden des CSU-Übervaters Franz Josef Strauß. Kabarettist Sigi Zimmerschied stand in den 70ern hier wegen Gotteslästerung vor Gericht, und das Chaos nach dem Jahrtausend-Hochwasser 2013 beseitigten vor allem Passaus Studenten. Eine lebhafte Stadtgeschichte, bis heute.

Den größten Schaden richtete übrigens keines der vielen Hochwasser an, sondern der verheerende Stadtbrand von 1662. Danach sorgten italienische Baumeister dafür, dass die Altstadt heute diese besondere südländische Ausstrahlung hat. Und der kommen wir am besten auf die Spur, wenn wir zu Fuß und mit viel Zeit durch die Gassen schlendern. Mehr als eine grobe Richtung und ein paar Stationen planen wir dabei nicht ein, denn wir wollen lieber möglichst viele Entdeckungen machen.

linke Seite: Der Schaiblingsturm am Passauer Innufer.

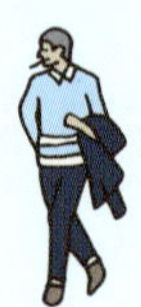

Stadtrundgang

Start: Ludwigsplatz, **Ziel:** nach Inspiration
Dauer: nach Belieben

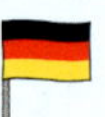

Wir starten am Ludwigsplatz und gehen durch die Fußgängerzone in Richtung Domplatz, danach über den Residenzplatz und vorbei am Kloster Niedernburg bis zum Dreiflüsse-Eck. Dort dehnt sich unsere Pause vor lauter Schauen von einer Bank zur nächsten, und so flanieren wir danach auf dem Innkai weiter in der vollen Mittagssonne. An der Marienbrücke geht es wieder hinein in die schattige Altstadt, das „Goldene Schiff"am Unteren Sand mit seiner Slow-Food-Küche und dem heimeligen Biergarten lockt. Danach nehmen wir von der Grabengasse aus die Carlonegasse zum Domplatz, überqueren ihn und kommen durch eine der kleinen, abschüssigen Gassen ans Donauufer mit Rathausplatz und Donaupromenade.
Das war nur die Kurzversion, als Vorschlag und zur Orientierung gedacht. Neugierige Flaneure durchstreifen natürlich links und rechts jede der kleinen Gassen und entdecken dabei eine Altstadt, die kein Museum ist, sondern in der urbanes Leben herrscht. Mit vielen kleinen Läden, Künstlerateliers, Studententreffs und mal verträumten, mal quirligen Ecken und Plätzen. Die „Piazza" schlechthin ist dabei der Domplatz, baumbestanden und von der imponierenden weißen Fassade der barocken Kathedrale beherrscht. Bei unserem Besuch von St. Stephan, dessen frühester Vorläufer im Jahr 720 gegründet wurde, waren wir natürlich nicht allein – der Dombesuch ist für Besucher aus aller Welt quasi Pflicht. Die größte Chance, dieses imponierende Gotteshaus ohne viele Menschen zu bewundern, hat man am frühen Morgen. Vielleicht übt dann gerade jemand auf Europas größter Orgel mit ihren 233 Registern und fast 18 000 Pfeifen, die einen himmlisch kräftigen Klang in den Raum stellen, der einen über den ganzen Tag begleiten kann.
Da kann dann auch der Sound nicht mithalten, den gerade der Ferrari-Club von Irgendwoher bei seinem Treff auf dem Domplatz zum Besten gibt. Wie gesagt, Passau ist kein Museum, und zur Dämpfung solcher Kontraste gibt es gleich am Domplatz 2 ein Gegenmittel: Die „Passauer Wolken" aus dem Café Stephans Dom, eine Mischung aus Praline und Kuchen mit Zartbitterschokolade, Sahne, Biskuit, Nüssen, Kokosflocken und Rum. Himmlisch! Noch einmal zum Thema Museum. Passau hat davon viele, doch eines gibt es wirklich nur in der Domstadt: das Dackelmuseum, eine fröhlich stimmende Kultstätte des heimlichen bayerischen

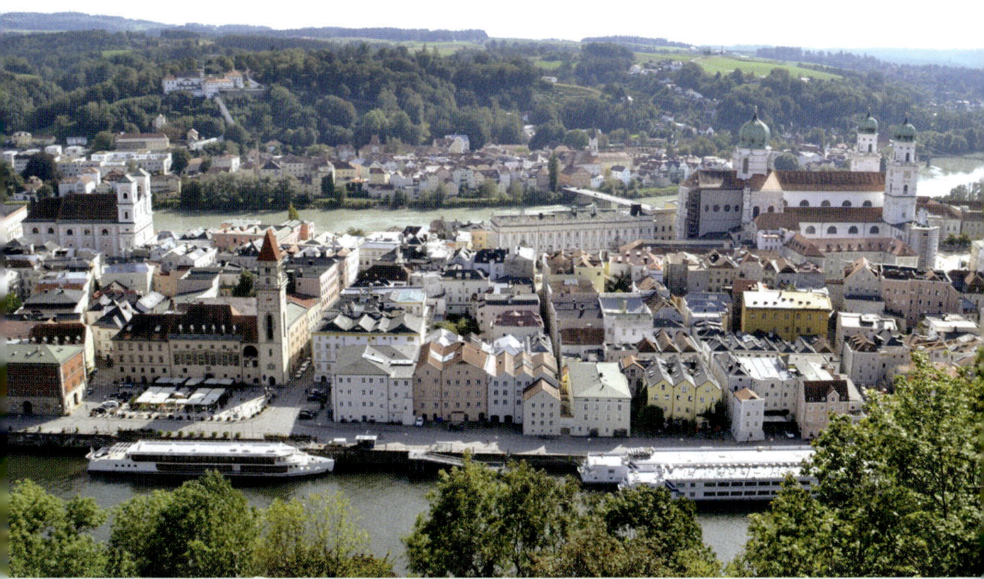

Blick von der Veste Oberhaus auf die Passauer Altstadt.

Wappentiers (siehe S. 233 f.). Einen Besuch der Domstadt kann man auf manche Weise ausklingen lassen, unser Vorschlag: Mit der guten Laune aus dem Dackelmuseum die Donauseite wechseln und im Biergarten vom Andorfer Weißbräu den Blick zurück auf die Domstadt genießen. Vielleicht ist ja gerade Live-Musik.

Uneinnehmbare Veste Oberhaus

Die Einheimischen schauen heute eher beiläufig hinauf zur Veste, vielleicht mit ein bisschen Stolz auf diese Attraktion, die so unübersehbar ist, nicht nur für die Touristen. In früheren Jahrhunderten war der Blick vermutlich weniger gelassen. Der Bau der Anlage begann 1219, ihr Bauherr war Fürstbischof Ulrich II. Dessen Nachfolger erweiterten sie ständig. Bis zur Säkularisation 1803 widerstand die Festung des Hochstifts Passau allen Belagerungen – zweimal haben die Passauer Bürger auch selber die Erstürmung versucht.

Das Bistum wurde im Jahr 739 von keinem Geringeren als Bonifatius, dem „Apostel der Deutschen", gegründet, von hier aus begann die Christianisierung der ehemals römischen Provinz Noricum und damit auch Oberösterreichs. Ab der Jahrtausendwende übernahmen die

Bischöfe auch die Gerichts- und Verwaltungshoheit sowie das Markt-, Münz- und Zollrecht von Passau und Umgebung. Ihr weltliches Hochstift löste sich 1262 aus der Abhängigkeit der bayerischen Herzöge, und damit war mit der Festung ein sichtbarer Machtbeweis fällig. In den Kerkern schmachteten später protestantische Täufer, und bis 1918 war die „Bastille Bayerns" eine gefürchtete Militärstrafanstalt.
Heute kümmert sich der Denkmalschutz um die ausgedehnte Anlage. Aus 105 Meter Höhe genießen begeisterte Besucher den einmaligen Blick auf die Gassen und Plätze der Altstadt, auf die Donauschiffe und die grünen Sauwaldberge jenseits des Inn. Dann sind da noch das Oberhausmuseum mit Gemäldegalerie und historischen Sammlungen, der Aussichtsturm der alten Sternwarte und die Terrasse des Restaurants Oberhaus, wo man sich bayerisch-österreichisch verwöhnen lassen kann. Stündlich bringen spezielle Busse über die Prinzregent-Luitpold-Brücke ihre Passagiere über steile Kurven hinauf zur Festung, für Sportliche geht es natürlich auch zu Fuß. Wie auch immer: dem Oberhaus einmal seine bürgerliche Aufwartung zu machen lohnt sich!

ⓘ www.oberhaus-museum.de, Tel.: +49 (0)851 396800

Passauer Hochwasser

Eine Dreiflüssestadt wie Passau ist mit dem Thema Hochwasser vertraut, doch der gelassene Umgang mit den Fluten kommt schon mal an seine Grenzen. Zuletzt Anfang Juni 2013, beim Jahrhunderthochwasser. „Wenn wir eine Donaustadt wären, hätten wir drei Tage Vorlaufzeit gehabt", erklärte Oberbürgermeister Jürgen Dupper, „doch diesmal waren es durch den Inn nur zehn Stunden". Zu wenig Zeit für geeignete Maßnahmen. Der Inn führte die doppelte Wassermenge der ohnehin schon Hochwasser führenden Donau und traf quasi über Nacht mit ihr zusammen. Damit gab es einen Rückstau, dem Passau auf seiner Halbinsel völlig ausgeliefert war. Und so können Touristen heute am Rathausturm eine weitere Markierung bestaunen, die sie schaudern lässt: Nur im Jahr 1501 war der Wasserstand noch höher.

Der Juni 2013 hinterlässt aber auch eine positive Markierung, und zwar in der Selbstwahrnehmung der Passauer. Die Hilfe von außen – Feuerwehren, Technisches Hilfswerk, Bundeswehr – kam zwar schnell und aus ganz Bayern, doch beim anschließenden Aufräumen der immensen Schäden – man spricht von einer Höhe von über 100 Millionen Euro – taten sich die Studierenden der Passauer Uni besonders hervor. Über die sozialen Netzwerke starteten sie die Hilfsaktion „Passau räumt auf", die in kürzester Zeit mehrere tausend Freiwillige unter ihnen mobilisierte, die mit viel Tatkraft und organisatorischem Geschick die Einheimischen in Staunen versetzten. Der Effekt war nicht nur handgreiflich fassbar, sondern die Misstöne, denen Studierende in Passau immer wieder begegneten, waren mit einem Mal vergessen.

Passaus Universität, gegründet 1978, hat 12 000 Studenten aus rund 100 Ländern, die Fakultäten sind Jura, Wirtschaftswissenschaften, Philosophie (inklusive Katholische Theologie) sowie Informatik und Mathematik. Die Wohnsituation ist für Studierende wie überall angespannt, doch warum wohl hat sich in den letzten sechs Jahren in Passau der WG-Anteil verdoppelt? Ohne wohlmeinende Vermieter wäre das kaum möglich gewesen.

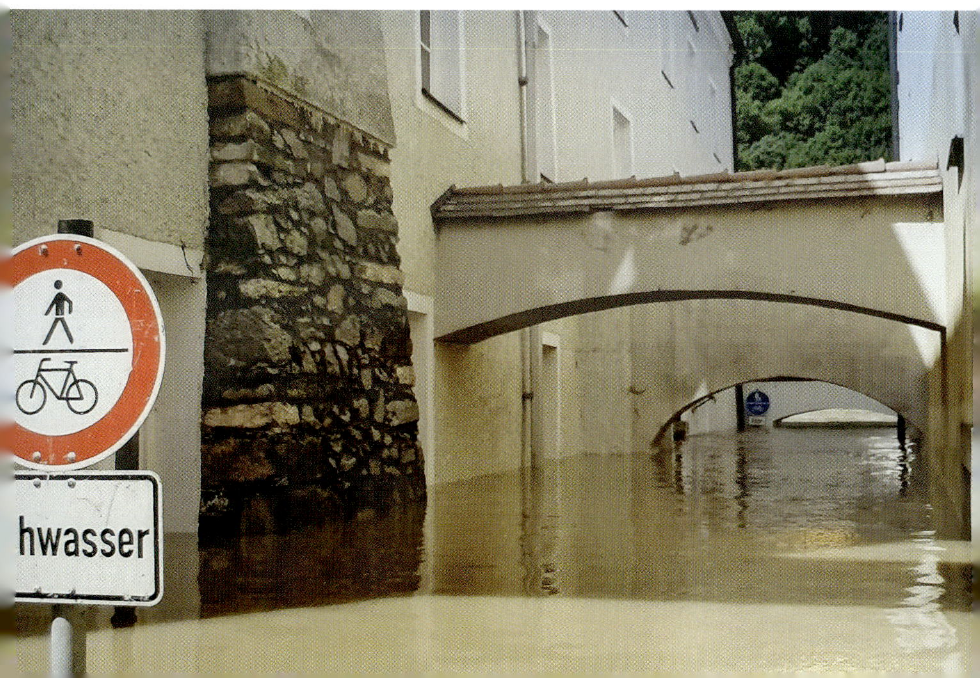

Das Scharfrichterhaus

Die Legende sagt, dass in der Passauer Milchgasse 2, einem der ältesten Gebäude der Stadt, im 14. Jahrhundert der Scharfrichter gewirkt hat. Heute wirkt hier die Nummer eins des engagiert-kritischen Kabaretts, begründet im März 1977 von dem Gastwirt Walter Landshuter und kräftig gefördert von den Kabarettisten Sigi Zimmerschied und Bruno Jonas. Namensgeber waren „Die elf Scharfrichter", legendäre Satiriker aus dem Münchner Schwabing der Jahrhundertwende. Impulsgeber, wenn auch unfreiwillig, war die Stadt Passau selber. Gleich zu Beginn wurde nämlich die damalige Kleinkunstbühne mit einem Prozess wegen Gotteslästerung überzogen – so hatten die Medien bundesweit ihren Spaß und das Scharfrichterhaus war in aller Munde. Es dauerte Jahrzehnte, bis sich das konservativ-katholische offizielle Passau mit dem Stein des Anstoßes in der Milchgasse abfinden konnte. Heute ist die berühmte Bühne ein fester Teil des Kulturlebens, auf den Passau stolz ist. Die jährliche Verleihung des Scharfrichterbeils ist ein Medienereignis, und die begehrte Trophäe gilt inzwischen als der „Oscar" des deutschsprachigen Kabaretts. Viele Stars wurden hier in Passau in ihren ersten Anfängen entdeckt, darunter Hape Kerkeling, Urban Priol oder Luise Kinseher. Das Programm ist heute entsprechend hochkarätig, wer auf sich hält in der Szene muss hier auftreten, Musiker inklusive. Höhepunkte sind jeweils die neuen Soloprogramme von Sigi Zimmerschied und regelmäßig gibt es die speziellen Tage mit Kabarett aus Österreich.

Aus der kleinen Bühne ist längst eine Kulturinstitution geworden, zu der ein Programmkino ebenso gehört wie ein Restaurant mit kreativer Küche. Im Arkadenhof sich eine Sauwald-Forelle oder den Tafelspitz mit Apfelkren zu gönnen, dazu einen Wachauer Wein, das gehört für viele Passauer zum Genießer-Programm. Das Scharfrichterbeil wird als Trophäe übrigens jedes Mal extra handgeschmiedet, in drei Größen, wobei der erste Preis schon etliche Kilo wiegt und richtig gefährlich ausschaut. Unverpackt soll es Preisträger auf der Heimfahrt schon mal in Verlegenheit gebracht haben, darum gibt der Veranstalter jetzt Tipps für eine neutrale Verhüllung. Man will ja die Obrigkeit nicht unnötig beunruhigen.

ⓘ www.scharfrichterhaus.de, Tel. +49 (0) 851 35900

Krumme Kunst – das Dackelmuseum

Manche Menschen haben einen Dackelknall – eine ziemlich hinreißende Form der Hundeanbetung – und tatsächlich sind das gar nicht so wenige. Anders ist es nicht zu erklären, warum das Dackelmuseum in Passau eines der spektakulärsten Museums-Start-ups der jüngeren Geschichte hingelegt hat. Die beiden Gründer, Seppi Küblbeck und Oliver Storz, hatten schon vor ihrem Dackelrenner, der 2018 startete, einen Namen: Sie betrieben die Passauer Blumenwerkstatt und waren so etwas wie die Oscar-Preisträger unter den Floristen. Auf den Dackel kamen die beiden schon vor 25 Jahren mit ihrer ersten Generation Dackel, aber erst einige Ankäufe, Schenkungen und ein veritables Sammlergeschick schuf ihnen den Grundstock für ein ganzes Museum. Nun könnte man damit still im Kämmerlein glänzen oder in einem Hinterhof ein Zimmer schmücken. Nicht so die beiden Dekorationsspezialisten: Sie siedelten das Museum und ihre imponierende Sammlung in historischen Räumen der Passauer Altstadt an, direkt gegenüber der Neuen bischöflichen Residenz. Dort residieren die Exponate, die in 25 Jahren zusammengetragen wurden, in Vitrinen, die derart professionell zusammengestellt sind, dass mittlerweile Dackelfans aus aller Welt hierher pilgern und in dem kleinen, aber feinen Museum sich über nichts mehr wundern, auch nicht darüber, dass bisweilen mehr Dackel als Menschen die Ausstellung besuchen. Und wer einmal die große Dackelparade im Herbst miterlebt hat, die die beiden Museumsdirektoren unter Mitwirkung der ganzen Stadt, der Kirche und einem Medienrummel veranstalten – über 1 000 Fernsehstationen haben bereits über das sympathische Kleinod berichtet – der wird nie wieder die Frage stellen, ob es ein solches Museum braucht. Beseelte Gesichter, glänzende Augen verlassen diesen realen und artifiziellen Auflauf der

Krummbeine – ja, das Dackelmuseum ist vielleicht ein Hort der guten Laune, der Verschmitztheit und des Humors – ein Refugium, das wir dringender gebrauchen können denn je.

ⓘ www.dackelmuseum.de, Große Messergasse 1, Tel. +49 (0)851 30439

Freinberg im österreichischen Sauwald 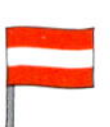

Wenn die Passauer mal Höhenluft brauchen und ihnen die Altstadt zu überlaufen ist, dann machen sie gerne einen Ausflug nach Freinberg. Der ist auch als Tour mit dem Mountainbike machbar. Ihr Weg geht dann auf der Marienbrücke über den Inn und weiter flussabwärts bis Bayerisch Haibach. Dort biegen sie rechts ab und schon sind sie in Österreich, wo es nach Freinberg recht steil hinaufgeht in die Anfänge des Sauwalds. Vorbei an der neugotischen Willibald-Kirche in Freinberg finden sie im Biergarten vom Gasthaus Weinbeißer einen ersten tollen Blick auf Passau und den Bayerischen Wald. Der lässt sich aber noch steigern, denn nach der Biergarten-Brotzeit nehmen Kenner den Panoramaweg nach Hinding. Der führt zwei Kilometer durch Wald und Tal des Kräutergrabenbachs bis zum Café-Restaurant Blaas. Dort wird dann aus dem Blick ein richtiges Panorama, mit Inn und Neuburger Wald als Dreingabe dazu.
Die Leute vom Blaas wissen das gut zu vermarkten und bieten viel typische Küche aus Österreich, inklusive Wein und Marillengeist aus der Wachau und Bier aus Schärding und Passau. Für den Rückweg nehmen manche die Straße über den Ortsteil Neudling und besuchen dort das „Alte Forsthaus", ein sehenswertes Freilichtmuseum über bäuerliche Kultur und Heimatgeschichte. Um den alten Innviertler Vierseithof kümmert sich der Freinberger Kulturkreis. Als Attraktion gilt ein „sprechender Mundart-Tisch", der Besonderheiten der Dialekte im Innviertel und dem bayerischen Gegenüber hörbar macht. Einen Bienenlehrpfad gibt es und den sehenswerten „Troadkasten" aus dem Jahr 1786, direkt neben einem fast so alten, aber betriebsbereiten Backofen. Zu den Veranstaltungen im Alten Forsthaus kommen auch die Passauer.

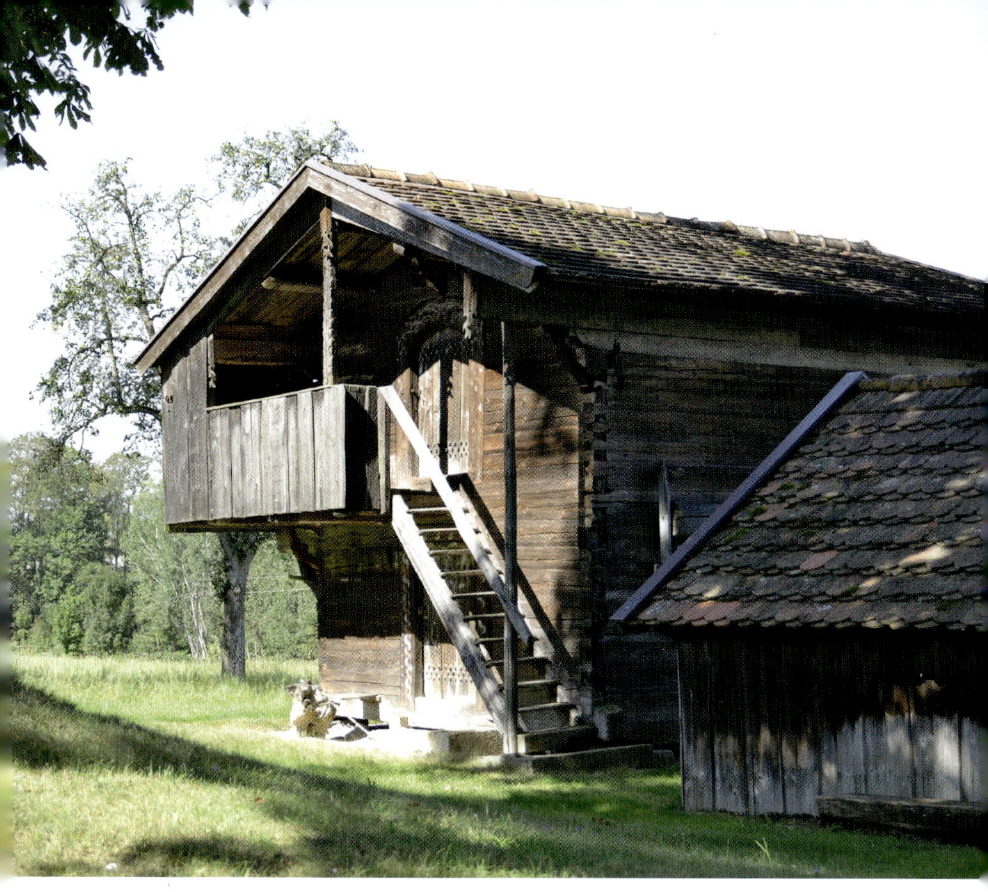

Der „Troadkasten" in Freinberg aus dem Jahr 1786.

Auch Golfspieler aus der Domstadt sieht man gelegentlich in Freinberg. Dort steht nämlich der höchste Golfabschlagplatz Europas. Sechzehn Meter über dem Grün, auf der Spitze eines ehemaligen Futtersilos, der als „Erlebnisturm" auch für jeden zugänglich ist – für den dritten Panoramablick des Tages. Ein Blick zurück in die Historie bringt noch etwas Interessantes zu Tage: Aus dem Freinberger Ratzingerhof, dem man sein Alter von 500 Jahren kaum ansieht, stammen die Vorfahren das bayerischen Papstes Benedikt XVI. Die Passauer haben dergleichen nicht zu bieten.

ⓘ www.restaurant-blaas.at, Tel. +43 (0)7713 8107
Altes Forsthaus, Freinberg 45, Führungen unter
Tel.: +43 (0)7713 8102 (Gemeindeamt)

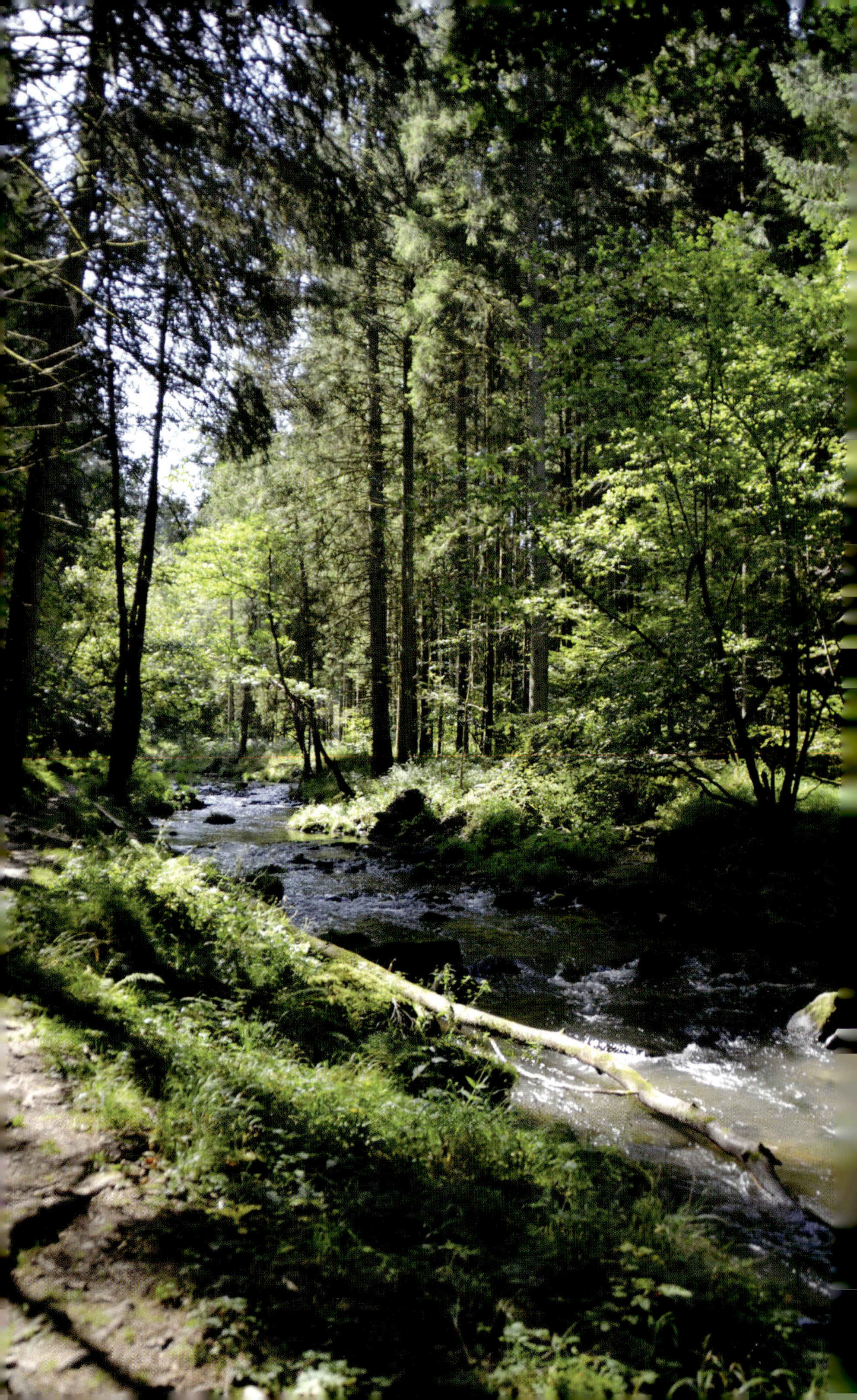

Im finsteren Tann des Sauwalds

Wandern im Kösslbachtal

Hinter Passau wird es eng für die Donau, eingezwängt links vom Bayerwald und rechts vom Sauwald, auf dessen Höhen der Donausteig verläuft, einer der renommierten Wanderwege Österreichs. Tolle Ausblicke auf den Strom werden den Autofahrern auf der kurvigen Panoramastraße geboten, Burgruinen und Kraftwerke präsentieren sich als Blickfänge. Wir aber wollen ganz ohne Trubel hinunter zur Donau wandern, durch das kaum bekannte Kösslbachtal, eine verborgene Perle unter Oberösterreichs Wanderwegen. Streckenweise ist er mehr ein Pfad durch die Wildnis, wir starten also mit robustem Schuhwerk versehen auf 400 Meter Höhe im Weiler Kneiding.

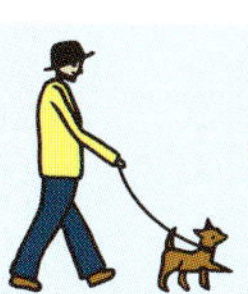

Von Kneiding zur Höllmühle

Start: Kneiding, Straßenbrücke,
Ziel: Höllmühle (Rückweg per Taxi oder zweitem Auto)
2,5 Stunden → 8 km ↗ 120 hm

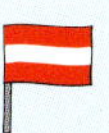

Wir parken in Kneiding an der Straßenbrücke über den Bach, wo ein Schild bachabwärts auf den „Wirt z'Kneiding" hinweist.Dieses spezielle Gasthaus und die Geschichte seiner Nachbarn heben wir uns besser für den Rest des Tages auf, wenn wir wieder am Parkplatz an der Brücke sind. Schließlich möchten wir genug Zeit für den Weg haben, der zwar mit acht Kilometern keine große Tour ist, aber so viele Gelegenheiten zum Pausieren und Schauen bietet, dass Zeitdruck hier wirklich schade wäre. Am Ende des für kurze Zeit aufgestauten Kösslbachs geht es an einem kleinen Kraftwerk vorbei hinein in den „finsteren Tann", wie man früher solche Landschaften gerne nannte. Und hier stehen sie dann auch links und rechts vom Bach, Tannen und Fichten mit imposantem Stammumfang und von solcher

Höhe, dass sie das Licht nur gedämpft nach unten durchlassen. Der Pfad schlängelt sich über ihre dicken Wurzeln, kleine Rinnsale machen ihn hin und wieder sumpfig, dann helfen Bohlen durch die mit fettem Grün zugewucherten Lichtungen. Der Bach führt links von uns ein munteres Spiel mit bemoosten Granitbrocken, kleinen Wasserfällen und umgestürzten Bäumen. Außer seinem Plätschern und dem Wind in den Wipfeln ist nichts zu hören. Wir selbst reden nicht mehr viel, bleiben immer mal wieder im Schatten sitzen und schauen nur noch.

Nach einem Kilometer überqueren wir eine Asphaltstraße, ein Sägewerk liegt an der Straßenbrücke und ein Schild zeigt uns, wo es zur Donau weitergeht: einheimisch handgemalt und seit Jahrzehnten in den Baum eingewachsen, das weckt

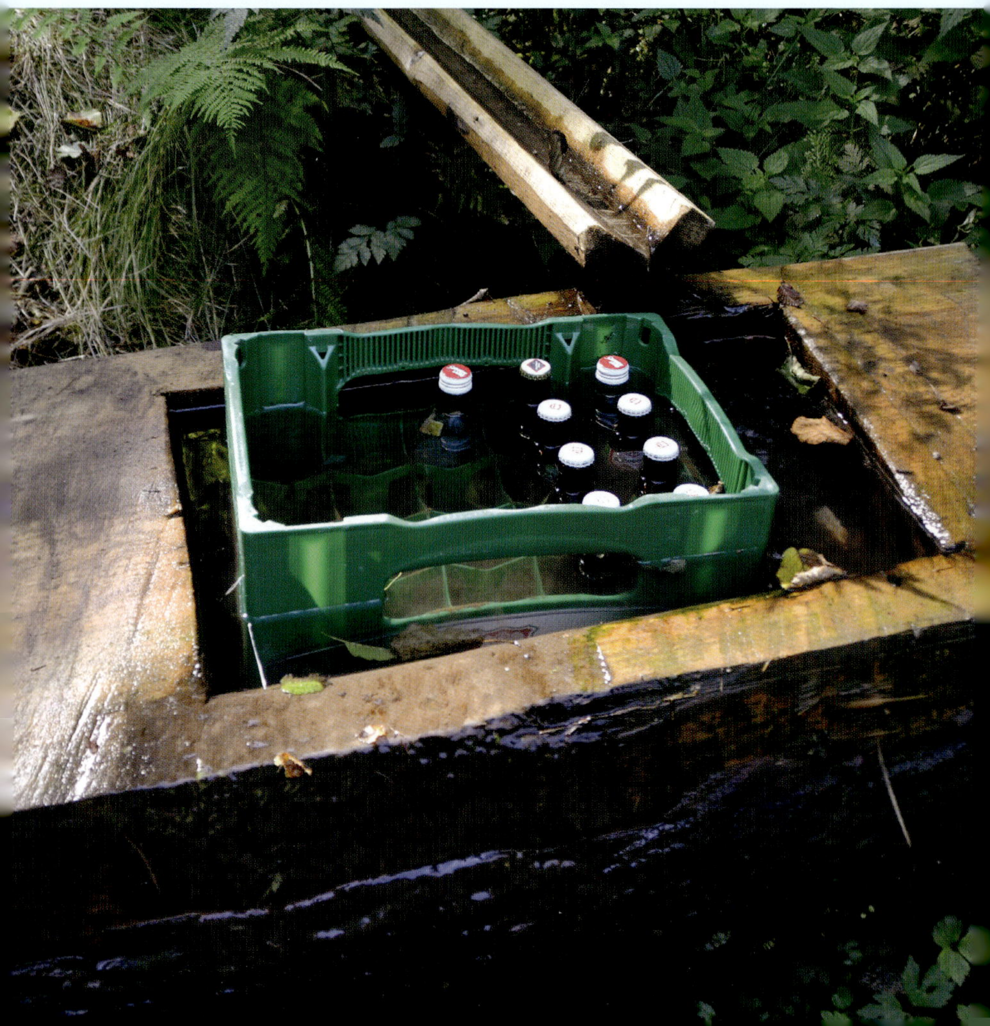

mehr Vertrauen und hat mehr Charme als jede moderne Tourismus-Tafel. Die begegnet uns dann mit umso ausführlicherem Text an einem Rastplatz, wo wir alles über Geologie sowie Flora und Fauna des Kösslbachtals erfahren. Ab hier wird der Weg etwas lichter, er führt durch herrlichen Mischwald, Insekten schwirren und es blüht und sprießt überall. Wir wechseln an einem Steg zum linken Ufer, wo sich jemand ein kleines Jagdhaus errichtet hat. Wir sind – vorübergehend – ein bissl neidisch auf diesen Glückspilz.

Ein Fahrweg führt uns ein Stück bergauf, bevor wir wieder steil abwärts in den Wald eintauchen. Unten empfängt uns der Kösslbach mit einer Überraschung: in einem Holztrog, gespeist von einer nahen Quelle, steht ein Getränkekasten, halb voll mit Bierflaschen und sicher gut gekühlt. Die Deutung dieser Erscheinung bietet ein Zettel in der angenagelten Blechdose: dem „lieben Wanderer" wird von einem anonymen Wohltäter handschriftlich diese „Labstation" offeriert, mit der Bitte, für das gute heimische Bier gerne ein paar Münzen da zu lassen. Schade, dass wir kurz vorher noch die eigenen Wasserflaschen genutzt haben, doch so ein Durstwunder wäre uns früher auf anderen Wegen durchaus willkommen gewesen!

Das Tal weitet sich, der Weg wird breiter, Waldarbeiter haben Traktorenspuren hinterlassen, wir tasten uns deshalb von einer Wasserlacke zur anderen, und das Springkraut schaut uns dabei zu. Die Zivilisation rückt näher, bei einer alten Mühle am rechten Ufer toben Kinder mit einem Hund, nochmal überfällt uns eine Anwandlung von Neid auf die Idylle in der Natur. Ein Weg zweigt bergauf nach links ab, zwar unbeschildert, doch laut Karte führt er zur Ruine Königstein. Einen Besuch schenken wir uns für heute, doch nach dem, was wir gelesen haben, könnte sie Burgenfreunde interessieren: Im Jahr 1410 ist die Burg entstanden und schon 1436 wurde sie endgültig zerstört! Fachleute schließen aus den Mauerresten, dass sie einen fünfzehn Meter hohen Turm gehabt haben muss. Geholfen hat er nicht, die Gegend um Passau war damals ein Zankapfel zwischen Habsburg und Bayern und somit alles andere als friedlich.

Wir gehen noch einen guten Kilometer neben dem Kösslbach, der sich tief eingegraben hinter Springkraut versteckt, dann sind wir am Ziel. Bei der ehemaligen Höllmühle, jetzt ein aufgelassenes Gasthaus, haben wir ein zweites Auto für den Rückweg nach Kneiding geparkt. Der Donauradweg ist ordentlich bevölkert und der touristische Trubel hat uns wieder eingeholt. Doch von den Stunden im Natur-Paradies am Kösslbach können wir in den nächsten Tagen genüsslich zehren.

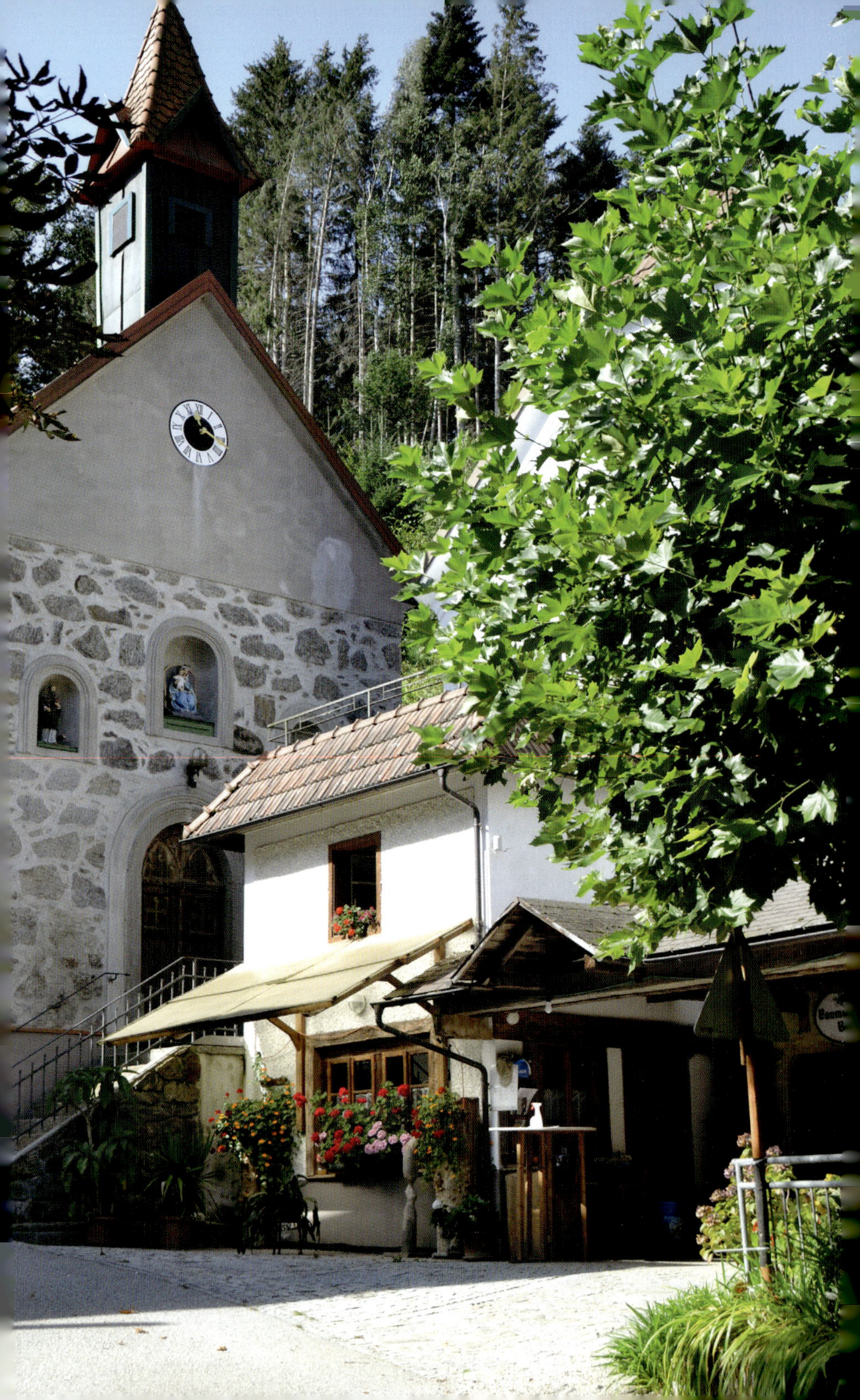

Der Wirt z'Kneiding

Wo heute der Weiler Kneiding liegt, hat sich der Kösslbach über Jahrtausende mit kräftigen Gefälle durch den Granit des Sauwalds gebissen. Ein guter Platz für alle, die Wasserkraft nutzen wollten, die Wallner-Mühle tut das bis heute. Bei ihr gibt es im Mühlenladen neben diversen Mehlsorten auch hausgemachtes Brot und regionale Produkte wie Schnäpse, Honig und mehr. Früher arbeitete weiter unten am Bach auch ein Sägewerk, eines vom seltenen Typ der Venezianer-Säge. Der Kneidinger Kulturverein organisiert manchmal Schau-Vorführungen. Zwischen Mühle und Sägewerk liegt der Wirt z'Kneiding mit seinem Lauben-Gastgarten und der alten Holzkegelbahn über dem Bach. Auch er war früher mal eine Holzwerkstatt, heute gibt es hier Brat'l in der Rein, Speckknödel und herrliche Mehlspeisen. Das Bier kommt gekühlt aus einem Felsenkeller, und die Leute vom Stammtisch in der Laube erzählen gerne stolz davon, wie irgendwann der ganze Ort geholfen hat, die Kapelle zu sanieren. Die liegt direkt neben dem Wirt, stammt aus dem Jahr 1862 und steht heute unter Denkmalschutz. Vor dreißig Jahren war sie eine neugotische Ruine, bis sie der Haidinger Johann erworben hat und in und an ihr, zunächst ganz allein, jeden Feierabend zu werken angefangen hat. Heute gibt es wieder eine Glocke im Turm, sogar die Orgel wurde saniert und Messen werden gefeiert. Am 1. Mai 2006 wurde die Kneidinger Dorfkirche wieder feierlich eingeweiht. Wer diesem Leben am Bach nachspüren möchte, der schaut sich das damals gedrehte Video an. Zu finden auf www.kneiding.at, dann im Menü über „Kneiding allgemein“ die Dorfkirche anklicken. Es lohnt sich!!

ⓘ www.kneiding.at

Wirt z'Kneiding, Schardenberg, Schönbach 9, Tel. +43 (0) 7713/68 58 oder +43 (0) 7714/64 28, Wallner-Mühle, Tel. + 43 (0) 7713/69 80

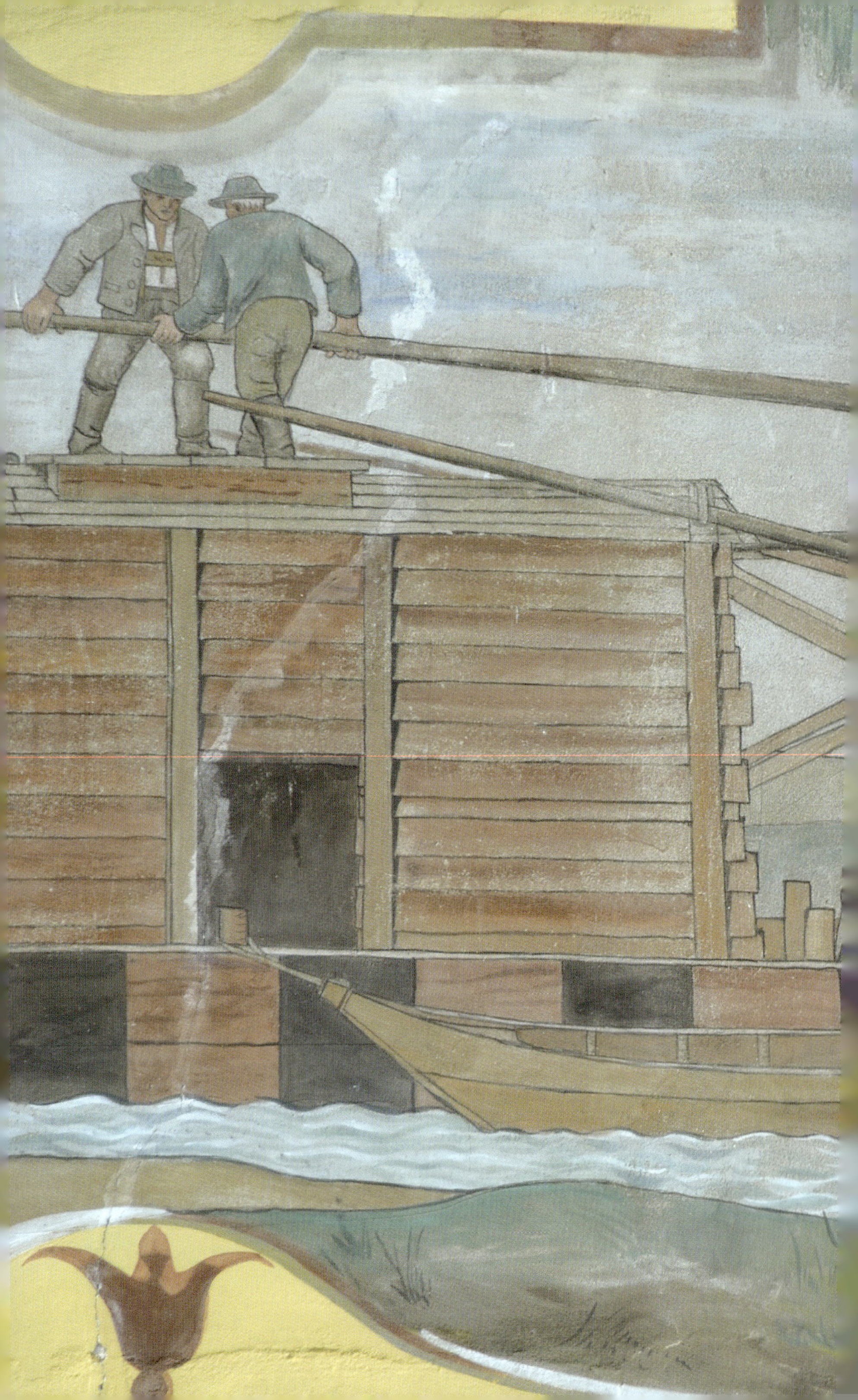

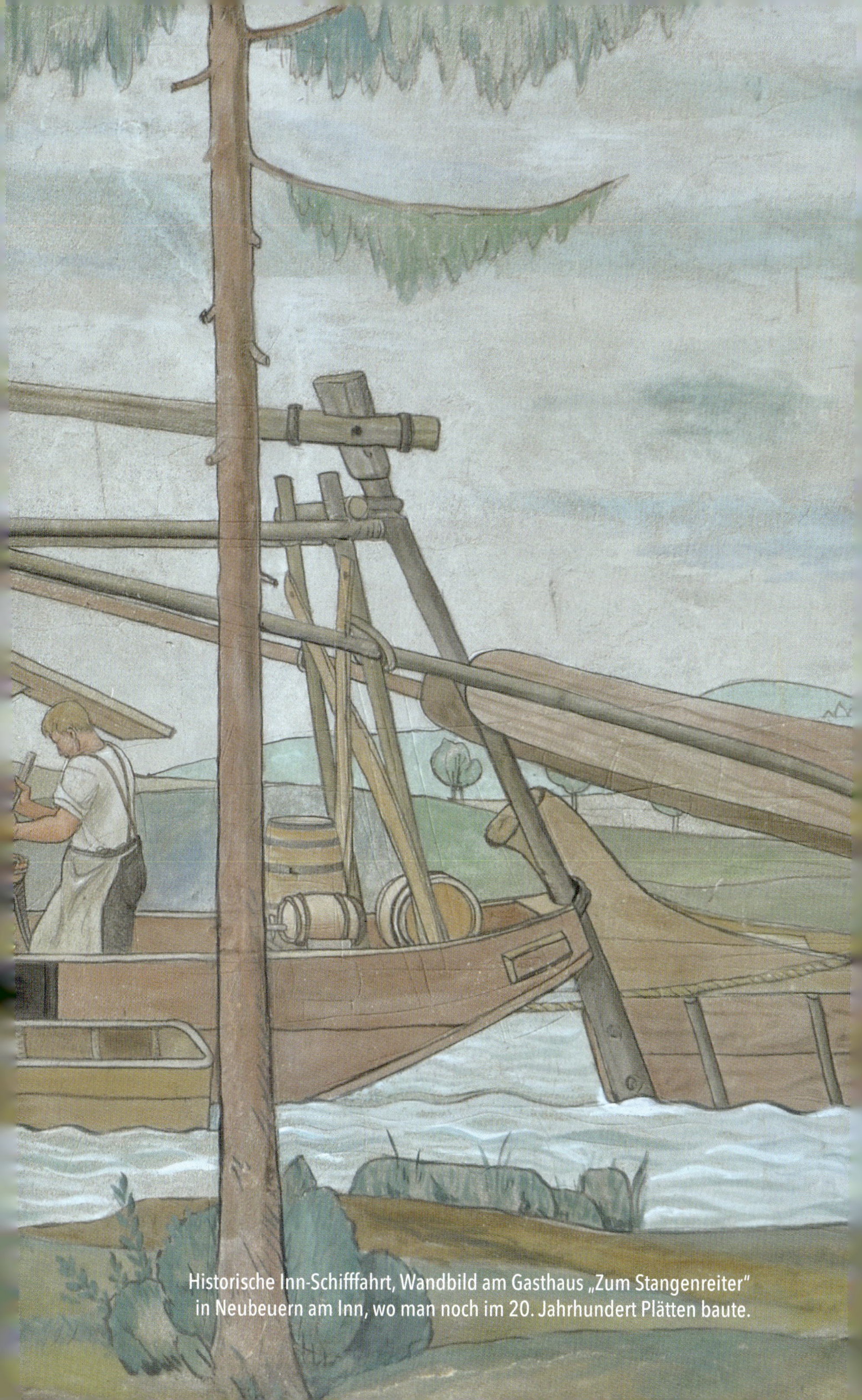

Historische Inn-Schifffahrt, Wandbild am Gasthaus „Zum Stangenreiter“ in Neubeuern am Inn, wo man noch im 20. Jahrhundert Plätten baute.

Zum Schluss ein paar Worte zum Buchtitel „Schiffe, Salz und Seen“

Auf unserer Reise trafen wir immer wieder auf die Spuren der früheren Inn- und Salzach-Schiffer, doch während wir unsere Reise jetzt beenden, war für sie in Passau selten schon Schluss. „Nahui in Gott's Nam!“ klang ihr Gruß, wenn sie an der Innlände ihre Plätten zur „Naufahrt“ in Bewegung setzten, oft noch vor Sonnenaufgang, dann sollte es wieder für einen Tag stromabwärts gehen. Diesmal auf der Donau, bis Wien oder noch weiter bis Belgrad. Andere machten sich für den Aufbruch in die Gegenrichtung fertig, was selbst in aller Früh immer viele Zuschauer anzog. Ein Schiffszug auf „Bergfahrt“ bestand oft aus bis zu zehn Zillen, Plätten und ein bis zwei Großschiffen, die an langen Zugseilen in Bewegung gesetzt werden mussten. Das war jedes Mal ein imposantes und lautes Schauspiel, denn dazu brauchte es Dutzende von Zugpferden und eine genau durchdachte Ordnung. Die Schiffsleut' nutzten dafür eine eigene Kommandosprache und Signale, jeder Mann hatte seine feste Funktion und insgesamt waren sie als handfeste und selbstbewusste Truppe bekannt. Vor dem Lösen der Taue war ein gemeinsames Morgengebet „in Gott's Nam“ trotzdem selbstverständlich, schließlich war die Arbeit am Fluss nicht ohne Gefahren.

„Nahui in Gott's Nam!“ Die Devise war auch auf der Salzach als Gruß der Schiffer üblich. Deren Schiffe waren zwar deutlich kleiner und ihr Fluss ist bis heute kein Strom, doch ihre Fracht war wenigstens genauso wertvoll wie alles, was die Inn-Schiffer bis in die Kaiserstadt an der Donau brachten. Denn sie verschifften Salz, das begehrte „weiße Gold“ aus den Salinen von Hallein, Reichenhall und Berchtesgaden. Ihr Salztransport auf dem Wasserweg besaß sogar ein kaiserliches Privileg, 1333 erlassen von Ludwig dem Bayern, einem Wittelsbacher.
Zunächst ging das Salz auf kleineren Zillen bis nach Laufen, wo es auf größere Plätten umgeladen wurde. Kurz hinter Burghausen reiste es

dann weiter auf dem Inn bis Passau oder weiter donauabwärts. Grund für das Umladen war eine gefährliche Felsbarriere mitten in der Laufener Fluss-Schleife, gefürchtet als der „Nocken“, der erst im Jahr 1773 gesprengt werden konnte. Auch alle anderen Waren mussten deshalb hier umgeladen werden, was als Stapelrecht den Bürgern von Laufen, zusammen mit dem Bau von größeren Plätten einen sicheren Wohlstand bescherte. Alle Städte, die wir an Salzach und Inn besucht haben, lebten ebenfalls jahrhundertelang gut und einkömmlich vom Salz und von der Schifffahrt, ihre stolzen Stadtplätze mit den imposanten Fassaden und Kirchen haben wir in ihrem typischen Baustil bewundern dürfen.
Schiffstransporte von Gütern und Menschen gab es schon, als die Römer über den Inn ihre Provinzen Rätien und Noricum versorgten. Richtig bedeutend wurde die Schifffahrt auf Salzach und Inn erst mit dem aufkommenden Handel im Mittelalter, ihre Blütezeit hatte sie vom 16. bis zur Mitte des 19. Jahrhunderts. Es waren schon beachtliche Werte, die ein Schiffszug auf dem Inn transportierte, allein die „Hohenau“ fasste als Hauptschiff bis zu 2000 Zentner. Der „Förg“ oder Schiffsführer und seine „Ruederer“ und „Stoirer“ hatten also keine

Salzach-Schiffer auf einem alten Laufener Wirtshausschild.

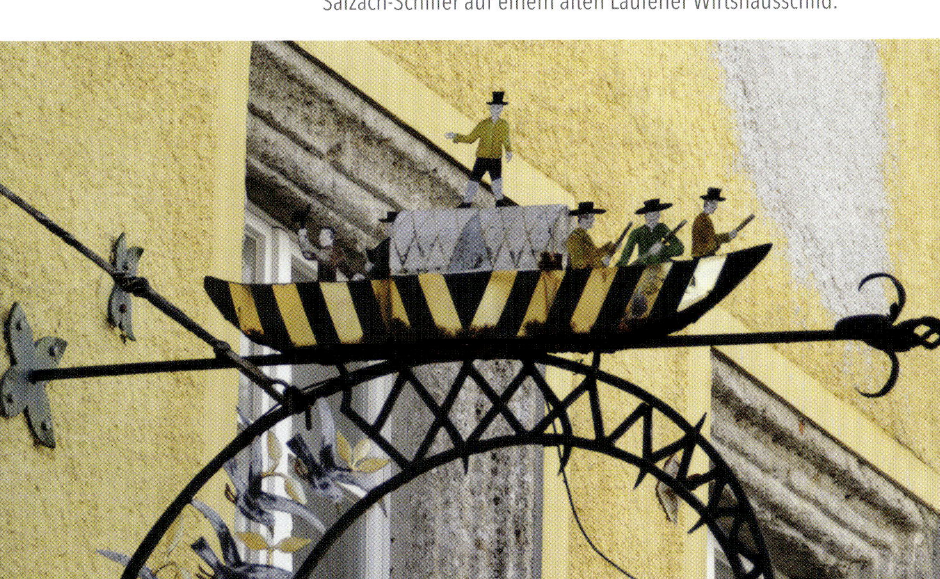

geringe Verantwortung. Ihre Dienstherren, Schiffsmeister genannt, waren wohlhabende und angesehene Unternehmer, auch politisch immer wieder mal von Bedeutung, wenn es um Truppen- oder Waffentransporte ging. Der in Tirol geborene Rosenheimer Johann Rieder (1633–1715) wurde zum kurfürstlichen Hof- und Leibschiffmeister ernannt, und der Braunauer Michael Fink (1758–1840) genoss höchstes Ansehen am Kaiserhof in Wien. Für solche Persönlichkeiten zu arbeiten war für die Schiffsleut' manches Risiko und jede Mühe wert, schließlich zahlten sie Höchstlöhne.

Die an den „Schopperstätten" von Laufen oder Neubeuern am Inn gebauten Plätten, Zillen oder Mutzen waren solide Fahrzeuge, aber sehr oft nur Einwegschiffe. Am Zielort, irgendwo donauabwärts, hatten sie ihren Zweck als Transportgerät erfüllt und wurden als Bauholz verkauft. Es sei denn, es konnte eine lohnende Fracht für den Rückweg flussaufwärts gefunden werden, zum Beispiel Getreide oder Wein aus der Wachau. Eine solche Gegenfahrt war eine spezielle Herausforderung, denn für sie mussten Gespanne mit Dutzenden von Pferden

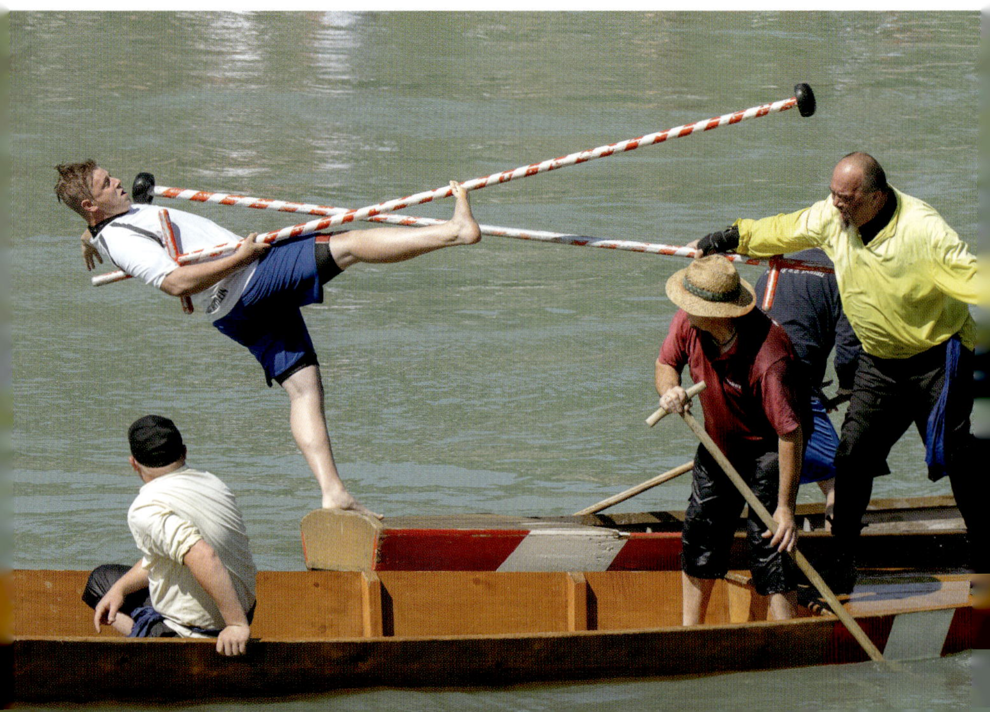

den Schiffszug auf Treidelpfaden oder „Treppelwegen“ an langen Tauen gegen die Strömung ziehen. Über viele hundert Meter voraus legten sie sich ins Zeug, laute Rufe, Kommandos und Peitschenknallen waren schon von Weitem zu hören. Vorweg ritt der „Stangenreiter“: Seine zentrale Aufgabe war es, mit Hilfe einer Messlatte ständig den Wasserstand zu überprüfen, während zwischen ihm und dem „Förgen“ Meldereiter hin und her eilten. Richtig spannend wurde es, wenn vor einer Flussbiegung der gesamte Schiffszug Halt machen musste und die Pferde samt den „Roßleut“ und allem Zubehör auf speziellen „Roßplätten“ an das Ufer mit der geringeren Strömung übergesetzt wurden. Den Schiffsleuten auf der Salzach fehlte es ein wenig an solch imponierenden Auftritten, dafür pflegten sie eine Reihe von Traditionen, die am Inn unbekannt waren. Das „weiße Gold“ war begehrt, auch bei Raubrittern und Wegelagerern, weshalb spezieller Schutz angesagt war. Am Stapelplatz Oberndorf wurde deshalb im Jahr 1278 per Dekret des Salzburger Erzbischofs Friedrich II. von Walchen die „Salzschiffer- und Schifferschützengemeinschaft“ gegründet. Man war also wehrhaft in Laufen und Oberndorf, bewachte gemeinsam mit der Bürgerschaft die Stadt samt Brücken, Mauern und Wehrgraben und war verpflichtet, zu Kriegszeiten Bewaffnete abzustellen. Das Oberndorfer Schifferschützen-Corps feierte 1978 sein 700-jähriges Jubiläum, stolz auf seine Traditionen und Bräuche. Von denen ist heute nur noch das Schifferstechen auf der Salzach übrig geblieben, jährlich veranstaltet von den Oberndorfer Schifferschützen, die schicken ihre Schiffe besonders gerne gegen die Konkurrenz aus dem bayerischen Laufen.
Das Ende der Schifffahrt auf Salzach und Inn begann mit dem Aufkommen der Eisenbahn. Ab Mitte des 19. Jahrhunderts konnten plötzlich Güter und Personen mit viel weniger Aufwand und Kosten praktisch überall dorthin transportiert werden, wo die neu aufstrebenden Industrien es verlangten. Die letzten Inn- und Salzach-Plätten wurden in den 70er-Jahren des 19. Jahrhunderts gesichtet, danach übernahm wieder die Natur alle Ankerplätze und Treidelpfade, und beide Flüsse gehörten für viele Jahrzehnte wieder den örtlichen Fischern und Waschfrauen. Paradiesische Zustände, auch für die Wasserwanderer der 20er-Jahre, die mit ihren neuartigen Faltbooten als amphibische Wandervögel auch

auf Salzach und Inn unterwegs waren. Fluss-Wanderkarten aus dieser Zeit zeigen deutlich, wie ursprünglich zum Beispiel der Verlauf des Inn mit seinen Altwassern und Nebenarmen damals noch war. Ein „bald verlorenes Paradies“ nannte das der Faltboot fahrende deutsche Schriftsteller Herbert Rittlinger (1909–1978), denn Ende der 30er-Jahre begann die große Zeit der Wasserkraftwerke.

Das erste Inn-Kraftwerk ging bereits 1924 im bayerischen Töging ans Netz und nur wenige Jahre später war es vorbei mit der freien Fahrt für Wasserwanderer – allein am bayerischen Inn gibt es heute achtzehn Kraftwerke. Die untere Salzach wurde von solchen Eingriffen zwar weitgehend verschont, doch auch sie fließt heute ab Freilassing stark reguliert und ähnelt mehr einem Kanal. Ihre Begradigung aus Gründen des Hochwasserschutzes begann vor rund hundert Jahren, eine Zeitspanne, in der sich der Fluss gefährlich tief eingraben konnte. Naturschutz und Wasserbau in Bayern und Österreich haben bereits Maßnahmen ergriffen, nach wie vor diskutierte Kraftwerks-Pläne bleiben aber erst einmal in den Aktenschränken.

Das „Brauereischiff“ passiert Neuburg auf dem Weg nach Schärding.

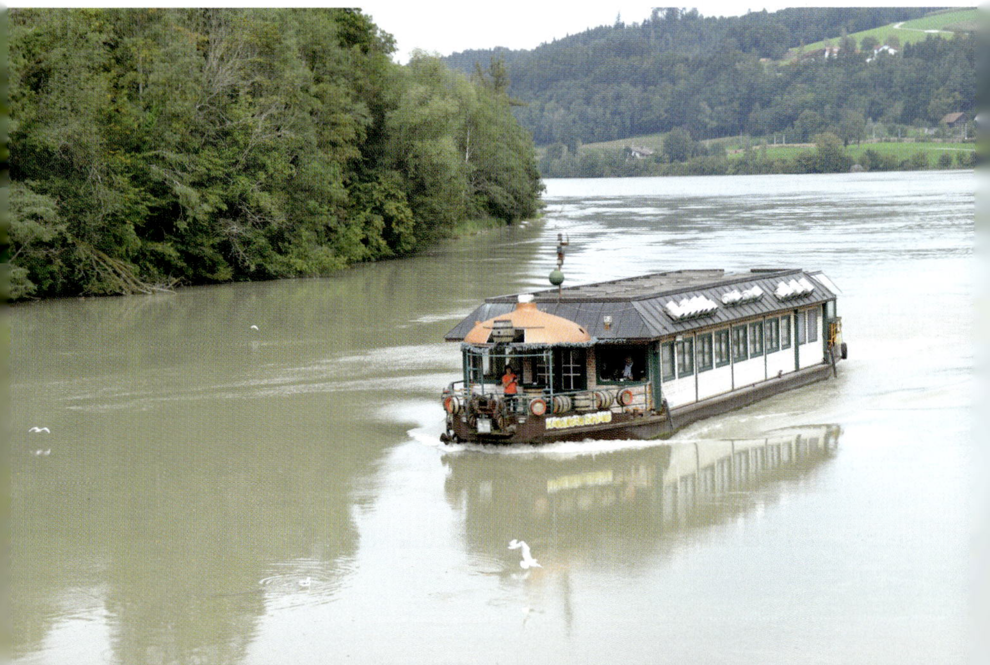

Dort, wo die Salzach nahe Marktl in den Inn mündet, beginnt für heutige Radl- und Wandertouristen das „Europareservat Unterer Inn" (siehe S. 194f.). Die aufgestauten Wasserflächen mit ihren ausgedehnten Schilfinseln, Auwald-Resten, Altwassern, Seitenarmen und Flachwasserbereichen werden von den Touristikern gerne als „unberührtes Naturparadies" bezeichnet. Angesichts der Fluss-Historie des vergangenen Jahrhunderts entbehrt das nicht einer gewissen Ironie, doch für Wanderer und Radler hat die Natur am Inntalweg zwischen Marktl und Schärding ganz von sich aus eine einzigartige Flusslandschaft geschaffen. Nebenbei wurden bei der Regulierung immer wieder mal Altwasser abgetrennt, aus denen dann mit der Zeit großflächige Seen und beliebte Angler- und Badeparadiese geworden sind.

Und was ist aus der Fluss-Schifffahrt geworden? Auf dem Inn sind immer noch ein paar Wasserwanderer unterwegs, für ihre Kanus, Kajaks und Schlauchboote hat man an den Kraftwerken sogar Rampen für das Aus- und Einsetzen gebaut. Zwischen Tittmoning und Burghausen sieht man Touristen in nachgebauten Salzachplätten, auf denen die Blasmusik spielt, und touristisch begabte Wirtsleute aus Schärding haben eine Ausflugs-Schifffahrt begründet, die mit zwei Schiffen bis zur Staustufe Passau-Ingling und zurück fährt. Eines davon ist das „erste europäische Brauereischiff", das während der Fahrt das Bierbrauen „in authentischer Form" demonstriert. Dabei wird die felsige Flussenge bei Vornbach durchfahren, eine Stelle, an der die Inn-Schiffer früher Stoßgebete gen Himmel schickten. Heute klingen vom Fluss herauf Lautsprecher-Durchsagen wie aus einem Reisebus, wenn das Brauereischiff unter uns vorbeizieht. Wir stehen auf dem Mariensteg zwischen Neuburg und Wernstein, genießen den Blick auf den Fluss und die Türme der Neuburg und kommen dabei ins Grübeln. Ist der einst so stolze und wilde Inn kurz vor seiner Mündung in die Donau nur noch ein Gewässer fürs lustige Schifferlfahren? Könnte man meinen, die Passagiere vom Brauereischiff haben sicher ihren Spaß dabei. Die Wildwasser-Kanuten suchen sich ihre Reviere ohnehin woanders, doch wer genussvoll wasserwandern will, sollte es unbedingt mal mit Salzach und Inn versuchen und sich dabei fast so fühlen wie früher die Fluss-Schiffer.

Orts- und Namensverzeichnis

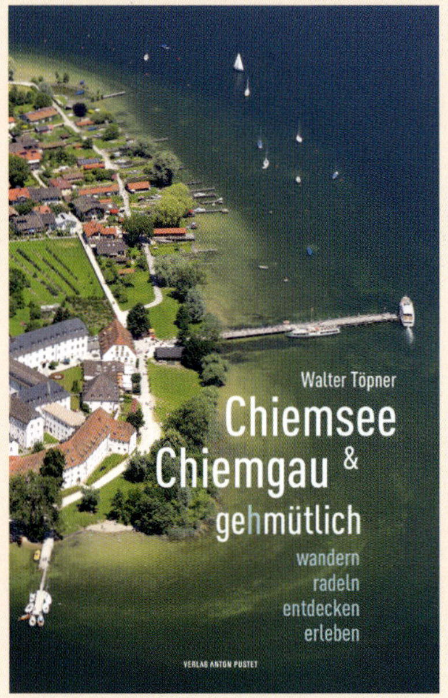
Walter Töpner
Chiemsee
Chiemgau &
gehmütlich
wandern
radeln
entdecken
erleben
VERLAG ANTON PUSTET

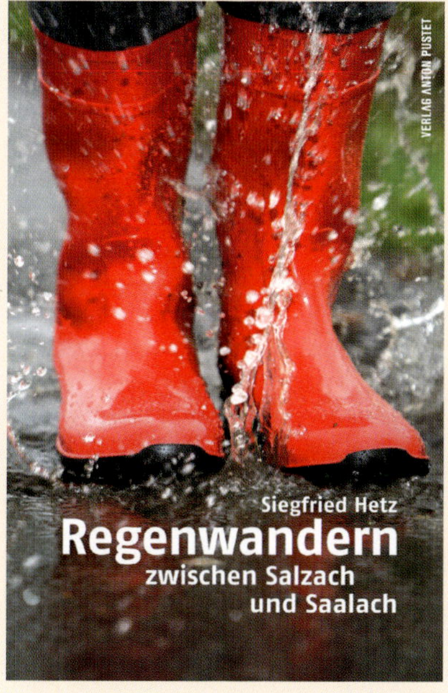

Siegfried Hetz

Regenwandern

zwischen Salzach und Saalach

Schlecht ist das Wetter nur, wenn es sich nicht unseren Plänen fügt, oder wenn die Kleidung nicht passt. Wer sich vom Regen nicht abhalten lässt und gerne im Freien unterwegs ist, bekommt einen anderen Blick auf Natur und Landschaft und wird bei Regen so manch Interessantes entdecken können.

Das ist kein Schlechtwetter-Programm, sondern ein aufmerksamer Blick auf Mensch und Natur, wenn's nass ist. Freilich sollte es bitte nicht schütten. Aber was ist schon gegen einen herzhaften Schnürlregen einzuwenden? Wussten Sie übrigens, dass beim Schnürl nicht so sehr an Schnur oder Bindfaden, sondern an den Rosenkranz zu denken ist?

160 Seiten, durchgehend farbig bebildert, ISBN 978-3-7025-0820-3, € 22,–